高港年鉴 2015

GAOGANG YEARBOOK

中共泰州市高港区委区人民政府 主办

泰州市高港区史志档案办公室 主编

方志出版社

Publishing House of Local Records

图书在版编目（CIP）数据

高港年鉴. 2015 / 泰州市高港区史志档案办公室编.
-- 北京 ：方志出版社，2015.11
ISBN 978-7-5144-1789-0

Ⅰ. ①高… Ⅱ. ①泰… Ⅲ. ①区（城市）- 泰州市 - 2015- 年鉴 Ⅳ. ①Z525.33

中国版本图书馆 CIP 数据核字（2015）第 269809 号

高港年鉴（2015）

编　　者：泰州市高港区史志档案办公室
责任编辑：陈　菁

出 版 人：冀祥德
出 版 者：方志出版社
地址　北京市朝阳区潘家园东里9号（国家方志馆4层）
邮编　100021
网址　http://www.fzph.org
发　　行：方志出版社发行中心
电话（010）67110500
经　　销：各地新华书店
印　　刷：南京凯德印刷有限公司

开　　本：889 × 1194　　1/16
印　　张：26
字　　数：634千字
版　　次：2015年11月第1版　　2015年11月第1次印刷
印　　数：0001~2000册

ISBN　978-7-5144-1789-0　　定价：200.00元

高港年鉴编纂委员会

高港年鉴编辑部

2014年4月20日，省委书记罗志军（左一）调研高港区工业企业生产经营情况

2014年3月5日，省委副书记石泰峰（前中）调研高港区台资企业转型升级情况

2014年7月1日，省人大常委会副主任张艳（女，中）到国电泰州发电有限公司开展大气污染防治立法调研工作

2014年8月27日，市委书记蓝绍敏（中）调研高港区经济社会发展情况，充分肯定高港区“精神状态不一般、发展势头不一般、贡献份额不一般、改革意识不一般、惠民力度不一般”

2014年6月25日，市委副书记、市长陆志鹏（前左二）调研高港区"双过半"及项目建设情况

2014年5月30日，市人大常委会副主任、区委书记王建（前右）带队开展六一慰问活动

2014年9月29日，中共泰州市高港区委四届五次全体（扩大）会议召开

2015年2月8日，中共泰州市高港区第四次代表大会第三次年会召开

2015年1月8~10日，泰州市高港区第四届人民代表大会第四次会议召开

2015年1月7~9日，中国人民政治协商会议泰州市高港区第四届委员会第四次会议召开

2014年7月26日，上膳源泰州高港农场开园

2014年10月14~17日，高港区举办第三届“金融超市”活动

2014年7月12日，总投资5亿美元的台湾国际新城项目开工奠基

2014年10月28日，泰州港核心港区（高港）集装箱码头开港试运行

2014年4月28日，荷兰白泥秀大乐团专场音乐会在高港大江剧院上演

2014年9月10日，高港区举办“师之风采 · 德艺双馨”庆祝第30个教师节“大江放歌”广场文艺演出

2014年7月1日，核心港区举办“在党的阳光下”群众歌咏大会

2014年7月29日，大江艺术团“文化港城行”基层巡演走进胡庄镇

2014年6月13日，第九个中国文化遗产日泰州市系列宣传活动在高港区启动

2014年9月12~14日，“高港杯”首届全国象棋青年大师赛在高港区举办

2014年7月15日，江苏省“最美人物之优秀共产党员”徐勤生（右）先进事迹发布会在市广电中心演播大厅举行

2014年9月18日，高港区举办"美德善行在高港"培育和践行社会主义核心价值观暨"大江儿女·诚信之星"颁奖晚会

2014年8月8日，泰州市庆祝全国第六个全民健身日暨高港区全民健身成果展示活动在大江剧院广场举行

2014年11月28日，泰州市暨高港区中华经典诵读活动在高港实验小学举行

2014年1月29日，区摄影家协会志愿者为敬老院老人拍年照

2014年11月11日，区总工会在扬子江药业集团举办“金玉良缘”青年联谊会

蛟龙入海　　季　根／特等奖

璀璨港湾　　汪　进/一等奖

祖国万岁　　　　周　琳／一等奖

村头健身场　　毛明成／二等奖

丰　收　　曹　阳／二等奖

幸福时刻 栾学年／二等奖

晚霞映港湾　　黄啸晨／二等奖

豪气冲天　　吕建国／三等奖

圆　梦　　朱来银／三等奖

人定胜天　　栾学年／三等奖

平凡的岗位　　许人伟／三等奖

战船台　　　　　　　　　　李　浩/三等奖

彩　妆　　　　　　　　　　班　映/三等奖

雕花楼　　张虎金／三等奖

编 辑 说 明

一、《高港年鉴》是由中共泰州市高港区委、高港区人民政府主办，高港年鉴编纂委员会承办，全区各部门共同参与编纂的地方综合性年鉴。2010年创刊，每年出版一卷。旨在全面、系统、准确地记载高港区政治、经济和社会各项事业发展情况，为各级领导决策提供科学依据，为社会各界和海外人士了解、研究高港提供翔实信息，并为编修地方史志积累资料。

二、《高港年鉴》2015卷（以下简称本年鉴）主要记载2014年全区政治、经济、社会发展情况。

三、本年鉴采用分类法编辑，设类目、分目、条目3个层次。分目下视情设二级、三级分目。条目为记述的基本单位，其标题采用黑体加"【 】"表示。大事记前有"△"者，表示与前所记日期相同。

四、本年鉴共设14个类目：工作报告、媒体聚焦、重点工作、高港概貌、高港名片、政治、法治·军事、经济、综合管理与监督、城乡建设、社会事业、街道·镇、人物·荣誉栏、附录。

五、本年鉴资料由全区各镇街、各部门供稿，并由单位领导审核。撰稿人员署名于条目之后。文中数据及有关内容由区统计局和保密局审核把关。部分数据因统计口径不同存在差异，应以统计部门提供的统计数据为准。

六、外币注明币种，人民币不作标注。

七、本年鉴检索系统：卷首设中、英文目录，卷中设类目标题书眉，卷末设按汉语拼音字母顺序排列的主题分析索引。

八、本年鉴的编辑出版是在中共泰州市高港区委、高港区人民政府的领导下，依靠各单位和社会各界的通力合作而完成的，在此谨致谢意。由于编者水平有限，书中难免有疏漏之处，敬请批评指正。

泰州市高港区部分组织机构全称、简称对照表

全　　称	简　　称	全　　称	简　　称
中国共产党泰州市高港区委员会	区委	中共泰州市高港区委区级机关工作委员会	区委区级机关工委
泰州市高港区人民代表大会常务委员会	区人大常委会	中共泰州市高港区委机要保密局	区委机要保密局
泰州市高港区人民政府	区政府	中共泰州市高港区委老干部局	区委老干部局
中国人民政治协商会议泰州市高港区委员会	区政协	泰州市高港区信访局	区信访局
中国共产党泰州市高港区纪律检查委员会	区纪委	泰州市高港区人民代表大会常务委员会办公室	区人大办
泰州市高港区监察局	区监察局	中国人民政治协商会议泰州市高港区委员会办公室	区政协办
中共泰州市高港区委办公室	区委办公室	泰州市高港区人民政府办公室	区政府办公室
中共泰州市高港区委研究室	区委研究室	泰州市高港区人民政府研究室	区政府研究室
泰州市高港区接待办公室	区接待办公室	泰州市高港区人民政府法制办公室	区法制办
泰州市高港区督查与考核工作办公室	区督查考核办公室	泰州市高港区人民政府外事侨务办公室	区外事侨务办
中共泰州市高港区委组织部	区委组织部	泰州市高港区应急管理办公室	区应急办
中共泰州市高港区委宣传部	区委宣传部	泰州市高港区金融工作办公室	区金融办
泰州市高港区精神文明建设指导委员会办公室	区文明办	泰州市高港区发展和改革委员会	区发展改革委
中共泰州市高港区委对外宣传办公室	区委外宣办	泰州市高港区物价局	区物价局
泰州市高港区人民政府新闻办公室	区新闻办	泰州市高港区服务业发展办公室	区服务业发展办
中共泰州市高港区委统一战线工作部	区委统战部	泰州市高港区经济和信息化委员会	区经济和信息化委
中共泰州市高港区委台湾工作办公室、泰州市高港区人民政府台湾事务办公室	区台办	泰州市高港区中小企业局	区中小企业局
泰州市高港区民族宗教事务局	区民宗局	泰州市高港区教育局	区教育局
中共泰州市高港区委政法委员会	区委政法委	泰州市高港区人民政府教育督导室	区政府教育督导室
泰州市高港区社会治安综合治理委员会（办公室）	区综治委（综治办）	泰州市高港区科学技术局	区科技局
泰州市高港区机构编制委员会办公室	区编委办	泰州市高港区知识产权局	区知识产权局

全　　称	简　　称	全　　称	简　　称
泰州市高港区地震局	区地震局	泰州市高港区人民检察院	区人民检察院
泰州市高港区气象局	区气象局	泰州市高港区人民法院	区人民法院
泰州市高港区民政局	区民政局	中国人民解放军江苏省泰州市高港区人民武装部	区人武部
泰州市高港区司法局	区司法局	泰州市高港区总工会	区总工会
泰州市高港区财政局	区财政局	中国共产主义青年团泰州市高港区委员会	团区委
泰州市高港区人力资源和社会保障局	区人力资源社会保障局	泰州市高港区妇女联合会	区妇联
泰州市高港区公务员局	区公务员局	泰州市高港区残疾人联合会	区残联
泰州市高港区住房和城乡建设局	区住房城乡建设局	泰州市高港区科学技术协会	区科协
泰州市高港区建筑工程管理局	区建工局	泰州市高港区工商业联合会	区工商联
泰州市高港区规划服务办公室	区规划办	泰州市高港区文学艺术界联合会	区文联
泰州市高港区水利局	区水利局	泰州市高港区归国华侨联合会	区侨联
泰州市高港区农业委员会	区农委	泰州市高港区红十字会	区红十字会
泰州市高港区商务局	区商务局	泰州市高港区关心下一代工作委员会	区关工委
泰州市高港区粮食局	区粮食局	泰州市高港区哲学社会科学界联合会	区社科联
泰州市高港区文体旅游局	区文体旅游局	泰州市高港区史志档案办公室	区史志办
泰州市高港区卫生局	区卫生局	泰州市高港区区级机关事务管理局	区区级机关事务局
泰州市高港区人口和计划生育委员会	区人口计生委	泰州市高港区供销合作总社	区供销社
泰州市高港区审计局	区审计局	泰州市高港区政府服务管理办公室	区政务办
泰州市高港区环境保护局	区环保局	泰州市高港区行政服务中心	区行政服务中心
泰州市高港区统计局	区统计局	泰州市高港区城市管理委员会办公室	区城管办
泰州市高港区市场监督管理局	区市场监管局	江苏泰州高港高新技术产业园区	高港高新区
泰州市高港区食品药品监督管理局	区食品药品监管局	泰州市泰州港核心港区	核心港区
泰州市高港区安全生产监督管理局	区安监局	泰州市高港区临港经济园	临港经济园

目　　录

工作报告

媒体聚焦

重点工作

高港概貌

高港名片

政　　治

法治·军事

经　　济

综合管理与监督

城乡建设

社会事业

街道·镇

人物·荣誉栏

附　录

彩页目录

Contents

Reports

Media focus

Key work

Briefs of Gaogang District

Gaogang cards

Politics

Law operation & Military

Economics

Comprehensive administration and supervision

Urban and rural development

Social undertakings

Profiles of the administrative sub-districts and towns

People & List of Honors

Appendices

Index

工作报告

解放思想再发力 真抓实干勇担当
为泰州加快发展作出更大贡献

——在区第四次党代会第三次年会上的报告

中共高港区委书记 王 建

2015年2月8日

各位代表，同志们：

这次会议的主要任务是，深入贯彻党的十八大、十八届三中及四中全会和习近平总书记视察江苏时的重要讲话精神，全面落实省、市委全会决策部署，进一步动员全区上下认清形势、振奋精神，解放思想再发力，真抓实干勇担当，为泰州加快发展作出更大贡献。

2014年，在宏观环境多变、要素制约加剧的复杂形势下，高港经济社会发展继续保持全市领先，在全市"四个文明"建设综合考评中蝉联第一名、荣获"五连冠"。重点实现了四个标志性跨越：一是完成地区生产总值338.88亿元，增长12%，首次人均突破2万美元，达2.20万美元；二是完成公共财政预算收入28.68亿元，增长15.10%，首次人均突破1万元，达1.14万元；三是工业国税开票销售突破600亿元，达622.23亿元，增长19.42%；四是规模以上工业产值总量跃居全市第三，达1438.80亿元，增长22.20%。上述四项指标占全市比重分别达10.05%、10.13%、17.07%和14.82%。具体工作中，着重把握了四个方面：一是面对经济下行压力持续加大的宏观形势，我们超前研判、主动引领，优化了环境，推动了发展。坚持"工业立区、工业强区"不动摇，发展实体经济、税源经济不放松。逐镇街、分产业召开企业家座谈会，强化经济运行指导，推动转型升级。新增省著名商标3件，省、市名牌产品11个。实施亿元以上产业项目48个，高新技术产业产值占规模以上工业比重达50.90%。高港省级经济开发区2013年度排名由46名上升至39名，为创建国家级经济开发区奠定了良好的基础。农业新型经营主体规模经营比重达60%，农业机械化综合水平达84.50%，获批国家级农业综合开发项目区。通过国家级生态区技术评估，创成省级节约集约用地模范区、省金融生态优秀区。二是面对向往美好生活的民生诉求，我们积极回应、办好实事，赢得了民心，促进了和谐。区委常委会先后三次专题讨论教育工作，制定加快推进教育现代化建设实施意见，计划三年投入10亿元推进教育现代化工程。高标准建成口岸实验学校、建设永安洲实验学校。建成居家养老服务站16家，在全市率先推行老年养护院"医养融合"模式。大力推进就业创业，城镇职工登记失业率保持全省最低。雕花楼景观区开街运营，创成国家AAA级旅游景区。保护性开展宗教传统道德文化建设，道教场所建成开放，基督教堂封顶，佛教古寿胜寺重建全面启动。扎实开展文明城市创建，文明程度指数测评保持全市第一，为泰州创成全国文明城市作出积极贡献。重抓安全生产和环境保护，平安法治建设全省领先，连续十一年被评为省平安建设先进区，连续六次被评为省法治创建工作先进区。三是面对触及灵魂的反“四风”要求，我们从严治党、狠抓整改，增强了党性，锤炼了作风。扎实开展党的群众路线教育实践活动，突出“抓两头促中间”，一手抓区四套班子先学先行，一手抓村居书记严格管理，引导各级干部转作风、树形象。坚持把“公道、正派、肯干、能干”作为检验干部的现实标尺，进一步提升选人用人公信度。认真落实党风廉政建设“两个责任”，加大违纪违法案件查处力度，营造了风清气正的发展环境。四是面对新常态下的改革发展任务，我们和衷共济、同心同德，发扬了民主，凝聚了合力。区委注重发挥总揽全局、协调各方的领导核心作用，全力支持区人大、政协依法依章履职尽责。巩固提升“两代表一委员”工作日活动内涵，建立询问单、质询单、问责建议单制度，健全群众诉求收集交办督办机制，加强镇街政协工委建设，人大政协工作更加贴近基层、贴近群众。人大代表工作日活动得到全国人大、省人大的肯定和推介。充分发挥工青妇等群团组织的桥梁纽带作用，加强人武、统战、对台、老干部和关心下一代工作，在全社会营造了政通人和、共谋发展的良好氛围。

这些成绩的取得，是市委、市政府正确领导及大力支持的结果，是全区各级党组织和党员干部开拓创新、扎实工作的结果，是全区广大群众团结一心、奋力拼搏的结果。在此，我代表区委常委会，向奋战在各条战线上的广大干部群众，表示衷心的感谢和崇高的敬意！

去年12月13日至14日，习近平总书记视察江苏时发表重要讲话，为江苏未来发展勾画了“经济强、百姓富、环境美、社会文明程度高”的新蓝图。“强、富、美、高”相互关联，相辅相成，是高港做好当前工作、谋划“十三五”发展的总目标、总方向、总纲领。省委书记罗志军调研泰州时特别强调，泰州要在长江流域层面，建设中国新的经济支撑带重要节点城市；在长三角层面，建设滨江生态宜居旅游城市和先进制造业基地，成为富有活力和竞争力的长三角核心区城市；在全省层面，建成长江南北联动发展的枢纽城市。这“三个定位”，都立足于长江这一基础条件，高港作为“江东明珠·泰州门户”，理应主动担当、积极作为。市委书记蓝绍敏到泰州半年多来，先后两次到高港专题调研。去年8月27日调研时，充分肯定了高港精神状态、发展势头、贡献份额、改革意识、惠民力度“五个不一般”，提出了“建设现代港口，加速项目集聚，为泰州加快发展作出更大贡献”的工作要求。今年1月24日调研时，充分肯定高港“担当意识强、目标定位高、工作落实快、发展势头好”，希望高港“充分发挥引领示范作用，在落实省委对泰州的‘三个定位’中勇于担当、在推进市委‘三大主题工作’中主动作为、在建设更高水平小康社会中普惠民生，奋力争当泰州转型升级综合改革排头兵”。市长陆志鹏也特别重视高港的发展，去年6月25日调研核心港区时希望高港“充分发挥沿江优势、交通区位优势，着眼全市以及周边地区，构建高速、高质量的发展格局”；在全市项目大突破动员大会上强调，“要在港口建设上有所突破，把港口作为撬动泰州发展的战略支点”。中央、省委和市委领导的一系列重要讲话，高屋建瓴，内涵丰富，为我们指明了前进的方向，是指导高港新一轮又好又快发展的科学指南和行动纲领。

2015年是全面深化改革的关键之年，是全面推进依法治国的开局之年，也是全面完成“十二五”规划的收官之年。围绕把中央和省、市委的决策部署具体化及落地化，根据区委常委会讨论的精神，我讲三点意见。

一、坚定信心，乘势而上，在把握机遇中引领新常态

经济新常态下，高港与其他地区一样，都面临着一些共性的挑战，但更面临着一系列重大机遇叠加的新利好。我们要科学研判形势，抢抓机遇、主动作为，推动经济社会发展不断取得新进步。

一要牢牢把握“两带一路”国家战略带来的重大机遇。省委、省政府2004年实施的沿江开发战略，对沿江地区发展起到了强大的推动作用。但回顾沿江开发历程，在岸线利用、产业布局以及腹地联动开发方面存在一定的局限性。而这一轮国家层面部署的长江经济带重大战略，与上海自贸区建设、中西部开发的联动性强，在沿线基础设施建设、资源开发、产业合作等领域的扶持政策含金量足、带动性大，为我们加强与上海、长江中上游地区的合作开辟了广阔空间。“两带一路”国家战略的交汇点在江苏，高港地处江苏地理几何中心，交通区位优势尤为突出，正面临着千载难逢的机遇。我们要超前谋划、主动策应，努力把高港打造成长江下游航运中心节点港区、长三角地区先进制造业和现代服务业融合发展的集聚区、江苏承南启北的枢纽区。

二要倍加珍惜市委、市政府的殷切期望。高港组建之初，由于种种条件限制，港口战略资源效应未能充分显现。当前，市委、市政府十分重视高港发展，对高港战略地位和战略作用的期待也在不断提升。市委书记蓝绍敏在全市项目大突破动员大会上强调，“岸线资源、滨江优势是泰州最大的资源优势，要用足用好这一优势，深度推进沿江开发，大力促进港口和腹地的深度融合发展”“要创造条件整合高港高新区、临港经济园、核心港区创建国家级经济开发区”。市委明确市长陆志鹏牵头抓港口建设，市政府工作报告中强调“注重科学理性发展，系统谋划发展格局，挖掘资源禀赋，放大比较优势，着力在港口建设、互联网经济发展、生物医药产业前延后伸等方面发现培育新的经济增长点”。市委、市政府把港口和“以港兴城”作为泰州未来发展的动力引擎与战略支点，回归并提升了当初组建高港区的战略本意。市委、市政府的殷切期望，既是对我们的莫大鼓舞，更是对我们的巨大鞭策。我们没有理由不做好，要有决心做得更好。我们要倍加珍惜大好形势，时刻牢记历史使命，高点定位、奋发作为，绝不辜负市委、市政府的重托和期待。

三要充分发挥高港自身发展的现实优势。现在的高港“天时、地利、人和”俱备，理当奋发图强，坚定不移走好自己的路、办好自己的事，努力把重大机遇承接好，把自身优势转变为发展胜势。我们有基础，基础源于坚实的产业支撑。近年来，我们致力招大引强与培大育强并重，初步形成了新医药、粮油食品加工、装备制造、新材料四大主导产业，培育壮大了扬子江药业集团、益海粮油、统一食品等一批龙头带动型企业，陆续落户了华润雪花、万向精工、大自然木业等一批央企、上市公司。致力推动企业、政府、社会转型，技术、产品、产业升级，对企业进行“品牌化、标准化，资本化、上市化，信息化、高端化”“六化”改造，高新区、核心港区、临港经济园三大园区经济总量不断攀升，为整体创建国家级经济开发区提供了重要支撑。我们有条件，条件源于不可多得、不可复制的自然禀赋。大江、大港、大桥是高港最鲜明的地理特征。高港拥有24.20千米无需疏浚的长江黄金岸线，其中2.20千米深水岸线和背后的广阔腹地尚未开发。泰州港处于上海港与南京港的中间，是长江AB级航道的分界点。泰州长江大桥通车，把高港与苏南国家级自主创新示范区连为一体，为我们加快跃出苏中、融入苏南创造了条件。我们有信心，信心源于争先领先率先的成功实践。迈入“二次创业”新征程，我们全面提振“不屈不挠、敢于争先”的精气神，实现了“三年翻一番”到“五年翻两番”，再到全市综合考评“五连冠”的不断超越，全区上下人心思进，拧成一股绳、卯足一股劲，形成了凝心聚力、真抓实干、共促发展的良好局面。

二、勇于担当，奋发有为，在思想再解放中提升新境界

面对当前大好机遇，能否抓得好、抓得牢，是对全区各级干部的重大考验。机遇总是青睐有准备的人，如果不能迎头而上，就不可能后来居上。今天，我们强调“思想再解放”，就是要再来一次思想大洗礼、观念大变革、精神大振奋，把思想再解放的落脚点放到“为谁干”的问题上，牢固确立“干工作不是为哪一个人而干，而是为一个地区而干，为自己所担负的历史责任而干，更是为人民群众的福祉而干”的认识，为高港争当“六连冠”、勇当排头兵提供强劲的思想动力。

“高港尊严”是第一追求，干工作要为一个地区而干。近几年来，高港经济社会发展取得了令人瞩目的成就，得益于我们始终把赢得和维护“高港尊严”作为崇高追求，大力弘扬“精神状态也是生产力”这一精神传家宝，始终保持建区之初的那么一股精气神。展望高港新一轮发展，我们要继续把“高港尊严”作为共同追求，以“功成必须有我”的担当和“功成不必在我”的胸怀，只争朝夕，紧张快干，努力把高港建设得更加美好。高港作为泰州的滨江主城区、新的经济增长极，我们既要为高港的发展全力以赴、苦干实干，也要放眼全市，为泰州加快发展勇挑重担、多作贡献。要自觉把高港放到市委、市政府对我们的战略定位中去谋划、审视和考量，进一步强化份额争先意识、责任担当意识，力争以高港的快速发展引领和支撑泰州的跨越发展。

成就事业是永恒追求，干工作要为自己所担负的历史责任而干。建设现代滨江港城，是历史赋予我们这一代人的使命和责任。作为历史的创业者和见证者，我们必须时刻牢记自己的职责所系，在其位、谋其政、负其责，多做打基础、利长远的好事，多做增活力、强后劲的实事，为党和人民的事业主动担当、踏实作为。对认准了的事、定下来的事，看准一件做一件、成熟一项推一项，真正干在发展一线、闯在改革前沿，为高港的今天尽职尽责，为高港的明天尽心尽力，交上一份经得起历史检验的满意答卷。

民生幸福是根本追求，干工作要为人民群众的福祉而干。我们必须坚持把人民满意不满意、高兴不高兴、赞成不赞成作为一切工作的出发点和落脚点，努力为群众提供更多的公共产品、更优的公共服务，让改革发展成果普惠于民。广大党员干部要立足实现更高水平小康社会这一目标，进一步强化民本思想，坚持民需导向，把增进人民群众福祉作为思考问题、制定政策和干好各项工作的根本依据，努力用自己的辛苦指数、绩效指数换取老百姓的满意指数、幸福指数，真正让“真心爱民、善待百姓，真心为民、造福百姓”成为高港各级干部的价值追求和生动实践。

三、狠抓落实，崇尚实干，在为泰州加快发展作出更大贡献中展现新作为

发展是硬道理，落实是真功夫。抓落实的工作实践检验着领导干部的思想品质、工作作风和实际能力。广大干部要把“项目大突破、城建新提升”的落脚点放到“怎么干”的问题上，创新思路，狠抓落实，努力把美好的蓝图变为现实。

1.以时不我待、只争朝夕的干劲“抢”抓落实。发展机遇稍纵即逝，等待只会错失良机，必须牢固确立“今天再晚也是早、明天再早也是晚”的紧迫意识，争分夺秒，抓紧抓实。

要在现代港口建设上主动作

为。1月9日，在建设国际航运物流节点城市座谈会上，市委书记蓝绍敏强调，“港口是泰州最大的资源、最大的优势、最大的特色。加快港口建设和发展既是呼应国家‘两带一路’发展战略的必然选择，是推动‘三大主题工作’的战略举措，也是促进产业转型升级、融合发展的重要途径”。我们必须加快港口建设和发展，奋力打造国际化码头、国际化港口、国际化港区，为泰州扩大开放提供平台支撑。要科学编制港口发展规划。积极配合规划编制单位做好港口规划工作，早日拿出定位准确、思路明晰、举措有力的研究成果和发展规划，建设特色化、差别化、个性化的港口。对于古马干河以北已开发的2千米岸线，要进行效益评估，完善低效利用退出机制；对于古马干河以南尚未开发的2.20千米深水岸线，要规划建设一批5万吨级以上码头群，实现“深水深用”；适时启动东夹江开挖工程，规划建设一批万吨级中转码头，辐射武汉、重庆等中心节点港，实现“浅水浅用”。主动对接市级规划编制部门，做好疏港铁路的规划论证，早日启动贯穿港区的铁路循环专线建设。要积极寻求战略合作。招引新加坡、中国香港、中国台湾等地战略合作者，加强与长江上下游港口的对接互动，以扩大开放促进港口加快建设，提升港口开发和运营水平。要完善港口功能。推进集装箱码头二期建设，加快太平洋码头改造，确保集装箱码头达到年30万标准箱的吞吐能力。加快推进联检大楼、海事执法基地和边防检查站建设，同步推进海关、国检、边防等机构入驻，建立一站式通关服务体系。

要在国家级经济开发区创建上争先进位。坚持把创建国家级经济开发区作为争当全市转型升级综合改革排头兵的重要抓手，确保今年省级经济开发区排名进入“第一方阵”。产业要相对集聚。坚持“以产业基础明晰产业方向、以产业优势构建产业体系、以产业特色形成产业集聚”，重点研究四大主导产业的细分领域，编制产业规划，明确主攻方向。充分利用港口岸线资源，集聚一批港口物流和临港制造业大项目，在构筑沿江经济“高地”中实现新突破。完善利益分配机制，推进“飞地”开发，加快项目向专业园区、特色板块集聚。企业要绝对集中。高港正处于工业化中期的后半阶段，要加快由粗放发展模式逐步向集约模式转变，鼓励和支持企业进园区、进标准厂房，坚决不搞“村村点火、户户冒烟”。土地要确保集约。解决发展空间不足、用地矛盾等问题，关键在于改革创新。要用足用好“许庄城乡增减挂钩封闭运行试点”的机遇，研究制定激励扶持政策，引导农民集中居住，为园区发展腾出更多发展空间。开展闲置低效用地专项清理行动，排定一批“腾笼换鸟”项目，提高土地利用效益。对于城区符合产业方向、生态环保要求、对地方财政贡献大的企业，就地实行“优二升级”。要充分发挥刁铺街道人脉资源、产业基础优势，抓紧启动环溪工业园建设，先行建设标准厂房，加快吸引企业入驻，使之成为高港创建国家级经济开发区的重要板块。

要在实施企业“六化”转型上持续发力。广大企业要树立“早转早主动，早转早得益”的理念，加快企业“六化”转型步伐，努力实现“三个转变”：推进品牌化、标准化，由价格竞争向质量取胜转变。大力发展品牌型经济，鼓励企业争创省市级名牌产品，组织企业参与制定国家或行业标准，抢占产业制高点。推进省级特防中心创建国家级，启动省级测绘计量中心建设，构建以特防产品、墙纸产品、测绘计量中心为支撑的公共检验检测平台。推进资本化、上市化，由单打独斗向借力发展转变。鼓励规模骨干企业整合国内外资源和市场，推动产业链收购兼并，运用先进装备、技术、管理、品牌改造提升现有工艺和传统产品，不断增强行业话语权。探索将各类财税扶持资金整合成立产业引导基金，吸引金融资本、社会资本以股权投资、风险投资的形式支持有技术、有前景的优质企业。落实企业上市“三年行动计划”，推进企业多渠道、多形式挂牌上市。推进信息化、高端化，由要素驱动向创新驱动转变。充分利用“蓝火计划”平台，加大政产学研金合作力度，不断强化科技同经济对接、创新成果同产业对接、创新项目同现实生产力对接、研发人员创新劳动同其利益收入对接的“四个对接”，加快形成有利于出创新成果、有利于创新成果产业化的新机制。把握互联网经济发展潮流，主动与知名电子商务企业对接，培育第三方特色产品电子商务平台、电商体验店，实现实体与电商结合、线下与线上互动。快递物流与电子商务合作日趋紧密、关联领域不断拓展，要引导企业积极寻求与大型电商合作，加强与中型电商互动发展，拓展物流业务、提高市场占有率。

2.以踏石留印、抓铁有痕的作风“真”抓落实。工作落实不落实、标准高不高、效益好不好，关键在于各级干部能否求真务实，能否一抓到底、抓出实效。

项目大突破必须是好项目的突破、大项目的突破。今天上午，全区将有17个亿元以上项目集中签约，下午还将有10个项目举行开工仪式，我区“项目大突破”首战告捷。希望全区上下奋力拼搏、再接再厉，确保3月30日前，再完成15个亿元以上项目签约落户，一季度完成全年任务的50%以上；9月底之前要确保完成全年指标，力争超额完成。要规范项目建设流程。项目签约前，由职能部门组成联合评估组，实行产业、税收、环保、安全、技术、就业、节能、规划“八位一体”的综合评估，凡是评估不合格的项目一律不得落户；项目签约后，由园区镇街帮助企业领取“三证”、银行开户、办理项目立项等并联审批手续，取得规划、国土、建设许可权证。金融办要对项目资金运转状况进行全程跟踪，所有产业项目要及时纳入项目库统计。项目开工后，工业项目由经信、科技、市场监管、国税、地税等部门，对设备购置、安装进行全方位跟踪，服务业项目由发改、商务等部门进行全过程跟踪，确保项目早日投产达效。要强化项目服务。园区镇街要始终把“帮办墙内事”作为第一义务，把“包办墙外事”作为第一责任，严格落实项目服务包保责任制。所有机关部门都要融入发展大局、聚焦项目建设，在服务项目、服务投资者的过程中多一份主动、多一份细致。要严格督查考核。创新项目建设督查推进机制，每季度组织“两代表一委员”视察项目建设。严格执行《严防招商引资和项目建设中弄虚作假的暂行规定》，确保真抓项目、抓真项目。

城建新提升必须是城市形象的提升、文明素质的提升。树立“民生城建”理念，始终把城市建设作为改善群众生活品质的有效手段和重要途径。要加快实施城建重点项目。认真落实城建新提升“两年行动计划”，对28个独立项目、4个市区共建项目，特别是重大民生项目要早启动早建设。进一步完善道路体系，全面启动金港路南延、柴墟中路改造工程，田许路改造升级工程确保年内建成通车。滨江新城，要拉开框架、完善功能，集中力量建好特色街区，打造城市亲水空间。京沪高速立交功能区，要加快推进明发五星级酒店及高层住宅、台湾国际新城一期国际社区等项目建设。高港雕花楼景观区，要合理开发商业业态，全力打造泰州滨江首席文化旅游街区。凤栖湖新区，要统筹做好整水系、造环境等工作，加快古寿胜寺建设进程，增添城市宗教文化旅游功能。全力支持扬子江药业集团参与城市建设，沿扬子江东路建设“巴黎一条街”，提升商业业态。要打造宜居环境。深入开展城市环境综合整治，突出抓好城区后街背巷升级改造和无物管小区管理。加强城市河道水生态治理，实施绿化、亮化工程，建设一批街头游园、停车场和公共厕所。加快新城名邸、龙湖美景、临港水岸景城二期等在建安置房建设，确保实现动迁安置零过渡。要塑造城市文明。进一步丰富城市文化内涵，提升“大气、大度、大器”的精神特质。大力培育和践行社会主义核心价值观，加快完善现代公共文化服务体系，不断丰富群众的精神文化生活。深入推进文明单位、文明社区、文明家庭创建和“小手拉大手”系列活动，让文明成为全体高港人的思想自觉和行动自觉。继续开展“大江儿女”“高港好人”评选等活动，让“比好人、学好人、做好人”在高港蔚然成风。巩固全国文明城市创建成果，让“建文明城”与“育文明人”深度融合、相得益彰。

增进民生福祉必须注重群众现实需求和真切感受。始终将民生工作作为“心中工作”，在改善民生、造福百姓上下功夫，扎实推进村居综合体制改革，健全完善社会治理、公共服务、可持续发展和组织保障体系，使改革发展的过程成为群众得益受惠的过程。要积极构建现代医疗卫生体系。针对我区老龄化程度偏高的社会现状，深入推进“医养结合”服务模式，满足老年人的养老和基本医疗需求。以高港人民医院为主体，通过托管、联合等形式组建医疗集团，打造特色医疗服务网。依据高港城市建设的总体规划、镇村人口分布情况，优化调整镇街医疗机构布局。要坚持办好人民满意的教育。统筹中小学布点规划，启动建设孔桥实验学校、田河初级中学、海军小学，永安洲实验学校年内竣工。大力促进教育事业优质均衡发展，确保2017年达到省定教育现代化指标体系要求。要健全覆盖城乡的社会保障体系。继续实施“居民收入倍增计划”，完善就业服务体系，多渠道增加就业，实现居民收入与经济发展同步提升。稳步提高各项社会保障待遇标准，实现各类法定对象应保尽保。统筹做好城乡医保、养老、低保和困难群体救助工作，加快社会保障城乡一体化。

3.以勇于创新、动真碰硬的态度“敢”抓落实。始终坚持问题导向，加快体制机制创新，加强作风效能建设，确保各项工作有序推进。

必须创新机制推动落实。创新领导体制，围绕“思想再解放、项目大突破、城建新提升”三大主题工作对应成立三个指挥部，打破条块分割，实现整合资源、重点重抓。完善领导挂钩机制，进一步细化重点企业、重大项目领导包保责任制，严格兑现奖惩，确保各项任务圆满完成。健全督查机制，认真执行限期报告、情况通报、约谈问责等工作制度，形成更为严格的交办、反馈及督办工作流程。

必须转变作风促进落实。要持续加大正风肃纪力度，继续巩固拓展党的群众路线教育实践活动成果，认真抓好中央巡视组反馈意见的整改落实，在防松懈、防变通、防回潮上狠下功夫，确保作风建设的各项要求真正落地生根。当前，少数干部身上存在一些不良习气，一是“码头习气”，主要表现为追求个人利益，缺少大局意识；只顾眼前利益，缺少长远眼光；只讲“江湖义气”，缺少“尊严原则”，根本上都属于庸俗的实用主义。二是“土豪习气”，主要表现为小富即安、小富即狂，缺少事业的进取心；追求享受、相互攀比，缺少回报社会的责任感。三是“游击习气”，主要表现为欠缺法律意识和法治思维，决策随意性大，办事想当然；工作不认真、不专业、不规范，缺乏计划性、系统性、统筹性，根本上都是缺少对事业的责任心。这些不良习气是“四风”问题在高港的具体体现，我们要高度警醒,以“钉钉子”的精神抓好整改。

必须从严治党保障落实。要把守纪律讲规矩摆在更加重要的位置,纪律和规矩是党的生命线,更是党员干部个人的高压线。各级党组织和广大党员干部,必须始终绷紧政治纪律和政治规矩这根弦,做到心里时时有纪律,言行处处守规矩。要严格落实党风廉政建设责任制,各级党委要切实担负起统一领导、直接主抓、全面落实的主体责任;各级党组织主要负责同志要认真履行“第一责任人”责任,做到“既挂帅也出征”;各级纪委要严格落实监督责任,深入推进转职能、转方式、转作风,敢监督、能监督、会监督,保持对腐败“零容忍”。要进一步完善制度体系,严格执行“三重一大”事项集体决策等规章制度,深化纪检组长分片巡查制度,放大巡查的广度和深度,切实加强对权力运行的监督制约。要注重源头防腐,放大廉政讲堂、预防职务犯罪宣讲团等廉政文化品牌效应,让党员干部“心中有党、心中有民、心中有责、心中有戒”。春节将至,各级干部特别是领导干部要认真履行“一岗双责”,带头节俭、廉洁、文明过节,坚决杜绝“节日腐败”。

同志们,一代人有一代人的责任,一代人有一代人的担当。让我们紧密团结在以习近平同志为总书记的党中央周围,团结带领全区人民,以更加自觉的责任担当,更加振奋的精神状态,更加务实的工作作风,奋力推动经济社会发展迈上新台阶,为泰州加快发展作出新的更大贡献!

政府工作报告

——在区第四届人民代表大会第四次会议上

区　长　周裕昌

2015年1月8日

各位代表:

现在,我代表区人民政府向大会作工作报告,请予审议,并请区党代表、政协委员和其他列席人员提出意见。

围绕新要求　取得新成绩

2014年是宏观形势复杂多变、困难风险明显增多的一年,也是全区上下攻坚克难、奋发有为的一年。我们在区委的正确领导下,认真贯彻中共十八大和十八届三中、四中全会精神,坚持“稳中求进、改革创新”的工作总基调,紧紧围绕“三步走”目标,加快新型工业化、信息化、城镇化、农业现代化“四化融合”,经济社会继续保持良好发展势头,较好地完成了区四届人大三次会议提出的各项任务。

全区预计实现地区生产总值330亿元,增长11.50%;公共财政预算收入28.68亿元,增长15.10%;固定资产投资215亿元,增长24.30%;城镇居民人均可支配收入31474元、农村居民人均可支配收入15590元,分别增长9.30%、10.50%。

一年来,我们重投入、稳增长,综合实力日益增强。强化投资拉动,项目建设量质并举。全年新开工亿元以上项目32个、10亿元以上项目8个,实际完成投资92.10亿元。一批战略性重大项目快速积累,鹏翎胶管、益海稻米油、福马高新动力、中通速递等建成投产,国电泰州电厂二期、扬子江龙凤堂、汇福粮油、扬泰电子、江苏中药科技园、圆通和国通速递泰州集散中心等加快推进。注重产业招商,赴北京、福州、台湾开展专题招商活动,引进亚力山卓家居、顺丰光电等超亿美元或超6亿元人民币项目4个,协议注册外资和港澳台资3.50亿美元,实际利用外资和港澳台资1.60亿美元。加快转型步伐,产业结构持续优化。规模以上工业实现产值1350亿元、销售1346亿元、利税197亿元、利润121.60亿元,分别增长14.55%、16.25%、19.70%、21.20%,四大主导产业、战略性新兴产业产值占规模以上工业比重分别达77%、28%。培育壮大民营经济,市场主体注册资金首次突破40亿元。加快企业“六化”进程,新增省著名商标3件、省及市名牌产品11个,获批数字企业24家、省及市“两化”融合示范(试点)企业10家,扬子江药业获省质量奖,高港墙纸联盟标准通过省级验收。实施服务业提速计划,完成服务业增加值103.90亿元、税收17亿元,分别增长12.20%、17.30%,服务业增加值占GDP比重提高1个百分点;新增重点服务业企业19家,海企仓储入选省“十百千”行动计划创新型企业,泰州化工品交易中心创成省首批进口商品交易中心,高港综合物流园建成百亿级服务业集聚区。推进农业规模化、机械化,新增市级以上示范家庭农场12个,组建农机、植保、农资专业合作组织42家,新型适度规模经营主体总面积占比达54.70%;新增高效设施农业1.20万亩,主要农作物机械化综合水平达

84.50%。获批国家级农业综合开发项目县，岱白村被认定为全国“一村一品”示范村，上膳源泰州高港农场成功落户。建筑业加快发展，实现建筑企业增加值93.58亿元，同比增长20%；完成工程结算收入165.91亿元，同比增长40%。加强要素保障，发展后劲不断累积。举办两届“金融超市”活动，新增授信规模41亿元，9家企业签订上市辅导合作协议。全区金融机构存、贷款余额分别达295亿元、168亿元，比年初分别增长20%、25%，中信银行、常熟农商行进驻高港，创成省金融生态优秀区。建立项目用地税收综合评价机制，盘活闲置土地、低效用地815亩，省级节约集约模范区创建工作通过验收。加快人才集聚，建立省外劳务输出基地5家，引进“国家千人计划”1名、各类高层次创新创业人才（团队）210个。

一年来，我们重改革、求创新，发展活力竞相迸发。重点领域改革稳步推进。制定推进转型升级综合改革的若干政策实施细则，安排转型升级专项资金1.20亿元。改革试点成效明显，胡庄镇及永安洲镇农村综合改革试点、口岸街道简政放权试点、许庄街道土地节约集约利用试点工作进展顺利。机构改革有序实施，事业单位分类工作按时完成，整合工商、质监、食品药品管理职能，组建区市场监督管理局。深化行政审批制度改革，公布区级部门行政权力事项清单、行政审批事项目录和行政事业性收费目录清单，工商登记制度改革全面实施，区级部门行政审批事项由240项精简至169项，政务服务效率较法定时限平均提速75%以上。深入推进农村产权制度改革，新增土地承包经营权确权登记颁证试点村30个，完成农村集体资产确权和股份合作改革。深化投融资体制改革，出台政府性项目投融资管理制度。实施农业、水利、城市管理等政府购买公共服务项目13个。重视政府债务化解，完成地方政府存量债务清理甄别工作。园区承载功能显著提升。刁铺街区、许庄街区、滨江新城控规通过专家论证，核心港区控规获市政府批准。拨付基础设施建设贴息专项资金3000万元，5万吨级集装箱码头开港运营，创新大道改造、解放路东延、建桥路东延、临港大道、龙港路建成通车，铺设燃气管道117.20千米，建成标准厂房17.94万平方米。省级墙纸、特防用品检测中心投入运营。高新区在省级开发区排名上升至39名，创成省级汽车零部件科技产业园，粮油食品、通用动力、新材料产业园获批市特色产业园区。区域创新体系更加完善。加快技术研发和产品创新，新增高新技术企业7家，新建省级工程技术研究中心2家，实施市级以上科技合作项目56个，全社会研发投入占GDP比重达3.74%，高新技术产业产值占规模以上工业比重达50.90%。推进科技成果转化，新建产学研联合体16家，建成科技孵化器一期，中科院泰州应用技术中心高港工作站挂牌运行，永安洲镇获批省创新型试点乡镇。全区专利申请量达2256件，其中发明专利656件，万人发明专利拥有量达7.08件。

一年来，我们重融合、抓统筹，城乡建设展现新姿。完善功能，城市建设快速推进。实施城建重点项目67个，完成投资超70亿元，城投公司成功发行10亿元企业债。重点工程有序推进，口岸水景街区开街运营，明发城市综合体11幢高层主体封顶，台湾国际新城、明发五星级酒店开工建设。东风路快速化改造、宇业项目二期等市及区重大项目动迁工作全面完成，实施动迁26.79万平方米。开工限价商品房548套，建成公共租赁房561套，水岸景城一期、龙湖美景一期、润洲花苑17栋小高层竣工交付，育才花苑二期、新城名邸等安置房项目进展有序。路网体系不断完善，锦江路建成通车，田许线升级改造、泗白路南延、海军东路、银杏路西延加快实施。推进城市环境综合整治“931”工程，44个整治项目全面完成，润洲社区、新城社区创成省级城市管理示范社区，防控违工作全市领先。筑牢基础，镇村面貌焕然一新。编制完成永安洲、白马、大泗、胡庄总体规划和镇区控制性详规。有序推进“1+5”集中居住，大泗、胡庄、孔桥集镇居住区加快建设。新农村建设扎实推进，疏浚整治乡级河道6.10千米，新建农村公路25千米、农村桥梁23座，创成市级全面小康示范村10个，村庄环境整治工作通过省级全域验收。小型农田水利重点县项目全面完成，新建电灌站108座、硬质渠道179.20千米。聚焦生态，人居环境持续改善。实施绿化造林，建成泰州大桥绿色景观带，林木覆盖率和城市绿化覆盖率分别达27.02%、47.30%。推进节能减排，关停化工、电镀企业6家，整治燃煤锅炉74台，总投资4亿元的污水处理厂二期及污水总管工程有序推进，万元工业产值能耗同比下降12%，主要污染物减排完成市交指标。优化城市水环境，投资3600多万元实施河道生态整治，凤栖湖片区完成深化设计。创成省级生态区，实现国家级生态镇街全覆盖，高新区创成省级生态园区。

一年来，我们重民生、促和谐，公平正义不断彰显。社会保障更加完善。财政用于民生支出17.65亿元，占公共财政支出的71.52%，为民办实事项目全面完成。开展“百村千企万人”就业创业帮扶活动，新增就业8189人、创业6012人，城镇登记失业率控制在1.80%左右，保持全省最低。建立全民参保登记个人信息数据库，逐步提高城乡居民养老、医保筹资标准和保障水平，被征地农民应保尽保。常态化开展医疗救助、扶贫济困活动，城乡居民低保、散居孤儿供养标准提高至每月530元、1020元，尊老金、价格临时补贴足额发放到位，新建、改建居家养老服务站(中心)16个。高港烈士陵园主体工程竣工。社会事业更加进步。出台《关于加快推进教育现代化建设的实施意见》,统一编制全区学校布局规划,口岸实验学校投入使用,永安洲实验学校开工建设,创成全国义务教育发展基本均衡区。泰州市第三人民医院与泰州人民医院开展战略合作,永安洲社区卫生服务中心获评省群众满意的社区卫生服务机构,区、镇、村三级医疗卫生服务网络不断完善,创成国家级慢性病综合防控示范区。开展"大江系列"文化演出活动22场,广场舞《茉莉飘香泰州情》获省市比赛金奖。成功举办"高港杯"首届全国象棋青年大师赛,雕花楼景区创成国家AAA级旅游景区,水景街区"三庙"正式开光,全民健身中心、中广蓝海国际影城对外开放,历史文化展示馆即将竣工,高港书画院加快建设。社会环境更加优化。践行社会主义核心价值观,扎实推进全国文明城市创建,市民素质明显提升。深入开展平安法治建设,建成政法综治服务三级平台并规范运转,"六五"普法扎实推进,公共法律服务实现全覆盖,通过省"法治建设示范区"考评复核,实现平安高港"十一连冠"、法治高港"六领先",我区被评为2011~2014年全省社会治安综合治理先进集体。"五大专项行动"圆满完成,南京青奥会和中央巡视组驻宁期间信访稳定工作获全市表彰。加强行政执法与刑事司法衔接,共同打击食品药品领域犯罪,全区未发生一起食品药品安全事故。强化安全生产"一企一评估",安全生产形势平稳可控。国防动员和后备力量建设质量提高,被南京军区评为"征兵工作先进单位"。支持工会、共青团、妇联、残联、老龄、红十字、关工委等人民团体开展工作,积极开展优抚安置、交通管理、人防、消防等工作,广电、通信、气象、电力、对台、外事、侨务、民族宗教、机关事务、史志档案等各项工作取得新成绩。

一年来,我们重规范、强服务,自身建设明显加强。工作作风切实转变。扎实开展群众路线教育实践活动,区政府党组及政府组成部门以身作则、率先垂范,聚焦"四风",立行立改,机关作风进一步改进。继续开展"三解三促·两送两增"活动,群众工作队扎根基层、服务群众,干群关系日益融洽。严格落实中央八项规定和省、市、区委十项规定,治理"文山会海",规范评比达标表彰活动,完成办公用房清理工作。效能建设成效显著。推进政府工作项目化,实行"月月考、家家评"制度,加强对重点工作、重大项目的跟踪督查。开展效能"亮剑"和"庸懒散奢"整治专项行动,坚决消除"中梗阻"现象,执行效率进一步提高。推进政务公开和政府信息公开,认真办理"12345"热线、区长公开电话和市(区)长信箱4300多件,及时回应网络舆情,有效解决了一批群众反映强烈的热点难点问题。依法行政不断强化。推进行政权力网上公开透明运行,加强行政复议和应诉工作,妥善化解行政争议,获评省级依法行政示范点。自觉接受区人大及其常委会的法律监督、工作监督和区政协的民主监督,支持"两代表一委员"开展工作,广泛听取社会各界意见,集思广益做好政府工作。累计办理人大代表建议42件、政协委员提案115件,办结率、满意或基本满意率均达100%。认真落实党风廉政建设责任制,加大源头治腐和纠风治乱力度,树立了良好的政府形象。

各位代表,走过不平凡的2014年,我们深知:高港经济社会发展取得的每一项成绩、城乡建设的每一处变化、人民群众得到的每一点实惠,无不凝聚着全区上下的心血与汗水,无不包含着方方面面的努力与贡献,无不见证着30万高港人民的智慧与勇气。在此,我谨代表区人民政府,向辛勤工作在各条战线上的广大干部群众,向给予政府高度信任和鼎力支持的党代表、人大代表、政协委员,向所有关心支持我区发展的社会各界人士表示衷心的感谢,并致以崇高的敬意!

在前进的道路上,我们也清醒地看到工作中存在的问题和不足:区域经济密度、产业集聚度还不高,转型升级任务艰巨;城市功能有待提升,公共资源配置还不均衡,城乡统筹力度需要进一步加大;民生工作水平、社会治理能力与群众期待还有差距;政府自身建设还存在一些薄弱环节,服务能力、工作效能和廉洁意识仍需进一步加强。对此,我们将高度重视,采取有效措施,认真加以解决。

适应新常态 谋求新作为

2015年是全面深化改革的关键之年,是全面落实依法治国战略部署的开局之年,也是全面完成"十二五"规划的收官之年。当前,世界经济仍处在国际金融危机后的深度调整期,今年增速可能会略有回升,但总体复苏疲弱态势难有明显改观,国际金融市场波动加大,大宗商品价格波动,地缘政治等非经济因素影响加大,国际竞争更趋激烈。我国经济发展呈现"新常态",处于"三期叠加"的关键阶段,"中高速、优结构、新动力、多挑战"的特征日益显现,经济韧性好、潜力足、回旋空间大,为经济持续健康发展提供了有利条件,同时,资源要素紧收、环境容量紧缺、市场需求紧缩的矛盾更加突出,经济社会发展面临不少困难和挑战。新常态之"新",意味着超越以往,开拓创新;新常态之"常",意味着相对稳定,稳中求进;新常态之"态",意味着遵循规律,顺势而为。我们将根据市委、市政府"思想再解放、项目大突破、城建新提升"的工作部署,既深刻认识新常态,把握规律性,认清形势的变与不变;又主动适应新常态，加快转变经济工作方式、经营发展方式和传统思维方式；更积极引领新常态，发挥主观能动性，坚持有所为有所不为，抓机遇，避风险，行稳致远，努力以“非常态”之功实现“新常态”下的科学发展、可持续发展、包容性发展。

新常态下，我们将更加注重理性决策和特色发展。树立长远眼光，加强战略思维，深入挖掘资源禀赋，充分发挥比较优势，科学谋划高港发展的“计”与“策”。抢抓长江经济带、上海自贸区、苏南现代化建设示范区等国家战略机遇，跳出高港看高港，坚持“以港兴城、港城共荣”，推动港口、港区、港城联动发展，全力打造江苏长江航运中心节点港、区域核心港，在长三角一体化格局中构筑新优势。始终坚持“工业立区、工业强区”不动摇，加快项目集聚、产业集聚，全力争创国家级经济技术开发区。

新常态下，我们将更加注重思想解放和改革创新。改革转型的目标任务要求我们继续解放思想，复杂多变的发展形势倒逼我们深入解放思想。我们将准确把握高港发展的“形”与“势”，思想再解放，改革再发力，以“高港尊严”凝聚人心，焕发艰苦奋斗、勇于争先的发展自强；以“六大建设”引领发展，焕发求索进取、干事创业的实践自信；以开放创新激发活力，焕发敢闯敢拼、先行先试的改革自觉，不断提高经济总量在全市的份额占比，为泰州加快发展作出更大贡献。

新常态下，我们将更加注重发展质量和生态效益。常态发展并不是放弃加快发展，增速换挡更不是放任增速下滑，关键是要追求利民生、重生态、有效益的发展，全面提升高港发展的“质”与“量”。我们将坚持不懈推动经济发展提质、增效、升级，把生态建设作为检验发展成效的重要标杆，用生态“底色”描绘高港转型发展的“绿色”，努力做到调速不减势、量增质更优。

新常态下，我们将更加注重城市文明和社会和谐。城市是现代文明的窗口，是我们每个人追逐梦想、美梦成真的家园。我们将矢志不移推进城乡一体，提升文明程度，塑造现代城市的“灵”与“魂”。把“真心爱民、善待百姓，真心为民、造福百姓”作为城市建设的根本出发点和最终落脚点，努力使就业更充分、收入更均衡、社会更完善，让老百姓有更多的幸福感、自豪感、归属感。

今年政府工作的总体要求是：深入贯彻中共十八大、十八届三中及四中全会和习近平总书记系列重要讲话精神，全面落实中央经济工作会议、省委十二届九次全会、市委四届八次全会、区委四届五次全会的各项部署，大力推进“思想再解放、项目大突破、城建新提升”三大主题工作，坚持稳中求进，致力稳中奋进，坚定不移稳增长、优结构、促转型、惠民生，狠抓改革攻坚，加快项目突破，推进城乡统筹，注重生态文明，加强民生保障，努力建设经济强、百姓富、环境美、社会文明程度高的新高港，为早日实现“三步走”目标、建设现代化国际化滨江港城奠定坚实基础。

根据区委的部署要求，建议今年全区国民经济和社会发展的主要调控目标为：地区生产总值增长11%以上，公共财政预算收入增长12%；社会消费品零售总额增长13%，固定资产投资增长22%以上，高新技术产业产值占规模以上工业比重超过50%；城乡居民收入实现与经济基本同步增长；全社会研发投入占GDP比重3.50%；万元GDP能耗、环境质量综合指数完成市交指标。

2015年，我们将重点做好以下五个方面的工作：

一、突出综合改革，尊重基层首创，构筑科学发展体制机制新优势

以更大的勇气和智慧推进改革，聚合正能量，释放新红利，交出一份人民群众满意的“改革清单”。

稳步推进镇街、村居综合体制改革，打造高港改革的特色品牌。优化村居治理结构。明确村居组织权力边界和职责范围，形成党组织为领导核心、自治组织为基础、社会组织为补充、群众广泛参与的村居治理结构。推行“政社互动”，建立村居工作准入制，梳理自治组织依法履职事项和依法协助政府工作事项“两份清单”，做到“权随责走、费随事转”。突出基层自治，完善村（居）务公开和民主管理制度，深化“三大直评”和“两代表一委员工作日”活动，切实保障群众的合法权利。整合民政、综治、公安等部门基层管理相关职能，推行村居网格化管理，提高社会综合管理水平。提升公共服务水平。优化村居社会事业工作站的工作职能和运行体系，加快建设村居综合服务中心，为群众提供优质高效的服务。加大信息化平台建设力度，全面建立网上村（居）委会，及时提供网络服务、回应群众诉求。突出服务重点，着力解决群众普遍关注的基层医疗卫生、养老、弱势群体救助、村居环境等热点难点问题，不断提高群众的幸福指数。加大村居经费保障力度，优化整合强基工程、社会建设、村庄环境长效管护的资金投入，统筹建立“社区建设专项资金”，提高财政资金的使用效率。健全组织保障体系。加强村居干部的制度化、规范化建设，对村居干部实行“定编制、定岗位、定职责、定待遇”，实现“责权利”相统一。构建以民意为导向的考核评价体系，推进村居干部与镇街干部、机关干部之间的有效流动，实现“能上能下、能进能出”。加快改革试点。扎实开展口岸街道、永安洲镇村居综合体制改革试点，及时对改革成效、实践经验、社会反映、存在问题进行分析研判，形成推动改革的具体思路和政策措施，适时向面上推广。同时，逐步将村居综合体制改革向镇街拓展，促进其强化社会管理和公共服务职能，进一步理顺关系、明确职责、加快发展。

深入推进经济体制改革，充分发挥市场配置资源的决定性作用。构建要素保障体系。推进农村土地经营制度改革，基本完成农村土地承包经营权确权登记颁证和土地承包经营权抵押贷款试点工作。推进城乡建设用地市场化改革，研究城乡统一的建设用地市场方案，推进乡镇土地增减挂钩封闭运作试点，完善推广农民宅基地退出和土地增值收益分配机制，对土地复垦、集中居住后置换出来的土地指标，全面实行竞买制度。发挥“土地储备银行”作用，建立节约集约用地评价指标体系，清理批而未供、供而未用及低效用地，通过增减挂钩、弹性出让、“空间换地”等途径，最大限度增加用地空间。完善金融服务平台，加快招引银行、证券、保险等金融机构和评估、评级、会计等中介机构落户。充分发挥政府资金引导作用，建立产业扶持基金，积极参与质态较优、前景较好的企业股份制改造和资本运作。组建区公共资源交易中心，集中对建设工程招投标、产权交易、土地出让、政府采购等公共资源进行统一管理、市场配置、阳光运作。推进财税体制改革。落实新预算法，优化财政管理体制，建立规范透明的预算制度，继续推进部门预决算和“三公”经费公开。加强政府融资平台管理，建立规范的政府举债融资机制和债务风险预警机制，按要求将政府债务分门别类纳入全口径预算管理并逐步化解。强化结余结转资金管理，提高财政资金使用的精准性有效性，把有限的财政资金用到推动发展和改善民生上。深化税收制度改革，认真落实结构性减税政策，在推进“营改增”的同时，密切关注上级政策动向，让市场主体享受更多政策扶持。拓展民营经济发展空间。按照“非禁即入”的原则，采取股权出让、组建项目公司、推行业主招标、开展特许经营权转让等多种办法，鼓励民间资本进入教育、医疗、文化、城市基础设施等社会事业和公共服务领域。发展混合所有制经济，引导企业主动参与国企改革，积极与外资嫁接混合，在互利合作中攀高附强，实现更大发展。落实企业上市“三年行动计划”，引导企业完善法人治理结构，建立现代企业制度，力争实现新三板挂牌企业2家，培育基本具备上市条件企业10家。

全面推进行政管理体制改革，加快建设服务型政府。深化行政审批制度改革。加快编制投资审批“负面清单”、区级部门行政权力责任清单，以政府部门的“正面清单”规范行政行为，以市场准入的“负面清单”激发市场活力。放大“三级联动”平台效应，全面推行项目容缺预审、联合审批、代理代办、“四证一体”等联审联办机制，打造网上办事大厅和实体大厅“虚实一体”的政务服务平台。开展中介机构清理整顿，突出涉及投资项目审批的中介机构管理，加强行业自律，落实行业监管，有效解决中介机构垄断执业、服务不到位、收费不规范等问题。加大简政放权力度。深化口岸街道园街合一体制和简政放权改革，依法赋予部分区级经济社会管理权限，加快构建“前台+后台”运行模式，依托综合执法、便民服务、社会服务三大平台，提高社会管理和公共服务能力，试行“镇区事镇区办结”，建立行为规范、运转协调、公正透明、廉洁高效的基层行政管理体制和运行机制。实施政府机构改革。推动区市场监督管理局平稳运作，完善区、镇街、村居三级食品药品安全监管体系，建立贯穿生产、流通、消费全过程，监管、执法、技术支撑相互衔接的市场综合监管体制，营造公平、有效、竞争的市场环境。稳步推进区卫生、人口计生等部门整合，确保职能、机构、人员三到位。

二、突出项目为王，坚持特色发展，全力争创国家级经济技术开发区

始终把项目建设作为生命线，强化港口引领、项目支撑和园区开发，确保2015年进入省级开发区第一序列，2017年创成国家级经济技术开发区。

建设现代港口，增强未来发展的竞争力。发挥大江大港大桥优势，致力形态开发与功能完善并举，打造国际化码头、国际化港口、国际化港区，努力成为泰州未来发展的新引擎和增长极。推进“大港口”建设。以全球眼光和战略思维科学规划港口发展，尽快在长三角港口群中形成比较优势和港口特色。按照“整合资源、拓展空间”的思路，高水平编制核心港区整体规划，充分挖掘东夹江、北夹江等岸线资源禀赋，延长长江“内岸线”，实现“深水深用、浅水浅用”，提高内河岸线综合利用效益。加快推进集装箱码头二期及各类专业码头建设，完善堆场等配套功能，力争2017年吞吐量达50万标准箱。加强集疏运体系建设，实施疏港北路拓宽改造、锦江路连接长江大道等工程，启动连接港口的铁路货运专线规划论证，加快实现“公、铁、水、空”联运。建立以政府为主导、市场为主体的运作机制，积极寻求与新加坡、中国香港、中国台湾等地航运巨头的战略合作。构建“大服务”格局。加快联检大楼建设，建立海关、国检、边防、海事等通关服务体系，实现“一幢楼办公、一条龙服务、一站式通关”。认真研究保税港区相关政策，组建专业班子，加强与国家和省交通、水利及长航委等关键部门的沟通联系，积极争取保税物流功能。大力发展加工仓储、转口贸易、金融保险、出口代办等相关产业，与上海港、太仓港等干线港口实现“货运无缝衔接”，吸引更多企业货走高港。完善“大物流”体系。健全省级服务业集聚区功能，引进益嘉物流区域性总部，大力发展第三方物流，建设集加工、仓储、配送、信息等现代物流业务为一体的区域性物流基地。编制电子商务发展规划，加快圆通、国通快递泰州集散中心等项目建设，注重引进电子商务综合平台、配套服务企业和电商龙头企业，打造省级电子商务产业园。依托国泰电厂、益海粮油、大自然家居等龙头企业，推进江海联运，建设煤炭、粮油、化工、木材等沿江特色物流中心。加强与武汉、重庆等地区的战略合作，在港口联动开发和物流联动发展上取得突破，真正把泰州港核心港区建成辐射长江中上游、承接大江南北、支撑本地工业化的要素集聚港、产业支撑港、发展带动港。

加快项目突破，增强产业发展的爆发力。在项目规模总量上大突破。紧盯全球产业转移新趋势和知名企业集团战略布局新动向，瞄准长三角、珠三角、京津冀、港台、日韩、欧美等重点地区和国家，常态化开展专题招商、中介招商、委托招商、网络招商等活动，既抓大项目“顶天立地”，也抓中小项目“铺天盖地”，确保每周都有项目签约落户。实施“一把手工程”，坚持一把手抓招商、抓项目，做到重大项目亲自追踪、亲自洽谈，保持项目招引的强大攻势。加强招商队伍建设，整合园区、镇街和部门招商力量，组建专业化招商团队，提高招商实效。确保全年引进超亿美元或10亿元人民币项目6个以上、1亿~5亿元项目50个以上，产业项目投资额不低于230亿元。在项目结构质态上大突破。围绕四大主导产业，加强产业链整体研究，制定产业招商路线图，着力引进一批产业链高端项目和建链、补链、强链项目，确保工业项目投资占产业项目投资的比重达68%，高新技术产业投资占工业投资的比重达49%。围绕城市功能补缺，加快引进路网、管网、水系等城市基础设施PPP合作项目，大力招引商贸中心、连锁超市、专业市场等服务业项目，确保服务业投资不低于92亿元。围绕社会事业发展，力争在养老服务、私立医院、民办学校等项目招引上取得突破。严把项目准入关，实行产业、税收、环保、安全、技术、就业“六位一体”的综合评价，确保招引落户优质项目。在项目集聚带动上大突破。严格按照产业规划和定位，对新招引项目进行统一调度、统筹布局，逐步解决项目无序摆放的问题，促进同类项目向特色产业园区集聚，发挥集群协同效应，降低企业发展成本。对现有小而散的企业，结合园区发展和城镇化建设，逐步进行搬迁、整合，形成集聚效应，培育“板块经济”。注重研究梳理上级政策与我区产业发展、重大项目的对接点，力争一批“十三五”规划重大项目列入国家和省、市规划“笼子”。在项目产出效益上大突破。丰富“三服务、三尊重”内涵，把“帮办墙内事”作为第一义务，把“包办墙外事”作为第一责任，认真抓好要素、审批和协调服务，建立从项目洽谈签约、落户建设、投产达效的全过程服务体系，推动项目尽快释放产能和效益。启动建设大自然木业园二期、特种兵植物蛋白饮料、亚力山卓家居、顺丰光电等项目，加快汇福粮油、诚达精工、恒达化工、宏进农副产品国际物流中心等重大项目的实施进度，确保扬子江龙凤堂一期、扬泰电子、港城养生、张驰轮毂、扬子催化剂等项目投产。加大督查考核力度，建立“半月一协调、每月一通报、双月一过堂、一季一点评、半年一观摩、一年一述职”的督查推进机制。强化项目监管，对投资强度不足、产出效益不佳的企业给予“黄牌警告”，对有环境污染、产能落后的企业实施“腾笼换鸟”，实现生态文明、经济效益、社会稳定的有机统一。

提升园区能级，增强载体平台的承载力。在产业升级上彰显特色。围绕新医药、粮油食品加工、装备制造、新材料四大主导产业，以“品牌化、标准化，资本化、上市化，信息化、高端化”为引领，抓好技术改造和品牌培育两个关键环节，推动产业向研发设计、创新制造、营销服务等高端环节拓展，增强竞争优势。深入实施新兴产业双倍增计划，培育智能电网、3D打印、软件及信息化服务等新兴经济业态。推动实体经济与互联网嫁接，在墙纸企业网络销售联盟建设上率先突破，引导更多企业创新商业模式，实现线上线下融合并进，抢占互联网经济制高点。建立高港企业在线信息平台，通过网络平台宣传推介高港，帮助企业优选合作伙伴、拓展产品市场。按照“区中园”的模式，启动编制汽车零部件产业园、船舶产业园、壁纸产业园、新材料产业园等专业园区规划，加速建成中医药、粮油食品、通用动力、船舶、新型建筑装饰材料五个国家级产业基地和快递物流、新材料两个省级产业基地，推动产业由“物理集聚”催生“化学裂变”，有力支撑国家级经济技术开发区创建。在功能配套上完善提升。以高新区为统领，制定统一的基础设施规划和各类专项规划，建设从沿江到腹地的工业走廊。加快园区道路建设，建成运行污水处理厂二期及污水总管工程，推动三大园区统一供热，提升水、电、气等供给能力。加强公共服务平台建设，启动建设省级测绘计量中心、家居用品检测中心，推进汽车天线、LED行业检测中心建设，争创国家级特防用品检测中心，推动园区向先进制造、工业服务、创业孵化于一体的新型产业园区转型。加快“园中村”动迁，高标准规划建设星级酒店、高档社区、商务中心以及休闲娱乐设施，促进产业功能和城市功能叠加互补。在发展体制上调优激活。进一步推动园区“去乡镇化”“去行政化”，优化机构设置，减少管理层级，建立“精简、统一、效能”的管理体制。争取园区享有县级管理权限，使其在招商引资、经济管理等方面发挥更大作用。牢固树立经营园区的理念,完善投融资体制,探索市场化运作模式,实现园区的自我平衡、滚动发展。鼓励发展"飞地经济",推动招引项目按照产业属性"飞地"布局,实现区域之间的良性竞争、合作共赢。在科技创新上务求突破。推进省级创新型试点区建设,实施科技型企业梯队培育工程,建好企业工程中心和重点实验室等创新创业载体,建成科技孵化器二期并创成国家级创业服务中心,力争培育省级高新技术企业15家、民营科技型企业24家以上。发挥"科技镇长团"作用,放大武汉理工泰州高技术研究院和西安交大、上海理工、吉林大学技术转移中心等平台的辐射效应,推进产业技术创新战略联盟、校企联盟、技术转移联盟建设,新建产学研联合体16家以上,开展产学研合作项目56个以上。强化人才支撑,面向国内外引进一批科技创新团队、海外工程师和职业经理人。

三、突出城乡融合,共建美好家园,率先建成城乡发展一体化先行区

以新型城镇化为主线,提升中心城区的首位度、带动力,更好地推动城乡统筹发展、融合发展。

提升品质抓城市,打造江东明珠、泰州门户。把准城市开发的重点和节奏,大力实施城建新提升两年行动计划,注重点、线、面的有机结合,更加突出城市建设的精致性、紧凑性。以片区开发为支撑,提升城市内涵。稳步建设滨江新城,推进春江花月夜、永安花苑、泰州高港汽车南站等项目,着重做强功能、做优形象、做美环境,打造高港重要的城市片区。实施明发城市综合体五星级酒店及二期商住开发、台湾国际新城一期国际社区等项目,招引大型商超、企业总部落户,努力把京沪立交功能区打造成服务长三角经济圈的高端商务区。推进柴墟路旧城改造,丰富口岸水景街区商业业态,打造泰州滨江首席文化旅游街区。启动建设凤栖湖片区,迅速开挖整理凤栖湖,建设湖区道路和绿化景观,吸引文化创意、高等教育、商业住宅等项目落户。支持扬子江药业参与城市建设,沿扬子江东路建设"巴黎一条街"。以节点改造为带动,提升城市面貌。突出港城路道口形象提升,通过市场化运作方式,对国际财富中心进行系统改造,大力招引区域性总部、金融服务、社会事业及综合商务,打造高端商务写字楼。启动刁铺街区节点改造,实施环港大道、解放路、环溪路、银杏路、通港路等道口改造工程,打造城市出入口靓丽风景线。加快新建道路绿化和城区中心节点绿地建设,建成一批城市小游园、街心公园,推进沿街楼宇亮化工程,提高城区绿化、美化、亮化水平。以精致管理为抓手,提升城市环境。深入开展城市环境综合整治,全面完成城市环境整治三年行动计划。有序改造城中村,加快小区提档升级,重点对无物管小区及后街背巷进行升级改造,完成起凤新村、锦江花园、春江新村等5个老旧小区整治任务。规划建设一批公共停车场、公共厕所,缓解群众"停车难""如厕难"。健全数字化城管平台运行机制,完善信息采集、核查、考核机制。加大防违控违力度,规范建房报批和管理工作,严厉打击各类违法建设行为。

统筹协调抓城乡,促进区域一体、共同发展。优化空间功能布局。结合"十三五"规划编制,加强国土功能分区规划,进一步优化空间布局、城镇布局、生态布局。注重主城区功能更新规划研究,加快全区建设用地控制性详规和水系、燃气、供电等专项规划的编制。按照城乡统筹发展的要求,及时调整镇村布局规划,做好村庄规划的修编工作。完善基础设施配套。启动建设金港路南延、柴墟中路改造、龙窝路、环港大道连通工程,建成田许线升级改造、古田线改造、海军东路等项目,做好京沪高速江广段扩容、泰镇高速、东风路快速化改造等省及市重点工程的配套服务,构建快速高效的对外交通、畅通便捷的内部交通。办好新一轮农村实事,编制农桥建设计划,加快农田水利设施建设,实施中型灌区改造工程,抓好第六批中央财政小型农田水利重点县项目。加强重点镇村建设。按照布局合理、设施配套、环境宜居、特色鲜明的要求,加快大泗、胡庄、孔桥等集镇居住区建设,形成符合本地实际、尊重群众意愿、体现地方特色的"1+5"城镇化格局。完善农村社会事业、公共服务、社会管理等功能,加快邻里中心、商业配套、金融网点建设,提升镇村承载能力。支持白马、大泗、胡庄根据自身资源优势、区位条件和产业基础,培育发展富有特色、竞争力强的主导产业,发展镇域经济,增强镇区实力。

夯实基础抓"三农",建设美丽乡村、富裕农村。做强农业,推进规模化、机械化。培育新型农业经营主体,推进农业适度规模经营,加大仓储、烘干等配套设施建设,提升小农场经营管理水平,构建新型农业经营体系。实施国家级农业综合开发县项目,推进胡庄、大泗省投资高标准基本农田整治项目,提高农业综合生产能力。继续鼓励村集体经济组织、农民、农场主兴办专业和股份合作社,发展农业社会化服务组织,支持其参与良种示范、农机作业、统防统治、农资营销等服务。优化调整农业园区产业结构和布局,提高产业化功能、整体效益和科技贡献率。推广上膳源有机种养模式,培育、引进农业龙头企业,加快形成与产业相配套的加工和市场营销体系。推进银杏产业化,鼓励发展银杏精深加工。扮美农村,推进园区化、社区化。注重保护村落肌理和田园风光,慎砍树、不填河、少拆房,尽可能在原有村庄形态上改善村民居住、生活条件。健全村庄环境长效管理机制,完善道路、绿化、河塘、村庄"四位一体"的管护模式，严格执行“村居日考勤、镇街月考核、全区年考评”的督查考评机制，推动农村环境综合整治常态化、规范化。加强农村社会系统治理，重视农村“留守”问题和矛盾化解，增进亲情乡情，促进邻里和睦。通过塑造各具特色、内涵丰富的“美丽乡村”，让老百姓感受到自然之美、环境之美、人情之美，看得见乡景，记得住乡愁。致富农民，推进多元化、职业化。放大“五有”乡镇农技推广综合服务中心建设成果，培育农业种养能手，打造有文化、懂技术、会经营的新型农民队伍。大力发展村集体经济，加强农民劳动技能、科技应用、经营管理等能力的免费培训，引导农民向非农产业转移，增加工资性、经营性收入。坚持以工业文明、城市文明提升农村文明，用文明浸润人们的心灵，筑起新的公序良俗，加快农民向市民转型。

四、突出生态建设，珍惜碧水蓝天，着力打造绿色宜居的良好环境

秉持敬畏自然、尊重自然、保护自然的理念，更大力度推进环境保护和生态建设，宁要绿水青山，不要金山银山，让人民群众享有更多的绿色福利、生态福祉。

建设生态文明，坚定不移推进节约集约。在绿色发展上不断探索，把生态环保要求融入经济社会发展全过程，用好价格机制和市场办法，健全生态补偿制度，推进污染物排污权有偿使用和环境污染第三方治理，形成保护环境、节约资源的空间格局和产业结构。在节能减排上深入推进，大力整治燃煤锅炉，推广集中供热和使用清洁能源，确保二氧化硫、氮氧化物等减排指标完成市交任务。在风尚培育上注重引领，深入开展生态文明进机关、进企业、进学校、进社区、进家庭活动，普及生态科学知识，引导市民养成生态、低碳的生活习惯和生活方式，使绿色消费理念蔚然成风。

改善生态环境，坚定不移向污染宣战。以新环保法实施为契机，铁腕重拳推进环境执法，坚决打击偷排行为，解决好我们共同面临的污染问题。围绕“水更清”，落实“河长制”，推行河道分级管理，实现河道整治、管护长效化；摸清全区雨水、污水管网的“家底”，大力实施活水截污工程，推进污水收集管网和雨污分流建设，全面消除城区河道黑臭现象；加强水源地保护和自来水深度处理，建立从“水源地”到“水龙头”的安全屏障。围绕“天更蓝”，延续“保青奥”环境治理措施，严格落实大气污染防治计划，突出抓好工业废气、机动车尾气、施工扬尘、秸秆焚烧的联防联控，坚决压降PM2.5浓度，消除人民群众的“心肺之患”。围绕“地更绿”，开展植树造林，加强古树名木保护，把沿路沿河沿街作为重点地带，把乡土树种作为主要品种，大力实施城乡绿化、滨江风光带建设、生态脆弱区恢复等工程，拓展绿色生态廊道，新增造林面积1000亩，林木覆盖率达27.10%；加强农业面源污染治理，推行化肥使用备案和农药使用跟踪制度，严控土壤污染。

打造生态品牌，坚定不移争创国家级生态区。坚持创建惠民，将创建工作与解决突出环境问题有机结合，对照5项基本条件和22项建设指标，在污水处理设施、垃圾中转站、标准化农贸市场、环境信访等重点环节抓好查漏补缺，加快建成一批生态工程和生态设施。实施生态建设“细胞工程”，建成更多的绿色社区、绿色学校和生态村，满足人民群众对良好生态环境的热切期盼。大力开展生态创建宣传，加紧完善软件台账资料，最大限度地展示创建成果，确保年内创成国家级生态区。

五、突出民生改善，共享幸福时光，让群众生活更具品质、更有尊严

民生工作只有起点，没有终点；只有更好，没有最好。我们将把“人民对美好生活的向往”作为价值追求和奋斗目标，努力让发展成果更多、更公平地惠及全区人民。

健全保障体系，筑牢民生网底。促进创业就业。推进大众创业，通过建设标准厂房、强化职业培训、提供创业服务等途径，引导群众不拘形式、不拘规模创办实业。推进充分就业，突出高校毕业生、农村劳动力等群体，畅通用工信息渠道，健全覆盖城乡的公共就业和人才服务体系。发挥省外劳务合作输出基地、村级劳务公司作用，以更有针对性的就业服务支撑重大项目建设、支持重点企业发展。提高保障水平。扩大社会保险参保缴费覆盖面，落实社会保障关系转移接续政策。整合新农合和学生儿童医疗保险政策，构建城乡一体的基本医疗保障管理制度。落实企业退休人员基本养老金正常调整政策，提高城乡居民社会养老保险缴费档次。进一步完善被征地农民社会保障制度，逐步提高基本生活保障标准。强化托底功能。加强标准化社区居家养老服务中心建设，扩大政府购买服务对象和范围，探索推行“虚拟养老院”，形成以居家养老为基础、社区养老为依托、机构养老为支撑的多元化养老格局。突出兜底线、保基本，广泛整合社会救助帮扶力量，及时发放低保、优抚、尊老、孤儿救助等资金，开展城乡贫困家庭“五送”活动，关注弱势群体和困难家庭。培育公益慈善组织，引导更多企业家和社会爱心人士情系慈善事业、热心社会公益、履行社会职责。

繁荣社会事业，优化公共服务。提升文化内涵和魅力。巩固全国文明城市创建成果，建立长效管理机制。加强社会主义核心价值体系和社会信用体系建设，深入开展“中国梦”宣传教育和“道德讲堂”“学雷锋、树新风”“小手拉大手、文明一起走”等活动，培育升华城市精神。以创建省公共文化体系示范区为抓手，完善“15分钟文化圈”和“15分钟体育健身圈”，开展“大江放歌”、苏演院线、大江艺术团文艺演出等活动，不断壮大基层文化队伍，丰富群众文化生活。开工建设刁铺、白马宣传文化中心和古寿胜寺，建成基督教堂，雕花楼景区争创国家AAAA级景区。推进工艺壁纸文化产业示范园、海诞文化创意产业示范区建设，发展壮大生态旅游、文化创意等重点产业，注重引进文化科技创新项目。推进教育现代化建设。加强城镇住宅小区和农村集中居住区幼儿园规划建设，启动建设口岸、白马中心幼儿园，扶持并规范民办幼儿园发展。加快孔桥实验学校、海军小学建设，建成永安洲实验学校，继续推进校舍、校车安全和中小学运动场地塑胶化改造工程；建立健全现代学校制度，加强学校管理和教师队伍建设，提升教学质量，争创省义务教育优质均衡改革发展示范区。实施职业学校“2.5+0.5”人才培养模式，促进产教融合、校企合作。构建现代医疗卫生体系。深化公立医院改革，落实运行机制、医疗绩效评价机制、人事薪酬制度等综合改革措施。推进社会办医，鼓励各类资本投资医疗健康领域，满足群众多层次、多样化的医疗卫生服务需求。实施智慧医疗，打造市、区一体的卫生信息平台。实体化运行高港医疗集团，强化与市人民医院的深度合作，推进市第三人民医院与镇街卫生院、社区卫生服务中心服务一体化，促进优质资源均衡配置。加强高港中医院与市中医院的战略合作，提高中医药服务水平。加强疾病控制、卫生监督、妇幼保健等机构建设，提高公共卫生服务水平。强化计划生育管理服务，实施单独两孩政策，创成省“十二五”人口协调发展先进区。

加强社会治理，促进和谐稳定。强化平安法治建设。大力弘扬法治精神，建设法治文化，推进“六五”普法，深化“法律六进”活动，增强全民法治意识。办好一批法治惠民实事，用法律的手段解决群众关心的热点难点问题。加强社会治安综合治理，健全网格化、无缝隙的动态防控体系，建成综治信息平台。全面落实流动人口“同城待遇”，推动流动人口更好地融入城市生活。预防化解社会矛盾。巩固“四项排查”长效机制，高度关注征地拆迁、劳资纠纷、生态环保、涉法涉诉等重点领域，加强定期排查和分析研判，从源头上预防和化解矛盾。完善社会稳定风险评估机制，畅通群众利益诉求表达和权益保障渠道，健全领导干部主动接访下访、包案化解等工作机制。提高公共安全水平。规范互联网应用和管理，牢牢把握舆情引导的主动权。加强应急管理，建立协调有序、运转高效的突发事件应急处置机制。严格落实新安全生产法，严格执行“党政同责、一岗双责”，强化“打非治违”和隐患排查整治，实施安全生产网格化管理、标准化建设，推动安全生产形势持续向好。

立足新起点　展示新形象

打铁还需自身硬。面对艰巨繁重的改革发展任务，我们将切实加强自身建设，推进政府治理体系和治理能力现代化，树立为民、务实、清廉的良好形象。

推进依法行政，彰显公信力。严格按照法定权限和程序行使权力、履行职责，不断提高领导干部运用法治思维和法治方式深化改革、推动发展、化解矛盾的能力，做到有法必依、执法必严、违法必究。健全行政决策机制，实行重大决策专家论证、技术咨询、风险评估和公示听证制度，推进决策科学化、民主化。加强电子政务和政府网站建设，加大信息公开力度，完善政府新闻发言人制度，保障群众的知情权、参与权、表达权和监督权。及时向区人大及其常委会报告工作，向区政协通报情况，主动接受人大质询和政协问政，高质量办理人大代表建议和政协委员提案。

加强作风建设，提高执行力。巩固扩大群众路线教育实践活动成果，抓好整改落实，构筑长效机制，身体力行为民宗旨，持之以恒反对“四风”，以作风建设新成效汇聚正能量。注重勤学善思，加强调查研究，开阔视野，增长见识，提升业务素质和履职能力。加强督查督办和效能监察，严格落实行政问责制和责任追究制，确保政令畅通。牢固树立“今天再晚也是早，明天再早也是晚”的作风理念，大力弘扬“精神状态也是生产力”这一传家宝，强化责任担当，大兴紧张快干、务实苦干之风，努力用干部的“辛苦指数”换取发展的“绩效指数”、群众的“幸福指数”。

坚持廉洁从政，增强约束力。严格落实中央八项规定和省、市、区委十项规定，厉行节约，勤俭办事，严控机构编制和财政供养人员总量，严控“三公”经费，有序推进公车改革，把宝贵的财力更多地用在促发展、惠民生上。以“三严三实”为标尺，严格遵守廉洁自律各项规定，清清白白做人，干干净净做事。全面落实党风廉政建设责任制，坚持用制度管权管事管人，把权力关进制度的笼子里。推进惩治和预防腐败体系建设，严肃查处各类违纪违法案件，建立健全不敢腐的惩戒机制、不能腐的防范机制和不易腐的保障机制，营造风清气正的政务环境。

各位代表，浩浩长江、生生不息，光阴荏苒、时不我待。我们高港已经站在了新的历史起点上，其力已聚、其势已炽、其时已至。让我们紧密团结在以习近平同志为总书记的党中央周围，在市委、市政府和区委的坚强领导下，同心同德，只争朝夕，开拓创新，扎实苦干，再造一个激情燃烧、干事创业的火红年代，为争当全市转型升级综合改革排头兵、建设现代化国际化滨江港城而努力奋斗！

媒体聚焦

充分发挥代表委员主体作用

党的十八大和十八届三中全会对加强社会主义民主政治制度建设提出了明确要求，强调健全民主制度、丰富民主形式，从各层次各领域扩大公民有序政治参与，充分发挥我国社会主义政治制度优越性。发挥人大代表和政协委员的作用，是民主政治建设的重要组成部分。推动人大代表、政协委员密切联系群众，不仅关系广大人民群众的知情权、参与权、表达权、监督权能否得到有效落实，更关系党的执政地位巩固和经济社会发展大局。江苏省泰州市高港区在发挥人大代表和政协委员主体作用、加强基层民主政治建设上，进行了有益探索与实践，取得了较好效果。

以“有场所、有时间、有经费”为标准，积极搭建履职平台。一是建好代表、委员工作室。将代表、委员工作室作为人大代表、政协委员在闭会期间开展活动的场所，明确以社区为单位，设置代表、委员工作室；以镇、街道为单位，设置代表、委员之家，并将代表、委员个人信息、联系群众活动的具体内容和工作制度统一向群众公示。二是建立代表、委员工作日制度。各镇、街道负责制订本地区的代表、委员工作日活动方案，统筹安排好代表、委员活动。人大代表以代表小组活动为主。政协委员活动按照条块结合的方式，由各委员活动小组和各界别小组组织开展活动。三是落实代表、委员履职经费。区财政为代表、委员安排活动经费并列入人大和政协财政预算，实行专款专用。

以“多样性、广泛性、实效性”为追求，注重提高履职效果。首先，注重活动形式的多样性。通过学习培训、视察调研、走访联系群众、接待群众来访等形式，努力让更多代表、委员广泛参与各项活动。其次，注重联系群众的广泛性。在联系群众的范围上，主动联系社会各个阶层尤其是困难群体；在联系群众的方式上，采取面对面交谈、电话交流、开辟网络论坛等灵活多样的形式；在联系群众的时间上，根据群众意愿合理作出安排，尽量方便群众。第三，注重解决问题的实效性。对群众提出的意见和建议，人大代表、政协委员能当场释疑或协调的，可以当场解决；需要进一步了解协调的，及时交有关方面处理；对全区共性问题，形成专题报告，向区委、区政府反映；对区域性问题，通过代表、委员的建议或议案，由区人大和政协机关交相关单位处理，也可约请有关政府部门负责人面对面与群众沟通，确保人民群众提出的问题条条有着落、件件有回音。

以“参政、议政、督政”为重点，不断丰富履职内容。坚持把群众关心的热点难点问题作为工作重点，深入基层一线，广泛收集社情民意、倾听群众呼声，帮助化解社会矛盾，使党委、政府各项决策和工作都能更好地体现以人为本、以民为先。一是广泛凝聚发展共识。广泛宣传党委、政府关系发展全局的科学决策，多做沟通思想、解疑释惑的工作，引导广大群众既注重眼前利益和个体利益、更注重长远利益和整体利益，形成人人支持发展、服务发展的良好氛围。二是努力提高监督实效。根据联系群众工作情况，多建发展之言、多立务实之论。下一步，将进一步完善工作机制，让人大和政协更好地行使“议”和“督”的权力，确保重大问题、重要事项让人大和政协议足、议深、议透并全过程监督，实现议而有序、督而有果。

（2014年3月3日《人民日报》 作者：王建）

扬子江，打造中国药企“梦之队”

由扬子江药业集团独家赞助的全国医药卫生行业最高奖——2013年中华医学科技奖1月8日在京颁发。全国人大常委会副委员长、中华医学会会长陈竺出席颁奖大会，对扬子江药业13年来鼎力支持祖国医学科技进步给予充分肯定。

2月中旬，省政府正式公布了2013年江苏省质量奖获奖名单，扬子江药业位列“江苏省质量奖”5家获奖企业第1名，成为全省制药行业唯一入选者。

与此同时，总投资20亿元的扬子江药业“龙凤堂”中医药高科技产业园项目，已在泰州高港沿江全面开工，一期建设国际植物药生产基地、中药产业基地、中药保健品基地，预计年内建成投产。作为中国民族医药工业的一面旗帜，扬子江药业综合经济指标已连续四年稳居全国药企前三甲，连续17年排名江苏医药行业第一名。

“国家大力倡导发展大健康产业，这给我们医药企业带来新的发展机遇。面对新形势，扬子江药业更要坚持走科技强企和质量兴企之路，把质量惠民作为发展主战略。”集团董事长徐镜人介绍说，“扬子江”的活力，缘于用户的需求，更缘于企业对产品质量的永恒追求。如今，集团生产的药品达20多个剂型、200多个品规，大多是质量要求最高的注射剂，多年来保持了药监部门质量抽检合格率百分之百，成为社会公认的药品质量最好的企业之一。去年，在由国家卫生部门牵头举办的第九届百姓安全用药调查评选活动中，扬子江的韦迪产品获得“百姓放心药奖”。

药品抽检合格率连年百分百，源于该集团将品牌质量视为企业生命线，严把药品研发、采购、生产、放行、储存、售后六道质量关，并建立了一整套高于法定标准的企业内控标准。每年3月和9月，扬子江药业都会开展全员双质量月活动，至今已连续15年开展了30次。

把国家和省级药检“判官”请进厂，全程跟踪药品生产、仓储、质检的全过程，成为扬子江人加强质量管理的又一创举。早在6年前，中国食品药品检定研究院就把实训基地的牌子挂到扬子江药业，现已累计派出10批、80人次的检验技术人员前来实训。2012年，江苏省药检所和省食药监局也相继将实训基地设到“扬子江”。几年下来，这些药检“判官”直接指导企业解决了100多个问题，还深入到车间、化验室开展面对面培训，让扬子江人学到好多质量检测的新方法、新技能。

扬子江药业集团新品研发大楼

为进一步推动全员质量管理，扬子江药业在企业生产、科研、质量第一线成立了100多个质量管理（QC）小组，常年开展质量提升、工艺革新和技术攻关活动。他们从清华大学、中科院长春应用化学所、中国药科大学等高等院校引进的8名优秀博士已有5名完成车间实践锻炼，走上管理岗位，他们带领QC、QA的质量技术人才开展多项质量体系的研究提升，使集团质量管理迈上更高的水平和台阶。到目前，集团已累计开展600多个课题攻关活动，有10多项QC成果填补国内外技术空白，为企业创造经济效益上亿元。在去年7月举行的全国医药行业QC小组成果发表会上，扬子江药业以荣获89项QC成果一等奖、88项最佳发表奖的骄人业绩，蝉联全国同行业QC成果一等奖“九连冠”，被誉为中国制药行业质量管理的“梦之队”。

在扬子江集团泰州总部采访，记者发现，集团研发大楼是最气派的，研发人员的工作环境和设备也是集团最好最先进的。随着国家“千人计划”专家、集团首席科学官吕强博士等一大批高层次人才加盟，企业现已形成以上百名博士、300余名硕士为主的创新药研发团队和管理团队。如今，“扬子江”每年技术创新投入占销售收入比例在3%以上，新产品销售占比达40%以上。靠着过硬的质量管理和雄厚的研发投入，扬子江药业已有20多个产品质量达到欧美药典标准。

就在去年12月20日，扬子江药业顺利通过了国家食品药品监管总局检查组对头孢粉针剂2号车间的新版GMP认证现场检查。至此，集团37个车间生产的制剂、原料药全面通过新版GMP认证，其中固体制剂、口服液等非无菌药品比国家规定期限提前了两年，并有3个车间通过了欧盟GMP认证。为了"赶考"GMP认证，集团这些年已累计投入30多亿元用于GMP车间改造，近年来又新增投入5亿多元，对厂房硬件再次进行技术改造，终于全面通过这次"大考"。"这不仅标志着我们提前两年跨过药品生产的高门槛，而且实现了企业质量管理水平和核心竞争力的显著提升。"徐镜人表示，通过新版GMP只是制药行业准入条件之一，如今他们正在向美国FDA的标准看齐，加快进入国际主流市场的步伐。

（2014年2月20日《新华日报》记者：宏奇、剑飞、介铸、晓勇；通讯员：庄义春、刘良鸣）

高港今年亿元企业超百家 “六化”促转型“换挡”不减速

今年开春之后，高港喜讯不断。2月28日，位于高港区永安洲镇工业园的扬子江药业集团龙凤堂中医药科技产业园举行奠基仪式。该产业园总投资20亿元，建成后预计年销售额可达40亿至50亿元，创利税5亿至8亿元；同一天，大自然木门（泰州工厂）在高港区建成，年产约30万樘木门的"全球首条第五代定制木门生产线"投产，可实现个性化"私人定制"。

"高港经济增长正遭遇'换挡期'。我们要学会'弹钢琴'，既有统一协调，又有轻重缓急；还要学会'下围棋'，既有大局观，又有前瞻性，提前在关键位置'做眼''布局'。"泰州市高港区委书记王建说。2013年，该区实现地区生产总值增长12.30%，公共财政预算收入增长17.10%，规模以上工业实现产值增长20.79%。主导产业增势强劲，新医药、粮油食品、装备制造、新材料四大产业实现产值占规模以上工业比重达63.20%。

记者来到扬子江药业集团凯威药用包装公司时，投资3000万元的复合涂布机生产线正在调试。该公司副总经理徐承寅介绍，这条生产线既能生产各类高端复合药用包装，又能生产太阳能电池背板。目前，该公司的药用包装产量稳居全国第一，新产品太阳能电池背板已经与中盛光电等企业进行了合作洽谈，前景看好。

像凯威公司这样存量继续维护和巩固市场、增量带来长期利好的做法，在高港并不少见。

江苏昆仑光源材料公司是一家多年专业生产电光源专用金属材料和精密合金材料的企业，产品市场覆盖率分别达到40%和45%。2013年，该公司采用国内首创的金属盘元剥皮工艺和合金材料包覆工艺生产杜美丝，性价比和质量堪与国际名牌"东芝"媲美，当年新产品新增销售2000万元。如今，昆仑光源又率先在国内采用室温固相复合技术生产热双金属带材，其性能完全可以替代同类进口产品。

"总部经济"，正成为高港的高频词。今年1月，华润雪花啤酒江苏营销中心、大自然家居事业部相继落户。华润雪花啤酒泰州公司财务总监聂新永说，公司江苏营销中心成立后，省内5家工厂的产品全部由该中心对外销售，将带来惊人的乘数效应。预计2014年，企业销售收入达20多亿元。

高港区还"锁定"世界500强、行业50强以及"国字号""中字号"企业，着力引进基地型、旗舰型项目，为区域经济跨越发展提供强劲动力。汇福粮油、阿玛宁功能饮料等4个超10亿元人民币或超亿美元项目成功签约；总投资22亿元的诚达精工新材料项目，一期两条生产线预计今年6月投产，可新增年销售22亿元；总投资20亿元的宏进农副产品物流中心、10亿元的鹏翎胶管等一批重大项目加快实施。

大企业、大项目不断落子高港，得益于该区始终坚持推进品牌化、标准化、资本化、上市化、信息化、高端化"六化"转型工程，引领工业经济加速发展、转型发展、提升发展。2013年，该区高新技术产业产值占规模以上工业比重达49.10%，全社会研发投入占GDP比重达3.60%，新兴产业产值占规模以上工业比重达80.60%。

面对经济发展与竞争的巨大压力，高港人信心满怀。王建说，2014年，高港工业经济将在深化开放创新中加快转型升级，今年营业收入超亿元企业100家，四大主导产业销售收入占规模以上工业企业销售收入比重再提高2个百分点。

（2014年4月15日《新华日报》记者：宏奇、介铸、晓勇；通讯员：程荣稳、邵釜明、张玲）

两年，他让落后村挂上"三颗星"

——记泰州高港区口岸街道徐庄村书记徐勤生

2012年9月，曾任泰州市广电局高港分局局长、临近退休的徐勤生，从泰州广电集团副调研员任上，被市委组织部下派到高港区口岸街道徐庄村任党总支书记。不到两年，他让徐庄村从一个负债400多万元的"落后村"嬗变为"三星级文明村"。

田间"逛"出256亩耕地

在村里，徐勤生有一个爱好——"逛田"。每天都提前到田间地头走上一圈。这一走不要紧，他发现了一个问题。村东北片有一大块地，几条歪歪扭扭的"工"字型废沟塘把田切割得十分凌乱，杂草丛生，到处都是垃圾。

"何不把废地变成良田？"徐勤生决定从这块地下手。当年底，徐庄村首个土地整治项目启动，5个月的时间，整治土地32.80亩，平整周边高低不平耕地80多亩。还结合村庄内部水系调整，改造6条死沟，腾出土地15亩。如今，这片新开垦的耕地已经收获一茬水稻、一茬小麦。按照水稻亩产1200斤、小麦900斤计算，每年可增加毛收入约8.30万元，该地块所在的五组每户年增收1300元。

一年多来，村里共平整出了256亩耕地。徐勤生还利用土地整治的机会，多方筹集资金，为全村修建了3米宽的硬质水泥路20多千米，下水道12000多米，硬质排水沟8000多米，新装LED路灯120盏。今年，村里还在整治出的耕地上连片种植了120亩板蓝根，作为扬子江药业集团的中草药种植基地，预计每亩毛收入达3000元；建设了2000多平方米的标准厂房，每个平方每月租金8元钱。

发动村干部当起“田保姆”

记者了解到，村里的12位村干部，每人都有20多亩的“责任田”。

徐庄村常住人口3025人，但有一半的青壮年都外出打工。很多留守老人经常错过治虫、锄草的时机。徐勤生动起脑筋，创新出一种“田保姆”的耕种方式：统一供种、统一育苗、统一机插、统一供水、统一治虫。村里收回了多年前出售给个人的农田水利设施，购买了3台插秧机、5台弥雾机、2台耕种机，所有村干部、加上部分村民成立起一个50人的“保姆”队伍，负责为全村1100多亩水稻及时喷药，每个村干部平均有20亩“责任田”。

种田一家一户，为什么还要搞“五统一”？徐勤生说，就拿“统一治虫”来说，有6大好处：田块全覆盖，不留死角。时间统一了，不违农时。用药节约了，污染少了。用药精准了，农本降低了。农药统一管起来，也安全了。最大的好处就是，有利于村组干部参加劳动，服务群众。

“村干部变了，村风、民风也在变。”村党总支副书记刘瑞华说。村里过去是有名的“上访村”，这一年多来，再没有发生过一起离村集体上访的事。过去要想修桥、铺路，都是“惊天动地”，群众不同意就阻工。现在很多事情，大家习惯了称之为“举手之劳”，水泥路修到哪里都是“一路绿灯”。

每天万步走感动“徒弟村官”

7月15日，徐庄村委会，“泰州市大学生村官培养工作室”的标牌引起了记者的注意。高港区副区长、口岸街道党工委书记徐绍文告诉记者，工作室自去年初成立以来，全区25批、260名村干部跟班“拜师学艺”一周，其中大学生村官有80多人，提升了他们的基层工作水平。

大学生村官李鑫印象最深的是，去年9月，村里集中购买小麦种，联系了市里的种子公司运送到村里，村干部便找了两个杂工帮忙搬运，每人付15元工钱。徐勤生知道后，狠狠地批评了这位村干部，“为什么村干部自己不能搬？村里的每一分钱都是集体的，是每个村民的，绝不能乱花！”今年，村里购买了30多吨有机肥料，村干部全体出动，搬的搬，扛的扛，很快便把一卡车的肥料卸了下来。

口岸街道集成社区主任徐玉生发现一个细节：徐勤生的上衣口袋里，总是揣着一只小小的计步器。原来是他每天都要到村里、田里走一遍，揣只计步器，便能不折不扣完成“任务”：每天不少于15000步。由于徐勤生长期走远路、下农田，导致脚气大范围蔓延，两只小腿和膝盖上全是红疹子，但他都强忍着。医生说，这是真菌感染，已进入血液，一定要多休息。他竟一点不重视。

大学生村官、口岸街道徐桥村党总支副书记朱晨佩服徐勤生心中有一本账，村里的低保户、残疾人、光棍汉、身患重病者、留守儿童和空巢老人，他一清二楚。86岁的独臂老人管春兰单身一人生活，徐勤生每隔一段时间就要上门看望，还为老人铺好门前道路，安装了自来水和有线电视，送来了可移动坐便椅。

（2014年7月23日《新华日报》记者：赵晓勇；通讯员：邵釜明）

高港加快创建国家级经济开发区

2013年12月31日，高港区召开第四次党代会第二次年会。会议提出，2014年，该区将以转变经济发展方式为主线，以全面深化改革、加快转型升级为统揽，统筹做好促改革与稳增长、快转型、惠民生各项工作，并确保地区生产总值增长12%，公共财政预算收入增长10%，固定资产投资增长18%，高新技术产业产值占规模以上工业比重超过48%，城乡居民收入分别增长10%和11%。

2013年，高港区经济社会继续保持了良好发展势头。全年预计实现GDP 300亿元，增长12.30%；完成公共财政预算收入24.92亿元，增长17.05%；城乡居民收入分别达30200元、14220元，分别增长10%、11%。工业总量达到1306亿元，同比增长17.50%；规模以上工业产值、销售、利税、利润分别达1140亿元、1130亿元、154亿元、94.20亿元，分别同比增长17.60%、16%、14.50%、14.90%。

“今年，高港将在深化开放创新中加快转型升级，提高经济发展的质量和效益，奋力争当全市转型升级综合改革排头兵，为早日实现既定的‘三步走’目标奠定坚实基础。”市人大常委会副主任、高港区委书记王建说。

2014年，该区经济工作将坚持稳中求进、改革创新。该区提出，创成国家级经济开发区是高港决胜区域竞争的重要支撑。要细化任务、倒排进度，确保两年内进入全省开发区

"第一方阵"。为提高开放开发水平，该区将发挥自身优势，加强产业对接，加快融入苏南、接轨上海及自贸区。同时，以创建国家级、省级特色产业基地为关键，加快主导产业由产品集成向企业集群升级，强化龙头企业带动、链条扩粗延伸和研发设计配套，提升产业集聚度和竞争力。主动加强与商会、行业协会、产业研究机构的联系，锁定世界500强、行业50强以及"国字头""中字号"企业，着力引进基地型、旗舰型项目，全年力争引进超亿美元或10亿元人民币项目6个以上。突出产城融合和城乡融合，以产城融合引领城乡融合、以城乡融合促进产城融合，优化三大园区一体化空间布局，提升产业和商务承载能力，推动单一型工业园区向综合型产业新城转变。

为做强载体，该区提出改革园区建设机制。通过建立区项目建设编审会，对项目准入、选址、用地规模统一把关。按照事权与支出责任相适应的原则，完善园区财税体制，进一步加大对园区的投入。推动"飞地发展"，建立镇街与园区"成本共担、利益共享"的合作开发机制，实现资源利用和效益提升最大化。建立项目审批代理制、矛盾协调包保制、要素组织责任制，为客商营造一流发展环境。

此外，该区还将加快企业转型升级步伐，今年计划实施亿元以上工业技改项目34个。充分发挥"一企一策"调研成果作用，帮助企业调优转型升级的方向、路径、措施，深化细化企业"六化"转型工程。该区明确，要把"品牌化、标准化"作为转变企业发展方式、提高市场竞争力的制胜法宝。要把"资本化、上市化"作为发展混合所有制经济的战略举措。要把"信息化、高端化"作为赢得未来的核心支撑。

经济发展的出发点和落脚点是改善民生。今年，该区将安排"1%强基工程""1%社会建设""1%村庄环境整治长效管理"等3个1%专项资金6750万元，努力为群众提供更多的公共产品和更优的公共服务。

（2014年1月6日《泰州日报》记者：张仲明；通讯员：卞小士、张玲）

高港携手容邦 发展有机种植

元旦前夕，上海容邦集团旗下的江苏上膳源农业发展有限公司正式成立。未来3年内，上海容邦集团将投资1亿元，在高港现代农业产业园区内流转土地5000亩，建设"上膳源"有机种植二号农庄。江苏上膳源农业发展有限公司负责"上膳源"二号农庄的建设和运营。

"上膳源"取自《老子》"上善若水"之意，是上海农业产业化龙头企业——上海容邦集团着力打造的有机农副产品品牌，已获得国家有机产品认证，在上海具有相当高的知名度和美誉度。"上膳源"一号农庄位于昆山市周庄镇天然澄湖畔，占地450亩，北接"江南第一水乡"周庄，南接肖甸湖国家森林公园，所产绿色有机蔬菜、家禽、河鲜等农副产品，通过专业冷链配送中心和呼叫中心平台，从"田间"直送上海市民"厨房"。

"上膳源"二号农庄位于高港区胡庄镇境内，是高港现代农业产业园区的一部分，定位为江浙沪中高端消费人群优质蔬菜供应基地。分三期建设：一期1200亩、二期2000亩、三期1800亩，分大棚优质蔬菜生产区、网室优质蔬菜生产区、种苗生产区、禽类养殖区、家畜养殖区、露地喷灌优质生产区、冷藏加工配套区、行政办公服务区等功能区。

"之所以选择胡庄建设'上膳源'二号农庄，主要是这里无重工业和化工污染企业，净土、净水、净气，特别是土壤透气性好、透水性强、有机质含量高（含量高达1.863%至2.091%），非常适合蔬菜生长。"上海容邦集团总经理李相军介绍，二号农庄将把HACCP体系（以危害分析和关键控制点为基础的预防性食品安全控制体系）引用到蔬菜种植全过程，按照有机蔬菜生产标准规范种植行为，施肥坚持以畜禽粪为主，辅之以农庄产生的绿肥、人粪尿、厩肥、堆肥、沤肥和沼气肥；除草坚持人工为主，不使用除草剂，避免除草剂中的化学成分残留在蔬菜中；除虫坚持物理、生物方法为主，大面积采用防虫网、黏虫色板、杀虫灯、性诱剂、以虫治虫、以动物治虫、不同种类蔬菜轮作等综合防控病虫害措施；同时构建蔬菜种植与畜禽类养殖一体化生态"链条"，将有机蔬菜残叶、秸秆等供养殖区内禽畜食用，禽畜粪便通过沼气发酵做成有机肥增加蔬菜种植基地肥力。

"推进规模化、品牌化、标准化经营，以工业的理念发展农业，以市场的手段经营农业，是高港实现农业现代化的必由之路。"市人大常委会副主任、高港区委书记王建说，此次引进上海容邦集团参与高港现代农业产业园区建设，必将有力带动整个农业产业园区的提档升级、转型发展。高港区和胡庄镇两级政府将大力支持"上膳源"二号农庄建设，成立专门的劳务公司，保证农庄常年和季节性用工需要。除务工收入外，出租土地所涉国家粮食直补等相关政策性优惠仍由被流转土地的农户享受，土地年租金按每亩400斤粳稻、300斤小麦当年国家保护价折算，一年度一结算，确保农民受益"水涨船高"。

据了解，二号农庄建设到位后，除对传统的种养理念带来深刻变革外，将辐射带动周边及江苏地区蔬菜基地2万亩，亩增效益3000元以上；年可提供就业岗位2000个，培训职业农民10000人次；还将带动运输、服务、塑料、包装等相关产业发展。

（2014年1月25日《泰州日报》记者：常国梁；通讯员：杨华；特约记者：邵釜明）

高港建成“九纵十一横”道路框架

在高港，沿着将要竣工通车的银杏路向前走，道路两旁既有充满生机的田野，也有雨后春笋般出现的标准化厂房。这幅流动的乡村风景图，因为有了银杏路焕发出别样的勃勃生机。

总投资5.50亿、全长14.78千米的银杏路是高港近年来促进城乡融合、加快城乡一体化进程的一个缩影。

近年来，高港以科学规划引领城市建设，先后编制三大园区、三大城市片区的控制性详规，完成55平方千米的城区城市设计规划方案。银杏路、长江大道东延、环溪路东延建成通车，田许线升级改造、231省道先导段、解放路东延加快建设。

“过去三年，高港每年的道路投入均在20亿元以上。”高港区住建局局长邱小平说，近年来高港建设道路总长达60千米，“九纵十一横”道路框架基本形成，城区框架拓展超过20平方千米，城市化率达59%。高港已经初步形成大交通格局、城乡大融合格局。

“新型城镇化是以城乡统筹、城乡一体、城乡融合为基本特征的城镇化，是中心城区、重点镇和新农村协调发展、互促共进的城镇化，这当中，交通发展往往起着先导性和基础性的作用，对于区域经济社会发展的影响不可估量。”市人大常委会副主任、高港区委书记王建表示，下一步，高港区将放大道路优势，以银杏路为轴推进城乡融合，以田许线为轴促进园区融合，以高港大道为轴加快产城融合。

据了解，银杏路通车后，从胡庄到高港能节约以往一半的时间。在刚过去的马年春节中，有10多位返乡能人和当地政府接触，希望能在银杏路的两侧发展。而胡庄镇也已着手围绕银杏路谋划产业新布局，以期充分发挥银杏路的效应。

高港大道是高港交通发展的大手笔。去年12月全线通车后，高港至海陵的车程缩短为15分钟。泰州明发城市综合体是总体量达350万平方米的超大规模项目，一期工程东至高港大道，北至环港大道并临近宁通高速公路。随着高港大道的全线通车，明发国际的区位优势更加凸显。“自高港大道通车后，来明发看房、选房的人明显增多，特别不少拆迁户，选新房时往往优先选择明发。”明发城市综合体项目负责人介绍。

据悉，2014年该区还将东延柴墟路、港城路、春港路连接新的田许线，并实施扬子江路、金港路南延和环港大道、环溪路西延工程等，以完善城区交通路网体系，构建内联外环的城乡路网体系。

（2014年2月21日《泰州日报》记者：张仲明；通讯员：张玲、李敏、许杨丽）

多家企业区域总部落户高港

“总部经济”近期成为高港的热门词汇。

1月份，华润雪花啤酒江苏营销中心、大自然家居事业部两家企业区域总部相继落户。该区此前召开的第四次党代会第二次年会上传来消息，一家壁纸企业和一家木业企业的区域总部近期也将落户。

总部经济是指某区域由于特有的优势资源吸引企业总部集群布局，形成总部集聚效应，并通过“总部—制造基地”功能链条辐射带动生产制造基地所在区域发展，由此实现不同区域分工协作、资源优化配置的一种经济形态。以高端商务楼为载体，培育总部经济，是高港区现代服务业转型升级的重要抉择。

惊人的乘数效应

区区几家企业区域总部落户，能为高港的转型跨越发展贡献多大能量？

答案就在近期落户的两企业区域总部提供的数据中。

华润雪花啤酒（泰州）有限公司财务总监聂新永介绍，公司江苏营销中心成立后，将实行产销分离。即省内南京、苏州等地的5家工厂的产品，全部由位于高港的营销中心统一对外销售，这将给高港带来惊人的产业乘数效应。预计2014年，企业销售收入将达到20多亿元，随之也将带来纳税的数倍增长。

泰州大自然德森堡木业有限公司行政经理杨军平说，大自然家居（中国）有限公司管理体制采用的是事业部管理制，新成立的家居事业部，将统一负责高港、徐州和珠海的三家企业的木门等产品的生产和销售。预计到2016年，家居事业部将实现木门产能30万樘，年产值达6亿元。

今年，高港将以高端商务楼为载体，着力培育总部经济。

放大的区位优势

近几年，随着总部经济的概念风靡全国，各大中心城市相继提出发展总部经济。在区域经济竞争格局愈演愈烈的形势中，高港何以能引来各个行业巨头？

对于区域总部而言，拥有区位优势的高港是一个极具发展潜力的经济“洼地”。近年来，泰州长江大桥的建成通车让高港成为泰州常州地理上的中心。从更广阔的空间来看，高港的区位可以用“南北承接苏南苏北两大板块，东西连接上海南京两大经济圈”这样一句话来概括。

“高港需要总部经济，而我们企业也同样需要高港。”聂新永说，在省内，雪花啤酒面临南强北弱的局面。营销中心落户后，可借助高港区位优势，推动企业做大苏中，辐射苏北。

大自然家居事业部则是被泰州长江大桥以及周边四通八达的公路、铁路、航空网络所“诱惑”。

“这里地处长三角中心地带，辐射力强、影响面广。有了这块基地，大自然木业在华东的布局基本成形，无论是市场占有还是品牌建设，都有了一个强有力的基地依托。”杨军平说。

“筑巢引凤”做大“蛋糕”

“孟母三迁”的故事大家都听过，讲的是孟轲的母亲为选择良好的环境教育孩子多次迁居，后人就用这个成语来比喻环境的重要性。

高港人显然参透了这个成语的涵义。

高港做大总部经济“蛋糕”，离不开“筑巢引凤”战略的实施。该区发改委主任王庆说，“吸引总部经济不一定要硬拼硬件成本，关键要看软实力。将各类资源有效整合，形成全方位的专业服务，更能够让总部来了能留下、能发展。”

经济发展，交通先行。策应总部经济发展，高港区化“通道”为“枢纽”，提升硬环境，优化软环境，打造“引资洼地”。据悉，今年，该区道路建设上将突破空间分割，以银杏路为轴推进城乡融合，以田许线为轴促进园区融合，以高港大道为轴加快产城融合。同时，该区还计划加快台湾国际新城、明发城市综合体和索菲特大酒店建设，打造精致宜居的滨江港城。

据悉，在原有“一企一策”服务基础上，该区今年提出，将建立项目审批代理制、矛盾协调包保制、要素组织责任制，为客商营造一流发展环境。

（2014年2月27日《泰州日报》记者：张仲明；通讯员：杨鼎、秦伟峰）

高港建设村居“邻里中心”

大幅压缩办公用房，拓展商业、文化、体育、卫生、教育等服务功能。

力争三年内全覆盖，形成邻里和谐、守望相助的社区文化。

“这里有农家书屋、棋牌室、健身场，我闲着没事就爱来凑个热闹。”每天到社区转转，成了高港区刁铺街道界牌社区居民薛广如的生活习惯。

在高港，像界牌社区一样配置10余个功能室的村居已有近20家，它们已经成为当地居民日常休闲时钟爱的另一个“家”。

今年起，高港区明确提出村居办公地点“去行政化”的理念，即在大幅压缩办公用房的同时，拓展商业、文化、体育、卫生、教育等服务功能，建设村民身边的“邻里中心”。

市人大常委会副主任、高港区委书记王建表示，高港区力争三年内实现村居“邻里中心”全覆盖，并借此提高社区凝聚力，逐步形成邻里和谐、守望相助的社区文化。

“邻里中心”的特色是在社区设立一个功能比较齐全的公益、服务、娱乐中心。村居办公用房有限，哪有那么多的空间办“邻里中心”？

“地方就像海绵里的水，挤挤就有了。”界牌社区党总支书记薛福荣一句戏言给出了答案。

在三层楼的界牌为民服务中心内，界牌社区“两委”的13名工作人员“蜗居”在二楼一侧的3间办公室内，合计办公面积约100平方米。与之形成鲜明对比的是，服务村民的医疗服务站、科普中心、法制学校、居家养老服务站等功能室总面积达2000多平方米。

“过去一两个人一屋，现在四五个人一屋，这叫合署办公。”薛福荣打趣道，“如今，村民找谁办事都方便，不用串门了。”

如何满足村民日益增多的社区服务需求?高港不少村居的选择是，量力而行，优先满足多数群众最迫切的需求。

该区大泗镇前进村的村部，利用毗邻张大路（张甸至大泗）的便利条件，去年引入供销系统的农资供销点、小超市和农家宴酒店。

“相关社区服务功能是经过村民代表讨论选择的。”前进村村委会主任于留贯说，前进村是农业村，引入农资供销点和小超市，方便村民购买农资和日用品。而村集体操办的农家宴酒店不以盈利为目的，也能为村民办事省点钱。

今年春节期间，前进村村民程平就是在农家宴酒店摆了30桌的订婚酒。程平说：“村集体办的酒店只收成本价，每桌400元，很实惠。”

胡庄镇庵桥村针对离集镇较远、群众看病不方便的实际，近期腾出三间村部办公室建成村卫生室。村民栾建泉高兴地说：“村卫生室还设置了药房和配药室，宽宽敞敞的，看病也舒心多了。”

如今，“邻里中心”成为高港不少村居最热闹的地方。胡庄镇丁庄村近期腾出4间房建成谈心室、图书室、棋牌室等功能室后，每天至少有上百村民来休闲娱乐。66岁的村民孔渭文笑着说：“村部现在成了我们的‘幸福窝’！”

（2014年3月9日《泰州日报》记者：张仲明；特约记者：邵釜明；通讯员：卞小士、刘向前）

快递三巨头抢滩高港

塔吊舞动，车辆穿梭。高港区临港经济园内一块工地上热闹喧腾。圆通、中通、国通三家国内快递业巨头的快件枢纽集散中心同时建设。据悉，三家企业的快件枢纽集散中心占地共约200亩，总投资合计7.50亿元，均计划在今年“双十一”前建成并投入使用。

区位优势和产业优势凸显

临港经济园为何同时集聚诸多快递巨头？

“园区对此早有‘预谋’。”临港经济园相关负责人说，集聚快递业的这块土地距离泰州大桥北出口仅800米。在大桥通车前，园区就把这块地方作为现代物流业的预留地。

临港经济园集公路、铁路、水路、空港交通综合优势于一身，自然成了现代物流企业抢滩苏中物流市场的第一选择。2012年，圆通第一个到临港经济园落户，后来中通、国通都“跟风”过来。

快递企业看中临港经济园的不仅是交通区位优势，还有泰州发达的电子商务产业优势。

据统计，2013年，泰州快递业务量达5500万件，其中收件总量达2500万件，派件总量突破3000万件，日均8.3万件。中转总量达1.65亿件，日均46万件。

“圆通四年前就在泰州落户，但现有场地规模已远远不能满足快速增长的业务需求。”圆通公司相关负责人透露，目前圆通在泰州的日发货量是四年前的5倍，投建集散中心已成为企业扩大规模、提高网络运营能力的关键之举。

提供仓配一体服务

眼下，淘宝、京东、苏宁等电商企业相继涉足物流行业。面对激烈竞争，建设中的三家快递集散中心有何对策？

答案是，建仓库。这里所说的仓库，不同于快递公司通常的分拣中心，而是可以提供第三方服务的仓储设施。

据悉，临港经济园内三家公司的快递集散中心都将触角伸向了仓储领域，试图打通仓储和速递，提供仓配一体的服务。

圆通速递副总裁喻志贤说，仓配一体化是整个快递业务转型升级的一个模式。它进一步向上游延伸，为客户提供一体化解决方案，既可以帮助泰州及周边地区工商业企业降低成本，也有利于增加快递业务量。

临港经济园相关负责人介绍，三家快递集散中心不约而同地建设现代化的快件枢纽集散中心、电子商务中心、仓储配送中心等，这意味着，相关企业均计划以信息技术和现代物流技术为支撑，将物流和电子商务无缝衔接，为泰州制造企业、商贸企业搭建一个集聚发展的载体与产品营销展示、物流服务平台。

联动发展快递物流与电子商务

对于高港，快递业的集聚仅是开始。该区更宏伟的战略是打造电商产业园。

根据《高港电子商务园概念性规划》，电子商务园占地面积约300亩，总投资10亿元。项目将以电子商务为发展主线，重点构建电子商务交易平台、技术平台、服务平台，着力引进电子商务、信息软件、快递物流等一系列产业业态。

高港区发改委主任王庆介绍，电子商务园将由两部分组成，分别是综合功能区和专业物流区。其中，综合功能区主要招引电商企业入驻，并为区域内各类生产制造企业提供电子商务外包服务等。专业物流区旨在通过建立各大快递物流区域性集散中心，实现电子商务与快递物流之间的无缝衔接。

据悉，高港区计划5年左右全面建成电子商务园。项目建成后，有望引进各类电子商务企业100家，快递物流企业8家，营业收入有望突破10亿元，创造就业岗位1500个。

园区的目标是，将电子商务园打造成为泰州最大、苏中知名、华东一流的电子商务平台和华东地区最重要的快递物流枢纽。

（2014年4月27日《泰州日报》记者：张仲明；通讯员：杨鼎、徐健、常勇军、秦伟峰）

高港放大“大江儿女”系列品牌效应 选好人 学好人 当好人

泰州市高港区2014年“大江儿女·诚信之星”候选人事迹材料，近日在泰州晚报和高港政府网公布，邀请群众参与投票，评选10名“诚信之星”。

从“道德之星”到“创业之星”“最美高港人”“医德师德模范之星”，再到“诚信之星”，高港“大江儿女”系列评选活动已连续开展了5年。

高港区区委常委、宣传部部长程荣稳说，开展“大江儿女”系列评选活动，在全社会形成“选好人、学好人、当好人”的浓厚氛围，是高港引导广大市民践行社会主义核心价值观、传递美德善行正能量、培育精神文明建设品牌的创新举措和特色载体。

截至6月底，该区已涌现出200多个孝老敬亲、扶危济困、见义勇为等感人至深的道德典型，其中10人入选中国好人榜、7人获得“中国好人”荣誉称呼、9人获评“江苏好人”。

选好人　树立道德标杆

2010年5月，高港创办“大江论坛”网站，开辟“我们身边的能人、好人”专栏，吸引群众参与。

同年，该区组织开展“大江儿女”评选活动，在泰州晚报和高港政府网公布“大江儿女”推荐热线、电子邮箱，发现、挖掘助人为乐、见义勇为、诚实守信、敬业奉献、孝老敬亲及团结和睦的道德模范。

“大江儿女”评选活动得到群众

的广泛认可和积极参与，整个评选过程累计参与群众达到10万人次，形成10万群众“海选”好人的热潮。

在此基础上，该区专门创建了“高港好人库”，将部门、单位评选的优秀党员、教师、志愿者、劳动模范等先进典型全部纳入库中，每年再从“好人库”中选出表现更为突出的“大江儿女”系列“高港好人”。

该区文明办副主任夏玮说，在“大江儿女”系列“高港好人”评选中，该区严格按照评选标准对各镇街、部门推荐的候选人进行筛选，广泛征求群众及相关方面意见。

初评名单确定后，由活动组委会将候选人的基本情况、主要事迹，通过报纸、广播、电视、网络、户外电子广告屏、宣传栏等形式予以公布，并将统一印制的选票下发到镇街、部门、村进行投票。同时，还在高港政府网、高港文明网开通网络投票平台，接受群众自主投票。

待名单最终评审确定后，在泰州晚报、高港城市生活频道、高港政府网、高港文明网公示，广泛接受社会各界监督，使评选出的“大江儿女”系列“高港好人”客观真实，可敬、可信、可亲、可学，经得起检验。

不仅如此，该区还将“大江儿女”系列评选与市级“新人新事”评选、省级“江苏好人”评选和国家级“中国好人”评选串联起来，形成了一条上下贯通的“好人”输送线，接通了发掘民间“好人”的源头活水，树立了一个个道德标杆，引领了全社会良好风尚的形成。

学好人　彰显道德风尚

“好人”的故事感人至深，其实他们并非高踞神坛、遥不可及，他们就是身边人、身边事。

夏玮说，这些凡人善举，对广大群众来说具有天然的贴近性，在群众心目中接受程度高，能够产生较强的认同感，而且易于被人学习，从而引发社会的共鸣。

为更好地放大“大江儿女”系列“高港好人”的品牌效应，该区在各类“好人”的评选和宣传中，充分利用报纸、广播、电视、网络等媒体，大力宣传道德模范的感人事迹和高尚品质，彰显道德模范引导群众践行社会主义核心价值观的正能量。

在泰州日报、泰州晚报、高港政府网连续刊载典型人物的感人故事。

在高港电视台开设《身边的感动》栏目，每周推介一位高港好人的先进事迹。

将评选出来的“大江儿女”系列事迹材料编印成册，发放到各机关部门、单位、镇(街道)、村(社区)，广泛开展学习教育活动。

定期组织“大江儿女”先进典型深入基层宣讲，让他们的先进事迹影响更多的人，在全社会形成学习好人的良好氛围。

同时，该区还建立了激励好人成长的长效机制，在全社会树立好人有好报的价值导向。

获得荣誉的高港好人，不仅在媒体上被宣传赞扬，还可以得到包括体检卡、乘车卡、阅读卡等众多的奖励，让大家感觉到好人真的有好报，以此来深化“好人”评选，放大“好人”效应。

此外，该区文明办还积极组织志愿者、企事业单位、爱心人士通过资助捐助、结对帮扶等方式，及时对困难的好人提供关爱救助。

同时，通过社会捐赠、募集的方式，成立了高港“慈善基金会”，对困难的道德模范家庭进行帮扶和救助，使好人感受到全社会的温暖和关爱。

在该区慈善企业家江国辉的影响下，全区10余家企业纷纷出资慰问道德模范、帮扶困难家庭，群众纷纷把道德模范作为崇拜学习的明星偶像。

当好人　培育文明品牌

新婚才3个月，高港区口岸街道张马社区的姜玲玲的丈夫就查出患有尿毒症，而此时的她已经怀孕一个月。

面对困境，她没有轻言放弃，而是一边照顾重病丈夫，一边哺育初生女儿。

6月6日，由中央文明办主办的“我推荐、我评议身边好人”活动揭晓“中国好人榜”2014年5月份入选名单，高港区口岸街道张马社区的姜玲玲成功当选为孝老爱亲类“中国好人”。

据悉，这是该区3年来获评的第七位“中国好人”。

如今在高港区，“选好人、学好人、当好人”已蔚然成风。

扎根基层为百姓服务的口岸街道徐庄村挂职党总支书记徐勤生获得江苏“最美人物之优秀共产党员”称号；掏钱请老师，办留守儿童之家，设立“助学助教基金会”的谢卫东候选4月“中国好人”；22年捐款200多万元的胡庄镇史庄村史记宏、赵玉芳夫妇正在积极申报7月份“中国好人”……

程荣稳说，在高港不大的地域范围内，好人已成为一种现象，成为模范践行社会主义核心价值观的表率；好人已成为一种力量，全社会都在关注好人、关爱好人，让好人有好报，让善行得弘扬；好人更成为一种时尚，越来越多的人争做平凡好人，用生活中的点滴凝聚起践行社会主义核心价值观的正能量，形成以德报恩的正向效应。

作为好人服务精神的一种延伸，高港的志愿服务队伍也不断扩大。截至目前，高港已成立志愿服务队伍12支，志愿者人数达13322人。

在此基础上，全区已有10多个部门形成了“服务月”“服务周”等系列活动，各部门结合职能需要，打破专业性和部门、行业的局限，根据主题需求，自由组合开展活动。

3月份以来，该区已组织开展了关爱老年人健康、关注消费者权益、送医送药送温暖、房屋权属登记、政策法规宣传、食品药品鉴别、农业发展等7次大型活动，累计近400名党员志愿者参加，投入资金近10万元，服务群众2500多人次。

（2014年7月11日《泰州日报》撰文：钱兰、杨鼎）

高港力推政务服务下基层

8月中旬，高港一市民来到该区行政服务中心咨询："我父亲想把房产转让给我母亲，但他腿脚不灵便，不方便来窗口办理手续，能否请你们上门受理？"

"完全可以，我们这就去办。"问明情况，该区行政服务中心住建窗口工作人员严伟、霍介凡，当即赶往水岸帝景小区朱兆贵老人家中，经过询问、拍照、确认等环节，现场办理了房产转让手续。

从4月份开始，高港区行政服务中心牵头，组织多家区级机关部门，联合开展了"政务服务下基层"活动，以走访基层群众和企业、完善项目代理帮办服务、开展特色服务等为重点，解决企业和群众最关心、反映最强烈的问题，力争将优质政务服务送到经济一线和民生前沿。

高港区行政服务中心主任尹晓平介绍，此次结合群众和项目需求，共确定22个便民服务项目，主要通过提前服务、预约服务、延时服务、跟踪服务、上门服务等方式，方便群众和企业办事。

"要不是他们的悉心帮助，我的会计职称考试将推迟1年。"谈起3个多月前发生的一件事，高港区刁铺街道居民吉辉芳仍心存感激。

4月27日24时是今年会计职称考试报名缴费截止时间。考虑到今年是首次实行网上缴费，当天，高港行政服务中心财政窗口决定推行延时服务。当晚10点，该窗口工作人员黄震发现还有30多人没有缴费，便立即一一电话提醒。黄震还主动帮助不会使用网银的吉辉芳代缴了报名费。

为解决偏远村镇老年人办理优待证不便的问题，该中心民政窗口采取分散受理与集中办理相结合的办法，委托各镇（街道）民政科上门受理，办理初审、填表，并统一移交窗口审核把关，制证完成后由镇（街道）民政科分发给办证对象。还将老年人优待证办理由原来的一年办理2次，调整为一季度办理1次。

住建窗口通过优化办事流程，加强业务监管，产权证办结时限从30个工作日压缩为15个工作日。同时，针对房产转移登记过程中因行动不便、异地买卖等当事人无法到场办理的难题，将上门服务作为为民办实事的重要举措，极大地方便了广大群众。

政务服务下基层不仅惠及了广大群众，也为项目建设提供了保障。该区行政服务中心充分依托行政审批"三级联动"平台，主动对接市级机关部门深入项目建设一线服务，或委托授权区级部门直接办理，缩短审批路径、压缩审批时限、提高服务质效，力推项目早开工、快建设。

江苏华夏重工是高港区引进的优质高端项目，也是市"双百工程"重点企业。5月16日，在该区行政服务中心牵头协调下，市规划局直接授权区规划分局赴华夏重工二期项目进行现场勘察、审查，并当场发放建设工程规划许可证。该项目建设工程规划许可证从材料受理到办结仅用时3个工作日，较法定时限15个工作日提速80%。

永安洲镇兴洲花苑二区住宅楼项目是动迁安置小区，是区重点民生工程。6月下旬，该区行政服务中心环保窗口积极协调市环境监测站和区环境监察大队，及时出具项目环境监测和监察报告。在验收材料齐全的前提下，组成验收组对该项目进行现场验收，次日便批复环保验收批文，较法定时限30个工作日提速93%。

（2014年9月8日《泰州日报》记者：钱兰；通讯员：卞小士、管国栋）

国电泰州电厂二期工程获批

近日，国家发改委具文（发改能源〔2014〕2020号），正式核准机组参数及节能环保指标世界领先的江苏国电泰州扩建二次再热示范工程项目。

此次核准，标志着装机全国第三、江苏第一的火力发电基地将矗立泰州大地。该项目将成为继电厂

国电泰州电厂二期规划全景图

一期、泰州大桥、宁启铁路复线电气化改造等项目之后，我市重大基础设施建设领域的又一扛鼎之作。

创下三个世界之最

在能源安全、环境保护问题日益严峻，燃煤发电项目竞争日趋白热化的大背景下，电厂二期工程何以能突出重围？

“电厂二期工程不是一期的简单复制和翻版，而是在原有基础上的自我革新和提升，它突破了传统技术，是在更高技术平台上的产业升级。”市发改委主任张小兵介绍，这项总投资86.1亿元的项目将建设两台百万千瓦超超临界二次再热燃煤发电机组，是我国自主设计、自主制造的首台超超临界二次再热火电机组，属于国家鼓励的大容量、高参数、环保型机组，是国家能源局、环保部燃煤发电示范项目，也是国家科技部确定的“十二五”节能减排国家科技支撑计划项目，将成为国内火电项目的标杆，其示范意义重大。

据了解，经中国国电集团、中国电力工程顾问集团、上海电气三方联合攻关，在国内首次将二次再热技术应用到超超临界燃煤发电机组，并通过技术集成形成五类16项专门技术，实现机组能效、排放水平大幅提升。二期工程建成后，发电效率、发电煤耗、环境指标将创下目前三个世界之最，成为全球最优、指标最好的示范电厂。

二次再热是二期工程采用的最核心技术，该技术在国外已应用多年，一般只用于装机容量较小的机组，从未在100万千瓦机组上用过。二期工程的建设，将使我国在高参数大容量机组方面彻底摆脱国外知识产权束缚，实现火力发电制造技术新突破，更好地为大容量燃煤机组综合提效做好技术储备。

泰州电厂总经理杨宏强介绍，该项目发电效率将达47.94%，为世界最高，比当今世界最好的二次再热发电机组效率提高0.90%以上，比国内常规超超临界一次再热机组平均效率高出2.12个百分点。预计发电煤耗为256.20克/千瓦时，将是世界最少，比当今世界最好水平低6克/千瓦时，比常规百万机组降低发电煤耗约14克/千瓦时，两台机组投产后每年可节约标煤15.18万吨，节约的煤炭可发电约6亿千瓦时。项目同步安装目前世界最先进脱硫、脱硝及除尘装置，与常规百万超超临界机组相比，二氧化碳、二氧化硫、氮氧化物和粉尘排放量减少5%以上，达到燃气机组排放水平，为世界最低。

建成我省最大火力发电基地

项目大突破首先是重大项目的突破。二期工程成功获批能给我们带来哪些启示呢？

张小兵认为，重大项目招引实施是一个复杂的系统工程，须要各级、各部门通力合作、大力支持，形成强大合力，在全市营造招引实施项目的浓厚氛围。

据介绍，在二期工程申报过程中，省委、省政府和中国国电集团鼎力支持，省发改委等省级部门全力以赴提供帮助；市委、市政府主要领导高度重视、统筹谋划，分管领导靠前指挥、倾力推动；高港区及市发改、经信、规划、环保、国土、交通、水利等部门分工合作、密切配合，全程提供“包保式”服务，主动带着电厂一个个地“啃”硬骨头。2012年以来，二期工程相继取得规划选址、环境评价、水资源利用、烟囱净空审查、码头岸线、节能评估、社会稳评、电网接入等部门审核意见。

项目招引实施过程中，各地、各部门还要巧用劲、用巧劲，勇于并善于破解各种难题。比如，我市紧紧抓住国家《产业结构调整指导目录（2011版）》修编契机，主动上争，成功为电厂二期工程冷却水一次循环方案实施化解了产业政策障碍，为二期工程节省投资2亿元，节约用地100亩，降低年煤耗2.30万吨。

“重大项目早谋划、早发力是二期工程成功获批一个不可或缺的因素，对于实现项目大突破有着重要的现实意义和指导意义。”市发改委副主任朱建华认为，当前各地要结合地方产业基础，超前研究国家和省产业政策，找准产业发展方向，高起点、高定位超前谋划事关长远的重大项目招引工作。

据了解，早在电厂一期实施之初，我市就开始酝酿二期工程；一期一投产，二期的各项前期准备工作就已陆续展开，为成功获批打下坚实基础。

杨宏强介绍，下一步，电厂将瞄准一流标准，实现高标准开工、高水平建设、高质量投产、高效率收尾的“四高”目标。预计明年年底前两台机组全部投入商业运行，开始并网发电。届时，泰州电厂年销售有望突破百亿元，利税30亿元以上，同时供热能力将大幅提升，供热半径进一步扩大，可以替代若干小锅炉，减少污染物排放。

“二期投产后，泰州电厂将成江苏最大火力发电基地，可进一步做强苏北电网，提升泰州电网乃至江苏电网的安全稳定性，并大大缓解华东地区电力供需紧张。”朱建华介绍，作为世界最先进的火电项目，二期工程对我市实现项目大突破和推进产业转型升级将起到示范和引领作用，同时对推动我国火力发电机组技术升级，增强自主创新能力，提升装备制造业水平影响深远。

（2014年9月12日《泰州日报》 记者：潘荣进；通讯员：施发改、顾炜）

泰州核心港区集装箱码头开港

沿江开发迎来重大利好。

10月28日，泰州港核心港区

泰州港核心港区（高港）集装箱码头开港试运行仪式

（高港）5万吨级集装箱码头开港试运行。市人大常委会副主任、高港区委书记王建，副市长杨杰，市委督导组组长张正方出席开港试运行仪式。

这座建市以来规模最大、按照国际化和世界一流标准打造的集装箱码头及配套物流项目，对提升泰州港货物集散能力，打造长江中下游现代港口物流中心具有十分重要的战略意义。

岸桥装卸1个集装箱不到1分钟

泰州的发展优势在港口。

市委书记蓝绍敏在高港调研时指出，现代港口建设事关泰州发展全局和未来，要高起点规划，高水平推进，全力打造泰州发展新的动力引擎和新的增长极。

泰州港核心港区（高港）5万吨级集装箱码头，正是高港策应市委市政府发展战略的一大关键举措。

昨天，记者来到这座长500米、宽45米的集装箱码头，长江上一艘艘满载集装箱的巨轮不时驶过，不禁让人憧憬未来这座码头的繁忙景象。

据了解，该码头水工结构是按能够靠泊5万吨级船舶设计的，去年底施工结束，投资达9000万元，占总投资的近五分之一。

码头上，两台橘红色的巨大岸桥正从船上将一只只集装箱稳稳吊起，并准确地放到卡车上。

泰州港核心港区工委副书记、常务副主任王镇静介绍，这两台用于装卸集装箱的岸桥由国内岸桥领域的“一哥”上海振华港机公司设计生产，每台高55米，重1000吨，最大起吊重量41吨，价值2500万元，是整个码头的“当家花旦”。

“别看它大，可不笨，自动化程度较高，每53秒就能装卸一个集装箱，速度是普通设备的3倍，处于世界领先水平。”王镇静说。

从码头驶过510米长的引桥，来到占地200多亩的集装箱堆场，4台用于起吊集装箱的场桥矗立在平整的堆场上。放眼望去，过去杂草丛生的江滩已变身现代化仓储基地。

高港综合物流园管委会主任沈道华介绍，堆场共分两个区域，其中5.60万平方米的Z1区已建成投入使用；Z2区面层施工完成了80%，预计11月初建成。

“别小看这个堆场，可以承载5层满载货物的集装箱，其牢度不亚于飞机跑道。”沈道华介绍，堆场从底到面共5层，加起来厚度达1米。其中，面层的联锁块类似人行道砖，硬中带软，可以保证集装箱软着陆，且易更换。

“值得一提的是，集装箱码头引进智能集装箱堆场系统，打造全数字化码头，在数十万个集装箱中准确定位其中一个是分分钟的事。”沈道华说，码头将应用无线网络、条形码等技术，在集装箱堆场运作中智能化协调人、机、箱、场地等资源，每一个箱子进入堆场都将录入系统，拥有自己的“身份证”，并按照最优方案放入堆场，工作人员手持终端设备，可以准确定位。此举将保证集装箱堆场各类作业高效快捷，并大大降低运营成本、提升服务水平。

打造长江中下游重要
集装箱物流基地

集装箱运输在海洋运输中具有运输量大、装卸速度快、运输成本低、货物安全系数高、便于海陆联运等诸多优点。一些国家集装箱运输比重已超过八成。

随着我市经济社会快速发展，集装箱码头年吞吐量也快速增长，去年达17.60万标箱。而到目前，泰州还没有一个像样的集装箱码头，泰州港现有码头已不能满足本地集装箱市场的吞吐需求，不少业务流失到外地。

建设大吨位级集装箱码头，在我市已迫在眉睫。

“目前这已成为大家的共识，这才有了心往一处想、劲往一处使、各方齐发力推进5万吨级集装箱码头的滚滚热潮。”高港区委常委、核心港区党工委书记韩亚说。

据了解，集装箱码头建设投资巨大，一期总投资约5亿元。核心港区积极向上争取，高港区委、区政府也高度重视，积极筹措资金，保证了工程的顺利实施。

为保证集装箱运输道路畅通，该码头建设了1.80千米长的环港大道，可以连接沿江高等级公路、江平线，上泰镇高速只要几分钟。目前，一条完善的集疏运体系已经形成。而根据我省有关规定，疏港公路建设可以享受省有关补贴。

码头是一个地区对外开放的窗口，其建设离不开口岸联检部门的配合与支持。今年初，市口岸办牵头，组织召开了国检、海关、海事、边防4家联检单位参加的集装箱码头建设推进协调会，就集装箱进出口业务系统、码头监管系统进驻等达成共识，并就各部门所需的办公用房、仓储用房等进行了对接。前不久，4家联检单位分别派一名业务骨干进驻现场，全面配合推进查验机构和设施建设。

“在各方大力支持和关心下，集装箱码头建设才得以顺利推进。”韩亚介绍，集装箱码头一期工程设计年通过能力为30万标箱，二期、三期工程全部建成后将具备150万标箱/年的通过能力。

王建认为，集装箱码头的建成，对于我市整合港口资源、提升港口竞争力、拉动腹地经济发展意义重大。而随着远期目标的实现，该码头将力争成为长江中下游重要的集装箱物流基地，“溢出效应”将进一步彰显。

（2014年11月3日《泰州日报》记者：潘荣进；通讯员：张玲、许杨丽、崔正彬）

高港重点打造四大城市片区

作为泰州滨江城市的主板块、中心城市发展的重要增长极和城建新提升的主战场之一，高港区全面贯彻落实全市城建新提升动员大会精神，超前谋划城建重点项目建设，进一步拉开城市框架，加快完善城市功能，尽早把高港打造成生态宜居、独具魅力的现代化“滨江港城”。

“没有大手笔、大动作，高港城市建设就难以实现大跨越、大提升。”市人大常委会副主任、高港区委书记王建介绍，今后两年，该区将至少新增投入120亿元，大力实施一批重点建设项目，加快塑造高港城市新形象。

根据打造滨江城市的战略构想，高港区将滨江新城、京沪高速立交功能区、口岸水景街区、凤栖湖新区作为城市建设的重点片区，力争以点带面，大力提升城市形象和品位。今后几年，该区将以城市总体规划为指导，全力推进重点片区高起点定位、高标准建设。其中，滨江新城将着重做强功能、做优形象、做美环境，打造高港重要的城市片区。京沪高速立交功能区加快推进明发城市综合体五星级酒店及高层住宅、红星美凯龙二期、台湾国际新城一期国际社区等项目建设，积极招引大型商超、企业总部落户，着力打造城市商圈。口岸水景街区合理开发商业业态，全力打造泰州滨江首席文化旅游街区，做到建设好、招商好、运营好。凤栖湖新区在完善规划设计的基础上，迅速启动水系、道路、绿化等工程建设，统筹做好整水系、造环境等工作，为湖区开发做好基础工作。

进一步拉开城市框架是当前高港城市建设的一大主题，完善的路网体系是拉开城市框架的前提和基础。下一步，高港将围绕道路新建、接线、延伸、升级工程，加快田许线升级改造、泗白路南延、珑湾路、王营路北延、春城路西延、锦江路口岸段等道路工程建设。同时，集中精力解决一批群众呼声较高的道路工程建设问题，其中海军东路二期、古田线改造、金港路南延、龙窝路工程，力争2015年建成通车；柴墟中路改造、环港大道连通工程等尽快完成拆迁，争取2015年开工建设。

此外，全力做好京沪高速江广段扩容、泰镇高速、东风路快速化改造等省、市重点工程的征地动迁和配合服务工作。

高港区委常委、常务副区长陈军介绍，高港区还将不断推进教育、卫生、文化、体育等公共设施建设，进一步完善城市功能，丰富城市内涵，稳步提升宜居水平。未来三年，该区将投入10亿元实施学校改造提升工程，同时推进永安洲实验学校、孔桥实验学校等项目建设。加快推进高港体育公园、海军文化主题公园、基督教堂、历史文化展示馆、档案馆等项目建设，深度挖掘大江文化、港口文化、海军文化、宗教文化。规划修扩一批历史文化遗存，着力推进古寿胜寺恢复重建工程。全力推进新城名邸、龙湖美景、临港水岸景城二期、育才花苑二期、东方明珠二期等安置房建设，确保2015年实现动迁安置零过渡。大力实施水环境综合整治，加快建设污水总管工程及永安污水处理厂扩建工程，争取用两年时间打造人水和谐、宜居宜游的城市水环境。

“项目推进的成效，很大程度上取决于破解要素制约的能力和水平。”王建说，下一步，高港将进一步解放思想，通过体制机制创新，千方百计化解资金、用地、审批等矛盾制约，努力形成项目建设快速推进、城建成本有效控制、群众利益最大保障的多赢效应。

（2014年12月1日《泰州日报》记者：潘荣进；通讯员：杨建峰、李敏）

重点工作

党的群众路线教育实践活动

2014年，高港区按照中央和省、市委统一部署，根据教育实践活动总体安排，紧扣为民务实清廉主题，紧紧围绕反对形式主义、官僚主义、享乐主义和奢靡之风（简称“四风”），把握“照镜子、正衣冠、洗洗澡、治治病”总要求，坚持“抓两头促中间”工作方法，一头抓区四套班子领导先学先行，一头抓村（社区）党组织书记严格管理，带动和促进各级干部深学细照、真改问题、快转作风、创树形象，各项“规定动作”与“自选动作”融合互促，形成组织有力、推进有序、整改有效的良好态势。

一、基本情况

根据中央和省、市委部署要求，结合党组织隶属关系，明确区四套班子及区级机关部门、单位（含区直属企业党组织），园区、镇街党组织，村居党组织，“两新”组织（新经济组织和新社会组织）、学校、医院等各类基层党组织，以及未参加第一批活动的市级机关部门、市直单位的垂直管理单位和分支机构参加活动。其中，参加活动的县处级党员领导干部24人、正乡科级干部174人、副乡科级干部277人、股级干部730人，参学单位61个，各类基层党组织312个，党员13785人。区委及时组建领导小组，由区委主要负责人担任组长，纪检、组织、宣传、政法等部门主要负责人担任副组长，成员由12个部门负责人组成，领导小组下设办公室，同步成立组织联络组、综合材料组、宣传报道组、情况处置组，负责活动的具体组织实施。创新设立督导协调组，由区纪委、区委组织部负责人牵头协调，以督导传导压力、增添动力、推动落实。抽调44名素质过硬的机关党员干部组成11个督导组，进驻61个单位督导。面向学校、机关、村（社区）等各行各业，选聘20名“群众观察员”定期到各地、各部门调查了解活动开展情况，及时向区委活动办及相关单位反馈，推动活动扎实开展。作为全区教育实践活动“第一责任人”，区委主要负责人以身作则，带头落实中央和省、市委关于改进工作作风及密切联系群众的各项规章制度，多次主持召开会议，加强与省、市委督导组的沟通，听取社会各界对开展活动的意见、建议，直接参与指导活动实施意见的制定，为开展教育实践活动作思想动员、工作准备和行动示范。区委常委班子成员以“从我做起、向我看齐”姿态，带头学习讨论、听取意见，带头查摆“四风”问题，带头参与谈心谈话，带头撰写对照检查材料，带头开展批评与自我批评，带头狠抓整改落实，形成“一级带一级，层层抓落实”良好局面。9名区委常委和4名党员副区长建立16个活动联系点，覆盖园区、镇街、机关部门、村（社区）等不同层面。活动期间，区委常委和党员副区长实地调研，到联系点上党课，推动学习教育、听取群众意见；全程出席联系点的专题民主生活会和专题组织生活会，指导班子成员严肃认真开展批评与自我批评；专题听取每个环节活动情况报告，督促及时开展“回头看”，抓好突出问题的即知即改。各参学单位认真贯彻中央和省、市、区委部署，把组织开展教育实践活动与促进改革发展稳定结合起来，做到两手抓、两不误、两促进。园区和镇街突出增强政治定力、强化创新争先意识、树立正确政绩观、增进群众福祉重点，班子成员主动作为、奋发进取，以作风建设新成效推动经济社会又好又快发展。区级机关部门及其直属单位把整治机关“中梗阻”作为重要抓手，班子成员引领中层干部，中层干部带动普通工作人员，推进机关效能建设，推动作风明显改变。村（社区）、非公有制企业等其他基层组织立足解决服务群众意识不强、本领不高等问题开展教育实践活动，切实解决联系服务群众“最后一公里”问题，把改进作风的成效真正落实到党的“末梢神经”，夯实党的执政基础。在中央和省、市委的统一领导下，全区广大党员干部以极大的政治热情积极参与教育实践活动，结合自身实际真改问题、改真问题，积极为民办实事，有力地促进活动深入开展，扩大活动影响力和辐射面，得到全区人民广泛好评和一致拥护。

二、主要做法及特色工作

在整个教育实践活动过程中，高港区认真贯彻中央和省、市委部署，坚持从实际出发，突出问题导向，“学习教育、听取意见”注重高标准与高质量相统一，“查摆问题、开展批评”注重深查细照与锤炼党性相统一，“整改落实、建章立制”注重即知即改与常态长效相统一，各个环节衔接贯通，确保活动取得群众满意的实效。

坚持“上率下随”，强化组织领导 紧抓“一把手”关键，组织“回头看”，召开领导小组会议12次，对活动中出现的问题第一时间研判分析、交办解决。两次召开“一把手”推进会，制定《“一把手”工作手册》，区委主要负责人与各地、各部门“一把手”逐一签订责任书，明确10项职责任务、30项方法步骤。针对每个环节制定工作要点，让各级“一把手”明白每个环节抓什么、怎么抓。建立“一把手”定期约谈机制，区委主要负责人先后约谈各地、各部门“一把手”70余人次，推动上级党组织“一把手”逐级约谈下级党组织“一把手”，层层传导责任。区四套班子党员负责人推动每个环节、每项工作，制定区委常委会活动实施方案和常委、党员副区长联系点工作方案，率先作出“四个明显提升”（干部队伍的作风和能力要有明显提升，经济社会发展水平和城市形象品位要有明显提升，群众在经济社会发展中的主体参与率要有明显提升，群众的幸福指数要有明显提升）公开承诺，带头践行“三严三实”（严以修身、严以用权、严以律己，谋事要实、创业要实、做人要实）要求，确保教育实践活动不偏、不虚、不空、不走过场。各级“一把手”自觉向区委常委会看齐，扎实推动本地、本部门教育实践活动开展，切实履行“一把手”职责。印发村（社区）深入开展教育实践活动指导意见，市选派到村任职干部、口岸街道徐庄村党总支书记徐勤生，以为群众办实事、解难题、做好事的实际行动，赢得群众一致认可，获江苏最美人物之优秀共产党员称号。

坚持学习教育，夯实思想根基 组织区委常委会读原著、学原文，尤其是《习近平关于党的群众路线教育实践活动论述摘编》《党的群众路线教育实践活动工作指导文件选编》2本新增必读书目。依托区委学习中心组、领导干部读书班、大江讲堂等载体，召开学习交流会8次，组织广大党员干部专题学习中共中央总书记习近平系列重要讲话精神和中央及省、市委决策部署，集中观看《苏联亡党亡国20年祭》《永远的焦裕禄》等规定教育片，将查处的区内党员干部违纪违法典型案件拍摄成专题片开展警示教育。印发4期学习辅导材料、口袋书等资料给各参学单位，举办基层党员干部专题“培训周”，邀请张云泉、何健忠等全国先进典型作辅导报告，苏州大学教授方世南讲马克思主义群众观，省委党校教授徐民华、凌宁及中国浦东干部学院教授赵泉民解读习近平重要讲话精神。紧扣教育实践活动，集中开展3次知识竞赛，来自园区、镇街、区级机关的200余名党员参加。围绕“为什么要践行群众路线，什么是群众路线，如何贯彻群众路线，怎样实现群众路线”4个讨论专题，召开学习交流会，组织区四套班子党员负责人专题交流，撰写体会文章，形成《学习交流材料汇编》。面向正乡科职以上干部，开展“‘一把手’谈群众路线”论文征集活动，在活动简报上刊登61篇。深化“为了谁、依靠谁、我是谁”等7个主题的思想大讨论，形成研讨文章近150篇，在《泰州日报·高港周刊》开辟专栏，共刊登35个单位的讨论文章。开展“解放思想再发力、科学发展勇攀登”大讨论大落实活动，分经济、党建、宣传、人大代表、政协委员5个条块组织召开专题座谈会，开展讨论活动70余场，形成讨论情况报告70余份，汇总意见建议450余条，在《泰州日报·高港周刊》和《高港情况》开辟专栏。创新开展“六看六想”活动，即组织党员干部到烈士陵园、历史纪念馆、贫困地区和贫困家庭、老家、监狱、殡仪馆六种地方看一看，想一想理想信念、为官目的、自身待遇、组织恩情、政治生命和人生价值。省委常委、省军区政委李笃信调研高港时，对该做法给予充分肯定。把5月确定为“廉洁高港宣传月”，由区纪委、区人民检察院牵头，开展预防职务犯罪志愿者巡回演讲、干部家属廉政教育、“廉政讲堂”等活动。以“治四风、树形象”为主题，区、镇、村三级联动，举办村（社区）干部“培训周”活动。举办“创建国家级经济开发区研修班”，组织45名干部到苏州进行为期4天的学习培训。巩固放大“同岗同级学习与思考”“学赶苏南对标找差”活动效应，把扬子江药业集团作为全区解放思想的标杆，组织机关干部、厂长经理、村（社区）书记参观，邀请集团董事长徐镜人授课。

坚持聚焦“四风”，找准找实突出问题 区委常委会召开专题会议，对班子查摆征求到的缺乏担当

高港区党的群众路线教育实践活动学习交流会

精神、发展激情减退、自律要求不严、节俭意识不强等41条“四风”问题进行专题“会诊”，逐条对照分析、逐项议深议透。在查摆分析问题时，注重从近年来区内发生的违纪违法典型案例中深刻反思。个人查摆问题时紧密结合自身思想、工作和生活实际，坚持找准、找实，对班子存在的问题主动进行认领，区委常委班子成员自我查摆问题105条，帮助其他成员查摆问题152条。各园区、镇街、区级机关领导班子查摆“四风”方面的突出问题921条。区委主要负责人带头到各园区、镇街专题调研100余个企业，听取各行各业意见、建议。围绕“反对‘四风’、践行群众路线”主题，先后开展6次“两代表一委员”（党代表、人大代表、政协委员）工作室工作日活动，面对面听取群众意见。开展“五级人大代表回选区访选民活动周”活动，召开座谈会69次，接待、走访群众732人，收集意见、建议140条。定期召开“群众观察员”座谈会，对区委常委班子查摆的“四风”问题查漏补缺，征求各类意见、建议685条，梳理汇总“四风”方面存在的突出问题41条。各参学单位梳理出“四风”问题1700余条。定期了解市委督导组在个别谈话、走访调研、来信来访等途径掌握的“四风”问题，尤其是从组织、纪检、审计、信访等渠道沟通反映的“四风”问题。在区委常委班子作风建设情况通报会上，区委常委班子成员对督导组反馈的40条“四风”问题、5条其他问题进行现场“认领”，明确整改时限，落实整改责任。区委各督导组先后个别谈心1300余人次，对全区参学单位共反馈“四风”问题1500余条，推动各单位确定147条即知即改事项，其中，对重点反映的执法监管部门和窗口单位服务效能低问题及时督促整改，对7个基层软弱涣散党组织明确整顿时限。

坚持整风精神，严格规范党内生活 全面深入谈心交心，真正达到“消除隔阂、增进团结、形成合力”目的。区委常委之间的谈心由区活动办全程录音、全程记录。区委常委班子成员利用两周时间，重点与区政府党员副区长、挂钩联系园区和镇街党政负责人及征求意见中涉及问题较多的部门负责人谈心谈话，累计谈话279人次。各级党组织普遍开展两轮谈心，第一轮以班子成员之间的个别谈心为主，第二轮以集中谈心为主。村（社区）两委班子成员主要采取约谈群众的方式。对查摆出的“四风”问题，全区广大党员干部着力从理想信念、宗旨意识、党性修养及“三严三实”要求等方面剖析。区委主要负责人主持起草区委常委班子的对照检查材料，带头撰写个人对照检查材料，坚持把自己摆进去，紧密联系工作实际、个人思想和成长经历，紧紧聚焦“四风”，直接点明突出问题，带动区四套班子其他成员认真撰写材料。对照检查材料坚持“一把手”直接把关、班子集体把关，报市委督导组、市委活动办、省委督导组层层审核，其中区委常委班子和5名常委的材料呈报省委活动办审稿。对于不同层面提出的修改意见，班子对照检查材料先后修改15次，班子成员的个人检查材料普遍修改10次以上，得到中央活动办批示表扬。区四套班子共查摆出“四风”方面的问题58条，区委常委班子查摆18条，9名常委查摆105条。各参学单位领导班子查摆问题900余条。区委常委会从教育实践活动一开始就坚持高标准、严要求，得到省委督导组和市委充分肯定和信任，并被推荐为中央巡回督导组直接参加的10个备选市、区之一。省委赴泰州督导组全程参加指导区委常委领导班子专题民主生活会，班子成员紧紧聚焦“四风”，开展严肃认真的批评和自我批评，相互提出批评意见152条。区四套班子党员领导干部全程参与指导29个联系点的组织生活会。全区312个基层党组织全部召开专题组织生活会，13237名党员撰写对照检查材料，开展批评与自我批评，参加民主评议党员活动。全区党员评议结果“好”的占88.20%，评议结果“一般”的占11.70%，评议结果“差”的占0.10%。

坚持立行立改，推动整改落实 区委常委会率先确定19个即知即改项目，每个项目都明确1名牵头常委、1个牵头责任部门（单位）、若干个具体责任人，采取听汇报、查台账、实地察看等形式，全程跟踪督查。区委常委会带头制定领导班子整改方案、专项整治方案和制度建设计划，整改方案细化为18

个整改项目，明确牵头领导、责任部门、整改措施和进度安排，并在区政府网站公示。区委主要负责人逐镇街召开村（社区）党组织书记座谈会，将征求的意见、建议反馈给相关部门，在机关部门拿出初步处理方案后，邀请“两代表一委员”会商，及时将修订完善的处理方案反馈给村（社区），推动热点难点问题的有效解决。开展专项整治，成立工作小组，制定实施方案，明确具体任务、序时进度和相关责任人；将整治检查评比泛滥等有关要求纳入区委常委会整改项目，落实相关专项整治任务；结合区委、区政府重点工作，明确牵头区领导和责任单位，确保抓一项成一项，改一项见效一项。针对少数基层党组织战斗力不强、服务阵地建设不到位、信访矛盾较多等实际问题，开展集中整顿，撤并“两新”组织党组织11个，对7个软弱涣散的村居党组织实施“一村一策”，由区领导挂钩指导整顿。推进村部去行政化，村干部一律合署办公。统筹推进村（社区）便民服务中心和邻里中心建设，逐村（社区）建立网站和劳动者之家，为群众提供更多优质、高效、便捷公共服务。依托网络等媒体公示“四风”问题和即知即改事项的整改进度、成效。发动老党员老干部、新提拔干部、新发展党员，建立22个“党员流动哨”，对各单位整改情况跟踪督查。

坚持严督实导，确保活动规范有序 先后召开督导例会8次，下发工作要点，明确阶段任务，现场交流点评，提升督导针对性、实效性。督促各单位“一把手”按照中央和省、市、区委确定的目标要求及规定步骤开展活动，对每个环节逐一过堂把关，确保严格按照程序做好“规定动作”。及时组织“回头看”，看学习教育是否扎实、自我剖析是否深刻、开展批评是否认真、边查边改是否见效等等。各督导组始终把业务学习放在首位，定期组织成员反复学习研讨上级关于活动的一系列重要文件，吃透精神，领会要求，把市、区委的各项部署要求，不折不扣落实到活动每一个环节。把《督导工作手册》作为督导组成员的必学内容，熟练掌握方法步骤，有效把握督导工作主动权。针对不同领域、不同对象的特点，突出一对一指导、面对面沟通，做到该提醒的提醒，该纠正的纠正。对园区、镇街及部分区级机关部门活动开展情况进行3轮随机抽查，抽查结果及时通报单位“一把手”。针对园区、镇街、村居、“两新”组织、执法监管部门、窗口单位、医疗卫生、教育等不同领域及不同对象“四风”问题的特点，结合高港实际，分层分类制定务实管用的指导意见。以督导组为单位，组织被督导部门相互观摩学习。建立群众意见即知即改项目落实情况周报制度，实行挂账督办，落实一件，销号一件。

坚持舆论引导，营造良好氛围 举办践行群众路线广场文艺月月演活动。开展庆“七一”系列活动，举办群众歌咏大会和文艺汇演等。邀请区内先进典型徐勤生作“践行群众路线，根治基层‘四风’”专题讲座，拍摄其先进事迹电视专题片。评选表彰10名“大江儿女·诚信之星”，区人民检察院陈新获全市首届“最美志愿者”称号，广大党员干部学有标杆、行有示范。注重挖掘各地、各部门的好经验，及时报道面上活动进展情况，编印活动简报140余期，通过交流经验、反映问题、提出建议等形式加强指导。先后在《新华日报》《党建文汇》《党的生活》《泰州党建》《泰州日报》等报纸杂志刊登通讯报道20余篇，市活动简报刊登信息29条，1条信息被省群众路线网站——江苏先锋网选用，1条信息被省简报刊用。

坚持服务群众，打通联系群众“最后一公里” 在全区89个村（社区）分别设立党代表工作室，每个工作室编排2~4名区党代表，统一公开姓名、职务、联系方式等基本信息。每个单月的下旬，所有区党代表集中到所在工作室与群众面对面交流，帮助协调解决一些实际问题。活动期间，共接待群众900余人次，征集意见建议500余条。依托村级综合服务中心，逐村（社区）建立社会事业工作站，由大学生村官担任站长，区级机关相关部门抽调中层骨干驻站任业务专管员，集中提供残疾证办理、养老保险缴纳、医疗费用报销等便民服务项目。各村（社区）社会事业工作站与镇街、部门实行联网，推行“网上办公”，群众在家门口就可以“一站式”办理各类社会事务。成立区村干部协会，下设镇街村干部分会和大学生村官分会，每月围绕一个主题集中研讨，活动期间，协会共征求群众意见、建议200余条。启动“周末高港·党员关爱服务行动”，依次构建区总队、机关（镇街）分队、专业服务队三级组织网络，组建社会治理创新、文体卫生、社会事务、宜居环境、农业发展、企业转型升级6支专业队伍，开展活动30余次，投入资金20余万元，服务群众1.20万人次。

三、活动成效

提高思想认识，增强党性修养 广大党员干部坚持把学习教育作为首要任务，通过认真学习规定书目，特别是中共中央总书记习近平系列重要讲话精神，受到深刻的马克思主义群众观点教育，坚定道路自信、理论自信、制度自信，拧紧世界观、人生观、价值观，更加自觉地把思想和行动统一到中央要求上来。通过学习周恩来、焦裕禄等先进事迹，对照“三严三实”要求，深刻认识到只有真正做到心里装着群众、与群众心连心，站在群众的角度思考谋划工作，才能赢得群众支持，得到群众认可。通过深刻查摆剖析，切实体会到出现“四风”问题根子在理想信念上，理想信念的坚定是最根本的坚定；通过开展批评与自我批评，

普遍感到经受深刻的思想洗礼，经历严格的党内生活锻炼。

加快改革步伐，促进经济社会发展 以胡庄镇、永安洲镇为农村综合改革试点，推进农村土地经营制度改革；以口岸街道为简政放权试点，探索园街合一体制和强镇扩权改革；以高港高新区为城乡土地要素交易试点，推进农村土地市场化改革。健全企业运行质态“健康档案”，由区相关部门对企业的产品先进性、诚信经营、劳资关系、安全生产等情况进行评估推荐，实行分类动态管理，让政府扶持有依据、银行投放有方向。成功举办第二届“金融超市”，政府联合企业与银行进行利率议价，有效帮助企业解决“融资难、融资贵”问题。发挥“土地储备银行”作用，加强土地资源整合利用，对近年来招引项目占用土地、税收贡献情况逐一“回头看”，最大限度提升土地利用效率和产出效益。

加强制度建设，推动常态化长效化 全区修订完善各类制度900余项，区级层面共有20项，主要包括作风建设、服务发展、民生实事、干部管理、基层党建等方面。注重强化制度执行，对违反制度踩“红线”、闯“雷区”的行为做到“零容忍”，发现一起、查处一起。活动期间，开展作风“亮剑”专项行动3次，通过明察暗访，曝光25名违规违纪人员，营造风清气正的发展环境。

促进作风转变，密切党群干群关系 有效遏制“四风”问题，党风政风明显好转，党群干群关系不断密切。及时开展“文山会海、检查评比”清理工作，区委、区政府召开的会议比上年减少20%以上，下发文件减少50%以上，评比达标表彰活动减少90%以上。整治机关“中梗阻”问题，加大窗口单位首问责任、限时办结、一次性告知等制度的执行力度，审批时限比市规定时限缩短50%；全面清理非行政许可审批事项，共核减、合并、取消事项119项，精简40.50%，查处“吃拿卡要”“庸懒散拖”问题18个，公开和简化办事程序的单位数量增加到22个。针对“联系群众不紧密”问题，丰富“两代表一委员”工作日活动内涵，建立区人大代表询问、质询、问责机制，选配街道人大代表联络员，设立往届人大代表联谊会，帮助党委完善决策，监督政府依法行政。解决信访积案，排查各类信访案件41件，成功化解33件。压缩“三公”经费1395万元，清理办公用房109间、3770平方米，节省下来的资金和办公面积全部用于民生事业。

解决民生问题，提升群众幸福指数 以增进民生幸福为价值取向，从群众反映强烈的问题改起，从关系民生的问题抓起，做到事事有回音、件件有着落。针对办好人民满意教育的现实需要，统一编制全区学校布局规划，优质均衡配置教育资源，口岸实验学校投入使用，永安洲实验学校开工建设，统一更新校车，增加教师一次性购房补贴。针对群众反映“看病难”“看病贵”问题，推进高港人民医院与泰州人民医院开展战略合作，完善区、镇、村三级医疗卫生服务网络，医疗服务和药品价格、投诉电话均按要求公示到位。针对群众对高品质精神文化生活的需求，加快建设全民健身中心、历史文化展示馆、海军文化主题公园、基督教堂等文化项目，成功举办“高港杯”首届全国象棋青年大师赛，口岸雕花楼创成国家AAA级旅游景区。针对群众对社会保障的担忧，健全社保标准增长机制，推动失地农民保障逐步向城镇职工养老保险并轨。构建沉底盖边的社会救助体系，保证困难群众得到及时救助。七一、国庆期间走访慰问老党员67人、困难党员332人，发放慰问金27万余元。

（区委组织部）

创建全国文明城市

2014年，高港区贯彻落实市委、市政府决策部署，秉持“创建为民、创建惠民、创建育民”理念，将文明城市创建与群众路线教育实践活动有机结合，以“创文明城市、惠万家百姓”为目标，以捍卫“高港尊严”为追求，强力推进文明城市创建工作，在市创建办组织的月度测评中连续四次保持全市领先，高标准通过省级和国家级考核验收。

强化宣传发动，造浓创建氛围 在《泰州日报·高港周刊》、高港城市频道、大江论坛、区政府网站上开辟创建文明城市专刊、专栏、专题，高频度、广领域宣传创建知识和

高港区创建全国文明城市迎检动员大会

文明礼仪常识。运用户外广告牌、建筑围挡、LED显示屏、灯杆吊旗、宣传橱窗等媒介，在城市出入口、城区主次干道、商业大街、商场超市、广场公园、建筑工地、居民小区等场所和新闻媒体、政府网站等阵地，实现公益广告全覆盖。在大润发门前广场，定期组织开展“社会主义核心价值观”背诵有奖问答活动。印发市民手册、告广大市民的一封信、调查问卷10万余份，制作创建专题环保手提袋8万余个。尊重群众创建主体地位，广泛听取民情、汇集民意、发挥民智，调动广大群众积极性，变“要我创建”为“我要创建”。在全区组织开展“文明高港、我来献计”大讨论活动，归纳整理出“金点子”100余条。开通创建热线电话，接受市民举报，对反映问题一律立说立行立改，并做好跟踪督查。针对群众反映强烈的突出问题，在高港城市频道开辟曝光台，每周选取一种不文明行为集中曝光，积极引导广大市民做讲文明有礼貌、讲道德守秩序、讲友爱促和谐的实践者和传播者。

强化环境整治，突出重点难点　重点整治居住卫生环境、交通出行环境、市场经营环境、校园周边环境、社会文化环境。针对小区环境脏乱差、绿化毁坏、车位不足、设施破损等问题，组织实施社区环境综合整治项目，累计投入资金961.49万元，整治后的锦江花园、新城花园获评泰州市首届文明小区。交警二大队实施交通违法抄报制度，对闯红灯、逆向行驶、翻越护栏等违法行为处以罚款，并登记抄报至所在单位和社区。区城管办借助数字化城管平台，持续加大对占道经营、违章搭建、户外广告、渣土扬尘、非机动车违停的查处力度，日均处置200起。对后街背巷、城中村、城郊结合部等难点区域，实施16小时流动式巡回保洁，做到垃圾日产日清。区住房城乡建设局、发展改革委、财政局、审计局、城管办等部门建立创建项目评审制度，确保资金使用合理合规合法。创建期间，累计修复路面近2万平方米，绿化补栽约200万株，维修更换市政设施3000余处。区市场监管局针对餐饮业广泛开展无证无照查处取缔专项行动，对城区3个街道近400个餐饮店的营业执照、卫生证、健康证、消毒证的办理出示情况逐一过堂。区综治办牵头对校园周边200米按职能划定包保范围，取缔违规经营文化娱乐场所。区创建办加大督查考核力度，每月开展月度模拟测评，将测评结果以创建简报形式通报至区四套班子全体负责人。按月对用稿量进行统计排名，直观反映各创建责任单位工作力度，通过横向比较、适度竞争，促进创建工作常态开展、长效实施。

强化市民素质，提升城市形象　以培育和践行社会主义核心价值观为主要内容，在个人层面倡导爱国、敬业、诚信、友善，广泛开展“做恭谦有礼的高港人”主题教育活动。继续深化“道德讲堂”建设，将“讲故事”“看短片”作为核心环节重点打造，通过身边人讲身边事，身边事教身边人，对以高寿祥为代表的“中国好人”和以徐勤生为代表的“最美人物”进行深度宣传，引导广大市民树立个人品德、培养职业道德、传承家庭美德、维护社会公德。将2014年作为诚信建设制度化元年，组织开展“大江儿女·诚信之星”评选。深化道德领域突出问题专项治理，在生产经营性企业开展“做精工产品、做诚信企业”系列活动。精心编纂《大江儿女》好人故事集，在金港南路建立全市首条“美德善行示范街”，使“选好人、学好人、做好人”在高港蔚然成风。全区累计上榜“中国好人”10人，上榜数居全市之首。《高港率先实现“中国好人”五大类别全覆盖》获泰州市创新成果特别奖。组织召开践行社会主义核心价值观暨志愿服务工作会议，加强志愿服务制度化建设，规范志愿者注册招募，注册志愿者比例达到15%。举办泰州市专业志愿服务队进社区活动启动仪式，围绕“关爱自然、关爱社会、关爱他人”主题，常态化开展学雷锋志愿服务活动。陈新当选2014年泰州市“最美志愿者”，“周末高港·党员关爱服务队”获评泰州市十佳优秀志愿服务组织。（区委宣传部）

创建国家级经济开发区

高港区始终坚持“工业立区、工业强区”不动摇，把开发区作为高港经济发展的主载体、主阵地，以开发区建设的大发展、快突破，推动全区经济社会发展实现大跨越，在区第四次党代会第一次年会上，区委审时度势，自我加压，进一步提升标杆，高点定位，明确提出以省级高港高新技术产业园区为载体，以科技创业园、核心港区、临港经济园为板块，创成国家级经济开发区。2014年，开发区实现地区生产总值239.68亿元，公共财政预算收入10.65亿元，规模以上工业产值843.80亿元，实际利用外资和港澳台资1.74亿美元。

领导高度重视，形成创建工作合力　区委、区政府高度重视创建工作，专门成立以区委书记为组长的创建国家级经济开发区领导小组，并组建办公室，具体负责创建日常工作。在区创建领导小组的指导下，区创建办及其成员单位既各司其职、各负其责，又全策全力、合力攻坚，创建工作有序推进。区委、区政府专题召开全区工业经济暨园区建设会议，研究部署创建国家级经济开发区的目标任务和工作举措，明确创建工作的时间表和任务图。区委、区政府在一些综合性工作会议上，对创建工作也提出明确的要求。全力争取省、市支持，被纳入全省《沿江地区转型升级五年推进计划》，市级层面明确支持高港区申报国家级经济开发区。

加快项目集聚，放大创建工作特色 依托高港区现有产业基础和优势，专题邀请江苏省社科院编制开发区产业发展规划。按照“差异化、配套化、特色化”发展要求，围绕开发区的整体产业布局，不断完善“飞地发展”政策，加快推进“退城进园”步伐，突出项目统筹，引导同类、同质企业向园区集聚，促进开发区联动发展，加快形成特色产业。开发区致力以产业基础明晰产业方向、以产业优势构建产业体系、以产业特色形成产业集聚，认真研究产业发展趋势和转移规律。加大产业链关键环节的项目招引，以项目集聚推动产业集聚，先后落户扬子江中国国药科技城、扬子江龙凤堂中药高科技产业园、汇福粮油、华润雪花等一批重大项目，基本形成新医药、粮油食品加工、装备制造、新材料四大支柱产业。创成中国壁纸产业基地、中国通用动力产业基地、江苏省汽车零部件产业基地、江苏省装饰材料特色产业基地等一批国家级和省级特色产业基地。

突出功能完善，提升创建工作优势 在基础设施功能上，区委、区政府每年拿出6000万元用于基础设施建设贴息补助，全力支持开发区加快发展。投资4.20亿元建设污水总管及污水处理厂二期工程，推进田许线改造升级、创新大道改造等工程。在产业配套功能上，积极放大“蓝火计划”效应，支持开发区与高等院校、科研院所合作共建研发中心、设计中心、创业中心和重点实验室，为企业发展提供公共服务。开发区规模以上工业企业实现研发机构全覆盖，墙纸、特防用品两个省级检测中心投入使用，5万吨级集装箱码头开港试运营，科技孵化器一期建成在即。在城市服务功能上，坚持以产城一体为方向，不断完善开发区商贸、金融、居住等功能，促进开发区与中心城区融为一体。红星美凯龙一期、大润发超市投入运营，工商银行、农业银行、中国银行等金融机构均在开发区设立营业网点，明发城市综合体、台湾国际新城、滨江新城等加快建设。

加大改革力度，破解创建工作瓶颈 在管理机制上，制定出台支持开发区发展的专项政策，加大税收分享比例，设立特色产业基地专项资金，全力推动开发区加快发展。确立经营开发区的理念，按照“资源资产化、资产资本化、资本股份化”思路，全面梳理开发区闲置土地和厂房，以市场化的手段进行资本运作，促进开发区资产保值增值。实体化运行开发区政务服务分中心，推进限时办结、并联审批和项目代办，审批事项由291项减少为183项，审批时限比市规定时限缩短50%。在化解土地制约上，充分发挥“土地储备银行”作用，加强土地资源整合利用，对招引项目占用土地、税收贡献情况逐一开展“回头看”活动，对不能按期达标的项目，按照有关规定和当初协议约定对项目用地予以收回，最大限度提升土地利用效率和产出效益。在推进金融创新上，不断密切金融与实业、银行与企业的关系，创新举办“金融超市”活动，政府联合企业跟银行进行利率议价，以3.50亿元对公存款撬动50亿元银行新增授信规模。设立5000万元金融信贷风险资金，依据企业“健康档案”，为产品前景好、财税贡献大、运行质态优的企业提供政府增信服务，全力支持企业做强做大。

注重持续发展，增添创建工作亮点 实施“六化”（品牌化、标准化，资本化、上市化，信息化、高端化）战略。每年拿出1500万元专项资金，鼓励企业实施品牌标准战略，加快企业由产品型经济向品牌型经济转变。引导企业开展“模拟上市”，对照上市公司的财务制度、资产管理制度完善公司治理结构，加快由家族式管理向现代企业制度管理转变。推动“政产学研金”高度融合，与复旦大学、西安交大等60所高校院所共建产学研联合体，成功转化科研成果104项。把生态建设融入开发区发展全过程，致力沿江岸线和腹地资源的高效利用及生态开发，实现项目环评执行率100%，先后否决梅兰化工、太平洋钢管等项目，清理整合沿江小船厂，推动高永化工区向新材料园区转型。科技创业园创成省级生态工业园区。完善重大投资项目社会风险评估机制，有效预防和化解社会矛盾，连续11年获省平安建设先进区称号、连续6年获省法治创建工作先进区称号。严格落实安全生产责任制，扎实开展安全生产专项整治行动，强化“一企一评估”，深化细化工作方案，有效防范重特大事故的发生。

精心组织推进，夯实创建工作基础 及时调整开发区统计口径，在认真对比分析周边开发区发展实际的基础上，按时上报各类报表，确保开发区排名前移。组织到海安、扬州、靖江等地学习创建经验，举办“创建国家级经济开发区”专题研修班。对照国家级经济开发区标准，结合高港区实际，研究制定《创建国家级经济开发区四年（2014~2017）行动计划》。

（区政府办公室）

高港概貌

自然环境

【地域面积】 高港区位于泰州市市区南半部，濒临长江。北连泰州医药高新区，东接姜堰区、泰兴市，西临扬州市江都区，南与扬中市隔江相望。高港城区中心坐标为北纬32° 19′06″、东经119° 52′33″。全区总面积286.83平方千米。其中，主城区东至东环路，西至南官河，南至人民路，北至宁通高速，建成区面积13.70平方千米。

【地形地貌】 高港区属长江三角洲冲积平原。古代是浅海，后来渐次成陆。地形平坦，地面高程一般2~5米、最低处1.80米（永安洲北沙局部地面）。大体北部为高沙平原，南部为沿江平原，江岸线附近的狭长区域为江边滩地。

【河流交通】 区域内主要河流有8条，东西向有许庄河、宣堡港、古马干河、生产河和周山河，南北向有南官河、引江河和西干河，均可通航。G2京沪高速、G40沪陕高速、336省道穿境，乡际、乡村均有公路通达。长江港口泰州港、南水北调枢纽工程引江河及泰州长江公路大桥坐落境内。

【气候】 2014年，全区年平均气温较常年同期略偏高，气温起伏较大，除夏季及12月气温偏低外，其余时间气温偏高。年降水量较常年偏少，出现的灾害性天气有暴雨、雾、霾、高温、连续低温阴雨、强对流、寒潮等，其中连续低温阴雨和强对流造成的影响较大。

气温　平均气温15.70℃，极端最高气温36.60℃，极端最低气

泰州长江公路大桥夜景

温-6.90℃。全年高温日数9天。

降水　年降水量896.20毫米，其中，1月、12月异常偏少，2月异常偏多，8月降水比常年偏多近4成。

日照　全年1797.20小时，较常年略偏少，冬季、春季日照持平，夏季、秋季偏少，12月偏多。

雾霾　全年雾日数33天。1月和3月雾霾天气最为频繁，持续的雾霾天气对群众生产生活和交通运输产生较大影响。

暴雨　7月4日夜至5日和9月12日出现两场暴雨，日降水量分别为82.60毫米、52.90毫米，无明显灾害影响。

强对流　有灾害性强对流天气两次，造成一定的财产损失，未造成人员伤亡。4月9日14：00左右，出现局部性对流性大风，瞬时极大风力达7级，造成永安洲镇御庐园葡萄园1公顷葡萄大棚薄膜及部分支架刮坏。8月24日，受雷雨大风影响，部分红绿灯、办公场所断电。

梅雨　6月25日入梅，7月18日出梅，入梅偏迟，出梅偏迟，梅期正常，长23天。梅雨量181.80毫米，比常年少2成。

连续低温阴雨　8月上旬~9月中旬，持续出现阴雨寡照天气，气温低、雨量多、日照少，为近年来罕见，期间雨日达24个。致使水稻生育进程延缓，单位面积总茎蘖数下降，不利于壮秆大穗的形成，对水稻丰产构成威胁，部分制种水稻花粉败育，结实率降低，加重病虫害的发生。

台风　7月23~24日，受10号台风“麦德姆”影响，普遍出现6级阵风，降水量达中雨，没有造成灾害。8月1~2日，受12号台风“娜基莉”影响，风力4~5级，阵风6级，没有造成灾害。9月22~23日，受16号台风“凤凰”影响，风力达到5~6级，阵风7级，没有造成灾害。

寒潮　共出现3次区域性寒潮天气过程。2月2~4日，最低气温48小时下降10.40℃，伴有7级偏北大风，最低气温-0.70℃。11月29日~12月1日，最低气温48小时下降8℃以上，最低气温-3.50℃。12月31~翌年1月2日，最低气温48小时下降8℃以上，最低气温-7.10℃。

【水文水情】 2014年，高港境内长江最高水位为4.47米（废黄河高程，下同），发生在8月13日；长江最低水位为0.02米，发生在1月1日。口岸闸全年引水395次47377.70万立方米。

【自然资源】 长江岸线资源　高港区拥有沿江岸线24.20千米，其中，水深-10米以上的一级岸线13.60千米，水深-5~-8米的二级岸线3.30千米。可供开发利用的深水岸线9.50千米，可建设5万吨级以上的码头近20个。

水资源　可利用的水资源主要为长江水，水量每年约有14.40亿立方米。全区水面广阔，资源丰富，江河塘中主要产鱼、虾、蟹、蚌、龟、鳖等。

江河资源　全区有区级干河9条、75.60千米，镇级中沟108条、254千米，村级河道1709条、750.30千米。

土地资源　全区土地总面积28683.55公顷，其中，农用地16687.24公顷，建设用地7563.80公顷，未利用地4432.51公顷。

矿产资源　全区共有砖瓦用黏土资源181.83万立方米，暂无其他矿产资源。

史　略

【概况】 高港区境域在周秦时代即为海阳（今泰州）邑地。汉武帝元狩六年（前117年）为海陵县地。有史记载追溯至五代南唐升元元年（937年）。清康熙《扬州府志》云：“南唐析济川镇置泰兴县，创治于柴墟。宋初徙治延令村，是为今县治。”柴墟是口岸的古称。南宋建炎四年（1130年），岳飞任通泰镇抚使兼知泰州，因泰州无险可恃退保柴墟，在南坝桥大败金兵。南宋绍兴十年（1140年），泰州的治所曾一度移至柴墟。元末，徐达为进攻泰州，自境内大江口开浚河道直至泰州南门。明嘉靖年间（1522~1566年），泰州至泰兴的驿道经过境内，并设刁家渡铺、口岸铺。明代，口岸成为泰兴的西北重镇，先后建有口岸察院、口岸公馆等。清代在口岸设巡检司，所治范围为泰兴县的西北片。清雍正十三年（1735年），泰兴全县分为四辖，口岸巡检司所治地域为“口辖”。口岸逐渐发展为长江北岸的一个重要港口和物资集散地。民国时期，境内各乡镇分属泰兴、泰县。民国38年（1949年）4月，中国人民解放军第三野战军副司令员兼副政委粟裕等，率司令部直属队抵达白马庙（今白马镇），设立东突击集团渡江作战指挥部。4月23日，成立中国人民解放军华东军区海军司令部，张爱萍任司令员兼政委，白马庙成为中国人民解放军海军诞生地。1997年8月，国务院批准设立泰州市高港区。

行政区划

【概况】 1997年8月，高港区成立时，辖永安洲、田河、口岸、刁铺、许庄、白马、野徐7个乡镇。2008年区划调整，辖口岸、刁铺、许庄3个街道及永安洲、野徐、白马3个镇，代管泰兴市胡庄镇、姜堰市大泗镇及两市部分行政村，野徐镇1个村划归泰州市周山河街区代管。2009年区划调整，辖口岸、刁铺、许庄3个街道及永安洲、白马、胡庄、大泗4个镇，许庄街道2个村划给野徐镇，调整后的野徐镇及刁铺街道部分村组划归泰州经济开发区代管。至2014年末，辖街道3个、镇4个，共有社区49个、村40个。

2014年高港区各街镇所辖村(社区)一览表

表1

街道、镇	社　　区	村
口岸街道	王营社区、口岸社区、龙窝口社区、城东社区、柴墟社区、新城社区、育才社区、城南社区、蔡滩社区、东南社区、朱营社区、戴集社区、集成社区、新明社区、引江社区、张马社区、田河社区	吴楼村、雅儒村、郎庄村、徐桥村、徐庄村、大石村
刁铺街道	关桥社区、通太社区、环溪社区、万庄社区、大丰社区、界牌社区	—
许庄街道	马厂社区、三星社区、官沟社区、周梓社区、三旗营社区、曹官营社区、许庄社区、乔杨社区、赵王社区、孔桥社区	明河村、钱赵村、管营村、蔡庄村
永安洲镇	福沙社区、新街社区、中心社区、永兴社区、兴洲社区、永胜社区、上桥社区、建安社区、东江社区、兴隆社区、润洲社区	—
白马镇	金马社区、白马社区	岱白村、陈家村、陆家村、黄河村、前进村
大泗镇	大泗社区	时庄村、马龙村、康乐村、霍堡村、大马村、佴陈村、佴庄村、二陈村、北港村、曹于村、前进村、杨营村
胡庄镇	胡庄社区、汪群社区	赵市村、薛垛村、戴陈村、刘荡村、单王村、刘元村、史庄村、庵桥村、周马村、宗林村、丁庄村、田野村、陈隆村

人口·民族·语言

【人口】 2014年末,高港区户籍总人口26.23万人,其中,女性12.95万人,占总人口的49.37%;男性13.28万人,占总人口的50.63%。男女性别比控制在正常范围内,为102.55。人口密度为914人/平方千米。全年出生人口2621人,死亡人口2366人。

【民族】 2014年,全区有定居少数民族31个,与上年持平;定居少数民族人数721人,增加51人,占全区总人口0.27%。少数民族人口中,以土家族最多,有188人;各镇街中,以口岸街道最多,有158人。

2014年高港区少数民族人数及分布情况一览表

表2　　单位:人

民　族	口岸街道	刁铺街道	许庄街道	永安洲镇	白马镇	大泗镇	胡庄镇	小　计
土家族	30	5	19	11	60	33	30	188
蒙古族	17	1	6	3	1	4	5	37
苗族	13	3	6	11	11	19	44	107
回族	19	4	11	2	4	2	3	45
满族	24	3	9	7	5	4	3	55
布依族	5	11	2	5	1	7	5	36
壮族	9	4	9	3	8	10	8	51
彝族	8	5	11	10	1	7	4	46
土族	3	—	1	2	1	1	—	8
侗族	6	—	2	1	4	2	7	22
傈僳族	2	—	—	2	—	—	—	4
仡佬族	3	4	—	—	—	—	—	7
黎族	6	—	—	2	5	4	3	20
藏族	2	—	1	—	—	—	2	5
白族	3	—	4	—	—	2	9	18

续表2

民　族	口岸街道	刁铺街道	许庄街道	永安洲镇	白马镇	大泗镇	胡庄镇	小　计
傣族	3	5	2	3	3	2	3	21
朝鲜族	2	1	—	—	2	1	—	6
瑶族	1	—	—	5	2	1	2	11
拉祜族	—	—	—	—	—	—	1	1
锡伯族	1	—	—	2	—	—	—	3
哈尼族	—	—	—	—	—	2	2	4
佤族	—	2	—	—	1	—	—	3
畲族	1	—	3	1	3	—	—	8
普米族	—	—	1	—	—	—	—	1
保安族	—	—	2	—	—	—	—	2
维吾尔族	—	—	—	1	—	—	—	1
景颇族	—	—	—	—	2	—	—	2
裕固族	—	—	—	—	—	1	—	1
水族	—	—	—	—	—	2	—	2
纳西族	—	—	—	1	—	1	2	4
羌族	—	—	2	—	—	—	—	2
合计	158	48	91	72	114	105	133	721

【语言】 高港方言属汉语北方方言的江淮方言泰如片。高港方言与同属江淮方言泰如片的海陵话、姜堰话、泰兴话有一定联系。江都话、扬中话对高港方言有一定影响。同时高港方言留有吴方言痕迹。随着普通话普及速度的加快,高港方言向普通话靠拢的趋势明显。区内方言一致性较强,但也存在一定的地域差异。

古迹·名人

【古迹】 高港辖区内有全国重点文物保护单位1处(中国人民解放军海军诞生地旧址),省级文物保护单位1处(雕花楼),市级文物保护单位7处(城隍庙、龙王庙、泰昌生木号、龙泉池浴室、解放街戚宅、解放街孙宅、佴家庄战斗纪念碑);有南宋民族英雄岳飞大胜金兵的遗址南坝桥,有明代南京吏部左侍郎储巏读书处古迹口岸寿胜寺,有南宋遗址口岸庆元街、口岸解放街清式民居、古东岳庵等。另有红色旅游景点中国人民解放军海军诞生地纪念馆。

【名人】 有东汉秣陵(今南京)县尉蒋子文(被孙权追封为“白驮将军”,民间俗称“白马大将军”)、北宋名臣潘及甫、明代儒学大家储巏、明代武进士戚世光、清康熙侍卫徐左柱、清开明绅士赵良礼、一代高僧仁德法师、《解放军报》总编赵易亚少将、工程力学专家蔡强康、现代“生命之约”英雄刘绍安、民间收藏家蔡礼泉、儿童文学作家陈模、著名作家叶文彬、中国空间技术研究院

中国人民解放军海军诞生地纪念馆

高港美食——全牛席

空间科学与深空探测专家叶培建、著名职业经理人唐骏等。

地方美食

【全鱼席】 高港南濒长江，自古盛产以“长江三鲜”(鲥鱼、刀鱼、河豚)为代表的各类江鲜。高港全鱼席精选高港特产的各类江鲜，根据不同水产品的特点，通过清蒸、白汁、黄焖、红烧等烹饪手法，保证各类江鲜的原始口味。高港全鱼席约有30余个品种，其中，红烧河豚、白汁鮰鱼、清蒸刀鱼、黄焖江鳗、清蒸江蟹等为全鱼席中的上品。

【全羊席】 刁铺全羊席具有上百年历史，用料考究、工艺独特、口味鲜嫩、色香俱佳、养身补体。全部菜肴皆以1年生山羊为原料，经去膻工艺后，或焖或炖或炒或冷切或红烧或油浸，将羊的眼、耳、心、肝、腰、脑、蹄、卵、鞭、肠、肚、肉等每个部位都做成一道或数道佳肴。其中，以扒乳羊、蟹黄羊肉狮子头、生爆羊球片、多子多福、豆腐烩羊脑、鳜鱼烧羊肉为代表。

【全牛席】 新中国成立前，大泗有“霍堡庄、穷叮当、杀老牛、卖生姜”的说法。霍堡人做牛肉生意已有近百年的历史。霍堡牛肉传承到今成为大泗独特的菜肴。大泗镇现有几十个牛肉店，其中以“泗水人家”全牛席最为有名。全牛席以牛的头、尾、蹄、内脏、肉为原料。上菜顺序，从头到尾，极为讲究，共有百余种菜品。最具代表性的有十大名菜，依次是：牛气冲天(牛头)、爆炒世界(牛眼)、美味牛簧(牛舌)、生爆牛宝(牛宝)、酸辣牛肚(牛肚)、心怀天下(牛心)、铁板腰花(牛腰)、快马加鞭(牛鞭)、祥龙摆尾(牛尾)、脚踏实地(牛蹄)。牛肉分水牛肉和黄牛肉，水牛肉虽然肉嫩，但水分多，味不正。而黄牛肉纹理清晰，肉实味美，为大泗全牛席的首选。

国民经济和社会发展统计公报

【概况】 2014年，高港区实现地区生产总值338.88亿元，按可比价计算，比上年增长12%。其中，第一产业增加值10.60亿元，增长3.50%；第二产业增加值218.62亿元，增长11.90%；第三产业增加值109.66亿元，增长12.90%。产业结构持续优化，三次产业结构调整为3.13∶64.51∶32.36，服务业增加值占GDP比重较上年提高1.80个百分点。按常住人口计算，全年人均地区生产总值134717元，增长11.80%，人均地区生产总值按当年汇率折算达22000美元。城镇化水平进一步提高，年末人口城镇化率61.14%，比上年提高1.20个百分点。

【农林牧渔业】 2014年，全区实现农林牧渔业产值17.57亿元，增长6.54%，其中，农业产值11.39亿元，林业产值0.14亿元，牧业产值4.01亿元，渔业产值1.49亿元，农林牧渔服务业产值0.54亿元。实现农林牧渔业增加值10.60亿元，比上年增长3.50%。粮食总产量13.99万吨，受种植面积减少的影响，比上年减少873吨，下降0.62%。其中，夏粮5.63万吨，增长1.23%；秋粮8.36万吨，下降1.83%。新增造林面积310公顷，完成中幼林抚育面积666.67公顷，零星植树20万株。实施绿化造林，建成大桥绿色景观带，林木覆盖率和城市绿化覆盖率分别达26.90%、47.30%。生猪出栏19.58万头，牛出栏0.20万头，羊出栏2.28万只，家禽出栏255.60万羽，比上年分别增长1.14%、100%、1.33%、0.35%。猪牛羊禽肉产量1.80万吨，增长1.01%。年末生猪存栏8.55万头，增长0.23%；大牲畜存栏0.08万头，与上年持平；山羊存栏3.41万只，增长4.92%。新增市级以上示范家庭农场12个，三大新型适度规模经营主体总面积占比54.70%；新增高效设施农业800公顷，主要农作物机械化综合水平84.50%。

【工业和建筑业】 全年实现规模以上工业总产值1438.80亿元，比上年增长22.19%，其中，民营工业实现产值1159.73亿元，增长25.90%。分轻重工业看，轻工业产值709.02亿元，增长17.20%；重工业产值729.78亿元，增长27.50%。分经济类型看，集体、股份制、外商及港澳台商投资企业分别完成产值75.09亿元、1033.01亿元、237.27亿元，分别增长41%、22.50%、13.10%。从主要行业看，医

2014年高港区主要工业产品产量情况一览表

表3

产品名称	单　位	产　量	比上年增长（%）
小麦粉	吨	13023.55	-12.00
饲料	吨	61439.51	13.40
精制食用植物油	吨	1770053.00	9.60
饮料酒	千升	109973.24	3.70
软饮料	吨	441525.00	8.70
服装	万件	654.80	3.00
纸制品	吨	44113.00	16.90
初级形态塑料	吨	73461.04	28.20
中成药	吨	4799.79	3.20
塑料制品	吨	1788.00	-8.10
钢材	吨	271544.12	49.30
钢丝绳	吨	4791.00	-15.90
民用钢质船舶	载重吨	1381802.00	-2.60
组合音响	台	87545.00	37.80
半导体分立器件	万只	367355.00	17.10
电子元件	万只	450593.00	66.80
印制电路板	平方米	2345744.00	31.70
发电量	万千瓦时	1161617.00	-4.30

药制造业472.48亿元，增长17.10%；铁路、船舶、航空航天和其他运输制造业252.62亿元，增长29.50%；农副食品加工业140.82亿元，增长13.90%；化学原料和化学制品制造业130.55亿元，增长34%；计算机、通信和其他电子设备制造业82.50亿元，增长40.70%；通用设备制造业54.01亿元，增长17.10%。实现规模以上工业增加值363.62亿元，增长16.50%。规模以上工业企业实现主营业务收入1392.33亿元，比上年增长20.40%；实现利税195.73亿元，增长19%；实现利润122.93亿元，增长22.50%。企业亏损面9%，亏损企业亏损额0.36亿元，下降50.40%。

完成建筑业总产值344.52亿元，比上年增长24.70%；竣工产值278.66亿元，增长3.80%，竣工率80.90%；建筑业企业房屋建筑施工面积2134.50万平方米，增长20.40%，其中，新开工面积1577.54万平方米，增长17.40%；竣工面积1063.45万平方米，下降0.20%，其中，住宅竣工面积814.70万平方米，增长11.40%。

【固定资产投资和房地产】 全年完成固定资产投资247.28亿元，比上年增长32.20%。其中，基础设施投资59.48亿元，增长161.80%；民间投资157.58亿元，增长49.40%，占固定资产比重63.70%。从登记注册类型看，内资企业投资220.36亿元，增长49.30%；港澳台商企业投资10.17亿元，增长265.10%；外商企业投资6.19亿元，增长12%。第二产业投资126.14亿元，增长36%，第三产业投资121.14亿元，增长28.50%。二产投资中，制造业投资108.50亿元，增长17%；高新技术产业完成投资48.24亿元，增长104.67%，占工业投资38.24%。主要工业行业中，医药制造业投资22.79亿元，化学原料和化学制品制造业12.65亿元，通用设备制造业3.27亿元，汽车制造业4.92亿元，分别增长482.70%、67.80%、-2.20%和12.70%。第三产业投资中，租赁和商务服务业投资3.93亿元，增长67.20%；交通运输、仓储和邮政业投资26.64亿元，增长337.20%。开工建设1亿元以上项目53个，其中，新开工1亿元以上项目39个，完成投资135.98亿元，其中，新开工1亿元以上项目完成投资124.27亿元，占全区固定资产投资（不含房地产）57.40%，拉动固定资产投资增长26.50个百分点。

全年房地产开发完成投资10.56亿元，比上年下降66%；商品房销售38.29万平方米，其中住宅销售38.17万平方米，分别下降14%和12.50%；实现商品房销售额18.54亿元，其中住宅销售额18.41亿元，分别下降10.80%和8.80%。

【国内贸易】 全年实现社会消费品零售总额39.08亿元，比上年增长13.60%。按经营单位所在地分，城镇消费品零售额39.01亿元，增长13.60%；乡村消费品零售额0.07亿元，增长26.20%。按消费形态分，商品零售额35.74亿元，增长19.80%；餐饮收入额3.34亿元，下降27%。实现限额以上社会消费品零售总额30.99亿元，增长31.50%。分行业看，粮油、食品、饮料、烟酒类零售额2.25亿元，增长3.70%；服装、鞋帽、针纺织品类零售额0.29亿元，增长6.40%；日用品类零售额0.41亿元，增长14.70%；家用电器和音像器材类零售额0.41亿元，增长1%；中西药品类零售额19.78亿元，增长40.80%；中草药及中成药类零售额5.46亿元，增长42.30%；通信器材类零售额0.95亿元，增长62.50%；煤炭及制品类零售额0.70亿元，增长37.80%；石油及制品类零售额3.49亿元，增长25.40%。

【开放型经济】 全年完成进出口总额103083万美元，比上年下降17.80%。其中，出口30211万美元，下降49.10%。新批协议外资和港澳台资33567万美元，实际到账外资和港澳台资18362万美元，分别下降13.50%和8.50%。一般贸易出口额13447万美元，下降1.30%；加工贸易出口额16762万美元，下降63.40%。其中，机电产品出口额17483万美元，占出口总额57.87%；高新技术产品出口额94万美元，增长33.50%。对日本、韩国、土耳其出口额分别为1272万美元、4482万美元和998万美元，分别增长2.20%、-54.10%和346.40%；对东盟、欧洲、欧盟、北美洲出口额分别为8741万美元、5314万美元、4467万美元和3671万美元，分别增长-52.40%、-73.80%、-73.90%和19%。

【财政和金融】 全年完成公共财政预算收入28.68亿元，比上年增长15.10%；政府性基金收入19.45亿元，下降19.50%；上划中央四税（国内增值税、国内消费税、企业所得税、个人所得税）21.04亿元，增长15.10%。实现公共财政预算支出24.65亿元，增长13.50%。其中，教育支出4.62亿元，增长16.60%；公共安全支出0.65亿元，增长17.70%；科学技术支出0.76亿元，增长23.60%；社会保障和就业支出1.88亿元，增长20.70%；医疗卫生支出1.73亿元，增长13.80%；城乡社区事务支出3.95亿元，增长1.70%。

年末，全区银行业金融机构本外币各项存款余额304.21亿元，较年初增加64.02亿元，增幅26.65%；贷款余额171.01亿元，较年初增加39.03亿元，增幅29.57%。存贷款增幅均位居全市第一位。

2014年高港区财政收入分项情况一览表

表4

指　　标	绝对数（亿元）	比上年增长（%）
公共财政预算收入	28.68	15.10
#增值税	6.38	23.50
营业税	8.67	24.00
企业所得税	1.83	-12.20
个人所得税	0.64	17.70
城市维护建设税	2.29	27.10
房产税	0.44	32.40
印花税	0.29	18.50
城镇土地使用税	0.77	13.90
土地增值税	1.27	35.00
政府性基金收入	19.45	-19.50
上划中央四税	21.04	15.10
#国内增值税（75%）	17.07	21.10
国内消费税	0.25	4.80

【科学技术和教育】 全年实现高新技术产业产值732.05亿元，比上年增长22.70%，占规模以上工业产值50.90%。获批各类科技计划项目200项，其中，国家重大专项1项、火炬计划8项、星火计划4项、国家中小企业创新基金1项、国家重点新产品1项、新认定高新技术企业7个，省级科技支撑计划1项、省级博士集聚计划5人、省级科技副总2人、新认定高新技术产品80项。招引注册资本5000万元以上新兴产业重大项目8项，获批省级以上科技进步奖1项，市级以上科技进步奖7项，区科学技术一、二、三等奖共评选出优秀成果20项。组织各类专题科技推介活动25次，推广应用科技成果100余项，促成产学研

合作协议项目56项，新建产学研联合体16个，建成科技孵化器一期。获批省知识产权贯标先进单位3个、省知识产权“正版正货”单位1个。申请专利3169件，其中发明专利843件；专利授权955件，其中发明专利授权29件；全区实现每万人拥有发明专利7.48件。

全区有各级各类学校33所，其中，普通中学10所，职业中学1所，小学10所，幼儿园12所。普通中学在校人数5394人，毕业人数1836人；职业中学在校人数2876人，毕业人数1148人；小学在校人数12413人，毕业人数2160人；在园幼儿5298人。学龄儿童入学率、小学毕业生升学率、初中毕业生升学率均为100%。

【人民生活和社会保障】 年末，全区家庭总户数81051户，户籍总人口26.23万人，其中，女性12.95万人。户籍人口中，18岁以下人口3.55万人；18~35岁人口5.49万人；35~60岁人口11.15万人；60岁以上人口6.05万人。全年出生人口2621人，人口出生率9.97‰，较上年提高0.14个千分点；死亡人口2366人，死亡率9‰，较上年下降0.34个千分点；全区户籍人口自然增加255人，人口自然增长率0.97‰，较上年提高0.48个千分点。常住人口25.17万人，其中城镇人口15.39万人，人口城镇化率61.14%。

全年居民人均可支配收入25786元，比上年增长9.70%，其中，城镇居民人均可支配收入31503元，农村居民人均可支配收入15633元，分别增长9.40%和10.80%。

全年提供各类就业岗位2.30万个，净增就业9052人，新增创业8036人。引进各类高层次人才184人、海外人才26人。全区社会保险参保覆盖率99.80%；城镇职工基本养老保险、医疗保险参保人数分别为4.74万人、6.45万人；城乡居民养老保险参保人数5.78万人；新型农村合作医疗保险参保率100%。

说明：1.本公报使用的数据为快报数。

2.地区生产总值及其分类项目增长速度按可比价计算，为实际增长速度；其他指标除特殊说明外，按现价计算，为名义增长速度。

年度大事记

1月

6~8日 中国人民政治协商会议泰州市高港区第四届委员会第三次会议召开。

7~9日 泰州市高港区第四届人民代表大会第三次会议召开。

14日 国家食品药品监管局副局长吴浈一行调研扬子江药业集团。

是月 高港区首批20辆出租车上路试运营。

2月

13日 全国人大常委会教科文卫委员会副主任委员严以新带领调研组考察扬子江药业集团。

14日 市政府表彰2013年度全市开放创新和工业经济工作先进单位，高港区获工业经济工作目标考核先进市（区）一等奖、科技创新工作目标考核先进市（区）二等奖、开放型经济工作目标考核先进市（区）二等奖。

20日 高港区召开深入开展党的群众路线教育实践活动动员大会。

3月

3日 《人民日报》理论版刊登市人大常委会副主任、区委书记王建的署名文章《充分发挥代表委员主体作用》。

5日 省委副书记石泰峰调研高港区台资企业泰州统实企业有限公司转型升级情况。

26日 泰州口岸船舶有限公司职工培训中心主任王海东获全国机械工业劳动模范称号。

27日 在全市服务业流通业发展工作会议上，高港区服务业、流通业工作均获2013年度目标综合考核一等奖。

是月 经市编委办批准，区委、区政府决定设立泰州市高港区政务服务管理办公室。

4月

2日 高港区召开“工业化、信息化、城镇化、农业现代化”融合发展推进大会。

18~19日 高港区创建全国义务教育发展基本均衡区通过国家教育督导组检查验收。

20日 省委书记罗志军一行到高港区调研益海（泰州）粮油工业有限公司和万向精工江苏有限公司生产经营情况。

5月

4日 高港区召开劳动模范表彰大会，20名劳动模范、5个五一劳动奖状获得单位、13名五一劳动奖章获得者、9个工人先锋号、10名十佳工会工作者受到表彰。

20日 高港区大江艺术团获省委宣传部奖励流动舞台演出车1辆，为全省县（区）级首个。

6月

3日 扬子江药业集团被省委、省政府评为江苏省优秀民营企业。

△ 高港区政府被市政府评为2013年度全市重大项目“双百”工程推进工作先进单位。

6日 中央文明办发布5月份“中国好人榜”上榜名单，口岸街道张马社区姜玲玲当选“尊老爱亲”

类中国好人。

9日 高港区残疾儿童康复中心投入运行。

11日 全国政协常委、经济委员会副主任李毅中调研扬子江药业集团。

13日 扬子江药业集团、泰州口岸船舶有限公司、江苏大邦清洗有限公司被国家工商总局认定为2012~2013年度国家级“守合同重信用”企业,实现全区国家级“守合同重信用”企业零突破。

18日 全国人大常委会办公厅研究室主任窦树华带领调研组调研高港区县(区)乡人大工作。

26日 中央电视台《新闻联播》栏目组采访市委永安洲群众工作队。

是月 泰州市御庐园现代农业科技有限公司被评为全国农村科普示范基地。

7月

1日 省人大常委会副主任、党组副书记张艳到国电(泰州)发电有限公司调研大气污染防治工作。

26日 上膳源泰州高港农场开园。

是月 高港区被国家卫计委评为全国计划生育优质服务先进单位。

△ 高港区被省委、省政府评为江苏省法治建设示范县(市、区)和江苏省法治县(市、区)创建工作先进单位。

△ 口岸雕花楼景区获批为国家AAA级旅游景区。

△ 白马镇岱白村(绿姿苗木)被农业部认定为全国“一村一品”示范村。

8月

8日 区全民健身中心揭牌。

19日 央视12套《道德观察》栏目播放口岸街道徐庄村党总支书记徐勤生人物专题片《乡村晚歌——村支书徐勤生》。

26~29日 泰州口岸船舶有限公司通过省经济和信息化委组织的造修船行业安全生产标准化(二级)评审,成为江苏省首个通过评审的民营船舶企业。

27日 市委书记蓝绍敏调研高港区经济社会发展情况,充分肯定高港区“精神状态不一般、发展势头不一般、贡献份额不一般、改革意识不一般、惠民力度不一般”。

9月

5日 中央文明办发布8月份“中国好人榜”上榜名单,胡庄镇史庄村赵玉芳、史记宏夫妇当选“助人为乐”类中国好人。

11~14日 区人大常委会组织开展“五级人大代表回选区访选民”活动。

12~14日 “高港杯”首届全国象棋青年大师赛开赛。该赛事由邀请赛升格为全国常规赛,每年举办一次。

18日 高港区举办“美德善行在高港”培育和践行社会主义核心价值观暨“大江儿女·诚信之星”颁奖晚会。

27日 接中共泰州市委通知:王友茂任中共泰州市高港区委委员、常委,免去唐明刚的中共泰州市高港区委常委、委员职务。

是月 高港区被省综治委评为2013年度全省综治工作(平安建设)先进集体和2013年度平安县(市、区)。

10月

18日 中广蓝海国际影城开业。

28日 泰州港核心港区(高港)集装箱码头开港试运行。

11月

17日 胡庄镇派出所户籍管理员赵玉芳被授予江苏省十佳巾帼志愿者称号。

△ 口岸水景街区“一步三庙”(财神庙、关帝庙、城隍庙)对外开放。

是月 接中共泰州市委通知:张兆洋任中共泰州市高港区委副书记,免去其中共泰州市高港区纪律检查委员会书记职务。

12月

4日 中央文明办发布11月份“中国好人榜”上榜名单,口岸街道徐庄村党总支书记徐勤生当选“敬业奉献”类中国好人。

6日 农业部副部长于康震调研高港区畜牧业发展和疫病防控工作。

10日 高港区被评为江苏省2013~2014年度(内陆)平安渔业示范县。

17日 在全省基层党员干部冬训工作部署暨骨干培训会上,高港区、胡庄镇被评为2013~2014年度全省基层党员冬训工作示范区和示范镇,区委常委、宣传部部长程荣稳作冬训工作经验介绍。

18日 高港区市场监督管理局挂牌成立,在全市率先实现工商、质监、食药监“三合一”。

△ 中信银行高港支行开业。

是月 高港区被国家卫计委评为国家慢性病综合防控示范区。

△ 高港区被评为2014年度省金融生态优秀区。

△ 许庄街道乔杨社区被评为国家地震安全示范社区。

△ 接中共泰州市委文件:薛永忠任区委委员、常委,区纪律检查委员会书记。

高港名片

人民海军诞生地

·纪念场所·

【中国人民解放军第三野战军渡江战役指挥部旧址】 1982年，中国人民解放军第三野战军渡江战役指挥部旧址白马庙王氏小楼被认定为江苏省文物保护单位。1986年11月20日，由省文物管理委员会拨款修建的白马庙王氏小楼修缮完工，整修后的遗址前厅墙上嵌着国防部部长张爱萍题写的“中国人民解放军第三野战军渡江战役指挥部”石刻。占地1500平方米，建筑面积800平方米，有清式二层小楼1座及平房数间，楼上为三野渡江战役指挥中心会议室，楼下为粟裕、张震、张爱萍的卧室兼办公室。旧址陈列当年粟裕睡过的雕花木床，抗战时期支前用的独轮车及木箱、茶几、太师椅、马灯、灯柜、铜盆等50余件文物用品，设有6个展区、6个展室。1996年和1997年，相继被认定为江苏省全民国防教育基地和爱国主义教育基地。2006年，被认定为全国重点文物保护单位。

中国人民解放军第三野战军渡江战役指挥部旧址

【中国人民解放军海军诞生地纪念馆】 1994年4月23日，中国人民解放军海军诞生地纪念馆奠基。1998年中共中央总书记江泽民第二次视察泰州时，题写馆名。1999年4月29日，落成开馆。占地面积23126平方米，主馆面积2700平方米，辅楼面积1300平方米。主体建筑外形像艘军舰，室外广场左侧竖有象征海军舰艇的高桅杆，广场上陈列一批海军退役的轰炸机、歼击机、超黄峰直升机、舰炮、鱼雷、导弹等装备，馆内展览运用实物、图片、模型等多种表现形式，以及幻影成像、影视音像、场景制作等手段复原渡江作战和解放一江山岛等多个历史场景。纪念馆从近代沧桑、白马建军、威震海疆、发展壮大、鱼水情深五个方面展示人民海军发展壮大的光辉历程，设有贵宾接待厅、报告厅、互动区和4D动感影院。

【海军舰艇主题公园】 2011年规划建设，位于高港区最南部江堤两侧，靴子圩渡江作战前夕战场旧址。规划用地面积24.50公顷，主要由“一路一堤一码头”连成外围游览线。“一路”即锦江路，为东西主干道，全长约4千米，路宽60米，路的两侧建设绿色景观带。“一堤”即江堤堤顶道路，为公园与江水之间的屏障和沿江登高观景的通道。"一码头"指由数个码头串成的码头群，位于公园西岸，每个码头都用来停放一艘退役军舰。海军舰艇主题公园中心广场（渡江广场）由北向南形成一个船型，成为公园的南北中轴线，将公园分为东西两大景观区。西部景观区建设海军舰艇博物馆，东部景观区建设天然氧吧和互动休闲地带。至2014年末，完成整个公园的绿化造景和千人观江平台建设。有从海军退役的515舰（厦门舰）、108舰（西宁舰）和1艘潜艇入驻。

延伸阅读：人民海军的诞生

民国38年（1949年）1月4日，中共中央政治局通过《目前形势和党在1949年的任务决议》，明确指出争取在一两年内组成一支能够保卫沿海沿江的海军。此后，中共中央、中央军委指示第三野战军前敌委员会在渡江战役前后，先在华东地区把海军组建起来。3月25~26日，第三野战军前敌委员会在安徽省蚌埠市孙家圩镇召开作战会议，传达中共中央和中央军委关于筹建人民海军的指示，任命张爱萍为司令员兼政治委员。3月27日，张爱萍到第三野战军司令部驻地泰州白马庙王氏小楼，会见第三野战军副司令员粟裕，研究组建人民海军的准备工作。白马庙距泰州城东南7千米，南临长江，交通便利，西靠口（岸）泰（州）公路、官河，北有通扬运河，东有姜（堰）黄（桥）运河、姜（堰）八（圩）公路。且此地群众基础好，村庄中树木众多，便于隐蔽。4月23日，中国人民解放军解放南京，中央军委急电："第三野战军立即组建海军，名为中国人民解放军华东军区海军。"当日下午1时30分，张爱萍在白马庙宣读中央军委急电和第三野战军前敌委员会关于成立人民海军的决定。首先抽调第三野战军教导师师部、教导师第三团、直属侦察营和苏北军区海防部队编入海军，共4000余人。由张爱萍带领二十八军八十四师参谋长李进、军工部采购科科长张渭清、侦察营副教导员范豫康、野司作战参谋黄胜天、管理员温礼芝等13人着手组建工作，成立中共华东军区海军临时委员会，组建司令部、政治部、后勤部，接管国民党海军起义、投诚的军舰。至此，中国人民解放军海军正式诞生。1989年2月17日，中央军委批复海军党委："以1949年4月23日成立华东军区海军日期为中国人民解放军海军成立日期。江苏泰州白马庙为中国人民解放军海军诞生地。"

延伸阅读：三代"泰州舰"

第一代"泰州舰"为6605型扫雷舰（舷号378），1957年10月服役，20世纪80年代初退役。第二代"泰州舰"为东海舰队10G型扫雷舰（舷号831），1986年服役。第三代"泰州舰"，是2002年1月中国向俄罗斯订购的两艘现代级驱逐舰中的一艘，由俄罗斯北方造船厂建造。2005年12月28日服役，正式命名为"泰州舰"（舷号138），加入中国海军东海舰队，原831舰更名为"嵊州舰"。新"泰州舰"为中国海军拥有的第三艘现代级驱逐舰，采用增强的武器系统和传感器，装备有超音速反舰导弹，反舰和防空能力均有大幅升级。长156.50米，宽17.19米，吃水7.85米，标准排水量6500吨，满载排水量7940吨。

·宣传教育·

【参观接待】 2014年，中国人民解放军海军诞生地纪念馆保证免费开放惠民措施落到实处，提升接待水平和服务质量，接待社会各界观众14.75万人次，引导讲解近1300余场次，清明、七一前后每天都有近1000人参观。

【海军诞生65周年庆祝活动】 4月22日，中国人民解放军海军诞生地纪念馆举办中国人民解放军海军诞生65周年庆祝活动。泰州市人大常委会原副主任戈丽和、泰州军分区政治部主任金全斌、江苏科技大学海军国防生代表、海军中学师生代表、中国人民解放军海军诞生地纪念馆共建单位代表出席。举行海军中学新一届"海军班"命名仪式、《中国人民解放军海军成立65周年》纪念封首发揭幕。人民海军初创见证人黄胜天的委托人、新中国第一代海军刘训豪、泰州书画院书画家分别向中国人民解放军海军诞生地纪念馆捐献藏品和书画作品。与会代表观看由南京师范大学泰州学院艺术团与中国人民解放军海军诞生地纪念馆联合编排的专场文艺演出。

【七彩夏日夏令营】 7月，中国人民解放军海军诞生地纪念馆举办七彩夏日"感悟红色革命之路·同心共筑中国梦"主题夏令营活动。来自泰州昂立外国语学校、智谷教育学校等暑期夏令营营员走进中国人民解放军海军诞生地纪念馆，接受爱国主义教育。此次活动采取"引进来"和"走出去"相结合形式，邀请营员参观中国人民解放军海军诞生地纪念馆，让小营员了解海军光荣辉煌的历史，激发小营员探秘军事、了解历史的浓厚兴趣。举办"红色文化"进部队、校园活动，组织夏令营营员走进基层部队营地，了解国防知识，体验军事拓展训练。

【馆舰共建活动】 7月13日，海军南海舰队某实验基地894舰到中国人民解放军海军诞生地纪念馆开展党的群众路线教育实践主题活动，举办馆舰共建座谈会。894舰官兵高举"首批、首任、首舰，铸魂利剑强军梦；同心、同德、同力，建功深蓝闯大洋"横幅标语，整齐列队，在纪念馆题字碑前宣读入党誓词，参观纪念馆，感受人民海军从无到有、从小到大、从弱变强的发展壮大过程。中国人民解放军海军诞生地纪念馆馆长介绍纪念馆建馆情况和发展历程，894舰舰长介绍该舰基本情况、建立背景。

【《真实甲午》拍摄】 适逢甲午战争120周年之际，经海军政治部宣传部批准，中央人民广播电台中国之声、央广新媒体、海军军事学术研究所联合推出50集全媒体节目《真实甲午》。8月5日，节目摄制组抵达中国人民解放军海军诞生地纪念馆，共拍摄两天。该节目分音频和视频两种形式，每集时长6分钟，分别在中国之声、国内各大视频网站和移动客户端上同步推出。前34集在威海刘公岛中国甲午战争博物馆、定远舰景区拍摄。后16集全部在中国人民解放军海军诞生地纪念馆取景拍摄，主要讲述民国海军和新中国成立后中国人民解放军海军从无到有、发展至今的历程。　（海纪馆　高志办）

港　　口

【概况】 2014年，泰州港高港港区（高港、杨湾、永安作业区）完成货物吞吐量2623万吨；完成外贸吞吐量447万吨；集装箱进出口19.10万标准箱，比上年增长9%。完成总营业收入2.60亿元，总利润632万元。年内，泰州港务集团有限公司获长江航运最佳水运建设奖、泰州市十佳和谐企业等称号。

【港口生产】 2014年，泰州港高港港区港口生产出现下滑，上半年港口货物吞吐量累计下降21.97%。面对急剧下降的生产形势，积极调整货源结构，稳定"前港后厂"货源，增加厂矿直接货源比重，增加大宗散货以外货源的中转量，遏制快速下滑的生产形势，下半年港口降幅逐步收窄。11月，中转"织女星"轮近2万吨尿素，全年钢铁中转量比上年增长44%。

2014年泰州港高港港区主要泊位一览表

表5

作业区	码头（泊位）名称	长度（米）	宽度（米）	结构型式	前沿机械	前沿水深（米）	实际靠泊能力（吨级）
杨湾作业区	万吨级通用件杂货码头	360	30	高桩板梁式	40T门机1台，10T门机4台，25T门机6台	15.00	50000
高港作业区	油品码头	250		高桩梁板式	管道	11.00	30000
	1号码头	80	12	浮码头	—	8.00	6000
	集装箱码头	250	32	高桩梁板式	40T门机2台，10T门机3台，岸桥2台	9.80	35000
	7号码头	65	11	浮码头	—	5.00	3000
	综合码头	130	—	浮码头	5T-25M浮吊	10.00	10000
	汽渡码头	34	—	块石斜坡	—	1.50	—
	内河码头	170	—	重力式	5T电吊1台	5.00	1000
永安作业区	一期工程	270	25	高桩梁板式	25T门机3台，10T门机1台	13.00	70000
	二期工程	435	25	高桩梁板式	25T门机6台	13.00	70000
	三期工程	240	45	高桩梁板式	40T门机2台，25T门机2台，集装箱桥吊4台	13.61	50000

【码头建设】 2014年，泰州港高港港区根据国家粮食指定口岸建设要求，完成永安作业区益海粮油输送走廊两侧围墙建设。3月，永安作业区一期工程、杨湾作业区通用泊位升级改造工程通过省交通运输厅竣工验收，两个码头停靠能力由5万吨级和1.50万吨级分别提升至7万吨级和5万吨级。永安作业区完成2.67公顷租用场地硬质化施工。高港作业区集装箱码头转让给后方临港工业企业，启动下游4、5、6号码头改造工程，完成前期准备工作。

【安全生产管理】 2014年，泰州港高港港区继续做好安全标准化达标创建工作，12月通过交通运输部专家组一级达标评审。严格执行事故调查处理和责任追究制度，重视安全培训，组织安全管理人员岗位技能测试。永安分公司重视安全培训考核，举行"安康杯"知识竞赛，组织安全操作规程集中考试；高港分公司进行集装箱危化品泄漏演练；杨湾分公司开展防台风、防汛应急演练；汽渡分公司组织汽渡船遇险弃船演习。

【职工技能】 2014年，泰州港高港港区实施人才强企工程，搭建员工学习技术、技能提升平台。联合泰州技师学院、泰州职业技能鉴定中心开展装载机司机高级工培训。永安分公司注重提升员工LNG（液化天然气）装载机理论水平和操作技能。组织技术工种技能竞赛活动，涌现一批先进技术工人。组队参加江苏省港口职业技能竞赛，获集装箱岸桥司机组团体第2名；朱正鹏获岸桥组个人第3名，成为省技术能手和省五一创新能手，获泰州市五一劳动奖章和“金牌工人”称号；李苏明、杨勇分获岸桥组个人第10和13名，分获得省交通技术能手和市五一创新能手称号。

【航运行业活动】 2月21~22日，由泰州港务集团有限公司承办的交通运输部长江港航工作座谈会暨长江水系运管工作会议在泰州宾馆召开。交通运输部长江航务管理局局长唐冠军、党委书记黄强，长江沿线的70余个港航管理部门、企业负责人共180余人参加会议。在2月召开的中国港口协会长江港口分会五届四次常务理事会上，泰州港务集团有限公司董事长蔡年生当选中国港口协会长江港口分会会长。10月15日，由江苏省交通企业协会主办的“江苏交通运输现代化”专题讲座会在泰州港务集团有限公司召开，省内交通系统各单位负责人150余人参加。16日，举办江苏省交通民营企业家第五次沙龙活动，省内交通民营企业家19人参加活动。

【核心港区集装箱码头开港试运行】 10月28日，泰州港核心港区（高港）集装箱码头开港试运行。该工程是泰州市规模最大、按照国际标准打造的集装箱码头及配套物流项目，总投资约15亿元，设计集装箱吞吐能力150万标准箱／年，其中，一期工程总投资近5亿元，设计吞吐能力30万标准箱／年，2012年正式开工建设。一期工程5万吨级集装箱码头、14.40公顷堆场全部建成，双向8车道环港大道建成通车，岸桥、场桥等设备安装调试完成，应用无线网络、条形码等技术，在集装箱堆场运作中智能化协调人、机、箱、场地等资源。

【高港作业区4~6号泊位改造工程】 3月17日，高港作业区4、5、6号通用泊位改造工程开工。建设1万吨级通用码头1座，长337米，水工结构按靠泊3万吨级船舶设计，外侧布置2个1万吨级泊位，内侧布置2个500吨级驳船待泊泊位，项目总投资1.62亿元。至年末，完成码头水工建筑。

【液化天然装卸机应用】 2014年，永安作业区在上年完成LNG（液化天然气）装卸机试点的基础上，继续推进LNG装卸机应用。4月，新购置型号为LW500K-LNG燃气轮式装载机6台，总价228万元。

（季　玲）

全国医药行业龙头企业

【概况】 扬子江药业集团系集科工贸于一体、产学研相结合、跨地区的国家大型制药企业集团，主要产品中西药并举，覆盖10大系列、20余种剂型、200余个品规。2014年，集团拥有员工11085人，其中专业技术人员7500余人。集团产值、销售、利税比上年分别增长16.70%、16.60%和20.30%。各项主要经济技术指标均再创历史新高，名列国内医药行业前茅，连续5年获全国医药工业企业百强榜前3名，连续4年排名全国化学制药工业百强榜第1名。

药品研发　集团研发部门进一步夯实研发基础，探索新的研发管理方式，规范研发流程，对子公司研发实行统一管理，形成430余人的研发规模，70余个课题组，承担近100个项目研发。全年立项近60个，获取生产批件13件，临床批件9件，申报生产批件35件，申报临床批件36件，完成7个品种一致性初步评价工作，获教育部科技进步一等奖1项，获批科技项目6项，完成项目验收6个，获国内专利授权6件，新增PCT专利授权1件。银杏叶欧盟注册和中药材质量标准起草国际合作项目稳步推进。

市场销售　集团经营线认真做好医院、零售、工矿社区、新农合销售，创下新纪录，任务完成率125.91%，比上年增长19.97%。调整零售政策，加强店长店员培训，与311个连锁药店合作，零售销售增速超过医院销售。扬子江医药经营公司在全省率先通过新版《药品经营质量管理规范》认证检查，常州紫龙仓库成为省内首个异地设库三方物流企业。海外贸易所创利润增长18.90%，积极参与中国香港和澳门政府招标，新发展海外客户15个，新增18个品种、22个规格的制剂出口，完成扬子江进出口有限公司药品经营许可证申领，奥美拉唑肠溶胶囊在澳大利亚医药管理局注册销售稳步推进。

质量管理　集团制造部科学高效组织生产，完成产量315万箱，比上年增长12.72%，人均产量增长4%，单位产品能耗降低6.30%。组织开展技术攻关40项，设备技改233项。制造部开展集约化生产管理，构建全方位、立体化、标准化的生产管理体系。六西格玛先进管理工具广泛运用。高端制剂国际化重大专项正式启动，第一梯队4个品种的欧美注册前期工作开局良好。质检中心严把物料进厂、产品出厂前的检验关，全年检测样品16.57万批次，检验总量上升10%，错检、漏检率为零。国家药品抽检的21个品种、25个规格、105个批次全部合格。开展第31次、32次“质量月”活动。顺利通过“三标一体”（ISO 9000、ISO 14000、OHSAS 18000）、测量管理体系和实验室认可审查。

人才管理　集团贯彻以人为本、人才优先发展战略，用好现有人才，引进急需人才，留住关键人才，培养适用人才。到高校宣传企业，举办“未来之星”开放日活动，借助新媒体宣传招聘活动，校园招聘本科以上应届毕业生287人，其中硕士、博士63人。重点培养选拔管理干部和技术干部后备人才。培训总课时逾18万个小时。108名技术骨干和优秀员工参加药学本科学历教育，10人考取硕士。调研行业薪资水平，设计薪酬调整方案，做到干部能上能下、职工能进能出。

【企业实力】 2月18日，集团获2013年江苏省质量奖。2月19日，全市开放创新和工业经济工作会议表彰2013年度全市开放创新和工业经济工作先进单位，集团同时列工业国税开票销售十强企业、十佳转型升级示范企业、十佳研发机构榜首，并上榜发明专利十强企业、十佳高新技术企业（集团江苏海慈生物药业有限公司）、十佳技改项目（地佐辛注射液、果糖氯化钠注射液等国家新药生产线新版GMP改造项目）。2月22日，“扬子江”商标成功入选“2013我最喜爱的江苏”商标。4月21日，省国税局发布2013年度国税纳税百强榜，集团排名百强榜第19位，比上年度上升8位，继续居全省医药制造行业榜首。6月10日，省经济和信息化委、省统计局联合公布2013年度江苏省营业收入超百亿元工业企业（集团）名单，集团列第24位，比上年度上升4位；在2013年度全省营业收入百强民营企业名单中，集团列第14位，与上年度持平。6月13日，集团被国家工商行政管理总局评为2012~2013年度“守合同重信用”企业。6月29日，第31届全国医药工业信息年会公布2013年度中国医药工业百强企业榜，集团再度跻身前三甲。11月26日，中国化学制药行业年度峰会公布2014中国化学制药行业优秀企业和优秀产品品牌榜，集团再度名列化学制药工业企业综合实力百强榜首位，集团产品韦迪（注射用泮托拉唑钠）、加罗宁（地佐辛注射液）、左克（盐酸左氧氟沙星）分别列消化系统类、神经及精神系统类、抗感染类优秀产品榜首，扬子江药业集团北京海燕药业有限公司获2014中国化学制药行业成长型优秀企业品牌称号。12月12日，在中国品牌建设促进会和中央电视台举办的2014年中国品牌价值评价信息发布会上，集团品牌强度903分，名列生物医药板块首位；品牌价值评价103.92亿元，名列生物医药榜单第2位。

【领导考察】 1月14日，国家食品药品监管总局副局长吴浈考察扬子江药业集团。2月13日，全国人大常委会委员、教科文卫委员会副主任委员、致公党中央专职副主席严以新考察扬子江药业集团。6月11日，由全国政协常委、经济委员会副主任李毅中，全国政协经济委员会副主任褚平，全国政协常委李克穆等率领的“积极发展混合所有制经济”专题调研组调研扬子江药业集团。7月30日，泰州市委书记蓝绍敏考察扬子江药业集团。9月19日，中央党的群众路线教育实践活动第三巡回督导组副组长刘上洋一行督导扬子江药业集团群众路线教育实践活动。11月8日，国家食品药品监管总局副局长刘佩智考察扬子江药业集团。

【龙凤堂中医药高科技产业园项目奠基】 2月28日，扬子江药业集团龙凤堂中医药高科技产业园项目奠基仪式在永安洲镇举行。项目总投资20亿元，一期建设占地40公顷，包括中药产业基地、中药保健品基地、国际植物药生产基地；二期建设包括中药现代化技术研究中心、中药新药研发中心、中药化妆品基地等。

【全国百强连锁药店高峰论坛在集团举行】 4月12日，2014年全国百强连锁药店高峰论坛在扬子江药业集团举行。来自全国各地百强连锁药店的200余名中高层管理人员出席会议。本届高峰论坛将政策解读、市场对策及零售管理等关乎药企和药店发展的内容结合在一起，探索新形势、新挑战下的前进之路。论坛期间，扬子江药业集团与湖南老百姓大药房、益丰大药房、云南鸿翔一心堂等10个连锁药店签订战略合作协议。

【全国医药行业QC成果一等奖“十连冠”】 7月19日，在第35次全国医药行业质量管理（QC）小组成果发表会上，扬子江药业集团获QC成果一等奖92项，最佳发表奖89项，再次获全国医药行业QC成果一等奖总数第1名，奖牌总数再创历史最高水平，实现全国医药行业QC成果一等奖“十连冠”。（罗　婧）

政　　治

中共高港区委

·重要会议·

【深入开展党的群众路线教育实践活动动员大会】 2月20日，高港区召开深入开展党的群众路线教育实践活动动员大会。市委常委、常务副市长何榕，市人大常委会副主任、区委书记王建，市委党的群众路线教育实践活动督导组组长、市人大常委会原副主任张正方，市下派高港群众工作团团长陶玲，区四套班子负责人出席。市委常委、常务副市长何榕指出，广大党员干部要自觉把教育实践活动作为重大政治任务，认真抓好教育实践活动各个环节的工作。突出学习教育，深扎党的群众路线的思想根子；突出问题导向，聚焦反对“四风”（形式主义、官僚主义、享乐主义和奢靡之风），着力纠治问题；突出服务群众，使改进作风成效落实到基层；突出领导带头，把示范带动作用贯彻活动全过程。切实加强对教育实践活动的领导和指导，严格落实领导责任，注重运用科学方法，坚持搞好统筹兼顾，促进高港区的教育实践活动走在全市前列，取得明显实效。市人大常委会副主任、区委书记王建对高港区教育实践活动作动员部署，要求全区广大党员干部深入学习贯彻中共中央总书记习近平重要讲话精神，切实增强开展教育实践活动的思想自觉和行动自觉；始终突出问题导向，着力在铲除“四风”顽症上下大力气、花真功夫，准确把握目标要求、方法步骤，坚持将“照镜子、正衣冠、洗洗澡、治治病”总要求贯穿始终，将学习教育作为首要任务，坚持以上率下领导带头，做到开门搞活动组织“群众提”、敢于亮剑“自己找”、主动听取“上级点”、集体会诊“大家议”；坚持将大力开展批评与自我批评作为发现和解决自身问题的有力武器，将群众满意作为检验活动成效的重要标准，确保规定动作有力有效、自选动作有声有色；加强组织领导，注重分类指导，强化全程督导，广泛宣传引导，确保高港的教育实践活动善始善终、善做善成。

【“工业化、信息化、城镇化、农业现代化”融合发展推进大会】 4月2日，高港区召开“工业化、信息化、城镇化、农业现代化”融合（以下简称“四化融合”）发展推进大会。市人大常委会副主任、区委书记王建，

高港区“工业化、信息化、城镇化、农业现代化”融合发展推进大会

区四套班子负责人出席。会议指出，工业化是“四化融合”的动力和引擎。要进一步推进企业转型、政府转型、社会转型和技术升级、产品升级、产业升级，进一步丰富以“品牌化、标准化，资本化、上市化，信息化、高端化”为主要内容的企业“六化”转型工程内涵。在发展品牌型经济上，引导企业进一步强化商标品牌意识，以标准化支撑品牌化。要高度重视代工合作，在代工过程中，抓住机遇做强自己的品牌；在提高资本运作水平上，企业之间要结成技术同盟、资本同盟、资产同盟，与产业链上下游企业开展资本合作。鼓励企业“模拟上市”，实行股份化改造；在加快技术升级上，要进一步提升装备制造水平，以技术升级拓展市场新空间，提升核心竞争力。城镇化是“四化融合”的载体和支撑，也是社会转型的重要路径、载体和方向。按照“以城带乡、城乡融合，以产促城、产城一体”的思路，推进以“人”为核心的城镇化，实现中心城区和小城镇、新农村健康协调发展，实现产业与城市同步升级，社会事业与城市建设同步推进，身份城镇化与素质城镇化同步提升，着力提高城镇化质量；抓住机遇，积极争取政策、项目、要素，进一步健全产业体系，推进城市功能完善，让更多外来人口融入高港；稳步推进农民集中居住，整合土地资源，实现资源配置的最优化，加快城乡建设。农业现代化是“四化融合”的基础和保障。进一步大力发展农民专业合作组织，围绕植保、机耕机收、仓储、农资等方面组建专业合作社，为农业生产提供“一条龙”服务；进一步完善农业综合设施建设，抓好中低产田的改造，健全电灌站等农田水利设施运营管护机制，让农民早得益、多得益；以村居为单位，探索组建劳务公司，由区人社部门、职教中心开展订单式技能培训，提高农村劳动力转移的组织程度和就业质量。各村居要把服务农民转移就业与加强社会管理结合起来，结合村居网站建设，全面掌握农村转移人员的技能、就业、生活状况，实施动态管理，及时提供岗位推介、权益维护等服务，同时为农村社区改革和土地制度改革做好配套基础工作。

【区委四届五次全体（扩大）会议】 9月29日，区委四届五次全体（扩大）会议召开。市人大常委会副主任、区委书记王建作题为《深入解放思想，推进改革开放，为建设现代化国际化滨江港城而努力奋斗》工作报告。会议提出丰富“三步走”发展目标内涵：第一步，到建区20周年，即2017年，在全市率先建成更高水平小康社会，创成国家级经济开发区，力争经济总量占全市的份额达到13%；第二步，到建区25周年，率先基本实现现代化，力争经济总量占全市的份额达到16%；第三步，到建区30周年，率先融入苏南第一方阵、融入长三角核心区，经济总量占全市的份额达到更高水平。会议强调，站在新的历史起点，要在泰州发展大局中勇挑重担、不辱使命，破除思想障碍和体制束缚，提振精神再发力，调高标杆强突破，创新路径快发展，努力以思想再解放推动发展再跨越，以理念大提升形成改革大合力。会议要求，在建设现代港口上继续发力，致力形态开发与功能完善并进，努力成为泰州未来发展的新引擎。加快建设国际化码头、国际化港口、国际化港区，真正把核心港区打造成要素集聚港、产业支撑港、发展带动港。在项目建设上勇挑大梁，致力招大引强与培大育强并重，打造高港经济“升级版”。全力创建国家级经济开发区，切实增强产业承载力和要素吸纳力；始终把项目视作区域发展的生命线，以优质项目的集聚增强经济爆发力；丰富企业“六化”转型内涵，不断提升企业核心竞争力。在融入苏南上率先探索，致力深化改革与不断创新并举，争当泰州转型升级综合改革排头兵。不断推进行政管理体制改革，加快建设法治政府和服务型政府；充分发挥市场在资源配置中的决定性作用，进一步激发市场主体活力；围绕治理体系和治理能力现代化建设，加快推进社会领域的改革创新。在建设现代滨江城市上彰显特色，致力完善城市功能与发展民生事业并行，率先建成城乡发展一体化先行区。建设精致城市，展现“江东明珠·泰州门户”的崭新形象；建设幸福城市，让群众生活更加美好；建设文明城市，增强发展“软实力”。会议明确，以群众路线教育实践活动为契机，进一步转作风、树形象、聚合力，为建设现代化国际化滨江港城提供坚强保证。敬终如始抓好群众路线教育实践活动，整改落实要切实兑现承诺，专项整治要出重拳求真效，建章立制要突出务实管用；保持争先激情，提升工作本领，增强责任担当，着力打造干事创业的核心力量；倡导实干导向，优化工作环境，强化绩效考评，不断夯实建强基层战斗堡垒；认真落实党风廉政建设“两个责任”（党委主体责任和纪委监督责任），筑牢廉政防线，深化正风肃纪，大力营造风清气正的发展环境。

（王　峰）

·重要决策·

【推进三大主题工作】 2014年下半年，区委、区政府紧紧围绕市委、市政府开展“思想再解放、项目大突破、城建新提升”三大主题工作的战略决策，全力以赴抓推进。9月29日，区委四届五次全体（扩大）会议正式作出全面部署，强调必须以思想再解放推动改革再提速、开放再跨越，做到提振精神再发力、调高标杆强突破、创新路径快发展；必须在项目建设上勇挑大梁，致力招大引强与培大育强并重，打造高港经济“升级版”;必须在建设现代滨江城市上彰显特色,致力完善城市功能与发展民生事业并行,率先建成城乡发展一体化先行区。

【推进社区综合体制改革】 11月27日,区委召开全面深化改革领导小组第一次会议,提出将开展社区综合体制改革作为全面深化改革的突破口,决定成立社区综合体制改革指导小组,同时下设两个工作组,分别以永安洲镇和口岸街道作为试点,正式开展社区综合体制改革工作。指导小组成立后,先后组织召开专题会议6次,经过详细的调研论证,决定围绕完善四大体系开展社区综合体制改革。创新社会治理体系,优化社区治理结构,厘清社区职责边界,维护社区长治久安,进一步夯实和谐稳定根基;完善公共服务体系,全面提升医疗卫生服务水平,营造学生健康成长的良好环境,加强老年人关爱服务,持续优化社区人居环境,进一步提高群众幸福指数;健全可持续发展体系,培育现代农业生产服务专业化组织,发展壮大村级集体经济,大力扶持城乡居民就业创业,进一步增强村居经济实力;强化组织保障体系,推行定岗定编、定责定酬和能进能出、能上能下的“四定四能”机制,建设一支充满活力的基层干部队伍。（吴欣之）

·信息与调研·

【信息工作】 2014年,区委办公室组织各地、各部门(单位)信息工作人员,紧贴区委中心工作,围绕改革发展大局,聚焦热点亮点,反映焦点难点,报送大量有情况、有分析、有建议的高质量信息,为领导及时掌握情况、进行科学决策、推动面上工作发挥积极作用。全年编发《高港情况·快报》75期。围绕“解放思想再发力、科学发展勇攀登”大讨论大落实活动,编发系列专题调研文章,为全面深化改革建言献策。多篇信息获得领导批示,其中,获得省领导批示27件次,省委主要领导批示17件。信息工作绩效考核位居全省市辖区第2位,获全市信息工作考核一等奖。区委办公室被评为全市党委信息系统先进单位,高港高新区(刁铺街道、许庄街道)、核心港区(永安洲镇)、临港经济园(口岸街道)被评为优秀基层直报点。

（蒋震宇）

【调研工作】 2014年,区委办公室撰写的《加强党委对人大工作的领导,与时俱进推动基层民主政治建设》《坚定制度自信,切实把人民代表大会制度巩固好发挥好完善好宣传好》《坚持“世界观”与“方法论”融合并行》《选准人,用好人,打造适应“新常态”特质的干部队伍》等10余篇理论文章在《人民日报》《江苏人大调研》《人民与权力》《泰州日报》《泰州通讯》等中央、省、市级报纸杂志上发表。（王　峰）

·督查与考核·

【概况】 2014年,区督查考核办公室围绕市考评体系的新变化,加强调查研究,完善各项考核文件。将园区、镇街和部门共同纳入绩效管理电子评估系统,突出项目建设,适时动态调整,建立起具有高港特色的对责任单位、重点工作、区管干部相关联的考核机制和激励机制,常态化开展“月评比、季考核”活动。认真开展督查督办工作,全年发放重要事项督办单78份,印发督查通报12份,形成专题汇报材料9篇,对领导批示和交办事项做到专人负责办理和督办检查相结合,同时向领导和部门及时反馈,做到事事有着落、件件有回音。

【市绩效考评“五连冠”】 2014年,区督查考核办公室围绕工作考核(重点工作、重点指标、专项工作、综合管理、创优争先)和公众评议的新考评体系,加强调查研究,调整考核内容,明确目标任务,建立考评领导小组定期例会制度,预测、分析和通报各项工作完成实绩,通过查摆问题、把握关键、狠抓弱项,放大得分优势,全力争先进位。高港区获全市2014年度绩效考评一等奖第一名,顺利实现“五连冠”。

【镇街“四个文明”综合考评】 2014年,区督查考核办公室根据中央、省、市新要求,结合工作实际,制定印发《关于对各园区、镇(街道)2014年度工作实施目标考评的意见》《2014年工作目标任务分解落实方案》和开放型经济等专项考核办法,逐步构建特色鲜明、导向明确、科学合理的考核工作体系,各园区、镇街竞相发展的氛围更加浓厚,转型升级步伐不断加快。在区2014年度“四个文明”(物质文明、政治文明、精神文明、生态文明)目标考评中,核心港区(永安洲镇)、临港经济园(口岸街道)获一等奖,高新区(许庄街道、刁铺街道)、大泗镇获二等奖。

【“创新创优”评选】 2014年,区委、区政府继续开展“创新创优”工作评选活动。“创成国家农业综合开发县(区)”等7个项目获一等奖,“创新投入模式,引进国企合作共建基础设施”等4个项目获二等奖,“联办代办服务重大项目”等5个项目获三等奖。（蒋逸仙）

【区级机关部门绩效管理】 2014年,区效能建设领导小组办公室完善绩效管理实施细则、目标规则及考核要素,督促参与绩效管理的部门(单位)制定年度个性目标,协调综合牵头部门制定共性考核指标,健全绩效管理电子评估系统。区效能建设领导小组办公室、督查考核办公室和金融办对区级机关部门(单位)个性目标完成情况实行按季考评,逐项打分,13个综合管理部门对区级机关部门的年度共性目标完成情况实行年末一次性网上集中考核。组织开展年度“创新创优”目标评审、社会公众评议区级机关活动,综合评选产生年度人民满意机关部门(单位)和效能建设先进单位。

2014年度人民满意机关(单位)
总工会、统计局、农委、市场监管局、区级机关事务局、商务局、发展改革委、经济和信息化委、科技局、财政局、审计局、人民检察院、国税分局、人力资源社会保障局、国土资源分局。

2014年度效能建设先进单位
人民法院、物价局、交通运输分局、地税分局、司法局、住房城乡建设局、公安分局、安监局、文体旅游局、供销社、妇联、信访局、交警二大队、教育局、建设银行、人口计生委。

(高纪办)

·组　　织·

【概况】 2014年,高港区组织系统以党的群众路线教育实践活动为主线,以“规范提升”为目标,为全区经济社会发展提供坚强的组织保证。以学习贯彻中央新颁布的《党政领导干部选拔任用工作条例》为契机,积极探索“新常态”下发挥干部岗位资源最大效用的有效途径,坚持教育、培养、选拔、管理、监督并重的干部工作理念,着力锻造有理想、有激情,有追求、有担当,有能力、有作为的高素质骨干队伍。围绕“2015年创成全省人才工作先进区”目标,实施“港城引才”集聚计划、“港城育才”培育工程、“港城用才”平台建设和“港城留才”保障措施,提升人才工作整体水平。突出“务实亲民”导向,提升基层组织和党员队伍“服务发展、服务民生、服务群众”能力水平。全区有党(工)委36个、党总支97个、党支部780个。党员14059人,其中,女党员3011人,占21.42%;35周岁以下党员3336人,占23.73%;大专以上学历党员5109人,占36.34%。

■ 干部工作

【干部选拔任用】 2014年,高港区共调整区管干部4批次,其中,平级调整116人,提拔30人,到龄退休10人,退二线22人,调进1人,调出5人,军转安置1人,挂职锻炼11人。试用期满正式任职45人。区委组织部调整部管干部9人。协助做好区人大、政协增补常委有关选举工作。

【领导班子综合分析研判】 2014年上半年起,高港区以党的群众路线教育实践活动为契机,加强对园区、镇街、部门领导班子和领导干部的综合分析研判,专题听取11个督导组相关情况反馈,整理意见、建议91条,实地走访民主测评情况排名靠后的班子,对存在苗头性、倾向性问题的干部进行谈话提醒。9月下旬,联合区人大常委会、区政协、区纪委,对8个园区、镇街和24个区级机关部门(单位)开展届中考察,详细了解领导班子运转和领导干部履职情况、优化班子结构及加强干部队伍建设的意见及建议,全面掌握班子运行状态,深入开展综合分析研判,提出对策和措施,为领导班子调整配备提供参考依据。加大新任职干部的跟踪回访力度,对2013年9月起新调整的35名领导干部跟踪回访,详细了解到岗后的现实表现、履职情况,促进干部“上任”更能“胜任”。

【干部监督】 2014年,高港区实施干部选拔任用全程纪实制度,为开展倒查、追究问责提供依据,有效防止“带病提拔”。加强对党政主要负责人的监督,对1名党政正职干部进行“三责联审”(用人责任审查、编制责任审核、经济责任审计),对4名党政正职干部进行经济责任审计。试行区管干部动议提名“三审把关”(所在单位自审、相关部门联审、组织部门会审)制度,严把选拔人选入口关、质量关。清理在32个企业兼职(任职)的36名党政领导干部,完成超职数配备干部专项治理工作。健全日常考察、目标考核、绩效考评“三位一体”的领导干部考核评价体系,科学汇总、分析测评数据,为干部任免提供依据。全区400余名副科级以上干部填报领导干部个人有关事项报告表。加大跨地区、跨部门、跨科室交流力度,全年交流区管干部37人次、中层干部188人次。制定《高港区关于进一步加强中层干部队伍建设的意见》,突出从严管理与从优激励,完善选拔任用、培养锻炼、管理监督、激励保障机制。推进干部档案管理规范化,分期分批审核干部人事档案,及时整改排查出的问题。做好干部监督“三员一网”(建立包括督导员、监督员、联络员的用人监督网络)工作,定期和分片召开座谈会。

【“一报告两评议”】 2014年,区委组织部将“一报告两评议”(地方党委常委会每年向全委会报告工作时,要专题报告年度干部选拔任用工作情况,并在一定范围内接受对本级党委干部选拔任用工作和新选拔任用领导干部的民主评议)实施范围扩大到全区所有有干部任免权的部门、单位,全区各项评议指标满意度平均分值均在90分以上。

【学习贯彻习近平系列重要讲话精神培训班】 4月22~24日,区委组织部结合党的群众路线教育实践活动的开展,举办高港区学习贯彻中共中央总书记习近平系列重要讲话精神培训班,对全体区管干部、村(社区)党组织书记,以及选调生、大学生村官、专门人才等青年干部代表,共600余名学员集中培训。围绕“实现中华民族伟大复兴的中国梦”“深化行政体制改革,加快转变政府职能”“全面深化改革,打造经济转型升级‘第二季’”3个主题实施教学。集中授课后,全体学员

高港区学习贯彻习近平总书记系列重要讲话精神培训班

分组开展交流研讨，立足岗位实际谈体会，增强培训的针对性。

【市区联动研修班】 8月31日~9月4日，区委组织部依托新加坡新华国际教育集团，在新加坡国立大学苏州研究院举办为期5天的高港区"创建国家级经济开发区"专题研修班，共有高港区和泰兴市、姜堰区的44名学员参加。培训采用"菜单式"教学，设置多样化课程，培训前供学员自主选择，根据训前问卷征求意见，从12个专题及5处现场教学中遴选出6个专题讲座及3处现场教学，设置指导性强课程，如"园区建设与投融资策略及实战""招商引资精要——概念、战略、案例"等。

【《党政领导干部选拔任用工作条例》学习】 1月15日中央修订颁布《党政领导干部选拔任用工作条例》后，高港区组织各级干部学习、领会条例精神。组织参加市委组织部举办的条例专题讲座。对各园区、镇街、区级机关各部门（单位）主要负责人、分管负责人，以及各级组织人事干部等近200人次分层次、分类别专题培训。印发条例口袋书。在高港党建网和《高港组工情况》开辟《条例学习大家谈》专栏，引导各级干部学深、学透条例精神。

【远程教育】 2月，在全市第五届党员教育电视片和远程教育教学课件观摩评比活动中，区委组织部选送的《释放青春能量 激越创业梦想——记胡庄镇大学生村官张杰》和《一心为民的村支书——记口岸街道徐庄村党总支书记徐勤生》2部党员教育电视片分别获一等奖和二等奖。10月，拍摄制作以口岸街道徐庄村党总支书记徐勤生为典型的"践行群众路线的泰州榜样"党员电教片《丰年——最美村官徐勤生纪事》，获江苏省第十二届党员教育电视片观摩评比二等奖。11月，区委组织部走访各镇街远程教育终端站点，与站点操作员、镇街组织委员交流使用情况，征询需要解决的问题，自查、整改远程教育基础设施和学用情况。12月，对全区各镇街及村（社区）远程教育站点改造升级，将党员干部现代远程教育终端站点向机关部门、事业单位拓展延伸，共设立机关部门、事业单位站点68个。（李　艳　褚红艳　居裕强）

■ 高层次人才工作

【"港城引才"五大集聚计划】 2014年，高港区先后组织实施名校优生、双创（创新创业）人才、海外人才、领军人才、科技副总"港城引才"五大集聚计划。全年引进各类高层次人才184人，其中国家"千人计划"专家1人（万向精工江苏有限公司张大清），为全市唯一；累计上争资金675万元，其中省补资金155万元，居全市首位。召开2014届高港籍985工程、211工程高校应届大学毕业生座谈会。面向全国选聘15名应届硕士研究生及以上学历专门人才充实到园区、镇街和区级机关部门。为35人申报市级以上各类人才项目，其中，2人被确定为省双创计划资助对象，5人被确定为省企业博士集聚计划资助对象，10人被确定为市双创计划资助对象，省双创计划资助金额列全市第一位。通过人才引进带动项目落户，成功引进刘立平重型载重卡车齿轮创业团队、焦新兵智能电网能耗监测创业团队。组织开展"教授博士柔性进企业"活动，从全国知名高校和科研院所选聘35名教授、博士到企业挂职，促进企业与高校、科研院所紧密合作，其中2人被确定为省科技副总。

【"港城育才"三大培育工程】 2014年，高港区先后组织实施青年拔尖人才、科技企业家、本土人才"港城育才"三大培育工程。采取校企合作、"订单式"培养、"菜单式"培训等方式，以省333工程和市311工程为依托，增选培养32名学科技术带头人和优秀专业技术骨干。构建省、市、区三级科技企业家培养体系，组织一批科技型企业家到境内外机构深造，培养具有国际视野、创新精神的企业家队伍。出台《"科技企业家培育工程"实施意见》，开展首期科技企业家培育工程申报工作，研究确定90名首期科技企业家，入选省、市科技企业家培育对象的人数占全市四分之一。出台《宣传文化系统"六个一批"人才培养工程实施办法》《关于加强全区中小学校长队伍建设的实施办法》《"青年医学人才"培养工程实施办法》《"蓝领精英培育工程"实施办法》《“农技推广专家培养工程”实施办法》《“优秀社工人才培养工程”实施办法》等政策文件，促进六大类人才队伍建设，形成统分结合、上下联动、协调高效、整体推进的“本土人才”培育机制。

【“港城用才”四大平台建设】 2014年，高港区先后组织实施人才挂职、人才合作、人才协作、人才助力“港城用才”四大平台建设。接收选派2批13人次科技镇长团成员到区挂职，发挥人才、科技、渠道资源优势，邀请院校、科研院所129名专家学者开展“院校企业行”，组织36名企业家开展“企业院校行”，上争省级各类奖补资金6200余万元，为区内3个中小企业担保融资1亿元。新增产学研合作项目56项，建成省级以上工程技术研究中心3个，促成企业与高校院所共建产学研联合体16个，运行中科院泰州应用技术研发及产业化中心高港工作站。促成河海大学常州校区与高港高新区共建高技术产业研究院，江苏瑞源电力科技有限公司与泰州高职院共同签订人才联合培养基地协议。邀请国家“千人计划”网引才服务中心主任苏兆春一行到区调研指导，与核心港区、临港经济园签订顾问协议。邀请9名院士专家开展“院士专家园区行·高港站”活动。为16个拥有自主知识产权和核心人才的企业提供科技金融服务，促成兴业证券投资银行部与江苏扬子江药业集团凯威药用包装有限公司、泰州市榕兴抗粘敷料有限公司签订新三板上市协议，泰州市榕兴抗粘敷料有限公司完成上市公司股权分置改革。

【“港城留才”四大保障措施】 2014年，高港区先后组织实施政策保障、体制保障、资金保障、服务保障“港城留才”四大保障措施。出台《关于建立年度人才发展统计公报制度的意见》《2013年全区人才发展统计公报》。建立高层次人才等六大类人才信息库，动态管理并及时更新信息库，科学有效监测和评估人才指标。研究制定《人才工作例会制度、信息报送制度、联系优秀人才工作制度》等文件，完善人才工作领导体系，建立人才工作季度例会制度。规范管理和有效使用人才发展专项资金，逐步提高占公共财政一般预算收入的比例，确保不低于本级财政一般预算收入的3%，全年人才发展专项资金8000余万元。3.90万平方米的高港人才公寓大楼建成，投入使用在即。定期召开人才工作座谈会听取意见、建议，帮助各类人才解决家属安置、子女入学、住房、社会保障等问题。

（刘　宇　钱锦江　王安峰）

■ 基层组织建设

【党员管理】 2014年，区委组织部组织全区党务工作者学习《中国共产党发展党员工作细则》。制定2014年度发展党员计划，压缩发展党员指标，把党员名额向村（社区）、非公有制企业等一线倾斜，督查党员发展工作情况，全年发展党员186人，党员结构比例进一步优化。针对全区因私出国（境）学习深造的年轻党员逐年增多的实际，规范保留、停止党籍等程序，为4名出国（境）党员办理手续，定期了解思想动态。落实“党要管党、从严治党”要求，出台《从严规范民主评议党员和处置不合格党员实施细则（试行）》，全面开展民主评议党员工作。七一前夕，从区“党员关爱资金”中划拨33万元专款，用于发放新中国成立前入党的老党员生活补助，区领导分别带队慰问老干部、老党员和生活困难党员。

【中国共产党成立93周年纪念活动】 2014年，高港区开展中国共产党成立93周年纪念活动。举行党的群众路线教育实践活动暨纪念建党93周年知识竞答赛，开展“迎七一、颂党恩、优服务”诗歌朗诵比赛，举办党的群众路线教育实践活动暨“周末高港·党员关爱服务行动”专场文艺演出，举行“在党的阳光下”群众歌咏大会。

【“周末高港·党员关爱服务行动”】 2014年，高港区开展“周末高港·党员关爱服务行动”，引导广大党员“亮身份、树形象、作表率”。构建区党员关爱服务行动总队、机关（镇街）分队、专业服务队三级组织网络，1500余名党员志愿者参与。各分队结合党员岗位特点、爱好特长，分别组建社会治理创新、文体卫生、社会事务、宜居环境、农业发展、企业转型升级6支专业队伍，利用周末时间，开展各类活动30余次，投入资金120余万元，服务群众1.20万人次。“周末高港·党员关爱服务队”入选泰州市十佳优秀志愿服务组织。中直党建网、中共江苏网、江苏机关党建网、《江苏法制报》等媒体报道活动开展情况。

【群众工作队】 2014年，全区89支群众工作队定期到联系村（社区）开展活动，帮助基层新建标准厂房5.40万平方米，新发展高效农业800公顷。接待群众1100余人次，现场处理、答复问题500余件，调解各类矛盾纠纷100余起。筹措、上争、募集资金300余万元，帮扶、捐助各类弱势群体1000余人次。胡庄镇丁庄村工作队队员陈新设立陈新工作室，帮助群众调解矛盾，被评为全市首届“最美志愿者”。11月，开展群众工作队总结，鉴定队员工作表现和工作业绩。

【“关爱服务月”活动】 元旦、春节期间，高港区开展第七次“关爱服务月”活动。全区354个基层党组织、3380名党员积极参与，累计走访慰问4519人，结成各种帮扶对子907个，解决实际问题437个，投入资金764.20万元。

【党代表工作室活动】 2014年，高港区出台《关于进一步优化“两代表一委员”工作室工作日活动安排的实施方案》，遵循“错时有序、科学合理”原则，统筹安排“两代表一委员”（党代表、人大代表、政协委员）工作室工作日活动。3个工作室每年分别设立4个工作日，每季度开展1次活动，其中每季度第1个月作为党代表工作室集中活动时间。5月，针对部分工作室党代表人事变动实际，新增、调整工作室党代表20人。全年组织开展党代表工作室工作日活动4次，接待群众4000余人次，征求各类意见、建议600余条，帮助解决实际困难200余件。

【党员流动哨】 2014年，高港区根据不同年龄、不同职业党员的特点，按照“1名老党员+1名在职党员+1名新发展党员”模式，动员区级机关退休、“退二线”党员老干部，与区级机关新提拔党员中层正职、新发展党员，组成22个党员流动哨。利用周末休息时间到社区开展志愿服务，指导、协调全国文明城市创建工作，整治后街背巷、卫生死角和交通秩序。

【基层党组织整顿】 2014年，高港区针对少数基层党组织战斗力不强、服务阵地建设不到位、信访矛盾较多等实际问题，开展软弱涣散基层党组织集中整顿。撤并11个“两新”组织（新经济组织、新社会组织）党组织，对7个软弱涣散村（社区）党组织实施“一村一策”，安排7名区领导直接挂钩指导，逐步转化提升。11月，省委组织部专题检查高港区软弱涣散基层党组织整顿情况，给予充分肯定。12月，出台《关于认真开展后进薄弱村党组织排查摸底的通知》，部署新一轮整顿软弱涣散基层党组织工作。

【村级综合服务中心建设】 2014年，高港区划拨100万元专项资金，用于补助新建村级综合服务中心，健全完善村综合服务中心服务功能。各村（社区）综合服务中心面积均达200平方米以上。推行村（社区）综合服务中心去行政化，统筹推进村居社会事业工作站、便民服务中心和邻里中心建设，为群众提供优质、高效、便捷的公共服务。

【村（社区）干部“五位一体”管理】 2014年，高港区对村（社区）干部实施以公开目标承诺、提升履职能力、工作实绩公示、年终述职询评、考核星级排位为主要内容的“五位一体”管理。组织村（社区）“两委”（党组织及村、居委会）班子和成员制定三年任期承诺书、年度目标承诺书，各镇街召开村（社区）干部公开目标承诺现场会。年中，组织村（社区）“两委”班子及其成员填写实绩公示表，在村（居）务公开栏内张贴公示。年末，组织开展述职询评和考核星级排位。建立基层干部信息库，制作《村（社区）干部名册》，将全区定补干部、误补干部、大学生村官及各类专管员的信息全部录入其中，对基层干部实行动态管理。

【村（社区）干部培训】 2014年，高港区结合基层干部队伍实际，加强对村（社区）干部党性观念、政策法规、市场经济知识、农村实用技术等方面的培训。组织村（社区）党组织书记参观扬子江药业集团，邀请常熟市支塘镇蒋巷村党委书记常德盛作“怎样当好村党组织书记”专题讲座，举办农机操作与维修、农业生产技术专题培训班2期，累计受训干部1200余人次。开展第四届村（社区）干部培训周活动，通过远程教育平台集中收看泰州市录制的培训课程，举办“村干部论坛”，集中学习贯彻习近平系列讲话精神，870名干部参训。组织31名村（社区）干部参加泰州市第四期社区工作者“431培训计划”（用4年时间，分3批对全市1000名左右社区工作者开展“社区管理与服务”专题培训）。

【大学生村官管理】 2014年，高港区在各镇街建立大学生村官党支部，引导大学生村官自我管理、自我服务。新建大学生村官培养工作室2个，分批组织有创业意向的大学生村官跟班学习，根据创业项目分类制定推进措施，对重点项目“一对一”引导帮扶。全区有28名大学生村官通过独办、领办或合办的形式创办项目26个，带动500余名群众增收致富。其中，2人被评为泰州市大学生村官十大创业明星，1人被评为泰州市大学生村官十大服务明星，1人被评为泰州市大学生村官十佳导师。召开大学生村官、大学生村官党支部书记、村干部协会大学生村官分会会长等座谈会，分片开展大学生村官创业创意沙龙，分批组织人员参加泰州大学生村官创业学院培训。新选聘大学生村官8人，其中4人为985高校毕业生。

【退役士兵村官培养工程】 2014年，高港区结合基层需求，根据村（社区）干部队伍结构状况，选聘5名退役士兵到村任职。由镇街与退役士兵签订任职聘用合同，聘用期3年。退役士兵村官培养采取学历培训和任职锻炼相结合的形式，学历培训由泰州职业技术学院承办，学制2年，采取集中办班的方式进行培训。聘用期内，退役士兵村官的报酬待遇不低于当地村干部副职的报酬待遇，资金渠道按同村干部副职待遇解决方式予以列支。聘用期满后，根据本人意愿，经过法定程序参加村（社区）“两委”选举进入“两委”班子工作。《党的生活》报道白马镇前进村退役士兵村官周斌事迹。

【“一校一品”党建文化建设】 2014年，高港区推进“一校一品”党建文化品牌创建工作，将学校党建与行政业务相结合，党建品牌与办学特色相结合，打造“校校有品牌、区域有特色”的学校党建工作新格局。孔桥小学、高港实验学校被授予泰州市第二批党建工作示范校称号，口岸中心小学党支部“真本教育，和谐校园”、高港实验学校党总支“真情奉献，尚美先锋”2个特色党建品牌被评为泰州市第一批“一校一品”党建特色品牌。

【非公有制企业党建带工建“四统筹一创争”】 2014年，高港区在非公有制企业中开展党组织、工会组织“组织统筹覆盖、人员统筹配置、活动统筹开展、保障统筹落实，创建先进基层党组织、模范职工之家，争做优秀共产党员、文明职工”（简称“四统筹一创争”）活动。发挥党工组织在促进企业发展、维护职工权益中的重要作用，有效提升非公有制企业党工组织建设整体水平。其中，华润雪花啤酒（泰州）有限公司、泰州市旺灵绝缘材料厂、江苏大邦清洗有限公司3个企业被省委组织部和省总工会确认为第三批全省党建带工建“四统筹一创争”活动示范企业。

【非公有制企业党建“一企一品”建设】 2014年，高港区出台《推进非公党建“一企一品”建设实施意见》，按照“双强六好”（发展强、党建强，生产经营好、企业文化好、劳动关系好、党组织班子好、党员队伍好、社会反映好）标准，组织非公有制企业结合实际申报党建品牌，推进非公有制企业党建工作规范化、特色化和常态化。授予华润雪花啤酒（泰州）有限公司等10个企业高港区非公有制企业党建“一企一品”建设先进企业党组织称号。

【非公有制企业党建“三集中”活动】 2014年，高港区继续在非公有制企业中开展“集中组建、集中培训、集中推优”工作。全区累计建立非公有制企业党组织316个，其中，规模以上非公有制企业单独建立党组织121个，规模以下非公有制企业单独建立党组织118个，建立联合党支部77个，覆盖非公有制企业639个，组建率99.60%。举办非公有制企业党建工作示范培训班，对全区40余名园区、镇街分管负责人及非公有制企业党组织书记或出资人进行专题培训，2014年度非公企业党组织书记培训工作再次被省委组织部评为优秀等次，获10万元补助经费。

（乔　峰）

·宣　　传·

【概况】 2014年，高港区推进学习型社会建设，健全完善中心组巡学制度和考评体系，举办“大江讲堂”系列报告会20余场次，完善社科普及宣传网络，获评全省基层党员冬训工作示范区。坚持正面引导，做好新闻舆论宣传，及时传达中央和省、市、区重大决策部署，被市级及以上媒体用稿500余篇，提升高港形象。开展全国文明城市创建，促进市民文明素质提升，高质量通过中央文明办的测评验收，为泰州市创成全国文明城市贡献力量。加大典型培育选树力度，评选产生高港区“大江儿女·诚信之星”10人，全区获评“中国好人”4人、全省最美人物之优秀共产党员1人、泰州市最美志愿者1人、泰州市最美人物8人。（史庆东　杨　城）

■ 理论武装

【中心组学习】 2014年，区委中心组以建设学习型、创新型、务实型的“三型”中心组为目标，扎实推进“六学并举”，即专题“点学”、示范“领学”、旁听“督学”、实践“促学”、成效“验学”、考核“述学”，做到理论学习与贯彻上级决策部署相结合、与深入基层调查研究相结合，促进区委中心组学习制度化、规范化、实效化。全年围绕中共十八届四中全会精神、中共中央总书记习近平系列重要讲话精神等，组织开展12次学习活动。

【党员轮训和冬训】 2014年，高港区结合学习中共十八届三中、四中全会精神和群众路线教育实践活动，制定党员干部年度轮训和冬训意见，组织镇街分管负责人和宣传委员参加全市基层党员干部冬训工作部署会暨理论骨干培训班，组建讲师团到基层宣传，做到党员教育任务落实、师资落实、教材落实。全年组织宣讲近50场，轮训党员5000余人。高港区获评全省基层党员冬训工作示范区，胡庄镇获评全省基层党员冬训工作示范镇。

【举办“大江讲堂”12期】 2014年，高港区举办“大江讲堂”12期，每场参加人数600余人。邀请陈方刘、陶国富、裴平、王宝付、李佐军、杨春福等专家，围绕“中国梦”、干部心理减压、金融、国防、经济和法治等内容作专题报告。

【中共十八届四中全会精神专题读书班】 12月，高港区举办为期3天的中共十八届四中全会精神专题读书班，邀请纪委、组织、安监、审计、财政、食品药品监督、司法等部门负责人，结合工作实际讲解《中国共产党纪律处分条例》《党政领导干部选拔任用工作条例》《中华人民共和国安全生产法》《中华人民共和国预算法》《中华人民共和国环境保护法》《中华人民共和国食品药品安全法》和审计工作情况报告及案例分析。各镇街、园区及机关各部门分管负责人，各镇街科室负责人近1000人参加培训。

【“为了谁、依靠谁、我是谁”讨论活动】 2014年，高港区开展“为了谁、依靠谁、我是谁”主题大讨论活动，增强党员干部的宗旨意识和公仆情怀。5月15日，召开专题交流会，全区各镇街、部门、村（社区）的党员代表围绕“为了谁、依靠谁、我是谁”主题，交流心得体会，多角度、多层次展示各级党员干部对坚持群众观点、践行群众路线的认知，在科学理解中汲取群众智慧，在准确定位中改进工作作风。全年收到征文300余篇。市人大常委会副主任、区委书记王建带头撰写理论调研文章，有10余篇在《人民日报》《新华日报》和《群众》杂志上发表。

【社科宣传】 2014年，区社科联组织16篇社科成果参加省、市社科成果评奖，1篇论文获省社科联第六届学术大会苏中片区分会三等奖。10月，开展高港区第三届社科普及宣传周活动，共接受咨询300人次，开展义诊义疗200人次，发放科普资料1800余份，展出展板30余块。

（孙婷婷　王卫军）

■ 新闻舆论宣传

【对外宣传】 2014年，高港区编辑出版《泰州日报·高港周刊》50期。在市级以上党报刊发稿件500余篇，实现中央电视台及《人民日报》《经济日报》《农民日报》《工人日报》《法制日报》《光明日报》等中央主流媒体宣传高港全覆盖。中央电视台《新闻联播》用稿4篇；《新华日报》用稿60余篇，头版头条2篇，头版5篇；《江苏新时空》用稿40条，头条6条；《泰州新闻》用稿200条，头条30条；《泰州日报》头版头条30篇，头版60篇。

【网络舆情】 2014年，高港区改版“大江论坛”，突出政民互动和民生服务，打造良好的访问界面，部门答复率保持在95%以上。推动“高港发布”新浪、腾讯官方微博上线运作，全年发布民生等信息500余条。搜集处置网络舆情2000余条，编发《高港网络舆情》200余期、《舆情专报》20余期，市、区领导批示30余次，处置网络突发事件60余起。开展网上舆论引导专项行动，推进打击网络政治谣言集中清理、“净网2014”等专项行动，严厉打击网络诈骗、网络谣言等违法犯罪活动。践行“网上群众路线”和“网上统一战线”，线上对网民的咨询投诉有问快答、有求快应；线下紧扣阶段性网络舆论热点，打造“走进”系列活动品牌，组织开展工商、政法部门负责人与网民面对面等活动；定期与网站负责人交流沟通，加强舆情分析，沟通交流情况，听取意见、建议，部署管理要求，提高办网水平。

【“三下乡”活动】 2月1日，区委宣传部、区文明办牵头组织，区文体旅游局、科技局、卫生局、总工会、妇联等20余个单位在永安洲镇举行2014年文化、科技、卫生“三下乡”活动启动仪式。各单位（部门）现场捐赠慰问金15万元，赠送价值10万元的电脑、图书、药品、大米等物品，并为当地群众免费开展农业、科技、计生、法律等现场咨询，以及送教下乡、专家义诊、题写春联、文艺演出等活动。

（王国民　戚锁林　张　玲）

■ 精神文明建设

【文明创建】 2014年，高港区按照“不失分、得高分、多加分”标准，推进全国文明城市创建专项行动，在泰州市组织的4次月度测评中均列第1名，高标准通过省级和国家级测评。16个社区被评为泰州市创建文明城市先进社区，其中，一等奖3个、二等奖8个、三等奖5个。开展2013~2015年度省级文明单位预申报工作，30个单位获预申报资格。开展2013~2014年度泰州市文明单位（行业、镇村、社区）推荐申报工作，134个单位获推荐申报资格。评选表彰星级文明村（社区）10个，五星级、四星级、三星级分别获5万元、3万元、1万元的奖励，星级文明村（社区）评选被评为泰州市农村精神文明建设工作创新案例。新城花园、锦江花园被评为泰州市文明小区。

【培育和践行社会主义核心价值观行动】 2014年，高港区组织开展社会主义核心价值观系列社会宣传活动，开展“图说我们的价值观”公益广告宣传，建成美德善行示范街1条和“社会主义核心价值观”主题公园2个，举办“美德善行在高港”道德模范图片巡展，在元旦、国庆等

高港区文化科技卫生“三下乡”活动文艺演出现场

泰州市深入推进专业志愿服务队进社区活动启动仪式在高港区举行

节点开展主题宣传。8月，印发《高港区培育和践行社会主义核心价值观行动计划（2014~2020年）》，主要内容包括阐释传播行动计划、生产经营诚信建设行动计划、社会治理行动计划、社会公益行动计划、文化育人行动计划、阵地育人行动计划、重点群体引领行动计划和品牌打造行动计划八大计划。

【"典型培育"工程】 2014年，高港区评选产生"大江儿女·诚信之星"10人（张亚芳、张海兰、杨阿英、焦小萍、袁国湘、洪梅、栾健、刘俊、朱德明、戴滨），组织宣讲团进机关、进社区、进企业、进医院、进学校巡回宣讲。江波、陈龙、徐新华被评为泰州市首届"诚信之星"，江波同时入选江苏省第二届"百名诚信之星"。徐勤生、姜玲玲、赵玉芳和史记宏夫妇被评为"中国好人"，上榜数占全市80%，累计上榜"中国好人"10人，在全省率先实现"助人为乐""见义勇为""诚实守信""敬业奉献""孝老爱亲"5类"中国好人"全覆盖。徐勤生当选省"最美人物之优秀共产党员"。罗新妹入选2014年"江苏好青年"百人榜。李军、程国富、洪梅、杨阿英、张俊杰、陈新、孙圣华、蔡年生8人获评泰州市"最美人物"，当选人数居泰州各市（区）第一位。举办美德善行在高港——培育和践行社会主义核心价值观暨"大江儿女·诚信之星"颁奖晚会。全区7个镇街、89个村（社区）、22所区属中小学均建有美德善行榜。在金港南路建立美德善行榜总榜，建成全市首条"美德善行一条街"。10人事迹入选市美德善行精品故事库。编印《大江儿女道德模范风采录》。挖掘报送百姓新事100余条，10名百姓身边典型被《新华日报》、江苏电视台等多个市级以上媒体集中宣传推介。

【"道德讲堂"建设】 2014年，高港区共建成"道德讲堂"124个，实现村（社区）全覆盖。4月15日，在大江剧院举办主题为"群众在我心中"首期"道德讲堂"总堂活动，活动安排做省身、唱歌曲、看短片、诵经典、讲故事、作点评、送吉祥7个环节，邀请口岸街道徐庄村党总支书记徐勤生讲述身边故事。全年举办"道德讲堂"总堂活动18期，2000余人次参加。

【未成年人思想道德建设】 6月19日，高港区举办未成年人文明礼仪风采大赛，全区21所小学、初中参加，共设知识竞答、情景剧表演和微视频展示3个环节，选出小学、初中各1所学校参加泰州决赛，其中，高港实验学校代表泰州赴南京参赛，获全省未成年人文明礼仪风采大赛三等奖和文明风尚团队奖。8月1日，在雕花楼景区举办"相约七夕，花好月圆"主题活动，开展小学生讲述七夕故事、诵读七夕经典、五好家庭访谈、互动游戏和抛绣球等活动，引导未成年人认知传统、尊重传统、继承传统、弘扬传统。推进乡村学校少年宫建设，汪群小学乡村学校少年宫获批中央专项彩票公益金支持乡村学校少年宫项目。

【志愿服务】 3月，高港区组织开展志愿服务进社区集中行动，各志愿者服务队分别开展便民利民服务，关爱空巢老人、农民工子女、留守儿童、残疾人、困难职工、离退休职工，文明交通劝导，党员义工进社区、企业等活动。6月12日，组织召开践行社会主义核心价值观暨志愿服务推进会，招募注册志愿者。出台《关于加强制度化建设深化志愿服务工作的意见》《注册志愿者管理办法》《注册志愿者礼遇办法》，推进志愿服务制度化、常态化。11月27日，启动泰州市暨高港区深入推进专业志愿服务队进社区活动，11支专业志愿服务队100余名志愿者现场为市民提供科普宣传、法律援助、心理咨询、环保宣传、红十字宣传等集中志愿服务活动，同时提供文化服务、专业检修、助残、社工服务、巾帼志愿服务等分散志愿服务。12月，开展最美志愿者及优秀志愿者评选活动，授予戴莉等10人高港区最美志愿者称号，授予包菊兰等10人高港区优秀志愿者称号。

（谷 洋 耿 慧 杨 寅）

·统　　战·

【概况】 2014年，高港区有市、区两级党外人大代表38人，党外政协委员106人；33名党外人士担任副乡科级以上领导职务。区委统战部被评为全国统战宣传工作先进单位、全市统战工作目标完成先进单位。

【统战教育培训】 2014年，高港区组织副科级以上党外领导干部34人参加全区学习贯彻中共中央总书记习近平系列重要讲话精神培训班。11月初，毛庆武等3名党外干部参加泰州市第十四期党外中青年干部培训班。11月10~14日，18名民主党派、无党派人士，9名非公有制经济人士和9名统战干部到省社会主义学院接受统战理论专题培训。开展非公有制经济人士“四信”（信念、信任、信心、信誉）理想信念教育实践活动，引导100余个规模以上非公有制企业党组织负责人参与党的群众路线教育实践活动。

【党外人士参政议政】 年初，高港区召开党风廉政建设和反腐倡廉情况通报会，向全区民主党派、无党派人士通报经济建设和反腐倡廉情况，接受党外人士监督和评议。4月10日，召开民主党派和无党派人士征求意见座谈会。党外代表人士通过各种途径，为区委、区政府提交各类建议和意见90余条。推荐1名非公有制经济人士为市工商联常委。

【非公有制经济人士爱心活动】 六一儿童节前，刁铺街道泰州市环泰电器有限公司等5个非公有制企业向刁铺中心幼儿园捐款3.30万元，用于购买多媒体教学设备；大泗镇江苏宇马铝业有限公司、圆融资金互助合作社等5个非公有制企业为该镇留守儿童捐赠书包、文具、衣服及助学金计10万元。7月18~23日，刁铺街道非公有制企业代表到湖南省洪江市熟坪乡，向熟坪中学捐赠学生床80张计5万元，向16名贫困学生发放爱心款4万元。春节前，刁铺街道非公有制企业到胡庄镇开展“牵手困难户，送温暖献爱心”活动，向结对的10户少数民族困难家庭发放慰问金1万元。

【统战宣传】 2014年，区委统战部成立统战信息群，建立14人的信息员队伍。调研文章《立足统战，主动作为，助推非公企业转型升级》被省级统战刊物《挚友》第6期采用，被省、市统战刊物及网站采用信息60余条。开展全区统战信息宣传调研工作先进单位及个人表彰活动，胡庄镇被评为先进单位，刘向前、李誉和霍宏武被评为先进个人。区委统战部被中央统战部宣传办和中国统一战线杂志社评为中国统一战线宣传先进单位，董佳洁被评为先进个人。　（黄文静）

【知联会工作】 2014年，高港区无党派知识分子联谊会（以下简称“区知联会”）组织理事学习中共十八大和十八届三中全会精神。5月27日，召开会长办公会议，成立经济建设、科学技术、财政金融、教育文化、医药卫生、社会法制6个工作委员会。引导无党派知识分子履行参政议政、建言献策、服务民生职能。7月31日，到核心港区化工产业园开展“法制讲座进企业”服务活动，讲解企业刑事法律风险防范。11月，6名会员参加高港区统一战线理论与实践专题培训班。会员50余人次参加高港区“领导干部能力建设讲坛”和“大江讲堂”等讲座。知联会理事李鹏举提案《加强墙体广告管理》被区政协评为2013年度优秀提案，孙乃清、殷继东、张月霞3人被区政协评为2013年度优秀政协委员。　（孙乃清　徐永强）

·机关党建·

【概况】 2014年，区委区级机关工委辖党组织43个，其中，党总支部8个、党支部65个。党员1056人，其中，女党员275人、大专以上学历962人、35岁以下党员356人。发展党员19人，预备党员转正25人。全年督促指导11个基层党组织调整改选，新建金融办支部、工商分局老干部支部、城投中心支部、法院四支部共4个党支部，撤销邮政分局支部。补选产生区级机关出席区第四届人民代表大会代表1人。

【入党积极分子培训】 4月15~19日，区委区级机关工委举办第18期入党积极分子培训班，区级机关60余名入党积极分子参加培训。围绕十八届三中全会精神、党的性质和纲领、党的指导思想及党的作风等课题，分别邀请市委讲师团成员、市委党校教授，以及市委组织部、区委组织部、区人民检察院、区纪委负责人授课，并进行理论知识测试。

【党员发展】 2014年，区委区级机关工委按照发展党员计划申报审批制度、资格审核制度、全程纪实制度、质量评估制度、责任追究制度等制度要求，继续实施新提拔党员“廉洁预审”，把好选人关、审查关。新发展党员19人，对预审发现存在问题的1名发展对象延缓发展。

【党建培训】 5月14~15日，区委区级机关工委举办机关党建工作培训班，43个单位的党组织书记及党务工作者共80余人参加培训。组织服务品牌较成熟的11个机关部门党组织书记到昆山参观学习，邀请市级机关工委组织处处长刘平利对机关党支部工作作专题辅导。培训班对推进机关优质服务品牌创建、深化“周末高港·党员关爱服务行动”及夯实党建工作基础等方面提要求。

【先进表彰】 7月，区委区级机关工委组织开展区级机关先进基层党组织、优秀党务工作者和优秀党员评选活动。经各部门、单位推荐，对照“四化”（制度化建设、项目化推进、动态化管理、品牌化提升）党组织建设标准和“五个好”（领导班子好、党员干部队伍好、工作机制好、工作业绩好、干部群众反映好）、“五带头”(带头学习讲政治、带头干事谋发展、带头创新建佳绩、带头服务比奉献、带头自律树形象)基本要求,根据上年度机关部门党建工作开展情况及年终民主评议党员情况,拟定受表彰的先进集体和先进个人初步名单,提交机关党工委委员会议讨论通过,对10个先进基层党组织、10名优秀党务工作者和63名优秀党员发文表彰。

【党员党性教育】 8月8日,区委区级机关工委联合区委组织部举办区级机关新提拔中层干部、新发展党员党性教育活动。区纪委、区委组织部负责人进行廉政教育授课并提出明确要求,新提拔的中层干部和新党员代表围绕履职尽责,学习践行党的群众路线,保持党的先进性、纯洁性,争当合格党员等主题作表态发言。

【机关优质服务品牌创建】 8月,在泰州市举办的“亮品牌 送服务”活动中,区委区级机关工委组织高港区市级文明优质服务品牌“民生资金一点通”参加创建成果巡展,组织“政务小超市”“爱心家园”“涉法涉诉预约服务”“大江文化惠万家”4个机关(行业)服务品牌参加创新案例及成果宣传。区总工会“蓝领提升工程”和区残联“爱从这里传播”被市委市级机关工委、市文明办、市效能办联合确认为全市机关(行业)服务品牌。 (薛兰云)

·机构编制·

【概况】 2014年,高港区深化行政审批制度改革,稳步推进事业单位分类改革,落实口岸街道简政放权改革试点工作,强化机构编制管理,优化机构编制服务。全区行政编制总数768名,其中,区级机关(含街道)行政编制496名、镇行政编制121名、政法专项编制151名。实有行政编制人员750人,其中,区级党政群机关405人、街道101人、镇108人、政法系统136人。

【事业单位分类改革】 3月25日,《关于全区事业单位分类建议方案》经区事业单位分类改革领导小组第二次会议审议通过。3月27日,将拟划为承担行政职能的事业单位报市编委办备案。3月28日,印发各镇街、区级机关各部门所属事业单位分类批复。按照社会功能,将事业单位划分为承担行政职能、从事生产经营活动和从事公益服务3个类别。根据职责任务、服务对象和资源配置方式等情况,将从事公益服务事业单位细分为两类:承担义务教育、基础性科研、公共文化、公共卫生及基层的基本医疗服务等基本公益服务,不能或不宜由市场配置资源的,划入公益一类;承担非营利医疗等公益服务,可部分由市场配置资源的,划入公益二类。

【口岸街道简政放权改革试点】 6月16日,市委、市政府批准口岸街道为重点镇(园区)简政放权改革工作试点。8月22日,经区委、区政府研究,向市委、市政府上报《高港区口岸街道简政放权改革试点方案》。8月29日,市委、市政府下发《关于高港区口岸街道简政放权改革试点方案的批复》。11月26日,区编委办出台《口岸街道简政放权改革试点工作实施意见》,从创新行政管理体制、扩大管理权限、加强社会管理、强化公共服务、增强发展活力5个方面,提出试点工作的主要内容。12月20日,区编委办出台《口岸街道简政放权改革试点内设机构工作人员定岗定员办法》《口岸街道党政机关主要职责内设机构和人员编制规定》。

【行政审批制度改革】 7月23日,区委、区政府建立行政审批制度改革联席会议制度。区长任总召集人,常务副区长任召集人,区政府办公室、监察局、行政服务中心、法制办、编委办、发展改革委、财政局、民政局、物价局、工商分局等部门主要负责人为联席会议成员,联席会议下设办公室,办公室设在区编委办。8月6日,区行政审批制度改革联席会议办公室印发《高港区行政审批制度改革联席会议成员单位职责分工》。8月18日,召开区行政审批制度改革业务会议,从精简审批项目、降低审批门槛,优化审批流程、减少审批环节,巩固改革成果、强化监督管理3个方面,将全区2014年行政审批制度改革细化为20项主要目标任务,明确牵头部门,规定完成时限。9月2日,印发《开展清理行政审批事项、简化审批程序专项治理行动工作方案》,全面开展对全区行政审批事项的清理和审批程序简化的专项治理。10月24日,区编委办、区法制办、区政务办联合举办区级行政权力清理形成行政权力目录清单工作培训会。年末,完成行政审批事项目录清单、区级行政权力事项清单的编制工作,经清理,区级各部门行政审批项目167项、行政权力事项4821项。

【政府职能转变与机构改革】 2月24日,经市编委办批准,区财政局下属事业单位区国有资产管理中心机构规格由相当股级调整为相当副科级。3月24日,区委常委会审议通过《关于我区政务服务机构设置等事项的建议方案》,同意设立高港区政务服务管理办公室,为区政府派出机构,机构规格正科级,将区行政服务中心更名为区政务服务中心(挂区公共资源交易中心牌子),由区政府直属事业单位调整为区政务服务管理办公室的下属事业单位,机构规格由相当正科级调整为相当副科级。根据《市编委关于畜禽屠宰行业监督管理职责调整等事项的通知》,经区编委会研究,将区商务局的生猪屠宰监督管理职责划给区农委,区农委负责全区畜禽屠宰行业监督管理。5月28日，完成畜禽屠宰行业监督管理职责调整、机构调整、人员编制调整等工作。6月3日，经市编委办批准，区委政法委下属事业单位区社会管理服务中心机构规格由相当股级调整为相当正科级。11月28日，整合工商行政管理、质量技术监督、食品药品监管部门的职责及卫生部门承担的食品安全综合协调职责，组建区市场监督管理局，挂区食品药品监督管理局牌子，为区政府工作部门，统一负责全区工商、质监、食品药品监管等市场监管职责，同时承担区政府食品安全委员会的具体工作。不再保留泰州工商行政管理局高港分局、泰州质量技术监督局城区（高港）分局、泰州市高港区食品药品监督管理局。12月18日，制定出台《加强全区食品药品监督管理体制建设的实施意见》，从加强监管机构和队伍建设、完善监管体制、设立监管协管员、健全其他相关监管部门责任体系4个方面，提出加强食品药品监督管理体制建设的主要内容和要求。12月18日，制定出台《区市场监管局主要职责内设机构和人员编制规定》。

【公办幼儿园机构设置编制核定】 12月2日，区编委办根据市编委办、财政局、人力资源社会保障局、教育局《关于贯彻〈江苏省公办幼儿园机构编制标准（试行）〉的指导意见》，同意设立口岸中心幼儿园、刁铺中心幼儿园、许庄中心幼儿园、永安洲中心幼儿园、胡庄中心幼儿园、白马中心幼儿园、大泗中心幼儿园、田河幼儿园、汪群幼儿园9所幼儿园。实行“以区为主、区镇（街道）共管”的管理体制，明确为全民事业单位，隶属区教育局管理，机构规格相当股级，核定全额拨款事业编制131名。

【机构编制实名制管理】 2014年，高港区根据省委组织部等部门《关于开展机构和人员编制核查深化机构编制实名制管理的通知》精神，开展机构与人员编制核查工作。6月20日，召开全区机构和人员编制核查工作业务培训会议。6月30日，完成机构编制系统升级及信息维护工作。经单位自查、联合审核、公示监督、信息汇总等环节，9月完成全区机构和人员编制核查工作。

【事业单位年检】 2014年，区编委办按照《事业单位登记管理条例》及其实施细则规定，到镇街和卫生、教育部门上门服务，印发催办通知，按时完成2013年度事业单位年检工作，年检率100%。共办理事业单位变更登记41个，设立登记21个，注销登记4个，并及时对事业单位档案严格按“一户一档”制度整理。

（陈　伟）

·党　史·

【概况】 2014年，高港区推进党史知识进机关、进农村、进社区、进学校、进企业、进军营“六进”活动，区史志办负责人在全区入党积极分子培训班上讲党史、区史；邀请市党史专家到口岸街道王营社区等村（社区）开展党的群众路线教育实践活动专题讲座，结合中共党史和泰州地方党史，特别是通过讲述群众路线在黄桥战役、渡江战役中的重大作用，讲解群众路线的形成、发展和重大意义；组织开展全区党的群众路线教育实践活动书面知识竞赛和现场竞答赛。编写10万余字的《高港区党史大事记（1997~2007）》，在《泰州晚报》发表《陈毅三会二李》。

【全区党的群众路线教育实践活动知识竞赛】 4月23日，区史志办联合区委党的群众路线教育实践活动领导小组办公室举办全区党的群众路线教育实践活动书面知识竞赛，区级机关和各园区、镇街的200余名党员干部参加。5月4日，发文表彰区委办公室等10个团体奖获奖单位和16名先进个人。择优选定成绩优秀的10支代表队参加全区党的群众路线教育实践活动暨纪念建党93周年知识竞答赛。6月30日，在大江剧院举办竞答赛，比赛设必答题、抢答题、风险题3个环节，题目紧扣党章、中共十八大及十八届三中全会、群众路线应知应会知识、中共中央总书记习近平系列重要讲话和高港区情。区卫生系统代表队获一等奖，核心港区（永安洲镇）、临港经济园（口岸街道）代表队获二等奖，区教育系统、刁铺街道、胡庄镇代表队获三等奖。市人大常委

高港区党的群众路线教育实践活动暨纪念建党93周年知识竞答赛现场

会副主任、区委书记王建，区委常委、政法委书记蒋向荣和区委常委、组织部部长陈志斌观看比赛，并为获奖代表队颁奖。　（王小萍）

·信　访·

【概况】 2014年，高港区未发生一起到京非正常访和集体访，未发生一起到省50人以上的规模访，未发生一起到市、区百人以上的大规模访，未发生一起因信访问题而引发的群体性事件。在全国人大与政协“两会”、南京青奥会和中央巡视组驻南京期间，全区无一起进京赴省上访，连续9年实现敏感时期“零进京”工作目标，获全市通报表扬，被市政府记南京青奥会信访维稳工作三等功。高港区党政主要领导接待来访群众153批297人次；下访223次，接待群众431人次；收集基层矛盾纠纷和信访问题120件，实际解决112件，办结率93%。高港区被江苏省处理信访突出问题及群体性事件联席会议办公室评为信访工作先进区。区信访局在2014年度市信访工作绩效考核中继续保持第一名。

【矛盾纠纷排查化解】 2014年，高港区坚持信访矛盾滚动排查，建立村每周一排查、镇半月一碰头、区每月一汇总的滚动排查机制，做到“月月见底、月月清”。将排查出的各类不稳定因素按级分类，明确责任单位、包保人和办结时限，实行动态消停，确保各类问题和隐患发现得早、化解得了、控制得住、处置得好。全年召开全区性会议10余次，梳理汇总各类信访问题300余件，台账式管理排查出的问题，研究制定解决方案。

【信访积案专项整治】 2014年，高港区开展信访积案专项治理行动，多次召开会议，梳理信访积案，逐案明确责任主体，提出化解要求。省、市交办和近年来到京上访的10件信访积案化解7件，全区梳理的41件信访积案化解33件。

【初信初访办理】 2014年，高港区按照服务受理“无推脱”、服务过程“无差错”、服务事项“无积压”、服务对象“无投诉”要求，强化初信初访办理。创新服务思路，优化服务流程，提升服务水平，初信初访处置率90%。

【重要信访处置】 2014年，高港区高度重视重要信访的处置，严格实行“挂牌销号”制度，采取现场督办、部门联办、去函督办、电话催办、信访通报等形式，对上级交办的信访件进行督办落实，做到交则必办、办则必果，件件有着落，事事有回音。全年重要信访件、“省委书记、省长信箱”来信按期办结率均达100%。

【信访复查复核】 2014年，高港区立足于息诉息访，严把办结质量关，对每一件复查案件，都及时召集职能部门集体会诊、分析案情。严格审查职能部门作出的答复书，对答复明显不当的，直接要求重新办理。在办理过程中，坚持实地调查原则，对受理的每一件复查件，组织部门成立调查小组实地调查核实，确保调查结果真实可信。全年受理复查复核案件13项。

【信访救助资金落实】 2014年，高港区充分发挥信访救助资金作用，帮扶困难信访群众摆脱困境、发展生产，做到解决生活困难与解除思想困惑相结合。共救助困难信访群众22人，支付救助资金48万元。

（区信访局）

·老干部工作·

【概况】 2014年，高港区有离休干部36人，平均年龄88岁。其中，90周岁以上10人，85~89周岁23人，80~84周岁3人。副乡科级以上退休干部134人，其中，副县处级以上退休干部12人，正乡科级退休干部66人，副乡科级退休干部56人。有老干部支部9个。

【落实老干部待遇】 2014年，区委老干部局严格按政策要求发放四项补助（特需费、参休费、护理费、交通费），住房补贴和补发工资及时发放。常态化开展学习文件、通报情况、参观考察、走访座谈等活动。向老干部免费赠阅《新华日报》《泰州日报》《党的生活》等报纸杂志。10月1日，召开全区经济社会发展情况通报会，组织副处级以上老干部参观现场，听取意见、建议。探索建立单位、家庭、社区相结合的离退休干部服务管理体系，使老干部在社区“就近学习，就近活动，就近得到关心照顾，就近发挥作用”，建成省级离退休干部社区服务管理示范点1个、市级2个。投入20余万元改造老干部活动中心门球场、乒乓球室，4块高标准的门球场地、3个乒乓球室投入使用。

【老干部思想建设】 2014年，区委老干部局组织老干部学习中共十八大及十八届三中、四中全会精神，以及中共中央总书记习近平系列重要讲话精神，引导老干部政治坚定、思想常新、理想永存。学习市、区委重要会议精神，特别是“思想再解放、项目大突破、城建新提升”三大主题工作重要意义和主要举措，让老干部了解最新形势。组织学习全国离退休干部先进个人高寿祥等先进典型，营造学习先进、争当先进氛围。

【老干部作用发挥】 2014年，区委老干部局从班子配备、阵地建设、制度规范、活动记录等方面考核9个老干部支部，考核合格给予5000元补贴。发挥老年人团体和老干部团体的作用，对人数较多、影响较大的团体，如门球协会、京剧协会、民乐协会等，每年给予不少于1万元补助。邀请11名退休老干部参与群众路线教育实践活动督导工作，每季度召开座谈会，听取老干部意见建议。组织老干部参与庆祝新中国成立65周年老干部座谈会及"解放思想再发力、科学发展勇攀登"征文活动，为泰州发展建言献策，形成征文30余篇。发挥老干部资源信息优势，为项目招引牵线，提供多个有价值的项目信息。依托"周末高港·党员关爱服务行动"，成立老干部服务队，利用老干部的经验优势和专业特长，开展时政宣教、法律援助、政策咨询、技术服务、专业指导等服务。在全国文明城市创建活动中，22名老干部分别带领1名年轻干部和1名年轻党员，建立"党员流动哨"，开展跟踪督查、文明引导、民意收集等工作。（史文娇）

·保密工作·

【概况】 2014年，区保密局组织保密宣传和检查活动5次。开展保密法制宣传周活动，广泛宣传《中华人民共和国保守国家秘密法》及其实施条例，发放《党政干部和涉密人员保密常识必知必读》资料。6月，对全区涉密网、非涉密网、单台计算机核查分类，严格界定网络属性。9月，组织区纪委、区人民检察院、区委办公室工作人员参加全市计算机信息系统保密技术培训。将保密教育纳入全区党政干部及机关单位工作人员教育培训范围，在全区公务员基本能力提升主题培训、新录用人员初任培训活动中，专题培训保密知识。为涉密计算机安装涉密计算机及移动存储设备保密管理系统，提升安全保障水平。

（戚斐斐）

·对台工作·

【概况】 2014年，高港区新批和增资台资企业9个，总投资2.50亿美元，注册资本1.47亿美元，实际到账6128.33万美元。引进重点台资企业亚历山卓家居项目，台湾宏国集团子公司都市置业投资的台湾国际新城开工。共接待台胞100余人次。组织赴台交流活动3批次。

【对台交流】 5月22日，区委、区政府领导带队到台湾考察，与台湾电力公会、电子工业总会、两岸连锁经营协会及高雄港集团、宏国关系事业等企业交流洽谈。12月，区分管农业副区长带队赴台，考察农业支持保障、休闲观光农业、农民合作组织和农业产业化等方面，拜会海峡两岸新农村发展暨环保科技交流协会。

【涉台服务】 3月，区台办帮助泰州市台阳涂料工业有限公司解决固体危险废物处理问题。6月，帮助泰州亚东建材有限公司办理法定地址变更；为两名台胞子女解决入学问题。6月23日，举办"开放融通、亲商惠民"专场文艺演出，邀请台资企业负责人观看演出。圣诞节前，邀请台商、台属20余人参加圣诞联谊会。（包红燕）

·农村工作·

【概况】 2014年，高港区贯彻落实强农惠农富农政策，发展农村经济，深化农村改革，注重提高农民群众生活水平，推进农村公益事业建设。利用农村"一事一议"筹资财政奖补政策，有40个村（社区）实施"一事一议"，筹集资金190.12万元。全区村级集体经营性收入总额7512万元，村平均89.40万元。农村居民可支配收入15633元。创成市级十强村1个、全面小康示范村10个。

【村级集体经济发展】 2014年，高港区坚持因地制宜、分类指导，大力发展村级集体经济。支持村集体经济组织挖掘地方特色农业资源，发展特色经济，开展适度规模经营，发展现代高效农业。加强农村"三资"（资金、资产、资源）管理，村民理财小组检查"三资"管理情况并及时向村民代表大会报告。督促各村定期报账，对票据不规范、不真实及手续不完善等问题予以纠正。指导各村盘点资产、资源，规范台账，对登记不全面、增减不及时、发包合同不规范的进行纠正。全区村级集体经营性收入总额7512万元，比上年增长10%以上，村平均89.40万元。

【三大合作组织发展】 2014年，高港区推动合作社规范发展，社区股份合作社工商注册率100%，登记成员总数23.13万人；土地股份合作社累计工商注册33个（新增8个），登记成员数7140人；新增农民专业合作社78个，新增登记成员数2033人。创成市级"五好"（服务成员好、经营效益好、利益分配好、民主管理好、示范带动好）示范社11个、区级20个。建立征东软件农民合作社管理平台，规范农民合作社内部财务管理。

【农村改革试点】 年内，高港区选择口岸街道、永安洲镇作为土地承包经营权确权登记工作试点，完成入户调查、实测地块、测绘公示、农户确认等前期工作。在胡庄镇开展农村土地流转经营权抵押贷款试点，起草《高港区农村土地承包（流转）经营权抵押贷款管理暂行办法》和《高港区农村土地承包（流转）经营权抵押贷款试点工作实施方案》，组建农村土地承包（流转）经营权价值评估专家组，对规模经营业主进行融资培育。许庄街道在全市率先跨村组建资产管理有限公司，运作固定资产投资，获得较好收益。

【农村生态环境保护】 2014年，全区夏、秋季秸秆综合利用率分别达

96.50%和95.70%，秸秆禁烧和综合利用工作秋季考核名列泰州市区第一。建设规模畜禽场沼气治理工程2处、有机肥加工处理中心1个，畜禽粪便综合利用率96.20%，农村清洁能源利用率超过60%。

【农村实事工程】 2014年，高港区实施农村新一轮实事工程，农业专项技术培训1131人、农机职业技能培训129人、乡镇企业经营管理人员培训375人，转移农村劳动力2500人。新型农村合作医疗水平筹资标准调整为每人每年500元，全区参保率100%。送电影786场，送戏14场，送图书7000册，送体育健身器材42套、篮球架10副，新增数字电视用户2020户。完成82个行政村245个自然村环境整治任务，通过省整治办全域考核验收，创成省星级康居乡村90个、环境整洁村155个，新建绿化示范村6个。实施农村河道疏浚整治，疏浚乡级河道5条、6.10千米，土方12.59万立方米，河道岸坡整治2条、1972米，配套方涵2座。实施农村公路建设项目11个、25千米，建设农村公路桥梁13座、农桥23座。

（常　虎）

区　人　大

【概况】 2014年，高港区召开区人代会1次，人大常委会会议6次、主任会议6次，听取和审议“一府两院”（区人民政府、区人民法院、区人民检察院）专项工作报告17项。组织人大代表视察6次，开展专题询问2次，开展执法检查、专项工作评议、约见政府组成部门负责人各1次。作出决议决定8项。任免区人大工作机构负责人4人次，决定任免区政府组成部门负责人24人次，任免区人民法院、区人民检察院组成人员12人次，任命人民陪审员20人。开展“人大代表工作日”活动4次。受理群众来信40余件，接待群众来访20余人次。

·重要会议·

【区四届人大三次会议】 1月7~9日召开。应到代表174人，实到代表167人，列席239人。大会听取和审议区政府工作报告；审查及批准区2013年国民经济、社会发展计划执行情况和2014年国民经济、社会发展计划草案的报告；审查区2013年财政预算执行情况和2014年财政预算草案的报告，批准2013年区级财政预算执行情况的报告和2014年区级财政预算；听取和审议区人大常委会工作报告、区人民法院工作报告、区人民检察院工作报告。分别通过上述6个报告的决议。选举袁斌为区第四届人民代表大会常务委员会委员。会议要求区人大常委会充分发挥权力机关作用，切实增强使命意识、责任意识、民本意识，当好全面深化改革的推进者；“一府两院”充分履行职能，以改革促进发展、促进公平、形成合力，当好全面深化改革的实践者；全体人大代表充分利用“人大代表工作日”平台，全力植根人民，全心代表人民，全方位服务人民，当好全面深化改革的参与者。

【区人大常委会会议】 3月28日，区四届人大常委会第十四次会议召开。听取和审议区政府关于推进企业“六化”转型工程工作情况的报告、关于全区矛盾纠纷调处工作情况的报告，审议通过《区人大常委会对“一府两院”专项工作报告实行满意度测评的暂行办法（草案）》。决定任命胡道勇为区政府副区长（挂职，时间两年）、李亚林为区政府副区长（挂职，时间一年）；任命程冬平为区人大常委会许庄街道工作委员会副主任，徐建青、张杰、栾进、姚永杰、沈同章、张锦萍、孙雅琴、陈志耕、焦西生、唐慧娟、印永林、徐旭东、杨玲、于汉林、王正、杨传东、马建国、张丽娟、孙科峰、刘小娟20人为区人民法院人民陪审员；决定接受王龙发辞去区第四届人大代表职务的请求。

5月30日，区四届人大常委会第十五次会议召开。听取和审议区政府关于全区食品药品安全监督管理工作情况的报告、区人民检察院关于职务犯罪预防工作情况的报告。

7月31日，区四届人大常委会第十六次会议召开。听取和审议区政府关于2014年上半年国民经济和社会发展计划执行情况的报告、关于2013年区本级财政决算和2014年上半年财政预算执行情况的报告、关于2013年度区本级财政预算执行和其他财政收支情况的审计工作报告，区人大常委会执法检查组关于检查《中华人民共和国大气污染防治法》（简称“大气污染防治法”）贯彻实施情况的报告；审查批准2013年区本级财政决算。

9月28日，区四届人大常委会第十七次会议召开。听取和审议区人民法院关于执行工作情况的报告，区人大常委会专项评议领导小组关于专项评议法院执行工作情况的报告，区政府关于代表建议办理工作情况的报告、关于区第四届人大常委会第二十一次主任会议有关养老服务体系建设纪要落实情况的报告、关于中央小型农田水利重点县项目建设情况的报告，市人大代表叶红和王红英履职情况的报告；对代表建议办理工作情况进行专题询问。

11月28日，区四届人大常委会第十八次会议召开。会议听取和审议区人民政府关于推进义务教育优质均衡发展工作情况的报告、关于全区现代服务业发展情况的报告、关于国际财富中心项目资产盘活工作情况的报告，对国际财富中心项目资产盘活工作情况进行专题询问。会议通过关于召开高港区第四届人民代表大会第四次会议的决定。会议决定任命吴斌为区市场监管局局长，决定免去李新美的区食品药品监管局局长职务，任命周树平为区人民法院民事审判第三庭副庭长、蒲阳为区人民检察院检察员，免去顾敏的区人民检察院检察员职务。

12月29日，区四届人大常委会第十九次会议召开。听取和初审关于2014年国民经济、社会发展计划预计执行情况和2015年国民经济、社会发展计划草案的报告，关于2014年财政预算预计执行情况和2015年财政预算草案的报告，初审区人大常委会工作报告稿，通过关于召开区四届人大四次会议的有关事项。决定接受胡欣荣辞去市第四届人大代表职务的请求，并报市四届人大常委会备案；决定李达华不再兼任区第四届人大常委会副主任职务；接受袁斌、李平辞去区第四届人大常委会委员职务的请求；接受邵春宁辞去区政府副区长职务的请求；接受胡欣荣辞去区人民法院院长职务的请求，并报区四届人大四次会议备案。免去周树发的区人大常委会办公室主任职务、袁荣堂的区人大常委会许庄街道工作委员会主任职务；决定免去吴斌的区市场监管局局长职务、顾为进的区政府办公室主任职务、葛武的区民政局局长职务、祁亚峰的区司法局局长职务、梅跃的区卫生局局长职务、李友荣的区人口计生委主任职务、江淑平的区审计局局长职务、秦荣生的区安监局局长职务、毛一鸣的区监察局局长职务、匡裕民的区环保局局长职务、陈新兵的区经济和信息化委主任职务；任命陈富贵为区人民法院副院长、审判委员会委员，李平为区人民法院副院长、审判委员会委员；免去刘文亚的区人民法院副院长、审判委员会委员职务，郭建东的区人民检察院副检察长职务，钱润泽的区人民检察院副检察长、检察委员会委员、检察员职务，余磊的区人民检察院副检察长、检察委员会委员、检察员职务。补选陈富贵为市第四届人民代表大会代表。决定任命李新美为区政府副区长、陈富贵为区人民法院代理院长、李友荣为区人大常委会办公室主任。决定任命王飞平为区政府办公室主任、秦荣生为区经济和信息化委主任、丁新成为区监察局局长、毛一鸣为区民政局局长、张宏生为区司法局局长、匡裕民为区人力资源社会保障局局长、陈新兵为区卫生局局长、曹映华为区审计局局长、左祥生为区环保局局长、胡怀扣为区安监局局长、高希兆为区市场监管局局长，焦尤香为区人民检察院副检察长。会议首次组织被任命人员向宪法宣誓。

【区人大常委会主任会议】 2014年，区人大常委会召开主任会议6次。2月24日，召开区四届人大常委会第十九次主任会议，讨论通过区人大常委会2014年度工作要点，初审《区人大常委会对"一府两院"专项工作报告进行满意度测评的暂行办法（草案）》，听取人事任免事项说明。4月30日，召开区四届人大常委会第二十次主任会议，听取区政府关于城乡居民医疗保险专题询问审议意见整改落实情况的汇报。7月28日，召开区四届人大常委会第二十一次主任会议，初审区政府关于2013年区本级财政决算和2014年上半年财政预算执行情况的报告、关于2013年区本级财政预算执行和其他财政收支情况的审计工作报告，听取区政府关于全区养老服务体系建设情况的汇报。10月27日，召开区四届人大常委会第二十二次主任会议，听取区政府关于国家级经济开发区创建工作情况的汇报。11月28日，召开区四届人大常委会第二十三次主任会议，听取人事任免事项说明。12月28日，召开区四届人大常委会第二十四次主任会议，听取区政府关于2014年国民经济、社会发展计划预计执行情况和2015年国民经济、社会发展计划草案的汇报，关于2014年财政预算预计执行情况和2015年财政预算草案的汇报，区人大常委会关于2014年国民经济社会发展计划和财政预算预计执行情况与2015年国民经济社会发展计划和财政预算草案的初审意见的汇报，初审区人大常委会工作报告稿，听取人事任免事项的说明。（倪守红）

·监督工作·

【视察农业规模经营和农田水利建设】 4月17日，区人大常委会组织部分区人大代表视察全区农业规模经营和农田水利建设。代表们实地察看泰州市绿晨果品专业合作社，大泗镇康乐村电灌站、二陈村华旭家庭农场，胡庄镇刘元村佳禾家庭农场，口岸街道王营社区河道整治现场和徐庄村平田整地现场，听取区政府关于农业规模经营和农田水利建设情况的汇报。代表们建议大力培育新型农业经营主体，培植农业龙头企业，整合发展小农场，规范提升专业合作社；加快完善现代为农服务体系，搭建农业生产综合服务平台、金融和保险服务平台、政策扶持平台；强化农田水利工程质量监管和设施管护，认真抓好农田水利重点工程项目建设，高度重视农田灌排水系，积极探索创新农田水利设施管护长效机制。

【视察城市重点工程和拆迁安置房建设】 5月22日，区人大常委会组织部分区人大代表视察城市重点工程和拆迁安置房建设。代表们实地察看中建·锦绣珑湾、明发城市综合体、田许线拓宽改造口岸段、东方明珠、宇业·天逸华府、水岸景城、新城名邸、新高港中小学、龙湖美景等工程建设情况，听取区政府关于城市重点工程和安置房建设情况的汇报。代表们建议立足长远，高起点修编城市建设规划；强化管理，高质量推进城建项目；把握区情，高效率抓好商品房和安置房建设；加强协调，高水平破解城建工作难题。

【视察质量技术监督工作】 6月26日，区人大常委会组织部分区人大代表视察全区质量技术监督工作。代表们实地察看特防用品、墙纸产品2个省级检测中心，泰州市乐太食品有限公司、江苏德泰墙纸有限公司和泰州市华强照明器材有限公司3个企业，听取区政府关于全区质监工作情况的汇报。代表们建议围绕转型升级，加大服务力度；围绕保障民生，加大监管力度；围绕质监惠民，加大宣传力度。

【视察医德医风专项工作评议审议意见落实情况】 8月29日，区人大常委会组织部分区人大代表视察全区卫生系统对区人大常委会关于医德医风建设情况报告审议意见的落实情况。代表们随机察看大泗卫生院，许庄街道、刁铺街道社区卫生服务中心和市第三人民医院，听取区政府关于全区卫生系统医德医风建设情况报告审议意见落实情况的汇报、区人大常委会教科文卫工委关于全区医疗机构医德医风暗访情况的通报。代表们建议突出问题导向，突出制度建设，突出优化环境，突出能力建设，突出严格监管。

【视察治安防控体系建设和法治建设】 10月20日，区人大常委会组织部分区人大代表视察全区治安防控体系建设和法治建设情况。代表们实地察看区公安分局特勤队突发事件应急演练和高港大桥治安卡口、泰州口岸船舶有限公司、口岸派出所、区公安分局指挥中心等现场，听取区政府关于全区治安防控体系建设情况的汇报和关于全区法治建设情况的汇报。代表们建议提升突发事件处置能力，提高公安科技水平，加强治安防控基础设施建设，强化对特殊人群的管理和服务，做好群防群治工作，加强公安队伍建设。

【视察国家级生态区创建和城区河道整治工作】 11月26日，区人大常委会组织部分市、区人大代表视察高港区国家级生态区创建和城区河道整治工作。代表们实地察看部分河道、村庄、小区建设和整治现场，听取区政府关于国家级生态区创建和城区河道整治工作情况的汇报。代表们建议统一思想认识，强化组织领导，加大工作力度，增加环保投入，创新督查考核机制。

人大代表视察国家级生态区创建和城区河道整治工作

【大气污染防治法执法检查】 5~6月，区人大常委会组成执法检查组，对全区贯彻实施大气污染防治法情况进行检查。6月19~20日，执法检查组开展集中执法检查活动，听取区政府关于贯彻实施大气污染防治法情况的汇报，实地检查国控大气自动监测点、华润雪花啤酒（泰州）有限公司、泰州市大江禽业有限公司、江苏宝祥再生能源有限公司、泰州新安阻燃材料有限公司、益海（泰州）粮油工业有限公司，以及区环保局相关软件资料和大气污染监管能力建设情况。7月31日，区四届人大常委会第十六次会议听取和审议执法检查组关于检查大气污染防治法贯彻实施情况的报告，建议区政府加强宣传教育，营造依法治污氛围；推进转型升级，发展绿色低碳产业；加大投入力度，多措并举改善空气质量；强化组织领导，加强执法能力建设。

【专项评议法院执行工作】 7~9月，区人大常委会组织开展法院执行专项工作评议。区人大常委会成立专项评议法院执行工作领导小组，设立专项评议办公室，成立调查评议专业组，制定《关于组织开展专项评议法院执行工作的实施方案》。7月11日，区人大常委会召开专项评议法院执行工作动员大会，对专项评议工作作动员部署，区人民法院、区公安分局、建行高港支行主要负责人分别作表态发言。7月24日，调查评议专业组到区人民法院开展现场评议活动，组织学习《中华人民共和国民事诉讼法》和《泰州市人大常委会关于进一步加强人民法院执行工作的决定》，听取区人民法院执行工作情况汇报和社会各界意见，查阅有关执行工作卷宗，提出21条意见、建议。8月22日，区人大常委会召开协助法院执行工作座谈会，区人民法院、区人民检察院、区住房城乡建设局、区公安分局、区工商分局、区国土资源分局、工行高港支行7个单位分别汇报工作情况；调查评议专业组认真评议相关部门协助执行工作，提出22条意见、建议。8~9月，调查评议专业组走访部分律师、基层政法干部和社区群众，查看区人民法院执法记录仪记录的执法过程，电话回访多名申请执行人，了解当事人及社会各界对法院执行工作的评价。9月3日，调查评议专业组督查和评估区人民法院边评边改情况，提出工作建议。9月28日，区四届人大常委会第十七次会议分别听取并审议区人民法院关于执行工作情况的报告和区人大常委会专项评议执行工作领导小组关于专项评议法院执行工作情况的报告，进行满意度测评，满意率、基本满意率100%，法院执行专项工作满意度测评获得通过。

【专题询问】 9月28日，区四届人大常委会第十七次会议在听取和审议区政府关于代表建议办理工作情况报告的基础上，以联组审议的形式进行专题询问。常委会组成人员就新型农村合作医疗基金运转和监管情况、区外转诊结报情况、村（社区）卫生室建设情况、河道管理情况、老小区维修和管理情况、许庄街道邻里中心建设情况等代表们关注较多的10个问题提出询问，有关部门分别受询作答。询问后，常委会形成审议意见，要求区政府完善办理工作机制，抓好跟踪督办，强化督查考核，提高建议办理工作的针对性和实效性。11月28日，区四届人大常委会第十八次会议在听取和审议区政府关于国际财富中心项目资产盘活工作情况报告的基础上，以联组审议的形式进行专题询问。常委会组成人员对国际财富中心项目立项、大楼设计、工程建设情况，前期资产处置情况，大楼续建工作、资产盘活工作和后续工作进行详细询问，相关部门受询作答。询问后，常委会形成审议意见，要求区政府重视续建工作，加快续建工作步伐；制定运作方案，确定续建单位；重视大楼维护，保全相关资料；坚持依法依规办事，妥善处理遗留问题；加强组织领导，明确工作职责。（倪守红）

·代表工作·

【“人大代表工作日”活动】 2014年，区人大常委会继续组织开展“人大代表工作日”活动，向选民广泛了解区人大常委会及其机关在作风建设方面存在的问题，听取选民对“一府两院”及其部门工作的建议和意见。9月11~14日，开展“五级人大代表回选区访选民”活动，全国、省、市、区、镇五级人大代表回到所在选区，召开座谈会，向选民述职，慰问困难群众，走访社区企业。全年开展“人大代表工作日”活动4次，接待选民1200余人，走访选民400余户，慰问困难选民200余户。6月23日，省人大常委会办公厅副主任曹远剑带领省人大常委会办公厅宣传处，省广电总台和《新华日报》《扬子晚报》《现代快报》等媒体记者采访报道高港区“人大代表工作日”活动。《泰州市高港区人大建立“代表工作日”制度密切与选民群众联系》入选2014年江苏省市县人大十大新闻。

【代表约见活动】 7月3日，区人大常委会组织部分区人大代表就人口计划生育工作和“单独二孩”政策的落实情况约见区人口计生委、教育局、卫生局及发展改革委负责人。代表们就关心的问题与政府组成部门负责人沟通交流。建议统一思想，提高认识，加大生育关怀、孕前优生服务和宣传倡导的力度；加强领导，完善措施，确保“单独二孩”政策扎实稳妥实施；加强沟通，密切配合，把代表提出的意见建议落到实处。

【代表建议办理】 区四届人大三次会议期间，代表们共提出建议、批评和意见39件（连同议案转成的建议）。区四届人大常委会第十七次会议听取和审议区政府关于代表建议办理工作情况的报告，并进行专题询问。“人大代表工作日”活动中共收集选民意见、建议300余条，整理交办55条，办理结果及时向选民反馈；设计询问单、质询单和问责建议单，推动建议办理工作。推进为农服务体系建设、加大王营河整治力度、在大泗镇设立银行网点和加快镇际道路修建步伐等一批建议得到落实。（倪守红）

·人大常委会自身建设·

【镇街人大（工委）建设】 2014年，区人大常委会召开镇街人大负责人座谈会，邀请镇街人大负责人列席常委会会议，帮助镇街人大（工委）拓展工作思路，完善监督举措。强化镇街人大工作考核，向各镇党委、街道党工委通报考核结果并提出工作建议。各镇街人大（工委）认真履行职能，口岸街道人大工委评议街道办负责人，刁铺街道人大工委评议村（社区）、组财务收支情况，许庄街道人大工委将“人大代表工作日”活动向企业延伸，永安洲镇人大加强代表培训，白马镇人大评议政府工作团队，大泗镇人大开展民生工程监督，胡庄镇人大组织代表评议镇政府中层干部。

【理论研究与宣传】 2014年，区人大常委会宣传和理论研究工作取得突破。市人大常委会副主任、区委书记、区人大常委会主任王建《加强党委对人大工作的领导，扎实推进基层民主政治建设》在《江苏人大调研》刊发。区人大常委会副主任刘振东在全国人大常委会办公厅举办的2014年第三期县级人大常委会负责人学习班上作题为《以“人大代表工作日”为平台，构建代

高港区纪念人民代表大会制度建立60周年大会

表联系群众新机制》的交流发言。区人大常委会办公室周树发、朱俊茂合署的《四项机制规范“代表工作日”》发表于《中国人大》《新华日报》。全年有60余篇文章发表或获奖。在泰州电视台高港城市频道开设专栏，宣传镇街人大特色工作和人大代表风采。利用高港人大网站、常委会会报等及时公开常委会重要工作和文件。

【人民代表大会制度建立60周年纪念活动】 2014年，区人大常委会组织开展人民代表大会制度建立60周年纪念活动。专题召开纪念大会，部署新形势下加强和改进全区人大工作。举办专题讲座，邀请泰州市人大常委会党组书记、副主任高纪明作辅导报告。开展代表小组活动，组织学习中共中央总书记习近平重要讲话及省、市、区委重要会议精神。布置人大工作图片展，全面回顾建区后区人大工作取得成果。参加省人大常委会举办的人民代表大会制度专题征文和知识竞赛。

【往届人大代表联谊会成立】 12月26日，高港区第一届往届人大代表联谊会第一次会员大会召开。应到会员21人，实到会员20人。会议审议通过往届人大代表联谊会章程，选举产生第一届理事会，吴荣成任理事长。往届人大代表联谊会主要职能是组织会员开展学习教育、献计献策、联谊交流等活动。

（倪守红）

区人民政府

·重要会议·

【区政府全体（扩大）会议】 10月10日，区政府召开四届三次全体（扩大）会议，贯彻落实区委四届五次全会精神，进一步坚定信心，落实举措，扎实工作，确保完成全年各项目标任务。区委副书记、区长周裕昌主持会议并讲话。会议要求，解放思想，凝聚共识，深刻领会区委四届五次全会精神；突出重点，狠抓落实，确保完成全年各项目标任务；落实责任，主动作为，以良好的作风凝聚改革发展正能量。区卫生局、环保局、政务办等单位代表作交流发言。（刘　岩）

2014年高港区政府重要会议一览表

表6

会议类别	召开时间	主要内容
区政府全体（扩大）会议	10月10日	贯彻落实区委四届五次全会精神
区政府常务会议	1月2日	人员处分
项目编审会议	1月14日	关于口岸水景街区周边市政设施维修等问题
	3月31日	关于生态公园、港城公园维修等问题
	5月7日	关于刁铺街道镇溪路维修及雨水管网改造等问题
	6月6日	关于全民健身中心综合馆配套工程等问题
	8月5日	关于文明城市创建相关维修工程等问题
	9月2日	关于高港中专校教学楼加固、改造工程等问题
	10月31日	关于高港数字化城管二期工程等问题

续表6

会议类别	召开时间	主要内容
城建例会	1月13日	城建例会
	2月21日	关于拆迁问题、项目建设，宏达花园及向阳人家等老小区土地证、产权证历史遗留问题
	4月29日	关于宇业及东方明珠征地拆迁、污水管网、项目建设等问题
	7月2日	关于东方明珠二期征地动迁、南韵家园、永安污水处理厂、宣堡港环境治理、龙湖美景等项目建设问题
	9月17日	征地动迁问题、项目建设问题等
	12月30日	项目建设问题、231省道高港段污水管网建设、栖园小区积水问题、春城路西延、春城支路等问题
区长办公会议	1月3日	协调全区燃气安全工作相关问题
	1月22日	协调区投资项目建设管理费问题
	1月27日	协调耕地指标调剂款收支问题
	1月27日	追加专项经费
	2月13日	协调人武部干部职工住房补贴问题
	4月21日	协调义乌大市场、文峰千家惠问题
	4月23日	协调高港中专校校舍安全问题
	5月13日	关于永安洲污水处理厂二期工程（含污水总管）征地等问题
	5月14日	协调田许线改扩建工程涉及田河社区、徐庄村水系调整问题
	6月13日	协调永安洲污水处理厂二期工程（含污水总管）推进问题
	7月14日	关于东风路南延项目征地拆迁工作
	7月21日	协调口岸街道春江花园等5个老旧小区维修问题
	7月23日	协调国电泰州电厂二期项目临时用地问题
	7月29日	追加专项经费
	7月29日	关于大江建设工程有限公司改制问题
	8月20日	协调王营社区城镇化建设改造资金事宜
	9月10日	协调区城投中心、高新区所属公司等单位与企业合作问题
	9月19日	协调政府小额投资项目招标问题
	10月9日	关于古寿胜寺恢复重建问题
	10月11日	协调胡庄镇土地整治项目问题
	10月24日	研究大江建设工程有限公司改制问题
	11月11日	协调泰州口岸船舶有限公司5.77公顷用地问题
	11月24日	关于华夏银行10亿元融资事项
	11月25日	协调义乌市场消防整改等问题
	11月27日	协调许庄街道双龙加油站拆迁问题
	11月28日	协调大江建设工程有限公司人员分流问题
	12月1日	关于环港大道连通工程问题
	12月2日	协调办理房屋产权证问题

续表6

会议类别	召开时间	主要内容
区政府专题会议	1月21日	协调解决广信公司相关矛盾
	2月11日	关于落实区全民健身中心运行管理等问题
	3月26日	协调市港口运输装卸服务处码头维修有关问题
	5月13日	关于大唐化工相关问题
	7月8日	协调永安洲实验学校工程建设收费减免优惠问题
	7月16日	协调解决泰州三福船舶工程有限公司外汇问题
	7月30日	关于五星气体厂选址及相关事宜
	8月13日	协调区级骨干河道管护事宜
	8月19日	关于全区养老服务机构安全管理工作专题部署
	11月19日	关于省级水利工程维修项目实施问题

·为民办实事项目·

【概况】 2014年，高港区确定为民办实事项目涉及住房保障、就业保障、文化教育、生态环境、生活设施、公共交通6大类，共11个项目。至年末，11个项目均已实施或完成。

【住房保障项目】 2014年，高港区计划新建公共租赁房500套（间），新建限价商品房500套。至年末，建成公共租赁住房，封顶561套。开工建设限价商品住房548套，主体封顶限价商品住房1824套。

【就业保障项目】 *建立城乡居民大病保险基金* 2013年，从城乡居民医疗保险基金中划拨部分资金建立城乡居民大病保险基金。2014年，对符合城乡居民大病保险待遇享受条件的新农合参保人员实行大病保险补偿。

提高城乡居民医疗保险财政补助标准 2013年末，区政府办公室印发《关于调整2014年度城乡居民医疗保险筹资标准的通知》，明确2014年城乡居民医疗保险财政补助标准为380元/人·年。至年末，2014年度新农村合作医疗保险财政补助标准调整到位。

调整基础养老金待遇 2014年4月，将城乡居民基础养老金由90元/人·月调整到100元/人·月，第三季度按新标准正常发放待遇。

推动就业创业 目标任务新增就业5800人、创业4000人、带动就业1.20万人。全年新增就业9100人，新增创业8200人，新增创业带动就业17747人。

城乡贫困家庭帮扶活动 重点开展“五送”（送养老、送医疗、送岗位、送技能、送项目）活动。至年末，完成前期准备工作。

【文化教育项目】 2014年，高港区计划完成新高港中学和高港实验小学的校舍安全工程。至年末，泰州市口岸实验学校（新高港中学）建成并投入使用，高港实验小学完成加固任务并投入使用。

【生态环境项目】 2014年，高港区计划完成污水处理厂及管网扩容工程，包括新建提升泵站4座，铺设污水管网20千米，扩建日处理污水4万吨的污水处理厂，2014年计划投资2.10亿元。至年末，完成投资2.10亿元，完成沿线6千米污水管网建设，4号泵站至污水处理厂段污水管网完成沉井制作等工作，4座污水泵站及污水处理厂进行主体工程建设。

【生活设施项目】 2014年，高港区计划完成自来水总管改造工程。6月中旬，完成全线试压、冲洗，管网投入运行，运行质态良好。

【公共交通项目】 *新建出租车公司* 目标任务投放出租车25辆。至年末，共投放30辆。

田许线改扩建工程 分两个标段实施，一期从江平路往南至沿江高等级公路2.66千米，二期从江平路往北至创新大道7.78千米。至年末，一期工程全线完工。二期工程全线桥梁架设梁板，路基除加油站未拆迁外完成施工，下穿段完成挡墙施工。（夏华俊）

·政府法制·

【行政执法监督】 4月12日，区法制办对22名新申领行政执法证件的人员进行法律业务培训与考核。重点抽查28个部门112份行政执法卷宗，指导各部门总结经验、排找差距、纠正不足，促进行政执法规范化建设。与区编委办、政务办等单位全面清理全区行政权力事项，共梳理行政许可事项167项、其他权力事项4654项。

【规范性文件制定备案】 2014年，区法制办严格按照规范性文件制定和备案的规定要求，按时向市政府及区人大常委会报备区政府规范性文件1件。加强部门规范性文件的实质性备案审查，对各镇街和部门报送备案的12件规范性文件从是否超越权限、内容是否适当、是否违反制定程序等方面进行严格审查。对市政府拟出台的13件规范性文件征求意见稿及时组织部门研讨，提出修改意见。

【行政复议和应诉】 2014年，区法制办认真贯彻《中华人民共和国行政复议法》及其实施条例，创新工作机制，积极推行灵活的受理、办理方式，加大行政调解力度。直接办理行政复议案件14件，协调处理涉及高港区的行政复议、诉讼等各类案件20余件。落实行政机关负责人出庭应诉行政案件制度，行政机关负责人出庭应诉比率100%。

【涉法事务处理】 2014年，区法制办积极发挥法律参谋、助手与顾问作用，回复政府信息公开申请12件，审核重大招商引资、项目投资协议文本10余份，配合各部门、镇街处理信访纠纷20余件，依法维护各方权益，化解社会矛盾。

（刘艳萍）

·信息与督查·

【政务信息】 2014年，区政府办公室编发《政务通讯》51期、专刊5期，上报政务信息近800条、应急管理信息100余条，被市采用48条、省采用5条。（王　正）

【公开电话及信箱办理】 2014年，区政府受理公开电话和信箱邮件4403件，比上年增加30.27%。其中，受理市“12345”民生服务热线1851件，区“12345”民生服务热线1493件，区长公开电话187件，市长信箱727件，区长信箱119件，“民生回音壁”网友来帖26条。办结4403件，回复率100%。（龚　雪）

【人大代表建议与政协委员提案办理】 2014年，区政府共受理人大代表建议（包括议案转建议）39件、政协委员提案112件。全部按时高质办结，办结率、见面率100%，满意、基本满意率100%。（王润环）

【专项督查】 2014年，区政府办公室对政府工作报告中提出的年度工作目标，逐一细化梳理，明确责任部门，落实工作分工，定期跟踪督办。对为民办实事等民生工程和群众最关心、最期盼解决的热点及难点问题，加大协调力度，加强督查督办，做到监督到位、协调到位、解决到位。有针对性地就全区重点项目建设、招商引资、园区建设等各项工作开展督查。着重加强对区长办公会议、区政府专题会议、区政府编审会议和城乡规划会议纪要中各项议题或决定事项的专题督查。全年编发《督查通报》14期。（陆建龙）

·政策调研·

【概况】 2014年，区政府研究室组织撰写涉及园区开发、城市建设、社会事业、招商引资等领域的调研文章30余篇，被上级采用8篇。围绕经济转型升级、推进项目建设等重要决策，开展调查研究，撰写《坚持特色发展　加快产业集聚》《加快项目建设　推进转型升级》等调研材料。开展全面深化改革、依法行政等重大课题调查研究，《高港区工业产业转型升级调研报告》《坚持依法行政　打造法治政府》得到区领导肯定。（刘　岩）

·应急管理·

【应急预案体系建设】 2014年，高港区根据《泰州市突发公共事件应急预案管理暂行办法》和《高港区突发公共事件应急预案管理暂行办法》，制发《关于做好突发事件应急预案修订工作的通知》，督促相关部门修订完善18个区级专项预案，新制定5个区级专项预案。全区累计制定总体应急预案1个，专项应急预案57个，部门应急预案80个，基层组织、机关单位应急预案120个，基本实现“横向到边、纵向到底”的预案体系建设目标。

【应急队伍建设】 2014年，高港区按照“立足现实、着眼长远、专兼结合、整体联动”原则，积极整合现有资源，加强应急救援队伍、专业技术队伍和志愿者队伍建设。以公安、消防、民兵预备役和各专业应急救援队伍为骨干，企业专兼职救援队伍为补充，社会志愿者共同参与的应急救援体系初步形成。

【应急值守】 2014年，高港区应急值守工作牢固树立“值班应急责任重于泰山”观念，克服麻痹思想和侥幸心理，做好值班应急和突发事件信息报告工作。出台《高港区应急管理工作考核办法》和《高港区突发事件信息报送处置流程》等文件，明确突发事件信息上报和突发事件处置程序及职责要求。全年上报应急管理类信息34条，被市应急办采用10条。

【应急救援演练】 2014年，高港区先后开展模拟氨泄漏事故应急救援演练、燃气罐区突发大火模拟事故应急救援演练、秋冬季消防应急演练、金融安全“红蓝对抗”应急演练、企业安全生产应急救援演练、燃气消防应急演练等应急演练活动。

【应急知识宣传与培训】 2014年，高港区先后开展网络信息管理与媒体应对专题讲座、灾害信息员培训、动物防疫信息管理系统培训、防震减灾知识宣传教育进校园等应急知识宣传与培训活动。全年培训20余批次、3000余人次，开展宣传活动50余次，发放宣传材料3.50万份，接受群众咨询2000余人次。

（刘克军）

·外　　事·

【概况】 2014年，区外事侨务办办理因公出国（境）任务审批审核手续2批8人次，办理护照签证手续2批8人次，办理外国人来华邀请函材料审核28批32人次。（侯　颖）

·电子政务·

【政府网站建设】 2014年，区政府门户网站开设群众路线教育实践活动、建设海洋强国宣传、贯彻落实区党代会年会精神、事业单位法人年度报告公开、安全生产法宣传、区人民满意政法单位及政法干警网上投票、诚信高港等专题。做好《行政权力网上办事大厅》《民生资金公开网》《"12345" 热线网上在线办理》《大江论坛》等特色栏目的管理。强化网站安全审查，定期备份网站数据，定期更新系统漏洞补丁，增强抗毁能力和灾难恢复能力，完善安全应急处置措施，开展网络安全检查。新增区城管办、科协2个部门网站。区政府门户网站发布各类政务信息5323条，采编镇街和部门上报信息1731条。通过市政府网站上报各类政务信息1984条，被市政府网站采用600余条。

【政府信息公开】 2014年，区电子政务中心推进11个试点部门财政预算决算等政府信息公开，做好重大突发自然灾害、群众关注热点问题的公开，公开发布政府信息678条。在维护好《政府信息公开》专栏的基础上，加强区档案馆、区行政服务中心等政府信息公开查询点建设，重新调整89个村（社区）民生资金监管平台页面，方便操作查阅。优化依申请公开工作流程，规范申请、受理、登记、办理、答复等法定程序，编制流程图，设计政府信息公开申请表、政府信息公开告知书等文书标准格式。全年收到依申请公开政府信息12件，主要涉及拆迁、征地等方面，因政府信息公开提起行政复议4件、行政诉讼2件，均办结。开展政府信息公开考核，开展专项检查2次，将考核结果纳入机关单位绩效考评体系。

【电子政务平台】 2014年，区电子政务中心每天监测系统运行状况，及时完善系统功能，更新系统信息，解决技术难题。运用电子政务平台收发文2500余条。整合全区各类信息化硬件及软件资源，加强电子政务OA系统、行政权力公开运行系统、工程建设领域项目公开系统、数字城管系统、电子档案管理系统、财政国库系统、财政预算执行工资统发系统、"一户一卡" 系统、维稳工作网上办公系统、人口和计划生育综合信息平台、绩效管理电子评估系统、统计内部信息网11个系统的日常维护，形成一网多用格局。开通网上社区平台，设置《村务公开》《办事指南》《便民服务》《文化建设》《建言献策》等栏目。5~6月，调研社区信息化建设情况及电子政务建设情况。参与省综治信息系统等电子政务建设项目的审核把关，最大限度地整合资源、节约投入。（彭铁官）

·政务服务·

【概况】 2014年，区政务办进驻事项由183项调整至175项，大厅办理各类审批项目35053件，其中，即办件22640件，承诺件12413件，办结34534件，办结率98.52%，群众满意率100%。

【"三证合一" 登记制度改革】 2014年，高港区实施工商营业执照、组织机构代码和税务登记证 "三证合一" 登记制度改革。区政务办与工商、质监、国税、地税、财政部门协调企业注册登记窗口前期设备、人员、网络等事项，重新整合窗口布局，建立 "三证合一" 并联审批平台。依托省企业注册登记并联审批平台，按照 "一表申请、一窗收件、并联审批、核发一照" 模式，将营业执照、组织机构代码证和税务登记证由分别办理、各自发证（照），改为由申请人一表申请，企业注册登记综合窗口统一收件，工商、质监、国税、地税数据共享、并联审批、限时办结、核发一照，办理时限压缩在3个工作日以内。

【重大项目联审联办】 2014年，区政务办常态化实施联合预审、联合踏勘、并联审批 "三联" 工作模式，在项目立项前组织联合预审，对项目的可行性进行先期审查、定性把关，确保落地项目符合产业发展方向。集中组织区发展改革委、安监局、环保局、国土资源分局、规划分局等部门，现场勘察项目安全评估、环境评估、用地规划等前置审批。打破部门界限，优化再造项目审批流程，基建类项目全部开展阶段性并联审批。以项目月报表、季通报、年考核为工作基础台账，以重大项目例会、行政效能监察、项目运行分析为依托，对项目落户、投产提供全方位服务。共承接服务重大项目32个，项目总投资70.20亿元，召开联合预审会议19次，组织开展联合踏勘20次，召开项目审批协调推进会8次，协调解决问题10个，为2个新落户项目调整对接规划选址。21个项目审批手续全部办结并开工建设，11个项目稳步推进，基建类项目平均审批时限不足百日。

【三级联动审批】 2014年，区政务办加强纵向协作配合，推动市、区、园区三级联动审批。依托市 "双百" 工程（202个重大项目）联动服务绿色通道等载体，在做好初审准备的基础上，邀请市级部门现场踏勘、审批。开展市、区联动服务

5次，为市"双百"工程重点项目江苏华夏重工有限公司二期，以及泰州市宏达工矿安全部件有限公司、泰州市海港成套设备安装有限公司、泰州市华威动力机械有限公司项目办结规划审批手续。组织市级部门到临港经济园为江苏扬泰电子有限公司等6个项目现场办公，协调解决项目施工许可证、消防设计审查等难题。

【代理帮办服务项目】 2014年，区政务办落实《全区项目代理服务结对共建工作实施方案》，有序推行园区、镇街项目代理服务工作结对共建，通过镇街派员到园区学习锻炼、项目结对实践、捆绑考核等多种方式，推动项目代理服务水平均衡发展、全面提升。全年开展各类结对共建活动4次，派员学习5人次，帮助结对镇街申报审批项目4个。修订完善《高港区项目代理服务工作考核办法》，定期考核评估各园区、镇街项目代理服务工作，将考核成绩纳入全区转型升级综合考核体系。强化对重大重点项目服务的考核评价，坚持"一案一评"，定期督查，推动各园区、镇街提升代理服务效能。

【政务服务下基层】 2014年，区政务办开展"政务服务下基层"系列活动，确立22个服务项目，涉及现场办理、上门服务、预约服务、政策宣传等多个方面。发展改革委窗口靠前服务，为项目上争节省时间；安监局窗口通过网上预审申报材料，缩短时限，方便群众；食品药品监管局窗口推行到期催办提醒制度；财政局窗口为会计职称考试报名缴费推行延时服务；民政局窗口采取分散受理与集中办理相结合的办法，解决偏远村镇老年人办理优待证不便问题；住房城乡建设局窗口优化办事流程，产权证办结时限从30个工作日压缩为15个工作日。9月8日，《泰州日报》头版、中共江苏新闻网均作《高港力推政务服务下基层》报道。

【政府采购】 2014年，区公共资源交易中心严格按照《中华人民共和国政府采购法》规定，做到依法采购、规范操作、廉洁高效。全区政府采购的范围涉及到货物、工程、服务3大类，共30项、140余个品种。全年组织政府采购238次，采购预算金额6798.75万元，采购合同金额5986.23万元，节约资金812.52万元，节约11.95%。 （管国栋　张　玥）

·机关事务管理·

【概况】 2014年，区区级机关事务局完成全民健身中心一期工程等11个工程项目建设。推进公共机构节能工作，完成公共机构能耗数据核查。规范公务用车管理，强化公务用车监管。开展机关固定资产清理登记，巩固办公用房清理结果，实行办公用房统一管理。做好后勤服务保障，服务各类会议2000余次，完成各类维护、维修3000余起。

【工程项目建设】 2014年，区区级机关事务管理局坚持"质量至上、安全第一"原则，完成全民健身中心一期工程、大江剧院屋面防水、社会管理服务中心大楼泵房改造、社会管理服务中心屋面防水及配电扩容、教育局大楼内墙砖改造、区领导办公室改造、检察院大楼维修、环境监测站、纪委约谈室、机要室11个工程项目建设。其中，全民健身中心一期工程为区重点公益性项目、体育惠民工程，泰州市人大代表团专门对该项目开展视察活动。

【公共机构节能】 2014年，区区级机关事务局在全区266个公共机构中开展能耗数据核查工作，通过省核查组检查。推进公共机构节能省级示范单位创建活动，区人民法院通过江苏省公共机构节能示范单位检查验收。开展"携手节能低碳、共建碧水蓝天"节能宣传周活动，召开公共机构节能管理工作座谈会，普及节能知识，提高节能意识。

【公务用车管理】 2014年，区区级机关事务局印发《关于加强区级机关公务用车管理的补充规定》，从严核定各部门（单位）的公务用车编制数，全年实现公车数量"零增长"。落实公务用车维修监管和专家鉴定制度，严格按程序审批，公务用车维修费用明显降低。定期组织节假日和工作日夜间公务用车违规使用情况检查。开展公务用车制度改革基础信息调查，为公务用车改革做好准备。

【机关国有资产管理】 2014年，区区级机关事务局开展机关固定资产清理登记，利用固定资产信息化管理系统，建立资产系统卡片，实现条码化管理，处置1997~2002年一批价值约40万元的资产。配合区财政局做好区级机关部门固定资产添购、处置的审核工作。

【机关办公用房管理】 2014年，区区级机关事务局按照"摸清底数、严格标准、迅速整改"要求，推进办公用房清理。共清理、腾退办公用房109间，面积约3770平方米，腾退的办公用房作为公共服务用房或封存，办公用房清理工作通过市检查组验收。推进机关办公用房统一管理、统一调配。

【后勤服务保障】 2014年，区区级机关事务局恢复注册泰州市润勤服务公司，取得物业管理暂定三级资质。全年服务各类会议2000余次，协助做好各园区、镇街、企业的各类签约仪式和考察活动。妥善处理群众集访事件72起、1280余人次，个访事件700余起、800余人次。完成水、电、汽、房屋、场地等各类维修3000余起。 （曹舒扬）

区 政 协

【概况】2014年，高港区政协召开常委会议6次、主席会议4次，分别讨论通过事宜38项；收到委员提案144件，立案112件，所立提案全部办复，委员满意率和基本满意率100%，表彰优秀提案12件；开展调研3次，形成调研报告3篇；组织视察、议政活动11次，提出意见、建议43条。

·重要会议·

【区政协四届三次会议】1月6~8日，区政协四届三次会议召开。应到委员158人，实到146人。驻高港区的泰州市政协委员、区政协之友联谊会副理事长，区各部、委、办、局负责人列席。会议听取并讨论市人大常委会副主任、区委书记王建在开幕式上的讲话；听取并审议区政协副主席仲新光所作的常委会工作报告和区政协副主席周法鸣所作的提案工作报告；列席区四届人大三次会议，听取并讨论政府工作报告。会议期间举行大会发言，选举蔡晶、戴建斌为区政协四届委员会常务委员，表彰2013年度优秀镇街工作委员会、优秀界别小组、优秀政协委员和四届二次会议以来的优秀提案。号召全区各党派团体和全体政协委员，深入贯彻落实区第四次党代会第二次年会精神，充分发挥人民政协人才荟萃、智力密集、联系广泛、渠道通畅的优势，以服务改革创新为重点、以促进民生改善为己任、以增进团结和谐为目标、以提升履职效能为根本，积极推进政治协商，有效开展民主监督，深入进行参政议政，为加快建成更高水平的小康社会、率先基本实现现代化作出更大贡献。

【政协常委会议】1月6日，区政协四届十一次常委会议召开。通过增补区政协四届委员会常务委员候选人建议名单和区政协四届三次会议选举工作人员名单。

1月7日，区政协四届十二次常委会议召开。听取各组讨论市人大常委会副主任、区委书记王建在区政协四届三次会议上的讲话，区政协常委会工作报告和提案工作报告，区政府工作报告，区政协四届三次会议决议（草案），以及酝酿协商候选人情况汇报，以举手表决的方式确定蔡晶、戴建斌为区政协四届委员会常委候选人，提交区政协四届三次会议选举。

3月24日，区政协四届十三次常委会议召开。学习关于深入开展党的群众路线教育实践活动内容，通过区政协2014年工作要点和关于优化“委员工作日”活动的方案，通报区政协四届三次会议提案审查情况。

7月31日，区政协四届十四次常委会议召开。区委常委、常务副区长陈军通报上半年全区经济社会发展情况。会议通过《区政协关于主席接待委员日活动的实施办法》和《区政协关于主席联系常委、常委联系委员和委办联系镇街工委、界别小组的意见》。

11月7日，区政协四届十五次常委会议召开。会议听取和讨论区政府办公室关于区政协四届三次会议以来提案办理情况的通报，通过《区政协关于开展政协委员学习培训工作的意见》和《区政协关于充分发挥政协委员主体作用的意见》。

12月31日，区政协四届十六次常委会议召开。通过区政协常委会工作报告和提案工作情况报告及报告人，通过区政协委员调整事项、镇街委员活动小组、界别小组、委员工作室分组名单调整事项和关于召开区政协四届四次会议的事项，通报2014年度优秀委员、优秀镇街工委、优秀界别小组和区政协四届三次会议以来优秀提案表彰名单。

【政协主席会议】3月21日，区政协四届十次主席会议召开。学习《习近平心中的好干部》，讨论通过区政协2014年工作要点和关于优化“委员工作日活动”的方案，通报区政协四届三次会议提案审查情况，通过关于召开区政协四届十三次常委会议的实施方案。

7月24日，区政协四届十一次主席会议召开。通过《区政协关于主席接待委员日活动的实施办法》《区政协关于主席联系常委、常委联系委员和委办联系镇街工委、界别小组的意见》和关于召开四届十四次常委会议的实施方案。

11月5日，区政协四届十二次主席会议召开。通过《区政协主席会议工作规则》《区政协关于开展政协委员学习培训工作的意见》《区政协关于充分发挥政协委员主体作用的意见》和关于召开四届十五次常委会议的实施方案，讨论区政协四届四次全会议程安排等事项。

12月30日，区政协四届十三次主席会议召开。通过区政协常委会工作报告和提案工作情况报告及报告人，通过区政协委员调整事项、镇街委员活动小组、界别小组、委员工作室分组名单调整事项和关于召开区政协四届四次会议的事项，通报2014年度优秀委员、优秀镇街工委、优秀界别小组和区政协四届三次会议以来优秀提案表彰名单，通过关于召开四届十六次常委会议的实施方案。（朱 娟）

·协商议政·

【专题协商】5月9日，区政协经济城乡建设委组织22名政协委员与区发展改革委对口协商现代服务业发展情况，提出编制现代服务业发展规划并完善扶持政策；突出发展重点，优先发展生产性服务业；加大扶持力度，培育龙头企业；强化项目招引；充实人才队伍等建议。5月28日，区政协科教文卫体委组织20

名政协委员与区电视节目中心对口协商电视新闻宣传工作，委员们参观电视节目中心现场，提出进一步服务改革发展大局、打造精品力作、强化队伍建设、加大经费投入等建议。9月4日，区政协社会法制委组织12名政协委员与区法制宣传办公室对口协商“六五”普法工作，提出增进思想共识、创新普法形式、突出普法重点、精选普法内容、健全完善普法推进机制等建议。

【主席走访】 4月25日，区政协组织开展主席走访国税分局活动，听取工作情况汇报，提出始终把组织税收收入作为第一要务，为争创全市转型升级综合改革排头兵提供财力保障；始终把服务大局作为工作重点，为建设更高水平的小康社会创造良好的税收环境；始终把自身建设作为强基工程，不断提升干部队伍综合素质等建议。11月28日，开展主席走访人力资源社会保障局活动，听取工作情况汇报，提出推动人才工作、凝聚引才培才合力等建议。

【旅游业发展议政活动】 4月10日，区政协科教文卫体委组织22名政协委员，对区文体旅游局、白马镇等开展旅游业发展议政活动。委员们建议尽快编制旅游发展规划，努力打造一批精品亮点，强化宣传与开发工作，不断加大资金投入和政策扶持力度。

【法院工作政情通报会】 11月13日，区政协社会法制委召开法院工作政情通报会，听取区人民法院工作情况通报，开展座谈讨论，提出在改革创新中谋划新举措、在服务建设现代化国际化滨江港城中争作新贡献、在锤炼队伍素质上有新提升等建议。

【调研大病保险工作】 3~4月，区政协围绕大病保险工作开展专题调研，听取区人力资源社会保障局试行大病保险的做法和体会，到人民医院了解基本药物制度实施情况，征求区卫生局意见，走访大病患者，形成调查报告。建议整合保险资源，提高统筹水平，做大保险“蛋糕”；降低新农合对象大病保险个人起付标准；实行经营与监管分离，建立大病保险盈亏新机制；加大组织领导，增强工作合力。区政府主要负责人批示区人力资源社会保障局召集财政局、卫生局研究并提出具体意见。

【调研医疗卫生人才队伍建设】 6月，区政协围绕加强医疗卫生人才队伍建设开展专题调研，到市第三人民医院及各镇街卫生院座谈走访，征求卫生主管部门意见，分析医师人员配备、中高层次人才比例、优秀人才招录、村级卫生服务网络建设等方面存在的薄弱环节，提出加大高层次人才引进力度、稳定医卫人员队伍、织牢基层卫生网底、提升队伍素质、优化医务人员从业环境等建议。

【调研创建国家级经济开发区】 6~7月，区政协围绕创建国家级经济开发区开展专题调研，在核心港区、高新区和临港经济园开展座谈，查阅资料，与区商务局、经济和信息化委等部门负责人磋商探讨，到靖江等地参观学习，撰写调研报告。提出完善园区管理体制，加快三大园区（高港高新区、核心港区和临港经济园）融合；以创促建，做大做强开发区；分解任务，落实责任，适时组织申报等建议。区政府主要负责人批示分管创建工作的副区长进行研究。

【视察公安工作】 6月25日，区政协组织14名政协委员视察公安工作情况。视察永安洲派出所、口岸派出所和蔡滩社区警务室等现场，观看公安工作专题片，听取情况介绍，开展座谈讨论。提出保持高压态势，严惩各类犯罪；完善治安防控，织密网络压控发案；践行素质警务，着力打造过硬队伍；加大财政投入，逐步改善公安工作条件；从优待警，适当提高辅警待遇等建议。

【视察农业园区建设】 9月23日，区政协组织21名政协委员视察农业园区建设情况。实地视察高港区江鲜养殖园、白马逸夏果园等现场，听取情况介绍，开展座谈讨论。提出进一步完善农业园区规划布局、加大科技支撑力度、完善社会服务体系、完善多元化投入机制等建议。

政协委员视察农业园区建设

【视察义务教育优质均衡发展】 10月16日，区政协组织21名政协委员视察义务教育优质均衡发展情况。实地视察高港实验小学、孔桥小学、口岸实验学校等现场，听取情况介绍，开展座谈讨论。提出加快推进新一轮学校硬件建设；深化学校管理改革，促进教育内涵发展；强化校长和教师队伍建设；凝聚共识，形成推进义务教育优质均衡发展的合力等建议。

【视察为民办实事项目建设】 12月3日，区政协组织20名政协委员视察高港区2014年为民办实事项目建设情况。实地视察污水处理厂及管网扩容工程、田许线改扩建工程和水岸景城集中安置区等现场，听取情况汇报。提出突出重点，切实做好项目扫尾；立足实际，科学规划为民办实事项目；强化监管，确保实事办好等建议。（朱　娟）

·民主监督·

【提案办理】 2014年，区政协通过重点提案区政府负责人领办，区政协主席督办、专职委员会和提案人协办等方法，采取事前协调、事中协商、事后回访、现场办公、跟踪督查、专题座谈、提案办理"回头看"等形式，增强提案办理力度。四届三次会议立案交办的112件提案全部办结，见面率100%，委员满意率和基本满意率100%。加快校安工程实施进度、加强餐饮业安全卫生监管等一些群众普遍关注的问题得到较好解决。

【社情民意信息】 2014年，区政协编发社情民意信息75期，其中，报区19期，区领导批示11期；报市政协56期，采用20期；省委办公厅采用4期；全国政协采用1期。根据国务院《关于进一步推进户籍制度改革的意见》，重点就如何解决城乡居民"同命不同价"问题组织调研，撰写《修改最高人民法院〔2003〕20号法律解释部分条款的建议》，提出改由最高人民法院统一颁布依据，为授权各省、市、自治区确定依据；改过去的按户口性质的收入水平作为参照系，为以实际职业身份为依据计算；改过去的以省（市、自治区）平均数，为按地级市公布的消费水平为参照系，更加有效地体现公平合理。该信息上报后被全国政协采用。（朱　娟）

·文史工作·

【《高港文史》第七辑史料征集】 3~12月，区政协开展《高港文史》第七辑史料征集工作，征集内容为1949~1966年区域内发生的政治、经济、文化、教育、社会生活等方面的重大事件和重要人物史料；反映该时期人民群众生产生活方式、民俗风情等方面史料；反映该时期的文稿、图片、信函、证书史料等资料。征集稿件94篇、图片46幅。

【泰州古镇丛书《口岸》出版发行】 9月，泰州古镇丛书《口岸》出版发行。全书分港口沧桑、港岸印记、港城商贸、港畔古宅、港湾杏坛、港渡宗教、港埠风情、港边非遗、港邑名流、港域风云10个栏目，50万余字，插图134幅。

【文史组稿】 3~12月，区政协按照市政协文史资料组稿要求，先后向市政协报送《泰州文史集萃》稿件29篇、9万余字，报送《泰州古迹掠影》稿件20篇、3万余字，图片88幅。

【文史研究与挖掘】 2014年，区政协先后在《钟山风雨》《泰州日报》《泰州晚报》《高港文艺》等报刊发表文史文章20余篇、5万余字。4~9月，帮助区文体旅游局完善高港历史文化展示馆、国学文化启蒙馆和中华武进士馆史料及布展。（李文华）

·政协自身建设·

【镇街工委建设】 2014年，各镇街政协工委围绕党政工作中心和政协工作重点，积极发挥作用。口岸街道工委多次组织政协委员走访拆迁居民，宣传政策，讲解标准，推进"阳光拆迁"；开展民族宗教政策宣传和法制教育；联合街道商会开展春风送温暖活动，走访慰问困难户，筹款20余万元，资助54名困难学生。刁铺街道工委要求政协委员严守履职"底线"，确保全年每人不少于"四个一"（参加一次调研视察活动、提一件高质量的提案、反映一条有价值的社情民意、提出一条合理化建议）；开展"为了大山里面的孩子"主题活动，为湖南省洪江市熟坪镇少数民族困难学生捐款捐物。胡庄镇工委邀请美国、加拿大2名外籍教师为留守儿童英语授课，协助戴陈村举行"十星级文明户"表彰暨"道德讲堂"孝老爱亲专场事迹报告会。永安洲镇、许庄街道工委组织政协委员围绕招商引资、园区建设、教育布局调整建言献计，协同交通管理部门到社区宣传安全行车知识。白马镇、大泗镇工委围绕开发红色旅游资源、加强社区管理、土地流转适度规模经营等建言献策。

【党派及界别作用发挥】 2014年，区政协注重听取各民主党派、工商联和无党派人士对政协工作的意见建议，邀请参加调研视察、协商议政等活动。民革委员开展送法律进企业活动，为镇街企业负责人辅导防范刑事犯罪法律知识。特邀界别委员视察省级农业开发区，积极建言献策。医卫界委员组织医疗专家到农村社区义诊，讲授卫生防疫知识。教育界委员利用暑假给留守儿童义务补课。区工商联举办企业财税管理培训班，开展安全生产教育培训；召开高港区浙商企业转型升级座谈会；组织会员企业参加小微企业政府服务宣传月活动。无党派界别就小额诉讼一审终审制度的实施提出降低诉讼成本,更好地满足人民群众的司法需求;科学配置司法资源,实行繁简分流,提高审判效率;大胆创新,健全工作机制等建议。各民主党派、工商联、人民团体以组织或个人名义提出提案39件,报送社情民意15篇,被立案和采纳的比例分别占提案、社情民意总数的34.80%和26.30%。

【"政协委员工作日"活动】 2014年,区政协分别于2、5、8、11月最后一周组织开展"政协委员工作日"活动。委员们通过调研视察、座谈走访等形式,向基层干部群众宣传中共十八届四中全会、区第四次党代会第二次年会、区四届人大三次会议和区政协四届三次会议精神,以及市、区党的群众路线教育实践活动会议精神。帮助村(社区)理清工作思路,听取基层群众对政协工作的建议。市、区政协委员召开座谈会200余场,走访群众4000余人,以工作建议和社情民意的形式向区政府报送建议40余条,10余条建议和信息得到区领导的批示,关于文明城市创建、建设绿色网吧、小农场粮食收晒用地用房的建议得到较好落实。

【主席接待委员日活动】 11月末,区政协副主席仲新光、周法鸣、李强、李新美、钱亚东分别开展接待委员日活动。通过调研、走访、座谈等形式,听取委员对全区经济社会发展情况的意见、建议,对政协工作的意见、建议;收集群众普遍关注的社会热点、难点问题;了解委员工作、学习和生活情况。　（朱　娟）

纪检·监察

·作风与效能建设·

【概况】 2014年,区纪委以打造"勤廉高港"为目标,纠"四风"(形式主义、官僚主义、享乐主义和奢靡之风)、改作风,作风与效能建设取得新进展。元旦、春节、五一、端午、国庆、中秋等节假日期间,编发廉政短信7批,覆盖万余人次。对公务用车节假日封存停驶、公款购买购物卡和礼品、公款宴请等重点内容开展专项督查6次,严肃查处区疾控中心原主任公款购买购物卡的违纪行为,给予其党内警告处分。会同工商、住建、农委等部门,对重点行业和重点区域进行"拉网式"检查,未发现占用公共资源的私人会所。督促财政、审计部门从严把关,严禁公款报销私人会所发生的费用。

【"三公经费"专项整治】 2014年,区纪委严格规范全区因公出国(境)经费、公务接待经费、公务用车购置费用(简称"三公经费")。全区"三公经费"比上年下降25.38%。其中,公车零购买,连续两年无领导干部出国,出境招商费用下降26%。对公务用车加油卡使用情况开展专项检查,严肃处理4名违规使用公务用车加油卡的驾驶员,并向全区通报。抽查区安监局、住房城乡建设局等6个部门2013年12月~2014年3月"三公经费"开支情况,全面核查各部门2013年12月普遍存在费用报支额较大的问题,并责成各单位逐笔、逐项作出详细说明。

【作风效能"亮剑"专项行动】 4月11日,区委党的群众路线教育实践活动领导小组办公室和区效能建设领导小组办公室印发《关于在全区开展践行群众路线,提升作风效能"亮剑"专项行动的实施意见》,公布投诉举报电话和邮箱,组织督查小组对镇街和部门执行纪律情况明察暗访。下发督办通知书10份,通报27人。建立、完善部门自查自纠月报制度,定期汇总区级机关部门自查自纠工作情况。

【出台机关事业单位工作人员行为失范记录办法】 8月18日,区委办公室、区政府办公室印发《机关事业单位工作人员行为失范记录暂行办法》,明确失范行为,细化记录程序,规范记录运用,加强对机关事业单位工作人员失范行为的监督和处置,促进全区机关事业单位人员自觉加强作风建设。全年有28人因工作时间内玩游戏、网购等被记录在案。

·案件查处·

【概况】 2014年,区纪委共受理各类信访投诉222件次,比上年增长65.67%,其中,来信192件次,来访11人次,来电4件次,网上举报15件次;初信初访178件次,办结率99%。查处各类违纪违法案件37起,增长15.60%,其中,自办案件13起,涉及乡科级干部6人,移送司法机关处理3人,通过查案挽回直接经济损失350余万元。

【改厕专项整治】 2014年,区纪委开展全区改厕专项整治行动,严肃查处改厕工作中相关人员的违纪违法行为,立案查处4人,其中乡科级干部2人。通过查案挽回民生资金280余万元。《高港区大泗镇农村厕改问题信访举报件》被市纪委评为全市优质信访举报件一等奖。

·惩防体系建设·

【党风廉政建设责任制落实】 2014年,区纪委推进"两个责任"(党委主体责任,纪委监督责任)落实,制定2014年度党风廉政建设主体责任书和监督责任书,明确对各级党委(党组)6个方面、20项具体要求和各级纪委(纪检组)17项监督责任,组织61个园区、镇街、区级机关部门(单位)分别签订主体责任书和监督责任书,强调责任制考核结果运用。落实纪检监察部门"三转"(转职能、转方式、转作风)工作,对

胡庄镇举办廉政格言书法比赛

原先由区纪委、区监察局牵头推进的8项重点工作重新界定主体责任和监督责任，逐项说明工作依据、工作现状，将主体责任分别移交给区食品药品监管局、教育局、卫生局、区级机关事务局、财政局、民政局、农委和区委组织部，做好跟踪对接工作。8月，出台《党风廉政建设工作约谈办法（试行）》，规范执纪问责的程序和方法。

【廉政教育与宣传】 2014年，区纪委牵头开展预防职务犯罪志愿者巡回演讲活动，组织志愿者演讲团到7个镇街演讲。印发《廉政读本口袋书》5000余册。开展干部家属廉政教育、反腐倡廉成果图片展、廉政格言展播、廉洁高港书画展、廉政文化“七进”（进机关、进社区、进家庭、进农村、进学校、进企业、进医院）、编发廉政短信等廉政教育活动，1万余名党员、干部受到教育。《高港实行三级直评把对干部的评判权交给群众》《高港区明确纪检组长职责破解监督问责难题》分别被《中国纪检监察报》和中央纪委监察部网站采用。

【纪检组长分片巡查】 5月9日，区纪委印发《高港区纪检组长分片巡查工作办法（试行）》。巡查包含确定督查对象、拟定工作方案、发布巡查预告、驻点调研、形成督查报告、反馈督查情况、跟踪整改7个步骤，运用听取工作汇报、列席民主生活会和述职述廉会、受理信访举报、召开座谈会、个别走访谈话、调阅资料、民主测评7种方式，主要围绕部门落实党风廉政建设责任制、惩防体系建设情况、“三重一大”（重大决策、重要人事任免、重要政策或项目安排和大额度资金使用）决策制度执行情况、领导干部廉洁自律情况，以及落实区委、区政府重大决策部署情况等10个方面开展巡查。5~7月，区纪委组织由5名纪检组长组成的分片巡查组，对区卫生系统的11个单位调研巡查，收集、梳理各类问题5大类13个，查处党员干部2人。

【纪检组长收编统管】 5月16日，区纪委出台《派驻机构干部工作管理暂行办法》《派驻机构工作汇报暂行办法》《派驻机构业务工作管理暂行办法》《区纪委、监察局向派驻机构通报情况暂行办法》4个文件，对纪检组长垂直统管，整合力量。该办法被中纪委监察部网站干部人事专栏和《泰州纪检情况》专刊推广。

【村（居）干部辞职承诺】 1月27日，区纪委转发《中共泰州市纪委、中共泰州市委组织部、泰州市民政局关于实行村（居）干部辞职承诺制度的实施意见》，组织全区800名村（居）干部签订辞职承诺书。要求各镇街纪（工）委加强对村（居）干部队伍监督，凡发生违纪违法现象、符合辞职承诺书规定的，一律要求兑现辞职承诺。全年督促2名违纪村（居）干部按规定兑现辞职承诺。

【民间融资活动清理】 8月，区纪委印发《关于严禁机关事业单位工作人员和村（居）干部参与高利借贷等民间融资活动的通知》，严明“六个不准”（不准组织、策划或参与非法集资，非法吸收公众存款，承兑汇票贴现，高利借贷和转贷及民间“会”“社”的非法吸纳资金等活动；不准以个人消费等名义从银行套取信用贷款或贴息贷款后以高额利息转借，从中赚取“利差”；不准为高利借贷活动提供担保；不准为借放高利贷牵线搭桥或从中获取不正当利益；不准为高利借贷等民间融资活动提供方便和保护；不准利用职权和职务上的便利及影响在民间融资中谋取利益）要求，着力防范和化解地方融资风险，维护社会稳定。全区所有机关事业单位工作人员和村（居）干部均签订零参与民间融资活动承诺书。

·行政监察·

【重点领域专项监察】 6月29日，区纪委出台《高港区重点项目执法和效能监察实施方案》，对新高港中小学、龙湖美景安置房、田许线改扩建工程3个项目，组织区纪委常委会集体巡查，全力破解影响项目实施的重要瓶颈和制约因素。巡查核心港区高永化工集中区，督促园区、企业加大违法排污整治力度，挂牌督办企业15个，责令停产整改7个，环境信访下降60%。加大对产业升级、物价调控、房地产调控、生态建设和节能减排等政策措施落实情况的监督检查，坚决纠正有令不行、有禁不止现象。全程参与动迁工作，与工作组及产监评估组同入户、同丈量、同定性、同登记、同核准，实行动迁政策、面积确认、补偿标准、特殊照顾、安置情况“五公开”，全年总动迁面积超过16万平方米，涉及604户，实现零大规模上访、零越级信访、零突发性事件“三零目标”。

【民生资金网络监管】 2014年，区纪委重新梳理民生资金和民生项目，强化平台运行情况的监督检查，保障民生资金管理规范、运行安全和使用高效。监管平台全年公开信息383条，入网发放各类民生项目47个，入网发放资金3.10亿元，公开发放名册20605份，公开民生发放资金2.70亿元，未发生一起投诉举报。

【行政执法责任追究专项行动】 4月11日，区纪委出台行政执法责任追究专项行动实施方案，集中治理行政执法中的突出问题，规范行政执法行为、强化执法责任追究，促进行政执法机关及行政执法人员全面提升行政执法效能。全区25个行政执法部门共排查问题16个，实施责任追究5人。

【村级勤廉“双评”活动】 2014年，区纪委组织全区40个行政村和43个涉农社区开展勤廉指数无纸化测评及村民直评村官活动，推动解决民生问题174个，其中，修路26360米，建桥6座，建设给排水设施11个，实施环境整治项目29个，总投资超过8000万元。推动区政府投资5200余万元，对境内田古线二级化改造。（高纪办）

民主党派·人民团体

·民革高港支部·

【概况】 2014年，民革高港支部新发展党员1人，共有党员13人，其中区政协委员5人。撰写提案5件。向区人民法院、人民检察院、司法局和人力资源社会保障局等部门提出合理化建议10余条。先后两次给身患重病的支部党员送去慰问金4000元。开展送医、送法下乡活动3次，为特困群体提供帮助100余人次。11月，丁觉民、沈建、李政宏3人到江苏省社会主义学院接受统战理论学习。12月，丁觉民到南京参加民革江苏省委法制委员会组织的法制建设研讨会。蔡晶在区政协四届三次会议上当选为常务委员，姚莉被区政协评为2013年度优秀政协委员。

（丁觉民　徐永强）

·民盟高港支部·

【概况】 2014年，民盟高港支部共有盟员19人，其中，市人大代表1人，区政协委员6人。孙东萍被评为泰州市特级教师后备人才、泰州市学科带头人和高港区劳动模范。

学习活动　11月，陈学东、张金虎等4名盟员到江苏省社会主义学院接受统战理论学习。11月26日，沈晓坤参加民盟市委组织的周山河新城建设与发展专家报告会。

参政议政　盟员共撰写提案6件。沈晓坤撰写的《关于农村中小学教师社会保障制度建设的建议》被评选为民盟省委参政议政调研课题，在民盟省委大会上作交流发言。

服务社会　3月2日，支部组织盟员到大泗镇大泗社区开展庆三八社区义诊服务暨“政协委员工作日”活动，为近百名妇女提供免费体检、医疗咨询服务。5月15日，调研泰州市创新电子有限公司，召开座谈会，帮助企业解决困难。12月29日，支部主委陈学东联系扬子江药业集团江苏海慈生物药业有限公司开展孤儿帮扶活动，每学期向田河小学徐雯静、孔桥中学吴瑞年2名孤儿分别提供1000元生活补助。

（陈学东　徐永强）

·民建高港支部·

【概况】 2014年，民建高港支部新发展党员3人，共有党员17人，其中区政协委员3人。组织学习社会主义核心价值观、中共十八届三中和四中全会精神。专门走访会员企业家，动员参与文明城市创建工作。围绕文明创建、法治建设和生态建设，撰写提案3件。

（蔡国祥　徐永强）

·民进高港小组·

【概况】 2014年，民进泰州总支普教支部高港区小组有会员8人，其中区政协委员1人。举行会员暑期培训会，开展政治理论和撰写社情民意培训。组织会员到民进无锡青山中学支部学习交流。推进教学改革，陆萍担任英语教研组组长，仲忠诚、刘贤进、张德胜、张慧娟、桂芳均为学科带头人，包继林任职学校总务处。包继林参加“政协委员工作日”活动，根据大泗镇大马村实情，帮助推销当地特色农产品；撰写《重视社区教育与青少年的全面发展》提案，得到区领导肯定。年内，全体会员撰写提案2件。

（包继林　徐永强）

·农工党高港支部·

【概况】 2014年，农工党高港支部共有党员20人，其中，区政协委员3人。年初，在农工党市委总结表彰大会上，支部再次被评为先进基层组织，2人被评为先进个人。1人被区政协评为优秀政协委员。

学习活动　11月，周娟等3人到江苏省社会主义学院接受统战理论学习。1人参加泰州市第十四期党外中青年干部培训班，集中学习中国特色社会主义理论和中共十八届三中、四中全会精神。已故党员王金胜事迹被农工党泰州市委宣传。

参政议政　向区政协提交提案3件,王东兴《建议在生态公园安置健身器材》提案被区政协评为2013年度优秀提案。向农工党市委、区政协和区委统战部报送信息近10条。

服务社会　派出医疗专家到白马镇开展义诊和健康宣传活动,发放宣传材料200余份,受益群众近300人。"中国环境与健康宣传周"期间,为泰州市超人电子有限公司职工现场义诊,为汪群小学学生免费体检,组织学生为贵州省毕节市梨树镇水牛屯小学捐赠图书960册。

(周　娟　徐永强)

·九三学社高港支社·

【概况】2014年,九三学社高港支社新发展社员2人,共有社员16人,其中,市政协委员1人,区政协委员5人。撰写《建议对医疗器械产业发展给予扶持》《盘活高港闲置土地和资产》《开启卫生系统人才引进便捷通道》等提案9件。提交社情民意6件,其中《建设长江经济带应重视保护水环境》社情民意被市政协选用。走访区商务局、经济和信息化委及各园区,到靖江学习创建国家级经济技术开发区经验,形成《关于创建国家级开发区的调研报告》。开展法律知识宣传、植树造林、义诊、健康讲座、心理疏导等活动。2人到江苏省社会主义学院接受统战理论学习。徐桂明《加大民营经济发展力度》提案被区政协评为2013年度优秀提案。

(徐桂明　徐永强)

·区工商联·

【概况】2014年,全区有工商联会员487人,有镇街商会7个、行业协会4个、异地商会1个。区工商联在全市工商联系统年度工作测评中,综合得分第一,连续4年被评为先进单位。

【思想政治教育】2014年,区工商联开展非公有制经济人士理想信念教育活动,引导和帮助广大非公有制经济人士坚定对中国特色社会主义的信念,提升对企业发展的信心。组织会员参加警示教育大会、党课培训、道德讲堂、参观市廉政教育示范基地、"大邦"杯廉政格言书法比赛等活动,预防非公有制经济领域职务犯罪。组织近100个非公有制企业的党员干部参与群众路线教育实践活动,提升非公有制经济代表人士思想觉悟。在《泰州日报》、高港电视台宣传泰州市华强照明器材有限公司和江苏能建机电实业集团有限公司科技兴企经验。举办"企业刑事法律风险的防范与管理"专题法制讲座,现场解答疑问,发放宣传资料500余册。组织部分会员企业负责人到连云港康缘药业等企业学习管理经验。全年编印《高港商会》会刊3期。

【参政议政】2014年,区工商联组织中小企业和规模以上民营企业专题调研,开展小微企业监测工作。引导非公有制经济代表人士提高调查研究能力和参政议政水平,积极反映社情民意,有序参与政治生活和社会事务,共提交政协提案11件,其中《关于进一步促进全市民营经济发展的建议》被市政协评为优秀提案。组织工商联界别的人大代表及政协委员参加区委、区政府召开的重大问题协商会和座谈会,围绕重点、难点问题提出意见和建议。

【服务非公有制经济】2014年,区工商联举办全区首届企业财税管理培训班,邀请北京大学法学院和北京明税律师事务所税务律师及企业法律顾问,为全区140余个会员企业财会人员讲解财税知识。联合区人力资源社会保障局举办城乡劳动力洽谈会,帮助会员企业招引各类用工1304人。召开高港区浙商企业转型升级座谈会,组织20余名浙商交流座谈。举办"助小微、促升级、防风险、惠民生"小微企业政策服务宣传月活动。邀请江苏银行、中国银行、交通银行等银行到会员企业调研企业资金问题,成功签约5户,发放贷款8200万元。联合临港经济园、区科协开展高性能纤维复合材料发展论坛活动,推动省复合材料学会与区吊索具行业协会签订共建科技协同创新服务基地协议,在会员企业江苏省海通索具有限公司建立科技服务站。建立异地商会创业人员信息库、在外客商回归投资项目信息库、会员代表信息库,将在外高港籍创业人员、有意向投资的各类项目及会员代表的基本情况及时录入数据库。制定《"做精工产品、做诚信企业"活动实施方案》,向会员企业发出倡议,促使企业强化质量意识、坚持诚信经营、提升品牌魅力。

【商会组织建设】2014年,区工商联组织开展创建"五有五好"(有专职工作人员、有资料档案台账、有经费收支保障、有会刊信息简报、有社团注册登记,领导班子好、办公条件好、制度落实好、活动开展好、作用发挥好)商会活动,制定实施方案和考评意见,推动基层商会组织和会员队伍建设,有效发挥基层商会作用。刁铺街道商会创成全区首个"五有五好"基层商会合格单位。组织北京高港商会考察团到高港区考察。与连云港市连云区结为友好商会。召开四届四次执委会,增补副主席1人。协助区委统战部建立健全非公有制经济人士综合评价体系,做好发现、培养、推荐和管理工作,按照思想品质优、社会贡献大、公众形象好、参政议政能力强的要求,建有非公有制经济代表人士队伍130人。

【光彩事业】2014年,区工商联引导广大非公有制经济人士积极参与光彩事业。与白马镇陆家村挂钩联建,帮助制定适合村情实际发展规划，建成规范化党员活动室，帮助1户贫困户脱贫致富。许庄街道商会利用泰州市飞翔车辆劳动力培训学校平台，举办培训班2期，培训劳动力400余人；利用高港区职业教育中心，培训电子技术、市场营销、服装缝纫等紧缺工种人员，为企业输送技能工人。刁铺街道商会组织会员企业捐赠5万元，帮助刁铺中心幼儿园更新多媒体教学设备。大泗镇商会开展六一儿童节关爱留守儿童捐赠仪式，江苏宇马铝业有限公司、泰州市高港区圆融资金互助合作社、泰州市华杰光电仪器设备有限公司、泰州市沃爱特化工有限公司等企业捐赠书包、文具、衣服、助学金等计10余万元。全年会员企业投入光彩事业资金100余万元。

（王莹月）

高港区劳动模范表彰大会

·区总工会·

【概况】 2014年，区总工会新建独立基层工会35个，净增工会会员3000余人。全区有基层工会455个，其中，独立基层工会355个、联合基层工会100个，涵盖单位1769个，工会会员48761人。中华全国总工会《工会信息》及《工人日报》《新华日报》《江苏工人报》《泰州日报》等媒体报道高港工会工作信息86篇。区总工会获市工会工作优秀单位称号。

【工会规范化建设】 2014年，区总工会在全市率先出台企业工会规范化建设实施意见，按照有健全的工会组织、有畅通的民主渠道、有基本的维权机制、有丰富的活动平台、有独立的银行账户"五有"原则，推进企业工会规范化建设，在江苏扬子江药业集团凯威药用包装有限公司打造示范点。在全省率先实现工会会员实名制，对工会会员进行规范化管理，发放会员证近4万本。全区新建独立基层工会35个，净增工会会员3000余人，获省工会组建和发展会员优秀奖，为全市工会组织唯一受奖单位。邀请省总工会干部学校教授从企业工会实务、劳动争议预防及处理、企业职工文化建设等方面，对100余名工会干部进行培训。

【先进表彰】 2月，泰州口岸船舶有限公司职工培训中心主任王海东被评为全国机械工业劳动模范。3月，地税五分局综合管理科被评为江苏省五一巾帼标兵岗，区卫生局徐玉萍被评为江苏省五一巾帼标兵。4月，地税五分局被评为全国工人先锋号；泰州口岸船舶有限公司船台一车间冷作班被评为江苏省工人先锋号；泰州市旺灵绝缘材料厂获江苏省五一劳动奖状，江苏皇冠壁纸有限公司张伟获江苏省五一劳动奖章，泰州市阳泰服装有限公司杨海荣、泰州市天圣针织机械实业有限公司于荣辉、泰州市东方离合器有限公司江波、区教育局凌晓娟获市五一劳动奖章。5月4日，高港区召开劳动模范表彰大会，表彰20名劳动模范、5个五一劳动奖状获得单位、13名五一劳动奖章获得者、9个工人先锋号、10名十佳工会工作者。制作《劳动模范风采录》在高港电视台播出。组织劳动模范外出疗休养和健康体检，在五一、中秋和春节等重大节日期间慰问劳动模范。9月，江苏海诞电子科技有限公司海诞电子检测组、泰州市华杰光电仪器设备有限公司冲床车间、江苏大邦清洗有限公司兴邦班、泰州市华扬实业有限公司机动车检测站、泰州中航船舶重工有限公司船坞车间电焊班、泰州市阳泰服饰有限公司车缝车间一组被市总工会评为泰州市五一文明班组，核心港区经济发展局李梅等5名职工被评为泰州市文明职工。

【"蓝领"提升工程】 2014年，区委、区政府出台《高港区"蓝领"提升工程实施意见》，推进职工学历层次和技能水平提升。建立工作联动机制，由区委、区政府牵头协调重、难、热点问题。建立职工教育培训经费使用监督机制，区总工会、人力资源社会保障局等部门定期督查，确保用于一线职工的教育培训费不低于企业所提取教育培训经费总额的60%。建立激励表彰机制，区财政拨款设立"技能人才专项基金"，区总工会每年评选"银领"职工和"金领"职工，当选者分别享受一次性2000元、3000元特殊津贴。区总工会与泰州职业技术学院合作，开设船舶工程专业免费学历班。各园区、镇街总工会举办技能讲堂、师徒结对等各具特色的活动。全区新增初级工3581人、中级工1857人、高级工677人。"蓝领"提升工程被评为2014年泰州市机关(行业)服务品牌,获市工会工作创新创优成果一等奖,《新华日报》专题报道。

【劳动竞赛】 2014年,全区各级工会组织围绕加快转变经济发展方式、推动产业结构优化升级、提高企业自主创新能力目标,广泛开展以"争当先锋号,建功新高港"为主题的劳动竞赛、技术创新和合理化建议等活动。开展各类劳动竞赛30余场,参赛人数比上年提高23%,胡庄镇计生办封年华获市妇幼健康技能竞赛一等奖。收集整理科技创新成果46项、合理化建议136条,泰州口岸船舶有限公司职工杨建平获市十大科技创新成果奖,泰州市飞翔车辆工具厂职工陈国荣获省十佳合理化建议奖。

【工资集体协商】 2014年,区总工会将企业工资集体协商成效作为优质企业评估的重要依据,推进工资集体协商工作。全区签订工资专项协议企业306个,建制率93.40%。重点推进福利企业工资集体协商,联合区人力资源社会保障局、民政局、残联等部门出台《关于做好全区福利企业工资集体协商工作的意见》,提出"四个一"规定,即:新增一名代表,组织一次座谈,增加一项议程,签订一份协议。全区16个福利企业全部开展工资集体协商,近1000名残疾职工受益,残疾职工工资平均增长11.40%。表彰区工资集体协商工作先进单位5个,区工资集体协商工作优秀单位5个,区工资集体协商工作先进个人18人。

【职工普法维权】 2014年,区总工会开展"法治与你同行,和谐在你身边"普法维权活动。5月,在大润发广场等职工聚集地开展法律咨询服务,解答各类民生热点问题,接受咨询300余人次。8月,在泰州市华强照明器材有限公司等企业,开展维权案例巡讲活动,2000余名职工参加。在《泰州日报》和高港电视台开辟法治宣传专栏,连续8期宣传《中华人民共和国劳动法》等法律法规,扩大维权知识知晓面。

【劳动保护】 3月起,高港区组织开展"安康杯"竞赛活动,参赛企业和职工数较上年提高12%。区总工会获省"安康杯"竞赛组织工作优秀单位,泰州统实企业有限公司获得省"安康杯"竞赛优胜单位,江苏海企化工仓储有限公司发车台获省"安康杯"竞赛优胜班组。7月,开展"送清凉、送安全、送法律"活动,市人大常委会副主任、区委书记王建带队慰问交警、环卫工人和企业一线职工。9月,在高港高新区、口岸街道、刁铺街道等地设立"安康驿站",为环卫工人等特殊群体提供遮风挡雨、烧水热饭、换衣如厕、应急求助等便利。11月,在口岸街道、胡庄镇建成劳动保护监督员片区服务站,发挥"群防、群控、群治"作用,组织职工排查安全隐患。

【职工文化】 2014年,区总工会组织职工参加江苏省第18届运动会职工部比赛,获桥牌比赛团体金牌。4月,联合国税二分局举办道德讲堂总堂活动,邀请泰州市广播电视台副调研员、口岸街道徐庄村党总支书记徐勤生讲述其先进事迹。5月,在红星美凯龙举办"华日·蓝蓝部落杯"少儿书画大赛,600余名职工子女参赛。10月,联合地税五分局承办"大江放歌"广场演出,创作《播撒阳光的人》等节目。各园区、镇街结合自身实际开展职工文艺汇演、书画作品展览、群众性体育比赛等各类文体活动,白马镇总工会组织农民工自编自演"中国梦·劳动美"广场文艺演出。

【职工帮扶】 2014年,高港区开展职工"大走访"活动,按照"雪中送炭+锦上添花"服务模式,拨出资金100余万元,帮助困难学生16人、特困职工87人,慰问职工300余人次,帮扶覆盖面比上年提高12%。规范帮扶资金发放程序,特困职工生活救助金560元/月,采用打卡发放,确保资金及时准确发放到位。继续开展职工"阳光互助互济"活动,全年新增参保职工2537人,将"阳光互助互济"二次报销比例提高10%,帮助职工163人,给予8名重大疾病对象一次性救助1万元,减轻职工医疗负担。

【"金玉良缘"活动】 2014年,区总工会搭建单身职工"绿色"交友平台,建立单身职工信息档案500余份,确定每月30日为"金玉良缘"开放日,单身职工可至服务窗口现场查询择偶信息。建立"金玉良缘"QQ群,方便职工交流。在永安洲镇、泰州口岸船舶有限公司、扬子江药业集团举办单身职工联谊活动3场。 (张　峰)

【地税五分局获评全国工人先锋号】 2014年4月,地税五分局被中华全国总工会评为全国工人先锋号。地税五分局先后捐助资金近30万元,帮助挂钩村建设村民文化广场、农民夜校等。组织140余人次帮助化解村民矛盾,50余人次扶助贫、病、残家庭与孤儿家庭,共捐助资金2万余元。帮助解决挂钩村和农业项目发展问题9个,促成农业项目2个。为43户中小企业解决资金、信息、财务等方面的问题54个,为121户企业办理优惠照顾1.85亿元。

(顾　蕾)

【港务集团获评市十佳和谐企业】 2014年,泰州港务集团有限公司工会构建和谐劳动关系,依法维护职工权益。年初,召开三届二次职工代表大会,审议通过新修订薪资管理制度、劳动合同制实施办法和职工内部退养实施办法,通过2014年集体合同和工资、女工特殊保护、劳动保护3个专项集体合同。做好夏送清凉、冬送温暖、金秋助学、节日慰问、特困救助、小困补助、生病探望等关爱帮扶等工作。各级工会组织走访慰问242人次（含退休职工），发放慰问金和补助金15.80万元。组织女职工到泰州天德湖春游，开展“花开半夏”未婚青年联谊会，参加区人民检察院开展的“深入反腐败，大家来预防”宣讲比赛、市交通运输局举办的庆祝新中国成立65周年文艺汇演和“海事杯”交通职工运动会等活动。邀请南京师范大学泰州学院教授为各作业区班（组）长及职工代表近100人作职工心理疏导专题讲座。邀请泰州人民医院呼吸科和心内科专家，作冬季慢性咳嗽、高血压和冠心病的防治讲座。邀请区公安分局经侦大队负责人作预防职务犯罪专题讲座。集团被市政府评为泰州市十佳和谐企业。（季　玲）

·团　区　委·

【概况】 2014年，团区委建立青年志愿者服务站13个、青年志愿者服务队33个，注册青年志愿者8000余人。拓宽青少年利益诉求渠道，开展重点青少年群体“成长护航工程”。新增非公有制经济组织团组织45个、青年自组织团组织12个，发放青年创业贷款650万元。全区新发展团员1421人，团员总数12667人，有基层团（工）委17个，团总支36个，团支部218个，团干部523人，其中专职团干部354人。

【团组织建设】 2014年，全区新增非公有制经济组织团组织45个、青年自组织团组织12个，非公有制经济组织团组织应建已建率98%以上。在泰州市腾龙花卉苗木专业合作社、泰州口岸船舶有限公司王海东技能工作室等农民专业合作社或社会自组织建立团组织。4月29日，举办第五期共青团干部培训班暨践行党的群众路线专题讲座，园区、镇街、区级机关各部门团干部代表140人参加。结合“走听转办”（走基层、听建议、转作风、办实事）活动，团区委班子成员走基层调研20次，召开基层工作座谈会15次，收集意见1000余条，征集微心愿500条，帮助青少年解决难点问题15个。

【青年志愿服务】 2014年，全区建立青年志愿者服务站13个、青年志愿者服务队33个，注册青年志愿者8000余人，占全区青年总数30%。共有“一团干一志愿”（每一名镇街团干部尤其是新选任团干部至少带头开展一次志愿服务）行动优秀志愿者团队20个，优秀志愿者服务项目8个。建成省属关爱农民工子女“希望来吧”1个，区属“希望来吧”3个。组织40余名青年志愿者和学生志愿者服务队陪同白马镇20名空巢老人参观海军诞生地纪念馆、民族风情园、宗教文化园、世泽雕艺馆。“七彩阳光”志愿者服务队招募13名大学生村官当志愿者，每周末为许庄街道留守儿童送温暖。“小树苗”校外辅导工程招募青年教师志愿者，关注大泗镇青少年成长。“社会妈妈”许秀琴长期在刁铺街道开展志愿服务。“微警务”科技志愿者服务站为口岸街道16个小区免费进行电脑维护及电信诈骗防范知识普及服务。6月，“七彩阳光”志愿者服务队和11名在校大学生与在许庄街道马厂社区联合开展关爱留守儿童活动。

【青少年主题教育活动】 4月29日，高港区在大江剧院举办“学党史、知团情、践行群众路线”知识竞赛，园区、镇街、江苏省口岸中学、泰州市第三高级中学和区级机关共12支代表队参赛。5月4日，举办“青春践行中国梦，青年共话群众观”五四青年座谈会，市人大常委会副主任、区委书记王建与来自全区各园区、镇街、机关单位的70余名青年代表交流座谈。在江苏省口岸中学开展“凝聚莘莘学子心，共筑美好中国梦”主题团日活动，在口岸中心小学开展“勿忘国耻，圆梦中华”和“学中国好人”道德讲堂活动，在永安洲中心小学开展“爱国自强”道德讲堂活动，在孔桥初级中学开展“学习叶培建，践行中国梦”主题国旗下讲话活动。编写好记易诵的家风家训三字经，共印发5000册。申报省“我们身边的好青年”40人，大泗镇大马村村民——“好儿媳”罗新妹入围“江苏好青年百人榜”候选人。3个少先队中队被评为省少先队“英雄中队”。有60名、120名少年分别参评“江苏

许庄街道马厂社区“希望来吧”活动现场

好少年”和“泰州好少年”，其中108名少年成功入选。

【新媒体引导青少年】 2014年，团区委积极运用官方微博等新媒体与青少年交流，发布青年喜闻乐见的信息，“高港共青团”微博粉丝量超过1万人。5月13日，团区委官方微信“高港微青年”正式上线，围绕“我的中国梦”“奋斗的青春最美丽”等主题发布信息。邀请高港区青年创业带头人倪道凤、泰州市十佳民警王月珍等优秀青年参加“我为核心价值观代言”网络文明传播活动。组织和发动基层团组织拍摄关于青春奋斗、迷茫、友情、成长的微电影《为了爱》《飞扬的青春》《逆流》，制作“八礼四仪”（仪表之礼、仪式之礼、言谈之礼、待人之礼、行走之礼、观赏之礼、游览之礼、餐饮之礼，入学仪式、成长仪式、青春仪式、成人仪式）微视频。作品《飞扬的青春》参加“向上·向善”青少年微电影大赛，《发现生活之美，展示青春力量》系列作品参加江苏青年网络文化季活动，7部作品参加全省“微视·青春正能量”青年思想引导微视频创作征集大赛，1篇作品参加全省“传播社会正能量，弘扬核心价值观”公益广告设计大赛。

【服务青少年创业就业】 2014年，团区委推进“泰州青年创业伙伴计划”，协助团市委、泰州海阳农村商业银行实施“泰州青年创业小额贷款绿色通道”，办理青年创业小额贷款58笔、650万元。开展“创业高港、青年行动”活动，成立企业青年人才工作站，为企业青年开展“迈向卓越”培训班1场，邀请清华大学教授讲课。联合区人力资源社会保障局为待业青少年开展技能培训2场。

【维护青少年合法权益】 2014年，全区89个村（社区）无未成年人犯罪记录，保持在校学生零犯罪。聘请24名“五老”（老干部、老战士、老专家、老教师、老模范）志愿者担任各中小学法制课兼职教员、法制副校长（辅导员）。通过家校联系卡、家长开放日和社区共建活动举办家长分享会20场，引导未成年人父母在家庭教育中以平等的姿态与子女沟通。利用校园网、“小手拉大手”活动，增加家长、教师和学生互动。利用学校宣传阵地，增强未成年人维权意识。组织48名“五老”义务监督员定期检查学校周边网吧和电子游戏机室。在口岸街道蔡滩社区建成全市首个政法系统“希望来吧”，通过“来吧讲堂”“青少年维权角”“法律小讲堂”等为青少年群体提供心理疏导志愿服务。

【“成长护航工程”】 2014年，团区委每月排查全区五类重点青少年群体（有不良行为青少年、闲散青少年、流浪乞讨未成年人、服刑强戒人员未成年子女和流动留守儿童），数据季度更新，录入综治数据系统，落实帮扶措施。对有不良行为青少年，联合区司法局开展社区矫正工作，开展警示教育活动2场。对有轻微违法和不良行为青少年，建立帮教档案，按照属地管理，组织128名志愿者结对，开展“多帮一”心理矫正帮教活动，引导他们远离违法犯罪。对有不良和严重不良行为青少年的家长开展法律培训2场，通过案例说明、危害分析和成功典型等，引导家长提高法治意识、改进教育方法。建成以基层综治工作者和团干部为专职力量，大学生村官、“五老”志愿者、青年志愿者等为兼职力量的工作队伍812人，依托社区青少年维权服务站，与社会闲散青少年沟通，了解思想状况、生活情况和基本需求。为服刑强戒人员未成年子女建立档案并定期走访。为成绩跟不上、家里无人辅导的服刑强戒人员未成年人子女课外辅导。结合五四青年节、六一儿童节等节日，依托胡庄镇“国家电网·希望来吧”，组织青年志愿者走进校园和农村，送去学习和生活用品3000余套。对特困农村留守儿童及残疾青少年等群体，开展“助学专项活动”，帮扶资金10余万元。开展“暖冬行动”，到白马镇、大泗镇慰问家庭困难青少年，送出慰问金8000余元。资助特殊群体青少年12人，帮扶资金6万元。　（王海涛）

·区　妇　联·

【概况】 2014年，区妇联开展“巾帼建功”活动，引领广大妇女建功立业。倡导文明家风，开展巾帼志愿活动，培育、践行社会主义核心价值观。强化妇女维权机制建设，畅通妇女诉求渠道，维护妇女合法权益。推进妇女儿童发展规划、家庭教育工作规划实施，优化妇女儿童发展环境。全区有园区、镇街妇联8个，村妇代会40个，社区妇联49个，系统妇委会26个，基层妇女干部104人。区妇联先后被评为江苏省维护妇女权益示范岗、江苏省妇女报刊宣传工作先进单位、泰州市三八红旗集体。

【妇女儿童发展规划中期评估】 2014年，高港区开展《泰州市高港区妇女发展规划（2011~2015）》《泰州市高港区儿童发展规划（2011~2015）》中期评估工作。严格评估督导，做好主要量化指标的梳理、分析和监测，针对中期评估中的薄弱环节开展专题调研，指导督促各镇街及部门做好重点指标推进工作。大泗镇获评省级“十二五”妇女儿童发展规划实施示范乡镇。

【助推妇女创业就业】 2014年，区妇联联合区教育局在口岸街道试点开展“农村妇女网上行”培训，首期30名学员获得资质证书。召开“巾帼创业，致富圆梦”农村女能手创业推进会、女企业家座谈会，组织女企业家和镇街妇联主席到浙江海宁参观学习。举办“幸福港城，追梦女人”演讲比赛，展示新时期女性风采。全区11个巾帼文明岗完成提档升级，其中，4个由区级升为市级，6个由市级升为省级，许庄中心幼儿园升级为国家级巾帼文明岗。帮助创业妇女发展壮大企业实力，上争省级绿色工程示范基地1个（泰州市高港区巾帼农场）、省级巾帼来料加工示范基地1个（泰州市恒凯箱包有限公司），共获项目扶持资金13万元。

【家庭教育】 3月7日，区妇联举办“秀幸福家庭，倡高港文明”家庭才艺大赛，经过初赛筛选，12个参赛家庭参加决赛，展示歌唱、舞蹈、声乐、书法和小品等表演。3月起，开展“寻找身边最美家庭”活动，全区各级“妇儿之家”举办家风家训评议会30余次，举办最美家庭故事会60余场。5月13日，联合区纪委举办第四期廉政讲堂，邀请市纪委副书记刘秋平为全区正乡科级领导干部配偶作“防控廉政风险，建设美好家园”专题讲座，近100名干部家属参加。儿童节期间，启动“幸福时刻”亲子主题摄影比赛，收到作品72幅。12月14日，邀请南京师范大学家庭教育专家殷飞作“讲文明树礼仪，为孩子成长保驾护航”家庭教育讲座，机关、学校和基层的200余名家长听课。

【先进典型推介】 2014年，区妇联在高港电视台推出《身边的美丽》专栏，宣传报导各行各业优秀女性。开展五好文明家庭、标兵户、最美儿媳、最美志愿者等评选表彰活动。胡庄镇薛垛村党支部书记张晓兰获评省百名优秀女村官，胡庄镇派出所户籍管理员赵玉芳获评省十佳巾帼志愿者，永安洲镇零散税收办公室工作人员王永红获评市十佳最美儿媳。

【维护妇女儿童合法权益】 2014年，区妇联进一步推进家庭暴力告诫制度，联合区人民法院、人民检察院和公安分局出台《处置家庭暴力警情工作规范》，转发《江苏省家庭暴力告诫制度实施办法（试行）》，加大对全区家庭暴力案件的接处警力度。口岸、永安洲、胡庄、白马派出所共开出反对家庭暴力告诫书4张。利用三八维权周契机，开展维权帮扶服务进学校、进社区、进镇街、进机关等活动。在国际反家暴日，发放反对家庭暴力调查问卷1000份。利用妇女维权热线、妇女儿童维权服务站等平台，及时排查化解涉及妇女儿童权益的各类问题及矛盾纠纷。接待妇女儿童来电来访来信60余件，结案率98%。推荐妇联干部担任人民陪审员，参与涉及妇女儿童权益案件陪审工作。

巾帼志愿者服务队到胡庄镇汪群小学开展结对帮扶活动

【妇女儿童民生实事】 2014年，区妇联组织妇女社团走进“妇女儿童之家”，开展送科技、送文化、送法律、送服务活动。开展扶贫帮困“暖冬行动”，走访慰问患病妇女、单亲贫困母亲、空巢老人等，发放慰问金2万元。为新疆昭苏县贫困母亲捐助“母亲邮包”300个，价值3万元。联合泰州市妇幼保健院，为全区育龄妇女免费进行“两癌”（乳腺癌、宫颈癌）普查。全年免费体检人员近2万人。筹集“春蕾助学助困”资金，资助胡庄镇39名特困学生圆梦。

【巾帼志愿服务】 重阳节，高港区17名巾帼志愿者陪同刁铺街道大丰社区14名孤寡老人参观泰州长江大桥、海军文化公园和口岸雕花楼景区。11月27日，巾帼志愿者服务队到胡庄镇汪群社区，与汪群小学的8名困境留守儿童开展“一对一”结对帮扶，开展送一本好书、通一次电话和做一次家访活动。巾帼维权服务队、刁铺“社会妈妈”志愿服务队、口岸陈阿姨健身队等常年开展宣传教育、文娱健身、爱心奉献等活动。全年开展各类巾帼志愿服务活动100余次，参与志愿者人数500余人次，服务群众1000余人次。

【女企业家协会慈善活动】 9月3日，区女企业家协会成立慈善基金，专门用于帮扶困难群体，当天向8名家境贫困大学生每人发放助学金3000元。10月28日，为永安洲镇新街社区10名困难群众捐助资金15000元。12月5日，到胡庄、大泗敬老院，为老人送去过冬的羽绒服、保暖内衣、棉鞋及营养品等。4名女企业家与5名成绩优秀的特困儿童结对。

【基层妇女干部培训】 4月28日，区妇联举办基层妇女干部岗位技能培训班，内容涉及妇联岗位工作、妇女干部自身修养、矛盾调解工作，全区镇街妇联主席、村（社区）妇女干部共97人参加培训。8月28日，举办博雅·港城女性大讲堂活动，邀请南京大学伦理学博士刁龙讲授“多元文化与中国的婚姻问题”，基层妇联主席、系统妇委会主任、女企业家、妇联执委和机关女干部代表100余人参加。组织基层妇联干部参加社会工作专业培训、考证，2人获中级社工师证书。（陈 媛）

2014年全国科普日义诊活动

·区 侨 联·

【概况】 2014年，高港籍在海外的华侨、华人约230人，主要分布在美国、欧洲、日本、澳大利亚等国家和地区。侨眷属约560人。全年接待4批12人次侨商考察。

【侨界服务】 2014年，区侨联开展“温暖侨企”活动，由区领导挂钩联系重点侨资企业，实行定期走访、定点联系、定人服务的“三定”制度，了解企业生产经营状况，为企业出谋划策。做好侨界信访办理，主要涉及建房造屋、拆迁补偿、生活保障等方面，做到有信必复、有访必答，件件有落实，事事有交待。每逢传统节日，向重要海外侨胞寄去贺卡、慰问信。坚持侨眷家中发生重大事件必访，海外侨胞回乡探亲必访，侨胞侨眷提出有价值建议的必访。拿出资金慰问侨眷代表和困难侨眷。组建关爱侨界空巢老人工作网络，对侨界空巢老人，每月至少电话问候一次，每季度至少上门探望一次，每半年至少办一件实事。（卢国平）

·区 科 协·

【概况】 2014年，区科协按照“三服务一加强”（服务经济社会发展是方向，服务提高全民科技素质是基础，服务科技工作者是基点，加强自身建设是保证）工作定位，服务全民科学素质提升和全区经济社会发展。推进科普阵地建设，建成“防震减灾”主题科普馆；开展科普宣传日和科普宣传周活动；开展科普创建活动，新增江苏省科普示范单位4个、泰州市科普示范单位17个、江苏省科普教育基地4个；组织参政议政活动，征集各类建议、意见12条，其中3条建议被推荐至省、市科协；做好学术交流工作，先后举办省力学会企业科技创新学术研讨会和中国中医药学会第二届岐黄论坛；开展院士高港行活动2次；有13个项目被列入泰州市2013年“讲理想、比贡献”项目；申报“厂会协作”与“金桥工程”项目12项。年内，泰州市御庐园农业科技有限公司被中国科协评为全国农村科普示范基地，口岸雕花楼景区、益海（泰州）粮油工业有限公司“食品生产与安全”科普馆、御庐园农业生态园被命名为江苏省科普教育基地。海军小学被省科协评为江苏省科学教育特色学校，区科协被省科协评为江苏省2014年度全国科普日优秀组织单位。

【科普阵地建设】 2014年，区科协完成高港科普网改版升级，在港城路银杏广场西北角建成电子科普显示屏1座。建成蔡滩社区“防震减灾”主题科普馆。筹措专项资金8万元，采取以奖代补，在许庄街道马厂社区、刁铺街道关桥社区、白马镇金马社区、胡庄镇胡庄社区、永安洲镇润洲社区、大泗镇大泗社区建成科普文化广场或科普走廊6个。

【科普宣传】 5月17~24日，区科协牵头举办以“科学生活，创新圆梦”为主题的第18届科普宣传周活动，在马厂社区举办启动仪式，先后举办现场宣传咨询、健康知识进万家、水稻机插秧生产技术培训、科普一日游、非物质文化遗产进校园等科普宣教咨询服务活动。22个机关部门、7个镇街参加。9月20日，在刁铺街道果菓农贸市场举办以“创新发展，全民行动”为主题的全国科普日活动，组织开展发放宣传资料、免费义诊送药等活动。14个机关部门参加。全年利用电子显示屏滚动播放低碳环保、节能减排等科普知识，向群众发送科普手机短信，在各单位网站增设科普专栏。

【科普创建】 2014年，区科协组织开展新一轮科普示范创建活动，将科普创建与文明城市创建相结合、与效能目标考核相结合、与加强科协组织建设相结合。是年，口岸街道被评为泰州市科普示范街道，永安洲镇被评为泰州市科普示范镇，永安洲镇润洲社区等8个社区被评为泰州市科普示范社区，胡庄镇薛垛村等7个村被评为泰州市科普示范村。永安洲镇被评为江苏省科普示范镇，口岸街道蔡滩社区被评为江苏省科普示范社区，胡庄镇薛垛村、大泗镇二陈村被评为江苏省科普示范村。

【科技信息应用推广】 5月，区科协举办企业科技信息服务项目工作培训班，44个企业的46名研发负责人参加培训。江苏昆仑电光源材料有限公司、泰州市海博汽车科技有限公司等13个企业安装专利信息数据库，泰州三福船舶工程有限公司、泰州晟禾水处理设备制造有限公司等6个企业完成网上注册。

【中国中医药学会第二届岐黄论坛】 7月26日，由扬子江药业集团科协承办的中华中医药学会第二届岐黄论坛在北京举行。全国政协副主席、农工党中央常务副主席刘晓峰，国家卫生和计划生育委员会副主任、国家中医药管理局局长、中华中医药学会会长王国强，中国科协党组成员、书记处书记沈爱民出席并讲话。中国科学院院士、中国中西医结合学会会长陈凯先作《中医药特色优势及其在当代的地位和作用》报告。会议举办风湿病中医药防治论坛、血液病中医药防治论坛、肝胆病中医药防治论坛、皮肤病中医药防治论坛、中药毒理学与安全性论坛、中药标准化与合理用药论坛、中药大品种培育策略与路径研究论坛7个分论坛。相关领域专家、学者1500余人参加论坛。

【学会服务科技创新能力提升计划】 2014年，区科协实施学会服务科技创新能力提升计划，先后邀请省复合材料学会、省真空工程学会、省电机工程学会、省力学会等省级学会专家指导高港区企业科技创新工作。省复合材料学会江苏省海通索具有限公司科技服务站、省真空学会泰州市爱德机电科技有限公司科技服务站被认定为省级科技服务站，省电机工程学会泰州诚德钢管有限公司首席专家周志成、省力学会江苏环球船舶配套设备有限公司首席专家丁建波被认定为省级首席专家（工程师）。

【"高港梦·我们在行动"青少年科技引领活动】 2014年，区科协联合区文明办、区教育局、团区委等部门，启动"高港梦·我们在行动"青少年科技引领活动。督促各中小学校建立健全科技辅导员队伍，常态化开设科技课程、组织各类科技活动。参与省、市青少年科技创新大赛及金钥匙竞赛等活动实现全覆盖。10月，结合学校科技周、科技节活动，举办2014年度高港青少年科技创新大赛和科普一日游主题征文活动，表彰优秀组织单位9个、一等奖35个、二等奖62个、三等奖91个，推荐78件作品参加省、市青少年科技创新大赛。开展青少年科学教育特色学校创建活动，海军小学被命名省级科学教育特色学校，高港实验小学季振华被评为省优秀科技辅导员，高港中等专业学校、许庄中心小学被评为市级科学教育特色学校。

【科普惠农"三化"建设】 2014年，区科协推进科普惠农"三化"（组织化管理、标准化生产、品牌化经营）建设，建成农村专业技术协会79个，覆盖率90%，重点培植泰州市御庐园现代农业科技有限公司、江苏腾龙园林绿化有限公司等示范基地。泰州市御庐园现代农业科技有限公司被中国科协评为全国农村科普示范基地，泗禾养殖合作社被省科协评为江苏省科普惠农服务站，新增市级科普惠农服务站2个、市级优秀农技协（示范基地）2个。

【院士专家高港行活动】 4月19日，区科协邀请河海大学、江苏大学、扬州大学等高校及科研院所专家28人，先后到江苏环球船舶配套设备有限公司、江苏海通索具有限公司等企业指导科技创新工作，在半自动化焊接、吊索具复合材料应用等领域达成初步合作意向。11月5~6日，邀请中国工程院院士沈闻孙率领的船舶设计研发团队、中国科学院院士赵淳生率领的超声电机研发团队，调研万向精工江苏有限公司、江苏神驰机电有限公司、泰州苏中天线集团有限公司、泰州中航船舶重工有限公司、泰州口岸船舶有限公司、泰州三福船舶工程有限公司、江苏华夏重工有限公司和江

中科院院士赵淳生（前左二）指导高港区企业科技创新工作

苏环球船舶配套设备有限公司等36个船舶制造及汽车零部件制造企业科技创新和人才工作。

【“讲理想、比贡献”竞赛】 2014年，区科协组织320名科技人员参加“讲理想、比贡献”竞赛活动，泰州市恒源化织厂活性黑2B研发、泰州市兴东煤矿机械制造有限公司JSRPZ型煤矿井下水处理及乳化液智能配比系统研发、江苏洁乐医用敷料有限公司医疗卫生材料生产线技术改造项目、泰州市中兴医疗科技有限公司微创粗隆粉碎性骨折和股骨颈骨骨折连体型加压锁定接骨板研制、泰州市天圣针织机械实业有限公司TSM-168电脑针织横机研制、江苏海诞电子科技有限公司多元纳米复合不导电金属膜研制、江苏乐彩印刷材料有限公司节能环保免处理印刷版材研发、江苏宇马铝业有限公司关于大悬臂型材用挤压模具的技术攻关、泰州市奥鑫机械有限公司T13-BSX 900重卡副箱同步器总成技术开发、泰州市新兴船舶配套设备有限公司半自动化焊接技术开发、泰州三福船舶工程有限公司环保型51000载重吨江海直达散货船设计、泰州市天鑫机械有限公司汽油发动机新材料新工艺的研究与开发、泰州市博泰电子有限公司4G移动通信智能天线高频电路板开发13个项目被列入泰州市2014年“讲理想、比贡献”项目。

【御庐园被评为全国农村科普示范基地】 泰州市御庐园农业科技有限公司重视种植技术培训工作，以培训或科普讲座的形式向做工者和周边农户传授种植经验与技能。免费赠送大量的葡萄苗，开展义务指导，带领周围农民走农业产业化之路。常年免费开放参观，方便群众了解葡萄生产流程和科普知识。2014年6月，被中国科协评为全国农村科普示范基地，获奖补资金20万元。

【防震减灾科普馆建成】 5月，区科协、区科技局筹资20万元启动蔡滩社区“防震减灾”科普馆建设，11月，建成开放。全馆约140平方米，分为3个展区：第一展区介绍地震常识和中国人民认识地震、探索地震的发展进程；第二展区介绍如何提高防震意识，如何加强建筑物的设防；第三展区介绍如何做好避震、逃生及互救等知识。设有查询屏，可查询《中华人民共和国防震减灾法》《江苏省防震减灾条例》等法律法规和历史上有影响的地震情况。

【“厂会协作”与“金桥工程”】 2014年，全区100余名科技工作者参与“厂会协作”与“金桥工程”，全年申报笔记本高性能转轴研发与产业化等12个项目。 （陈　群）

2014年高港区“厂会协作”与“金桥工程”项目一览表

表7

项目名称	项目提供单位	项目需求单位	搭桥单位
笔记本高性能转轴研发与产业化	南京理工大学泰州科技学院	泰州市创新电子有限公司	口岸街道科协
CAD医用抗粘敷料	武汉纺织大学	泰州市榕兴抗粘敷料有限公司	口岸街道科协
ZR6-75储油高精汽车同步器	中国一汽解放变速箱有限公司	江苏追日汽车同步器有限公司	刁铺街道科协
微创粗隆粉碎性骨折和股骨颈骨骨折连体型加压锁定接骨板	泰州市中兴医疗器械科技有限公司	泰州市振亚医疗器械有限公司	胡庄镇科协
纯电动客车无离合器式电动变速驱动系统研究与开发	江苏大学	泰州市海博汽车科技有限公司	许庄街道科协
智能缝合机	扬州大学	泰州市天圣针织机械实业有限公司	白马镇科协
农村及小城镇污水处理一体化设备		泰州晟禾水处理设备制造有限公司	高港高新区科协
多元纳米复合膜制备关键技术研究及产业化	泰州职业技术学院	江苏海诞电子科技有限公司	白马镇科协
免冲洗CTP数码印刷版材	安徽工业大学	江苏乐彩印刷材料有限公司	胡庄镇科协
半自动化焊接技术应用及产业化	南通航运职业技术学院	泰州市新兴船舶配套设备有限公司	口岸街道科协
节能环保型2400 TEU集装箱船研发	武汉理工大学	泰州三福船舶工程有限公司	区科协
无线传感器监控装置用高频电路模块基板	西安邮电大学	泰州市博泰电子有限公司	永安洲镇科协

法治·军事

综治平安与法治建设

【概况】 2014年，高港区围绕平安高港“十二连冠”和法治高港全省“七领先”工作目标，坚持“功夫在平时，重点在基层，责任在干部，服务在一线”工作理念，以“创新社会治理、构建立体政法”为依托，全力推进综治平安与法治建设。全区社会大局稳定，未发生重大群体性事件，未发生恶性刑事案件和治安案件，未发生重大公共安全事故，未发生重特大交通事故，交通事故死亡人数下降幅度连续5年列全市之首，连续8年实现重大敏感时期“零进京”“零登记”。7月，高港区再次被省委、省政府评为江苏省法治建设示范区和江苏省法治县(市、区)创建工作先进单位，系泰州市唯一。9月，高港区被省综治委评为江苏省平安县(市、区)和江苏省综治工作(平安建设)先进集体。11月，高港区被省委、省政府评为2011~2014年全省社会治安综合治理先进集体。

【普法教育】 2014年，高港区落实干部任前法律知识考试制度和领导干部述职述廉述法制度。年初，对7个镇街、54个部门的350余名区管领导干部学法用法执法守法情况进行民主测评，提高各级干部依法办事自觉性。加强领导干部法律知识培训，领导干部、公务员学法培训率100%。出台《高港区党委(党组)中心组学法制度》，明确学法内容、对象、时间、方式和要求，将中心组成员学法情况纳入年度述法考评范围，作为对领导干部年度考核和干部任免、晋升、奖惩的重要依据。举办高港区“大江讲堂·周末法治报告会”系列活动，组织开展“法润港城乡村行”活动。组建农村改革法律法规宣讲队和“三农”法律服务团，开展送法进庙会、进集市、进农户活动。深化“牵手朝阳·校园卫士”系列工程和法治教育进课堂活动，放大“小手拉大手”功效。贯彻落实中共十八届四中全会关于“把法治教育纳入国民教育体系”精神，启动青少年法治教育读本编写工作。开展“社会主义法治文化建设巩固年”活动，依托大江艺术团，开展法治文化宣传；组织民间艺人筹建“普法小戏台”，到村(社区)、学校、企业、敬老院巡回演出；高港电视台《高港警方》栏目每周播放，大江论坛《律师在线》栏目定期更新，建设法治候车亭，推进普法动画短片上公交。

高港区开展首个“国家宪法日”宣传活动

【法治便民】2014年，高港区健全法治为民办实事工作规则，制定法治惠民实事工程实施意见和项目推进表，明确主管部门和责任单位。区人民法院在江苏法院网和中国裁判文书网上公开审判流程和裁判文书346份，进行网上司法拍卖34场，成交总金额364万元。区人民检察院完善检察为民服务中心运作模式，成立陈新群众工作室，开通网上为民服务中心，开展"巡回检察基层行"等活动。区司法局成立法律援助服务团和刑事法律援助律师团，为所有村（社区）配备法制副主任，所有法律服务从业人员分别挂钩各镇街、村（社区）和企事业单位。区公安分局落实本地居民户口通迁制度，全区8个派出所户籍窗口全部实行户口"一站式"办理。区文体旅游局实施"农家书屋""提档升级"工程，每个"农家书屋"均设立"法治图书角"。区总工会实施建会催办函、换届提醒函和考核奖励制度，促进基层工会按期换届，全区非公有制规模以上企业工会组建率93%，企业劳动合同签订率和参保率均为100%。建立打击食品药品违法犯罪联动工作机制，完善行政执法与刑事司法衔接工作机制和联合办案制度。开展环境保护专项行动，建立部门联动协作制度，加强环保领域执法规范化建设。

【依法行政】2014年，高港区全面落实行政决策制度，规范性文件均由法制部门进行合法性审核。严格开展社会稳定风险评估，评估率100%。执行政府法律顾问制度，区政府与戚鸭章律师事务所签订法律顾问协议，19个区级行政执法部门有10个配备法律顾问。落实政府及其部门权力清单制度，全面清理进驻区政务服务中心的部门和项目。执行行政负责人出庭应诉制度，行政机关负责人出庭应诉率100%。建立由人大代表、政协委员和人民陪审员、公证员、律师、政法机关业务骨干等组成的案件评查人才库，评查涉法涉诉案件和一般性案件15件，对存在的问题督促部门限期整改到位。开展减刑、假释、暂予监外执行专项执法检查，完善监督制约机制，全区无一例违规行为。面向全区政法系统和行政执法部门，广泛开展执法为民公开承诺活动，组织开展专项督查。推进社会诚信体系建设，深化企业社会形象评估和"法企共建"活动，健全企业社会形象ABC评估体系。扩大"半小时维权服务圈"品牌效应，整合劳动监察、劳动关系、仲裁、信访法规、工伤鉴定等职能，建立人力资源社会保障维权服务中心。

【城乡社区治理改革】2014年，区委主要负责人围绕加强和创新城乡社区治理，多次召开座谈会研讨交流。区委全面深化改革领导小组将加强基层基础建设作为全区深化改革的突破口，成立高港区基层综合体制改革指导小组，下设两个专项工作组，在口岸街道和永安洲镇试点。研究制定《关于加强城乡社区建设和治理的实施办法》《关于推行城乡社区工作准入制度的实施办法（试行）》等文件。减轻基层负担，制定《关于城乡社区考核考评、台账和标牌标识设置的规定（试行）》，9月在永安洲镇召开标牌标识专项整治现场推进会，对各类考核考评、台账和标牌标识设置统一规范，将基层村（社区）创建台账由7本减少到3本。

【矛盾纠纷化解】2014年，高港区健全矛盾纠纷定期排查和分析研判机制，创新社会矛盾纠纷大调解机制。严格实施矛盾纠纷滚动排查和重大矛盾纠纷直报、"零报告"制度，区每月、镇街每半月、村（社区）每周组织排查，确保第一时间发现问题、报告信息和妥善处置。每月召开矛盾纠纷排查调处工作协调会议，分析研判各类信息，集中调处疑难复杂问题。注重网络舆情分析研判，落实专人24小时网上巡查，区网管中心编发《高港网络舆情》200余期，收集处置各类网络舆情2000余条。建立区、镇街、村（社区）、企业人民调解组织网络。推行矛盾纠纷化解群众评议制度，建立群众议事团，发挥社区组织、法律工作者和离退休人员作用，依靠群众就地化解矛盾。成立区巡回调解小组，每月定期到基层巡回调解，帮助基层解决重大疑难复杂矛盾纠纷。全面落实个案补贴政策，制定并落实社会矛盾纠纷调解个案补贴实施意见。

【维稳工作】2014年，高港区突出做好青奥会期间维稳工作，出台《全区涉稳重大矛盾、重大事件、重点人员排查处理工作办法》，实行"分色预警、分类管控、分级处置"（红色为即时关注等级，黄色为重点关注等级，蓝色为平时关注等级）。加大重点案件（人员）的督办管控力度，对重点信访案件（人员），坚持"五个一"（一名包案领导、一个工作班子、一套化解方案、一份会办纪要、一套稳控措施），做到百分之百党政领导包案，百分之百解决群众合理诉求，坚决不欠政策账、经济账和感情账，确保停诉息访。特别是对义乌大市场信访问题，处置及时，措施得力，化解得当，得到省、市领导充分肯定。全区社会大局稳定，市信访工作领导小组发贺信予以表扬。

【治安巡逻防范】2014年，高港区加大人力、物力和科技投入，构建立体化治安防控体系。按照区120人、镇街30人的标准组建专职巡防队伍，建立由50名退伍军人组成的公安特勤队。实施"警车亮灯"工程，将主要警力全部推向街面路面，实行24小时不间断武装巡逻。成立便衣巡查队，对区内重点路段、要害部位巡逻守控。实行专群结合、群防群治，建立由100余名专业巡防警力、220余名派出所巡防力量、3000余人的社会力量组成的大巡控格局，提高现场抓获率。推进技防城建设，先后完成252个“全球眼”监控、240个校园监控、290个老小区监控及13个车载移动监控，技防入村实现全覆盖，在全市率先建成“3·20”高清抓拍系统。全区违法犯罪警情比上年下降12.50%，盗窃、抢夺、抢劫3类主要案件分别下降2.30%、90.50%和100%，破获刑事案件280起，破案率30.10%，破获侵财类案件234起，破案率26.90%，刑事案件破案率和侵财类案件破案率均居全市第一位。

【社会管理服务三级平台建设】 2014年，高港区着力提高社会管理服务三级平台实体化、规范化、信息化水平。区社会管理服务中心调整为正科级建制，明确6名人员编制和3个内设科室，运行经费纳入区财政预算。规范涉法涉诉联合接访，组织政法各部门到区社会管理服务中心窗口轮流值班。理顺涉法涉诉信访案件集中受理、分流办理、督查督办等工作流程，先后化解信访积案5起。组织综治委专项工作领导小组牵头部门派员进驻中心办公。加强对镇、村两级平台建设的督查指导，形成分类指导意见，解决镇、村两级平台发展不平衡问题。年内，指导1个街道、6个村（社区）建成社会管理服务平台，全区7个镇街社会管理服务中心、89个村（社区）社会管理服务站全部建成并运行，实现社会管理服务平台全覆盖。落实首问负责、研判会商、督查督办、内部管理、责任追究五项制度，健全三级平台运行机制和工作制度。落实区社会管理服务中心服务集中区人员工作考核补助，完善奖惩制度，加大督查指导和考核考评力度，通过日巡查、周检查、月考核、季通报及开展窗口互评、评选服务标兵和红旗窗口等方式，促使各项规章制度落实到位。将综治信息平台建设列入区委、区政府全年工作重点内容。全面推进网格化管理，科学划分网格，选配网格长和网格员，选配综治信息系统专职信息员及系统管理员，在全市率先举办综治信息系统培训班，配齐电脑等办公设备并按照序时要求完成基础信息录入，11月，全区综治信息系统全面开通。

【民主法治示范村（社区）创建】 2014年，高港区建成省级以上民主法治示范村（社区）32个（含国家级1个），省级民主法治示范村（社区）命名率36%，民主法治村（社区）建成率97.80%，居泰州各市（区）之首。刁铺街道实现省级民主法治社区全覆盖，口岸街道蔡滩社区被命名为全国民主法治示范村（社区）。（罗小英）

公　安

【概况】 2014年，泰州市公安局高港分局（以下简称“区公安分局”）破获刑事案件320起，抓获刑事作案成员390人，刑拘193人，提请批准逮捕82人，公诉178人。破获经济犯罪案件11起，刑拘9人，提请批准逮捕3人，挽回经济损失3600万元。查破治安案件473起，查处违法人员693人。接待处理群众来信来访57件，比上年下降27%，其中，来信17件，下降50%；来访40次，下降12%。查办信访57件，查结率76.30%。受理“12345”政府热线34件，下降18%。完成南京青奥会、上海亚信峰会等重大活动安保、警卫任务55次。报送互联网信息2900余条，被市公安局采用440余条、省公安厅采用5条。组织开展“泰安”行动、“利剑”行动、严打“黄赌毒”等专项行动，建区17年28起命案全破，八类严重暴力犯罪案件4年全破，当年全案破案率、当年侵财类案件破案率、历年逃犯追回率、当年逃犯追回率4项核心指标名列全市前茅。社区民警“一网考”总成绩列全市前茅，1人进入全市社区民警十佳，4人进入全市五十优；保持民警违法违纪零纪录，蝉联公安执法质量省优奖牌；率先推出“微警务”工作、民生小案侦破常态机制、“群众议事团”化解矛盾经验、民警AB角搭档模式、“小威士”智能报警平台、社区“居家警务”、邻里“说事评理”新机制等20余项创新项目，被上级政法、公安机关推介交流，被中央电视台、新华网、《人民公安》等中央级媒体宣传报道，其中，“小威士”智能报警平台被市公安局评为社会管理创新二等奖，群众议事团化解矛盾经验被《江苏政法》简报刊载。杨卫民获首届武夷山全国马拉松比赛警察组第2名。

·刑事侦查·

【八类案件侦查】 2014年，全区发生八类案件（杀人、抢劫、强奸、放火、投毒、爆炸、贩毒、故意伤害致人死亡案件）13起，其中，故意伤害案9起，强奸案3起，放火案1起。区公安分局启动大要案应急响应机制，第一时间组织各专业警种和派出所民警赶赴现场，合力攻坚，13起案件全部侦破。

【“双线”研判】 2014年，区公安分局通过线上、线下“双线”研判破获各类刑事案件296起。线上研判即通过互联网、公安网等开展网上研判，线下研判即通过摸排、调查、阵地控制、特情布控等基础工作开展网下研判。4月，根据特情获取一涉毒线索，先后在高港区和徐州市等地将犯罪嫌疑人张某、朱某等7人抓获，当场缴获冰毒229.45克、改装枪支4把及火药弹壳等若干。

【经济案件侦查】 2014年，区公安分局共受理经济案件报警36起，立案23起，破案11起，侦结13起，公诉13人。4~8月，区公安分局经侦大队破获张某非国家工作人员受贿案，为企业挽回经济损失3600万元。

【禁毒工作】 2014年，区公安分局坚持每季度对企业内部管理、化学品用量、制度建设、防范措施等方面进行综合评估，根据评估等级确定管理重点。坚持实地踏勘铲除毒品原植物，收缴毒品原植物种子、非法制品等，开展吸毒人员动态化管控帮教。开展学校、广场集中宣传教育活动6场次，发放宣传品3000余件，设立横幅、标语400余条，受教育人数7000余人。抓获并公诉涉毒刑事作案成员22人，查处吸毒人员52人，缴获各类毒品250余克。全区社区戒毒人员报到执行率100%，吸毒人员管控率100%，吸毒人员复吸率为零。全年未发生一起易制毒化学品被盗、流失现象。

【“打黑除恶”】 2014年，区公安分局共打掉3人3起的标准恶势力犯罪团伙2个，打掉3人1起的涉恶犯罪团伙8个，抓获团伙成员53人，破获敲诈勒索、寻衅滋事、聚众斗殴等案件21起。

【“泰安”行动】 3~12月，区公安分局集中开展以侦破大要案件、打击侵财性犯罪、侦防电信诈骗犯罪、“打黑除恶”工作及打击毒品犯罪为主要内容的“泰安”行动。行动期间，共打掉3人3起标准恶势力团伙2个，2起省公安厅挂牌案件全部破获，3起市公安局挂牌案件破获2起，951起侵财类案件破获266起，破案率28%。

【图侦实战小平台】 2014年，区公安分局完成图侦实战小平台升级改造工程。先后通过图像监控研判破获各类刑事案件和重大交通肇事逃逸案件129起，抓获现行作案人员173人，抓获网上逃犯42人，协助处置大群体事件26次，提供求助服务300余人次。

【“利剑”行动】 8月16~28日，区公安分局开展“利剑”行动。破获各类刑事案件78起，其中，系列性、团伙性案件47起，市公安局挂牌督办案件1起，抓获刑事作案成员56人、网上在逃人员3人，追缴赃款赃物总价值5万余元。

【“百日追逃”专项行动】 9~12月，区公安分局集中开展“百日追逃”专项行动。共抓获本地历年逃犯13人，当年逃犯31人，外省、市逃犯19人，本地历年、当年逃犯到案率分别达81.30%和86.10%，在全市率先完成历年逃犯到案率70%、当年逃犯到案率80%目标。

【“双打”专项行动】 2014年，区公安分局开展“双打”（打击侵犯知识产权、打击制售假冒伪劣商品犯罪活动）专项行动。受理案件7起，立案4起，破案2起，抓获嫌疑人3人。

【“打传销、反欺诈、促和谐”专项行动】 2014年，区公安分局组织开展“打传销、反欺诈、促和谐”专项行动，对全区出租房屋进行拉网式清查、登记，防止因传销而引发其他恶性案件的发生。年内，全区未发现传销窝点，未发生因传销而引发的恶性案件。（戴　华）

·治安管理·

【严打“黄赌毒”行动】 10月15日，区公安分局开展严打“黄赌毒”专项行动。查处涉黄案件1起，捣毁卖淫嫖娼窝点1个，行政拘留8人；查处涉赌案件3起，行政拘留5人；查处涉毒案件1起，行政拘留1人。

【流动人口管理】 2014年，区公安分局依托警务基础平台和情报信息平台，做好流动人口管理工作。共采集录入大平台暂住人口信息24807条，办理居住证1.82万人次，录入出租房屋信息6294条，抓获违法犯罪人员98人。

【户口清理整顿】 2014年，区公安分局全面清理人口信息管理系统数据。重点对系统中的无二代证照片、无变动、无人管理的“三无”户口，逐一核实清理。其间，共注销因系统错误产生的重户口7起，注销空挂户口6起，注销外地补登户口产生的重户口13起，户口迁进迁出产生的重户口10起，其他11起。年末，高港区户籍总人口262271人。

【“治爆缉枪”专项行动】 3~11月，区公安分局在全区范围内开展“治爆缉枪”专项行动，严厉打击、严密防范涉枪涉爆等违法犯罪活动。共办理非法携带枪支、弹药、管制器具案件6起，行政处罚6人；共收缴废旧炸弹2枚、气枪5支、管制刀具150把、礼花弹20只、气枪子弹600发、烟花爆竹320箱。

【网格化巡防】 2014年，区公安分局着重改革巡防机制，重组巡防体系，完善网格化巡防模式。将全区细化为7个巡区，设置6个必巡点，并在主城区按“三纵五横”的线路开展武装巡逻；明确巡特警主城区巡防、机关结对社区巡防、派出所属地巡防、社区民警“社巡合一”的责任机制，启动巡特警、机关民警和社区民警常态化联勤巡逻机制，提升街面见警率、管事率和防控工作效能。全区街面“两抢”（抢劫、抢夺）、诈骗、扒窃等案件发案比上年分别下降91.70%、12.50%和35.70%。其中，抢劫实现零发案，抢夺发生1起被及时破获。

【“环泰”防线建设】 2014年，全区建有3个治安查报站，分别为高港大桥、永安洲和田河治安查报站。区公安分局在警务查报站实行24小时值守，盘查过往人员、车辆。将原来单一的守卡、宿卡模式，改为不间断的设卡、巡逻、盘查、堵截，适时组织设卡专项行动，构建更为完善的治安卡点防控网络。卡口共盘查人员25987人、检查车辆8639辆，上网查询比对各种信息10336次；抓获各类违法犯罪嫌疑人21人，缴获赌博机20余台，查获假酒30箱，查获私运香烟1210条。

【巡特警队伍组建】 2014年，原市公安局指挥中心下设的巡防二大队更名为巡特警支队二大队，隶属区公安分局领导和管理。巡特警大队由36名退伍士兵组成，实行军事化管理。增设武装巡逻中队，对辖区重点区域武装巡逻。全年处置群体性事件42起，完成各类安全保卫任务27次；盘查人员3万余人次，盘查车辆1.50万余辆，抓获各类违法犯罪嫌疑人53人，其中，网上逃犯3人，采取刑事强制措施11人。

【重大活动安全保卫】 2014年，区公安分局调整安全保卫领导小组及办公室，实行现场指挥负责制，周密制定工作方案。针对规格高、规模大的安保任务，及时抽调3G移动警车在各主要道路口现场监控，确保总指挥部实时、全面掌握现场安保情况。完成台湾国际新城开工奠基仪式、上膳源泰州高港农场开园盛典、水景街区“三庙”（城隍庙、财神庙、关帝庙）开光仪式等各类大型活动安全保卫任务55次。

【青奥会安保百日攻坚战】 7月起，区公安分局开展南京青奥会安保百日攻坚战。在泰州大桥公安检查站安检查控上，每天配备32名警力，青奥会召开后每天再增派12名警力，加大对可疑人员、车辆尤其是无牌无证车辆的盘查力度。共盘查人员1.50万余人、车辆2300余辆，抓获违法嫌疑人32人，缴获各类管制刀具24把、仿真枪5支和冰毒等其他违禁品；对网吧、旅馆、私房出租户等重点部位清查整治，检查重点地区755处次，检查重点单位133个次，先后盘查嫌疑人员900余人、嫌疑车辆400余辆，抓获违法嫌疑人20人，其中，涉毒人员5人、网上逃犯3人，缴获各类管制刀具6把，整改安全隐患105处。

【网吧管理】 2014年，区公安分局加大网吧管控力度，联合工商、文化部门，定期开展清查整顿和联合执法行动，取缔群众举报和走访发现的“黑网吧”3个，处罚网吧15个，网吧检查覆盖率100%，实名登记率98.76%。（戴　华）

·公安服务·

【出入境服务】 2014年，省、市境外人员临时住宿管理系统和旅馆业治安管理系统联网运行，区公安分局全面审核系统上传信息，共审核临时住宿境外人员268人。全区长期居住或经常往来高港区的境外人员120人，其中常住境外人员50人（外国人14人，中国台湾居民36人）。受理出国（境）申请6397人次，比上年增长130%，其中，电子护照2619人次，港澳台通行证申请3778人次。全年未发生一起数据差错，未发生群众投诉，未发生违规违法办理出入境证件事件。

【社区“居家警务”】 2014年，区公安分局以永安洲镇建安社区警务室为试点，创新推出“居家警务”新型社区工作模式，民警就近到自己的户籍地或居住地担任社区民警，在本村组招聘2~4名专职社区保安，将其“居家”合理改造成社区警务室，充分利用其原亲邻多、人员熟、人脉关系深厚的优势，开展矛盾排查化解、社情民意掌握、法律法规宣传和民生服务保障等工作。建安社区居家警务室超前化解各类矛盾纠纷52起，组建群众义务巡逻队3支40余人，提供线索110余条，协助破获治安刑事案件6起，为群众提供各类服务460余次，办事办证137件次，获群众一致好评。

【警务科技为民服务】 2014年，区公安分局为群众提供监控查询300余次，接待群众800余人次。开展科普知识讲座24次，发放科技传单8000余份。在高港公安网开设《我有话说》《我有事办》《服务超市》《权威发布》《在线互动》《在线警民恳谈》《警方速递》等栏目，受理各类事件562条，在公安范围内的284条全部办结，搜集各类意见和建议289条，接受报警96起，各类投诉46起，在线举办警民恳谈125次。“微警务”科技志愿者服务站为全区30余个小

高港区“微警务”科技志愿者服务站启动仪式

区物业公司、900余名业主、32个企事业单位提供电话咨询600余次，现场答疑29次，上门服务120余次。

【邻里“说事评理”】 2014年，区公安分局在口岸街道试点建立“说事评理团”。立足辖区实情、公安执法和服务职能，巧借民间力量，充分发挥社区“乡贤”优势，全面推广“说事评理”机制，完善矛盾纠纷群众评议制度，及时把矛盾纠纷化解在群众家门口，探索维护基层社会稳定新途径。口岸街道在23个村(社区)聘请德高望重、热心公益事业、公道正派、在当地有话语权的“五老”(老干部、老战士、老专家、老教师、老模范)人员及中心户长等担任“评理员”，采用试点先行、全面铺开的方式普遍建立“说事评理团”，用“能人”的智慧解决“邻里事”，用“强人”的威信解决“难缠事”，用“家人”的亲情解决“群体事”。先后成功化解邻里间“小事”68件，平息因征地拆迁、环境保护可能引发的“大事”17件。　（戴　华）

·道路交通治安管理·

【概况】 2014年5月，泰州市公安局交通巡逻警察支队二大队更名为泰州市公安局交通警察支队二大队(以下简称“交警二大队”)。全年接处警9933起，查处各类交通违法行为115175起，处罚113911起，扣留车辆2722辆，扣留证件78本。交通事故造成死亡30人，伤489人，直接经济损失274.50万元，比上年分别增长-3.20%、10.90%和-31.20%。

【路面勤务管理】 2014年，交警二大队坚持早晚高峰岗制度，重点查纠治理无牌无证、超载超速、酒后驾驶、疲劳驾驶、逆向行驶等严重交通违法行为。开展春运交通安全检查、农村地区交通违法集中整治、青奥会交通安全检查、涉牌违法行为专项整治、酒驾毒驾专项整治、文明城市创建交通整治等活动，治理违法行为。

【交通安全宣传】 2014年，交警二大队组织民警到学校、大型运输单位、农村和机关单位宣传交通安全常识。开展“交通文明进万家”“学习雷锋好榜样”主题宣传和“12·2”全国道路交通安全日宣传活动。组织文明交通志愿者在各红绿灯路口开展文明交通劝导活动，提高市民交通安全意识和自我防范能力。

【交通安全隐患排查】 2014年，交警二大队组织民警到15个危险化学品生产企业、2个危险化学品运输企业及渣土车运输公司开展安全检查。检查各中小学及幼儿园在用校车安全状况、运行管理和校车驾驶人管理等情况，查找安全隐患和管理漏洞。排查农村新建道路、公交线路、校车线路和中小学校园周边道路安全隐患，协调主管部门落实整改措施。

【车管业务办理】 2014年，交警二大队共办理二、三轮摩托车驾驶证855本，补换证5197本，提交体检证明196人，审验驾驶证229本，办理摩托车注册登记1778辆，年检2472辆，办理临时号牌2338个，注销摩托车698辆。

【交通警卫】 2014年，交警二大队加大路面巡逻管控力度，将警力最大限度投入到一线，以固定岗位和巡逻岗位相结合的方式，加强对客流高峰重点路段管控。完成春节、五一、端午、中考、高考、“大江放歌”广场演出、文化科技卫生“三下乡”活动、青奥会等道路交通安全保卫任务87起。　（王阿林）

检　察

【概况】 2014年，区人民检察院共办理审查逮捕案件60件87人，其中，批准和决定逮捕案件48件61人，不批准逮捕11件25人，立案监督1件2人，纠正漏捕1人，发出纠正违法通知书3件，督促行政执法机关移送案件1件3人，监督公安机关撤案1件1人。办理审查起诉案件110件191人，其中，起诉92件158人，不起诉6件9人，公安机关撤回7件12人，改变管辖案件5件12人，纠正漏诉5人，发出纠正违法通知书5件，促成刑事和解4件，通过羁押必要性审查改变强制措施1人。案件办结率、起诉案件有罪判决率100%。区人民检察院“牵手朝阳·校园卫士”工程被市委政法委评为年度政法工作创新二等奖，涉法涉诉预约服务机制被市委政法委评为年度政法工作创新三等奖。区人民检察院反贪污贿赂局被市检察院记集体三等功。1名干警在全国和全省检察机关刑事申诉技能竞赛中获第1名，2名干警撰写的理论文章分别在第九届中国法学青年论坛和2014年法治江苏建设高层论坛征文评选中获二等奖与一等奖。1名干警在全省侦查监督业务测试中获第4名，3名干警在全市侦查监督、公诉素能大赛中名列前茅。1起案件入选全省检察机关十大精品反贪案件。有13人次被区委、区政府和市人民检察院记功嘉奖。全年在省级以上刊物发表文章68篇，编发《检察简报》12期、《情况反映》28期。

【刑事检察】 2014年，区人民检察院突出打击严重暴力犯罪、毒品犯罪和多发性侵财犯罪。依法批准逮捕60件87人，提起公诉110件191人。就法律适用中的常见争议牵头召开联席会议，促进侦、捕、诉、审无缝衔接，案件办结率、起诉案件有罪判决率100%。先后对11名无逮捕必要的嫌疑人作出不捕决定，对6人作出相对不起诉决定；对1名犯罪嫌疑人变更强制措施，促使其感恩社会、自我改造。

【职务犯罪查处和预防】 2014年，区人民检察院共查办贪污贿赂案件7件8人，查处渎职犯罪2件2人，其中涉及科级以上干部6人。创新专业化惩防机制，探索试行“一案双查双防”工作机制，即：在查处重大案件的同时，对背后关联的制度缺失、监管失职等行为进行延伸侦查；在开展个案预防的基础上，对发案单位及其上级部门审批决策、监督管理不到位等问题进行延伸预防。依法查处长江泰州通信管理处的贪污贿赂窝串案，在该系统召开重大典型案件剖析会；结合办案约谈5个单位的主要负责人，指导其完善职务犯罪防控机制17项。组建检察长宣讲团，组织“深入反腐败·大家来预防”全区预防志愿者主题宣讲比赛，选拔优秀选手和精品课件，在各镇街、机关部门和企事业单位巡回宣讲，受教育人数3000余人。将非公预防成效、行贿犯罪档案查询结果等纳入企业运行质态数据库，为经济、金融部门对企业综合评估提供信息支撑。区人民检察院在企业开展非公预防的工作实景照，在全国检察机关预防职务犯罪摄影作品展中获特等奖。

【刑事诉讼监督】 2014年，区人民检察院加强案件审查把关，严防冤假错案。完善“菜单式”审查机制，严把程序关口，严格法律适用，先后纠正漏捕1人，纠正漏诉5人，立案监督2人，监督不当立案1人。加大对调查取证、指定居所监视居住、涉案款物扣押发还等重点环节的监督，纠正违法13次。规范量刑建议提出，强化审判监督，全面收集有罪无罪、罪重罪轻的各种证据，向法庭提出合理量刑幅度，保障罚当其罪，量刑建议采纳率95%。加强刑事执行检察，为全区284名社区矫正对象统一建立监管台账，定期核实入矫解矫情况，为适时提出监管建议提供准确依据。就交付执行、收监执行、终止执行等开展专项检察，发出检察建议14份，纠正脱管3人，监督收监执行6人。

【民事诉讼监督】 2014年，区人民检察院对受理的3起申诉案件实行开放式审查，建议提请抗诉1件，维护当事人的合法权益。开展执行和解9件次，介入调查拒不支付劳动报酬案件2件次。及时介入一起因监护责任履行不到位导致未成年人遭受侵害的案件，依法支持受害未成年人生父起诉变更抚养权，强化对弱势群体的司法保护。

【行政检察监督】 2014年，区人民检察院集中调取2006年以来的59本环保执法卷宗，分析执法现状，要求相关部门整改。介入一起生产销售假药案的执法检查活动，对3名涉嫌犯罪者立案侦查；联合劳动监察部门将1名拒不支付劳动报酬的企业主移送公安机关立案侦查。

【刑事司法救助】 2014年，区人民检察院建立完善“三全式”（全方位救助、全领域协作、全视角监督）司法救助体系，规范实施救助7起，发放救助金4.10万元，救助人数及金额位居全市检察系统之首。突破以往救助范围局限，将确因受害致贫的群体纳入救助体系。打破“非本地不救助”惯例，对5名符合条件人员给予“同城待遇”。突破依申请方才启动的程序束缚，主动依职权提醒告知。与社会保障部门建立联席审查、联合救助机制，实现司法救助与城乡低保、特困扶贫、就业帮助等规范衔接。通过门户网站、微博、微信及时公布救助信息，促进公平救助。

【检察为民服务】 2014年，区人民检察院完善“一站式”服务机制，赋予检察为民服务中心交办权，以群众工作提示单的形式将检调对接、帮教维权、社会调查等工作分流交办，同步导入统一业务应用系统自动跟办。将举报投诉、行贿犯罪查询、诉讼指引服务等事项全部链接在网上。启动“巡回检察室”基层行活动，利用3个月时间走访全区所有村（社区），开展公开答复2次、诉前调查5次，协调解决实际问题19件。成立“陈新检察群众工作室”，集中受理疑难复杂诉求47件。开展“检察群众工作·角色互换扮演”现场观摩活动，编撰《检察群众工作案例指导》。结合典型案例，自编自导检察微电影、法治情景剧，并将其搬上“流动舞台”，在村（社区）巡回播放33场次。针对群众反映的家庭小作坊安全生产措施不到

区人民检察院“巡回检察室基层行”首场夜巡进胡庄

位、农村养殖场污染等问题，实地现场调查，向区委、区政府和部门提出检察建议并得到采纳。调查证照代办、审批代理、法律服务等涉及民生的中介组织运行状况，详细了解滋生和诱发犯罪因素，向相关单位提出防控建议。制定《关于规范办理涉法涉诉信访案件的试行办法》，规范涉检信访与普通信访审查甄别程序，有效稳控3起缠访案件。年末，区人民检察院被省人民检察院评为涉检信访工作先进集体。

【“牵手朝阳·校园卫士”工程】 2014年，区人民检察院深化推进“牵手朝阳·校园卫士”工程，不断完善在校未成年人维权帮教网络。帮助5名问题学生顺利回归校园，防止其向犯罪转化。实施重点维权，对侵害在校生的犯罪嫌疑人快捕快诉，同时发布防范贴士，向学生、家长普及自卫和自救常识。启动合适成年人参与刑事诉讼活动7人次。发动“五老”志愿者、“社会妈妈”等加入未成年人关爱团队，加强对校园周边环境的关注排查。7月，开展青少年涉足娱乐场所清理活动。“牵手朝阳·校园卫士”工程助推高港区连续6年保持在校生零犯罪，被省人民检察院评为未成年人检察工作优秀创新事例。

【主任检察官办案责任制改革】 2014年，区人民检察院推动主任检察官办案责任制改革，将业务部门整合为刑事检察、职务犯罪侦防、诉讼权益维护3大板块和9个主任检察官办案组。出台《检查业务职权清单》，对检察委员会、检察长、分管副检察长、主任检察官、改革过渡期间部门负责人的职权逐一明确，细化承办检察官、书记员、检察辅助人员的工作职责，将主任检察官从事务性工作中解脱出来，集中精力审查案件。出台《泰州市高港区人民检察院主任检察官办案质效监督办法（试行）》及覆盖全体办案人员的错案追究、失范追责、强制退出等配套制度，强化责任主体落实。（周峻嵘）

审　判

【概况】 2014年，区人民法院共受理各类案件3871件，比上年下降3.10%；审、执结3211件，上升22.70%。其中，受理刑事案件126件，审结105件，判处罪犯157人；受理民商事案件2259件，审结1899件；受理行政案件18件，审结15件；受理并审结非诉行政执行审查案件134件；受理执行案件1334件，下降8.60%；执结1058件，上升84.60%；执行到位标的额7763.71万元。区人民法院被评为江苏省公共机构节能示范单位、市便民诉讼服务先进集体，1名干警被省高级人民法院记二等功，1名干警获评全市“百姓喜爱的好法官”，15名干警获区级以上表彰。

【刑事审判】 2014年，区人民法院依法严惩严重暴力犯罪、多发性侵财犯罪，审结此类案件61件93人。依法审结重大责任事故案2件，判处罪犯6人；审结重大聚众斗殴案1件，10名被告人被判处刑罚；审结特大开设赌场案1件，12名被告人认罪服判。依法惩治腐败，审结贪污贿赂、渎职侵权等职务犯罪案件5件8人，强化公职人员依法履职、廉洁从政意识，确保公权力正确行使。在剥夺罪犯人身自由的同时，依法用足、用好财产刑，判处罚金、没收财产365万元。坚持宽严相济刑事政策，充分发挥教育感化功能，对具有法定从轻、减轻处罚情节的70名被告人依法适用缓刑、免予刑事处罚或单处罚金。

【民商事审判】 2014年，区人民法院依法妥善审理婚姻家庭、邻里关系等民事案件430件。强化对弱势群体的司法保护，对劳动争议及人身损害和涉老、妇、幼案件，快立、快审、快执，审结此类案件429件。重视诉讼调解工作，力求“案结事了人和”，民商事案件调撤率60.30%。注重平等保护理念，规范引领交易秩序，维护诚信守法、公平竞争的市场环境，审结各类合同纠纷案件653件。强化规则治理作用，有效维护金融安全，审结金融借款、保险等商事案件150件。依法及时采取保全措施，维护当事人合法权益，保全标的额9530万元，挽回经济损失2.30亿元。积极适用小额诉讼程序，快速化解纠纷，降低维权成本，减轻当事人诉累，审结小额诉讼案件29件。

区人民法院举行法官集中宣誓仪式

【行政审判】 2014年，区人民法院加强与行政执法部门沟通联系，开展法律培训交流活动，从源头上减少行政争议。规范行政诉讼协调工作，引导行政相对人正确认识权利、义务，妥善化解行政纠纷。发挥行政审判服务保障作用，支持行政机关依法行政，促进司法与行政良性互动。加大司法审查力度，依法纠正违法的具体行政行为，充分保障行政相对人的合法诉求。推进行政机关负责人出庭应诉工作，强化行政机关出庭应诉意识，行政机关负责人出庭应诉率100%。

【案件执行】 2014年，区人民法院健全执行威慑机制，用足用好强制执行措施，司法拘留88人次，罚款4人计1.10万元。建立失信被执行人名单制度，在媒体集中曝光37人次，助推社会诚信体系建设。强化凌晨、夜晚、节假日执行工作，开展此类活动36次，执结案件81件，标的额500余万元。健全执行联动机制，优化外部执行环境，依法查控被执行人财产2300余人次，查获银行存款700余万元；联合区公安分局、区人民检察院制定《关于办理拒不执行判决、裁定犯罪案件若干问题的意见》，合力惩治抗拒执行违法犯罪行为。推行网上司法拍卖，降低拍卖成本，提高债权清偿率，完成网上拍卖45场，成交额703.51万元，全部实现“零佣金”。支持人大专项评议法院执行工作，提高执行工作质效，提升群众满意度。

【服务重点工程】 2014年，区人民法院主动服务泰镇高速、田许线改造等重点工程项目，提前介入，走访现场，开展调研，设立联系点，明确联系人，发放联系卡，为工程建设提供法律服务和指导。主动上门了解被拆迁人的实际状况，加大政策法律宣传力度，引导被拆迁人合理反映诉求，最大限度地将征地拆迁矛盾化解在萌芽阶段，促进拆迁工作有序推进。坚持促进城市发展与保障群众权益相统一，发挥调判功能，针对工程项目所涉纠纷案件，做到快立、快审，加大多方协调力度，妥善解决拆迁遗留问题。审结此类案件15件，化解拆迁次生矛盾39起，保障重点工程的顺利推进。

【助推企业转型升级】 2014年，区人民法院主动了解企业经营状况和司法需求，为企业解决法律难题，提升企业依法经营管理和防范经营风险能力。走访泰州口岸船舶有限公司和江苏华夏重工有限公司等企业35次，开展服务活动12次，编写商事纠纷案例评析18个，发放风险提示书800余份。面对中小微企业发展融资难、经营难等问题，建立简化诉讼程序、优先立案、优先审理、优先执行的“一简化三优先”绿色通道。加大对涉诉企业有效债权的清收力度，确保企业生产经营正常运行。妥善处理企业借贷纠纷，慎用财产保全、强制执行措施，帮助涉诉企业缓解经营困境。

【参与社会治理】 2014年，区人民法院对审判实践中发现的苗头性、倾向性问题，及时提出司法建议。其中，《我区教师卷入民间借贷纠纷亟需引起高度重视》建议得到区委主要领导批示，促成有关部门联合出台文件，规范民间融资行为。推进保险纠纷诉调对接工作，委托市保险行业协会调处纠纷，简化程序，及时化解。推进未成年人审判工作机制创新，邀请专业心理医师参与心理干预，庭前心理测评、庭后心理疏导、判后心理矫治，帮助涉罪青少年重拾信心，回归社会。分析未成年人犯罪的成因特点，探索改革举措，预防未成年人犯罪。完善涉诉信访工作联动机制，引入第三方参与接访，依法解决群众信访诉求，处理来信来访67人次。

【保障民生权益】 2014年，区人民法院开展践行执法为民公开承诺活动，规范司法行为。开展“周末高港·党员关爱服务行动”，发挥党员干部示范引领作用，走进社区（村）开展送法服务活动，为群众排忧解难。以“一体化、规范化、标准化、品牌化”为目标，升级改造诉讼服务中心，为群众提供方便快捷诉讼服务。开通网上诉讼服务中心，实现“诉讼指导”“网上立案”“预约法官”“网上信访”等远程诉讼服务功能，打造“一站式”在线服务平台。开展涉民生执行积案清理工作，51件涉民生案件全部执结，执行到位金额80余万元。强化弱势群体合法权益保护，开辟绿色通道，对涉诉困难当事人及时给予救助，依法减、缓、免诉讼费8.90万元，发放执行救助资金11.94万元。拓宽法制宣传渠道，组织校园法制报告、法律讲座、模拟法庭等普法活动36次，通过电视、报纸等媒体报道典型案例59次，扩大案件审理社会效果。

【司法公开】 2014年，区人民法院加强审判流程公开、裁判文书公开、执行信息公开三大平台建设，以公开促公正，以公正促公信，增进群众对司法裁判和执行工作的理解认同。全面推行“庭审三同步”，通过江苏法院庭审直播网，直播案件庭审43次，全面客观公开当事人的诉辩观点、案件事实及定案证据。加快推进裁判文书上网，公开裁判理由和结果，上网生效裁判文书1729份。推进执行指挥中心建设，构建执行信息公开平台，及时公开案件信息、执行流程和结果。强化政务网站、官方微博等平台建设，及时发布法院动态信息，提高社会关注度。开通短信平台，告知当事人相关审务信息，方便当事人参与诉讼，向当事人发送短信600余条。开展“国家宪法日”“法院开放日”和庭审观摩等活动6次。

【社会监督】 2014年，区人民法院推动与人大代表和政协委员联络工作制度化、规范化、常态化，倾听收集民意，改进法院工作。向区人大及其常委会报告审判、执行和信访等多项工作，自觉接受人大监督，认真研究代表审议意见，贯彻落实人大决议。及时办理、答复代表及委员的意见、建议和来信，建立督查督办制度，做到件件有结果、事事有反馈。向代表、委员通报法院各项工作，编发寄送《法院简报》18期、《法院工作通报》4期。邀请代表、委员视察工作36人次，旁听案件57人次，评议监督执法64人次，主动走访代表、委员120余次。完成人民陪审员倍增计划，共有人民陪审员50人，组织参审案件582件，普通程序案件陪审率100%。（王晓伟）

司法行政

【概况】 2014年，区司法行政系统调处各类民间纠纷521起，调解成功518起，其中非正常死亡案件62起，劝阻群体性上访37起436人次，防止民转刑案件12起41人。推进法律进机关、进乡村、进社区、进学校、进企业、进单位“六进”活动，为村（社区）聘请法制副主任。全区在册社区服刑人员165人，无一脱管、漏管和重新犯罪。接受刑释解教人员151人，帮教率、安置率均为100%，为13名刑释解教人员落实责任田。覆盖全区所有镇街、村（社区）的法律服务网络基本建成。成立法律援助服务团和刑事法律援助律师团，加强法律援助专业化队伍建设。畅通“12348”服务平台，推行预约上门服务及“点援制”工作，办理各类法律援助案件270件，为当事人避免或挽回经济损失800余万元。受市以上表彰先进集体5个次、先进个人10人次，其中，省级以上先进集体3个次、先进个人4人次。

【法制宣传】 2014年，高港区出台“5+5”（计划、课时、师资、教材、经费五落实，月月有主题、周周有课时、班班有活动、岗岗有培训、年年有考核五统一）课堂法制教育项目化推进实施方案和“法律进学校”活动方案，建立师生需求研判、部门联动、定期活动、激励考核、法制副校长（辅导员）、法制课兼职教员履职情况报告等制度。开展“农民工学法周”活动，到泰州中航船舶重工有限公司等企业，通过举办法律知识讲座和现场咨询、现场签订劳务合同、赠送普法读本、开展问卷调查、布置宣传展板、发放宣传资料等方式，增强农民工学法积极性和主动性。开展“法润港城乡村行”活动，通过现场布置展板、开展咨询讲座、法律知识有奖竞答、赠送普法读本、举办法制文艺演出等形式，为群众讲解常用法律知识。推进领导干部学法用法，组织领导干部网上法律知识考试。开展“普法惠民村村行”活动，宣传涉农法律法规。开展“社会主义法治文化建设巩固年”活动，广泛征集普法短片、普法课件、三字经普法卡片，以及歌舞、曲艺、小品等法治节目。开展“12·4”国家宪法宣传日活动，组织“法治的春天”文艺汇演，表彰高港区首届“最美普法人”和校园优秀法治微课件及法治小品。推进基层法治文化建设，建成省、市级法治文化建设示范点各5个。

【社区矫正】 2014年，高港区成立社区矫正管理教育服务中心，内设宣告室、教育谈心室、心理矫正室、监控管理室、警务检察室，为社区服刑人员提供法律、政策、就业等服务。建立社区矫正工作联络员制度，区人民法院、区人民检察院、区公安分局（治安警察大队、刑事警察队、出入境管理大队）、区司法局，以及各派出所、司法所均明确1名社区矫正工作联络员。全区完成审前调查108份、假释评估22份，填报出入境报备书116份，新增社区服刑人员116人，到期解矫113人，迁居6人，死亡2人，对6名社区服刑人员予以收监执行。在册社区服刑人员165人，其中，缓刑144人，假释20人，暂予监外执行1人，无一脱管、漏管和重新犯罪。采取月度排查与重点时节排查相结合的方式，全面排查在册的社区服刑人员，与4名存在重新犯罪风险的社区服刑人员及其家人面对面交流，及时调整矫正手段，确保不发生突发事件。

【安置帮教】 2014年，高港区结合“互帮共建”工作要求，充分发挥监狱挂职民警的优势，定期组织社区服刑人员集中教育，讲解监狱内外监管差异，提升社区服刑人员改造

“法治的春天”文艺演出

自觉性。对14名社区服刑人员上门回访，公、检、法、司部门对全区社区服刑人员进行季度综合考评。通过公安机关网上追逃，成功抓捕1名脱管社区服刑人员。到盐城监狱开展延伸帮教活动，签订联合帮教协议，首次建立矫正帮教双向互动机制。依托泰州中航船舶重工有限公司，建立全区首个阳光服务中心。全区接受刑释解教人员151人，落实帮教151人，落实安置151人，帮教率、安置率均为100%。过渡性安置帮教基地9个，在册刑释解教人员693人，安帮人员衔接率、安置就业率、帮教率均为100%。

【法律服务】 2014年，高港区整合公共法律服务资源，优化公共法律服务网络，在加强公共法律服务区、镇街、村（社区）三级平台建设的基础上，组织律师、基层法律服务工作者、司法所工作人员与各村（社区）结对挂钩，担任法律顾问或法制副主任，实现村（社区）法律顾问全覆盖。开通“12348”法律咨询热线。推行预约上门服务，对行动不便的老年人、残疾人、正在接受住院治疗的病人等特殊对象，实行电话和网上预约，主动上门服务。推动“点援制”，公示法律援助律师姓名和办案专长，供受援人选择。组织律师、法律服务工作者和公证员参加“法润江苏”春风行动，到村（社区）发放宪法知识宣传单、赠送学习资料；集中开展情暖农民工和困难群众活动，免费提供咨询，受理相关申请；充实“三农”法律服务团力量，办理“三农”融资担保、农村经营管理、土地确权、产权制度改革等涉农公证事务，健全依法维权和化解纠纷机制，及时为解决假种子、假农药、假肥料等引发的集中性矛盾纠纷提供专业法律服务。全区律师和法律服务工作者开设各类法制讲座20余场次，参与基层矛盾纠纷调处100余起，为特困群体提供法律援助服务15次，办理法律援助案件270件，解答法律咨询1184人次，为企业和困难群体避免或挽回经济损失800余万元。

【聘请村（社区）法制副主任】 2014年，高港区从大学生村官、律师、基层法律工作者中，聘请村（社区）法制副主任84人。法制副主任三年一聘，主要职责包括指导开展法制宣传教育工作、解答群众法律咨询、帮助农村困难群众申请法律援助、协助提供法律意见和依法调处各类矛盾纠纷等。全年开展法制宣传教育16场次，解答群众法律咨询500余人次，帮助符合条件的困难群众申请法律援助11例，协助提供法律意见和依法调处各类矛盾纠纷200余次。

【法律援助公共服务团和刑事法律援助律师团成立】 2014年，高港区法律援助中心动员律师、法律工作者、法律援助志愿者，组建成立法律援助公共服务团和刑事法律援助律师团，构建法律援助专业化队伍，为基层群众提供法律咨询、代书和“点援”等公共法律服务。区法律援助公共服务团成员33人，其中，律师14人，基层法律服务工作者10人，法律援助志愿者9人，办理民事案件224件。区刑事法律援助律师团成员10人，办理刑事案件46件。

（张　曼）

人民武装

【概况】 2014年，区人武部有干部7人，职工8人。下辖镇街武装部7个和企业武装部3个，专职武装干部18人。预备役高炮某团直属队在高港区编化工连1个。

【思想政治建设】 2014年，区人武部积极开展党的群众路线教育实践活动，多方征集意见、建议23条，查找梳理4类12个问题，按计划召开专题民主生活会，相互提问题和意见25条。党委承诺办好的住房、医保、随军家属安置等10件事全部落实到位。按照“集中时抓够，分散时渗透”思路，结合整组和训演活动，各镇街落实3~4个课时的形势政策、民兵制度和解放军优良传统教育。结合征兵宣传，组织拍摄《人民海军从这里起航》宣传片。先后邀请海军指挥学院教授张晓林和国防大学教授王宝付给全区党政机关领导作国防形势报告。《泰州日报》《人民前线》《中国国防报》先后4次报道高港区党管武装、优抚安置、涉军维权等工作。

【民兵整组】 2014年，区人武部调查统计1个省级企业、4个国有企业、47个民营企业和28个高新技术企业民兵潜力情况，核实军事专业对口人员和退伍军人。经过整组，全区基干民兵数量1150人。新编新型队伍、应急队伍、支援队伍、储备队伍；预备役部队编1个工化连64人；人防编7支专业队200人；交通战备编4支队伍90人。

【兵员征集】 2014年，区人武部针对兵员征集方法和标准调整改革的实际，坚持政府主导、部门配合，早计划、早部署、早着手，开展征兵工作。高港区适龄青年网上登记报名率全市第一，参加目测初检、进区站体检比例全市第一。实现连续17年无责任退兵。6月，区人武部被南京军区评为征兵工作先进单位。

（王海翔）

人民防空

【概况】 2014年，泰州市民防局高港办事处（以下简称“高港人防办”）坚持“长期准备、重点建设、平战结合”方针，贯彻与经济社会相协调，与城市建设相结合，与防灾、救灾和处置突发事件相兼容原则，坚持防空防灾一体化，开展民防知识教育,加强民防基础设施建设。建成社区民防工作站33个,实现主城区社区民防工作全覆盖。

【民防知识教育】 2014年,高港人防办在各初级中学普及民防知识教育,开课率100%。提高青少年学生防空意识,普及战时防核武器、防化学武器、防高技术空袭,以及平时防灾、灭灾、防灾发事故知识和技能。5月14日,联合区教育局、民政局在高港实验学校开展防空防灾疏散演练,增强广大师生防空防灾观念,提高防灾减灾技能。

【防空警报试鸣】 5月12日和9月18日,高港人防办组织全区防空警报例行试鸣。防空警报鸣36秒,停24秒,连续3分钟;空袭警报鸣6秒,停6秒,连续3分钟。解除警报连续鸣3分钟。

【防护工程建设】 2014年,高港人防办坚持民防建设与城市基础设施建设融合发展,以"以建为主,建收并重"原则,加大防护工程建设力度。全年筹集人防经费2003万元。开放多个小区人防工程供业主停车。

(徐智昊)

消　　防

【概况】 2014年,武警泰州市消防支队高港大队(亦称"高港区公安消防大队",以下简称"区消防大队")共接警359起,比上年增加31起。出动车辆566辆次,出动警力2814人次,抢救被困人员24人,疏散被困人员8人,抢救财产价值201.60万元。其中,火警183起,增加32起,确认为火灾的71起,增加13起,上升22%;抢险救援类警情100起,减少2起,下降0.02%;社会救助类警情63起,增加36起,上升133%。

【执勤训练】 2014年,区消防大队开展地下建筑、大跨度和高层建筑实战训练,对训练塔整体升级改造,增设水泵结合器供水系统,购买训练器材装备。开展"实兵、实装、实地"灭火救援实战演练,完善编制8种类型灾害事故灭火救援预案,修订重点单位灭火作战预案120份,开展重点单位实地演练80余次。

【后勤保障】 2014年,全区各项消防业务经费275万元,其中,正常业务经费185万元,合同制专项经费60万元,永安中队运行经费15万元,应急救援队经费15万元。区政府投入308万元购置大功率泡沫水罐车1辆,投资120万元购置抢险救援车1辆。永安洲镇政府投资90万元购置水罐消防车1辆。区消防大队新购执勤车辆行车记录仪1台、GPS导航仪1台、防爆电台6部、POC(手机对讲)手机3部、双通道耳机2套,保证灭火救援现场通信指挥。与高港中医院、扬子江凯旋修理厂、大润发超市等单位签订战勤保障协议,形成指挥统一、平战结合、联勤保障、反应快速、协调有序的消防战勤保障体系。

【防火监督】 2014年,区消防大队检查单位1050个,发现并消除火灾隐患818处,发放责令改正通知书419份,临时查封6起,责令"三停"(停止施工、停止使用或者停产停业)9个,罚款110起,处罚金额62.26万元,拘留1人。开展消防宣传活动56场、灭火疏散演练36次,受教育人群2万余人。开展消防水源"彻查"行动,对全区市政消火栓、重点单位内部消火栓、天然水源进行实地调研、排查测试及维护保养,共检查维护市政消火栓218个,能正常使用的212个,完好率97.25%;检查重点单位内部消火栓71个,完好率100%;实地调研人工水源6处,天然水源8处,取水码头8处;协调住建部门维修消火栓28个、新增消火栓51个。 (李　缙)

区消防大队开展水源"彻查"行动

经　济

开放型经济

·进出口贸易·

【**概况**】 2014年，高港区完成进出口总额10.31亿美元，比上年减少17.76%。其中，进口7.29亿美元，增长10.51%；出口3.02亿美元，减少49.14%。由于国际航运市场持续低迷，原材料、劳动力成本持续上升，船舶出口继续下滑，船舶出口1.22亿美元，下降70.97%。海企化工品交易市场成立，化工品进口大幅上升，化工品进口0.68亿美元，增长86.16%。

【**企业自营进出口**】 至年末，全区有进出口实绩的企业累计121个，其中，外贸流通企业16个、自营生产企业55个、"三资" 企业34个。自营生产企业进出口1.59亿美元，比上年增长68.15%；"三资" 企业进出口7.50亿美元，下降15.30%；流通企业进出口1.22亿美元，下降55.51%。进出口产品涉及机电、船舶、大豆、纺织服装、建材化工、食品轻工等，主要出口亚洲和欧洲，主要从拉丁美洲、北美洲、亚洲和欧洲进口。

2014年高港区新增获自营进出口权企业一览表

表8

企业名称	企业名称
江苏恒新达国际贸易有限公司	江苏大力神链传动有限公司
江苏科茂机械有限公司	泰州市金唯斯国际贸易有限公司
江苏扬子催化剂有限公司	泰州豪洋国际贸易有限公司
江苏三木页岩气高压软管有限公司	泰州市中元织造有限公司
江苏澳伦特印刷器材有限公司	江苏耐特尔绳带有限公司
泰州市华强照明器材有限公司	江苏江洲农业科技发展有限公司
泰州金诚制药机械有限公司	泰州容天下贸易有限公司
泰州市口岸机带有限公司	江苏张驰轮毂制造有限公司
江苏佰鼎国际贸易有限公司	泰州市玉鸽工索机具有限公司
江苏格律斯科技有限公司	江苏扬泰电子有限公司
泰州凯瑞电子有限公司	泰州市柯普尼通讯设备有限公司
泰州市华东博能光伏电子科技有限公司	泰州永盛彩印包装有限公司

【上争进出口扶持资金】 2014年，全区外贸企业争取各类项目资金441.63万元。其中，中小企业国际市场开拓资金102.05万元，进口贴息资金12.16万元，双轮驱动资金114.42万元，国际展免申报项目补贴43万元，外贸公共服务平台建设项目补助资金170万元。

【组织企业参展广交会】 2014年，泰州远大旅游用品有限公司、江苏鼎元厨具有限公司、江苏神驰机电有限公司等11个企业参展第115、第116届广交会（中国进出口商品交易会），展出摊位38个，摊位类别涉及家具、工具、玩具、旅游休闲、餐具等，其中，一般性摊位28个、品牌摊位8个。企业签约成交额2500万美元。 （詹　降）

·利用外资和港澳台资·

【概况】 2014年，高港区新批外资和港澳台资项目18个，协议注册外资和港澳台资3.38亿美元，实际利用外资和港澳台资1.84亿美元。泰州亚力山卓家居有限公司、泰州大自然德森堡木业有限公司等重点项目落户高港区，明发城市综合体二期酒店项目开工建设。

【招商活动】 2014年，高港区先后到北京、福州、台湾开展专题招商活动，引进泰州亚力山卓家居有限公司等超1亿美元或超6亿元人民币项目4个，协议注册外资和港澳台资3.38亿美元，实际利用外资和港澳台资1.84亿美元。积极参加泰州（上海）投资说明会、厦门国际投资贸易洽谈会等招商活动，加强与国家、省级经济部门，以及世界500强、央企、上市公司的对接。全年组织特色产业招商、跨江联动、沿海招商、快递物流产业招商等重点招商活动10余次。

（包红燕）

2014年高港区新批“三资”企业一览表

表9　　　　单位：万美元

企业名称	企业性质	总投资	注册资本	协议利用资金
江苏天华索具有限公司	合资	158.70	158.70	117.58
泰州蓝科电子有限公司	独资	2980.00	2980.00	2980.00
泰州斯图登贸易有限公司	独资	2500.00	2000.00	2000.00
泰州宇铨影视设备有限公司	独资	200.00	200.00	200.00
泰州诚之杰贸易有限公司	独资	9.00	6.44	6.44
泰州亚历山卓家居有限公司	独资	9800.00	3500.00	3500.00
大自然（泰州）木业有限公司	独资	2100.00	1600.00	1600.00
泰州茂汇矿业有限公司	独资	2990.00	2910.00	2910.00
泰州麦欣墙纸有限公司	独资	2980.00	2920.00	2920.00
泰州正邦农业有限公司	独资	100.00	100.00	100.00
泰州广运农副产品有限公司	独资	50.00	50.00	50.00
泰州文森运动器材有限公司	独资	2980.00	2950.00	2950.00
泰州凯姆斯基电子有限公司	独资	2970.00	2960.00	2960.00
泰州振洲机械有限公司	独资	2980.00	2980.00	2980.00
泰州雅薇酒店有限公司	独资	500.00	500.00	500.00
泰州鸿昇电子有限公司	独资	2980.00	2980.00	2980.00
泰州品尚家居有限公司	独资	4800.00	4800.00	4800.00
泰州市华嘉服饰有限公司	独资	250.00	250.00	250.00

·经济技术合作·

【概况】 2014年，高港区实现外经营业额4238万美元，完成市交任务108.67%，比上年增长4.59%；新设境外企业4个，完成市交任务133.33%，新增境外投资2000万美元。泰州市高港对外经济技术合作有限公司新签劳务人员合同额600万美元，外派劳务人员172人次，累计在外劳务人员305人。

【境外工程承包】 2014年，江苏大江建设工程有限公司继续扩大安哥拉市场，承包卢班戈RED项目，合同额1000万美元；新签卡玛库巴一期开垦工程项目，合同额540万美元；签订瓦科贡古农牧培训学校维修项目，合同额39万美元。

【境外投资】 2014年，江苏旭浩投资有限公司在香港设立旭润国际有限公司，投资额1500万美元。江苏江洲农业科技发展有限公司在安哥拉设立大江农业科技发展有限公司，投资额100万美元。泰州市鼎顺投资有限公司设立安哥拉苏铁建设有限公司，投资额200万美元。泰州万邦环保设备有限公司设立万邦环保设备有限公司香港公司，投资额200万美元。 （李雪云）

·开发区建设·

■ 高新技术产业园区

【概况】 2014年，江苏省泰州高港高新技术产业园区实现地区生产总值78.24亿元，比上年增长18.37%；规模以上工业总产值225亿元，增长29.40%；公共财政预算收入3.41亿元，增长20.60%；高新技术产业产值120.68亿元，增长32.80%；服务业税收收入3.18亿元，增长57.29%；工业企业一般纳税人开票销售77.90亿元，增长24.10%；固定资产投资84.26亿元，增长32.68%。协议利用外资和港澳台资1.60亿美元，实际利用外资和港澳台资0.68亿美元。新增著名、知名商标5个，省、市名牌产品5个。新增省、市“两化”（信息化和工业化）融合试点企业5个，星级数字企业9个。园区被认定为江苏省“三网”（电信网、广播电视网、互联网）融合试点园区、省级生态工业园区，园区开发投资公司被评定为江苏省四星级中小企业公共服务平台。列2013年度江苏省开发区科学发展综合评价第39位，较2012年度上升7位。

【特色产业发展】 2014年，园区新型装饰材料、通用动力、汽车零部件等特色产业实现开票销售61.37亿元，占全部工业企业开票销售78.78%；实现产值168.13亿元，占全部工业总产值66.39%。江苏福马高新动力机械有限公司销售首次超1亿元。泰州统实企业有限公司新增2条制盖线投产，成为统一企业在华东地区的最大瓶装饮料生产基地。省墙纸质量监督检验中心建成运营，泰州高港汽车零部件科技产业园获批省级科技产业园。

【项目建设】 2014年，园区新引进总投资9800万美元的亚力山卓高档家具项目，总投资4600万美元的大自然复合地板项目，总投资10亿元的江苏苏萨植物蛋白饮料项目，实际利用外资和港澳台资6810万美元。全年投资建设产业、城建等项目25个，总投资72.60亿元。江苏鹏翎胶管有限公司年产1.50亿件汽车用流体管路项目正式投产；泰州金海运船用设备有限公司船用设备项目、江苏张弛轮毂制造有限公司轮毂制造项目、江苏保力自动化有限公司纸币自动封包项目、泰州铭建精机模具有限公司精密模具项目、泰州宇铨影视设备有限公司五金器材项目等完成厂房装修。泰州麒润电子有限公司年产6000吨异型铜带、江苏典雅墙纸有限公司新上3条生产线等在建项目完成全部工程建设，江苏扬子江车辆配件有限公司通机缸体项目完成项目报批。

【基础设施建设】 2014年，园区永盛路东延、永福路建成通车，创新大道改造、解放路东延、三星路改造工程建成通车，共建成道路8千米。完成污水主管网铺设8千米，自来水主管网铺设7千米，供热管网铺设2千米。完成安置房建设6万平方米，完成拆迁任务4.50万平方米。台湾国际新城商铺和别墅区19栋主体验收完成，明发商业广场11栋高层全部封顶，许庄农贸市场主体建成。

【科技创新】 2014年，园区新增万向精工江苏有限公司、泰州市东田电子有限公司、泰州市追日齿轮有限公司、江苏追日同步器有限公司4个高新技术企业，新认定省级高新技术产品20项，新建企业研发机构6个，获各项科技奖励资金605万元。完成专利申请量735件，其中发明专利申请量182件，专利授权量281件。

【省级“三网”融合试点园区】 园区累计投入43.25亿元，实现辖区

大自然木门泰州工厂落成仪式

内宽带通信网络覆盖，光纤网络通达各企业，全部村（社区）具备宽带上网条件，村（社区）光纤通信网接入率98%，城市新区、新建小区实施光纤入户，中国地面电视广播（CTTB）、中国移动多媒体广播（CMMB）建设加快，移动宽带网络覆盖率100%。园区内有泰州市华强照明器材有限公司、江苏联星光电有限公司、泰州海天半导体有限公司、泰州市友润电子有限公司等40余个电子信息产品制造企业。1月，园区被省经济和信息化委认定为江苏省“三网”融合试点园区，为全市首个。

【省级生态工业园区】 园区供热、供气、污水管网等环保基础设施累计投入10.80亿元，实现集中供热、供气及污水集中收集处理。投入3000余万元对4条中沟实施清理、疏浚、绿化。新建绿化面积100万平方米，安装LED节能路灯近800盏。园区通过ISO 14001环境管理体系认证，重点企业通过清洁生产审核。实现污染源在线监控，各类污染物稳定达标排放。否决不符合环保要求项目6个，其中1亿元以上项目3个，淘汰一批落后产能企业。刁铺街道、许庄街道创成国家级生态街道，许庄中心小学、刁铺环溪小学获省绿色学校称号，乔杨社区、马厂社区、通太社区获市绿色社区称号，泰州市华强照明器材有限公司、华润雪花啤酒（泰州）有限公司等企业获市绿色企业称号。11月，园区被省环保厅、科技厅、商务厅认定为省级生态工业园区。

（王　娜）

■ 泰州港核心港区

【概况】 2014年，泰州港核心港区实现地区生产总值76.72亿元，比上年增长19.67%。公共财政预算收入4.63亿元，增长35.96%。全社会固定资产投资102.93亿元，增长27.51%。工业总产值400.93亿元，规模以上工业总产值393.23亿元，分别增长34.30%和34.50%。高新技术产业产值104.42亿元，增长28.79%；服务业增加值20.58亿元，服务业税收3.48亿元，分别增长22.76%和24.88%。自营进出口总额2.42亿美元。新批外资和港澳台资项目6个，协议利用外资和港澳台资1.52亿美元，实际利用外资和港澳台资7289万美元。获2014年度全区工作目标综合考评先进园区（镇街）一等奖。

【基础设施建设】 2014年，园区建成环港大道、建桥路东延、兴园路等主次干道20余千米，铺设污水管网、供气管网、供热管网10余千米，全面拉开社区工业园和新材料产业园道路框架。投入160余万元建设化工集中区在线监测监控预警系统与空气监测平台，主要污染物排放完成区交指标。总投资5亿元的核心港区集装箱码头开港试运行。

【重大项目建设】 2014年，园区新开工1亿元以上项目19个，其中10亿元以上项目3个。投资20亿元的扬子江药业集团江苏龙凤堂中药项目一期工程开始设备安装调试，投资18亿元的江苏汇福蛋白科技有限公司年处理油料240万吨及饲料蛋白生产线项目和植物油精炼及综合深加工项目全面打桩施工，泰州市天润合成化工有限公司年产10万吨风电叶片用改性环氧树脂生产线项目、恒达化工科技（泰州）有限公司年产2万吨羧甲基纤维素钠生产线项目、江苏春之谷食品有限公司高端VE和植物甾醇酯二期项目等9个项目按序时建设，益海（泰州）粮油工业有限公司稻米油项目、江苏扬子催化剂有限公司年产2000吨重整催化剂项目等6个项目按期竣工。

【服务业发展】 2014年，园区实现服务业增加值20.58亿元，服务业税收3.48亿元，完成服务业固定资产投资46.18亿元。高港综合物流园

泰州港核心港区（高港）集装箱码头

建成百亿级省现代服务业集聚区，泰州化工产品交易市场创成首批省级进口商品交易中心，江苏海企化工仓储有限公司入选省现代服务业“十百千”行动计划创新型企业。

【科技创新】 2014年，园区完成高新技术产业产值104.42亿元。全年申报专利594件，其中发明专利180件，授权293件。江苏泰氟隆科技有限公司、泰州新安阻燃材料有限公司、江苏能建机电实业集团有限公司、泰州市博泰电子有限公司4个企业被认定为省高新技术企业，获批省高新技术产品26个、高新技术产业项目75个。新增注册商标80件，获批市名牌产品4个、省名牌产品1个，泰州市博泰电子有限公司被评为省“两化”融合示范企业。

【江苏龙凤堂中药项目启动】 2月28日，扬子江药业集团江苏龙凤堂中药项目奠基仪式在核心港区举行。项目总投资45亿元，总用地100公顷。分三期实施，一期项目占地41.33公顷，主要包括3个制剂车间、包辅材成品仓储系统、动力中心等，年产口服液7.20亿支、颗粒剂10亿袋、片剂5亿片、胶囊剂8亿粒；二期项目占地29.33公顷，建设提取车间、前处理车间、质检研发大楼、龙凤阁、宿舍生活区等配套设施，总建筑面积23万平方米，年提取中药材2.50万吨；三期项目建设中药现代化技术研究中心、中药新药研发中心和保健品、化妆品基地。

【能建集团建成国内最大蓝宝石生产基地】 2014年，江苏能建机电实业集团有限公司增资1亿元，扩大新疆蓝宝石生产基地产能，增加蓝宝石泡生晶体炉110台(套)，建成全国最大的蓝宝石生产基地。主要生产蓝宝石手机屏幕切片，并与某品牌手机制造商达成月供200万片蓝宝石窗口切片协议。

【益海粮油获评省工业旅游示范点】 益海粮油工业景观廊道于2011年建成对外开放，全长400米，总面积约700平方米，共分为品牌历程和建设展、营养健康科普宣传展、互动观摩厅、产品展示厅等8个部分。可视化小包装油生产工艺展览区采用钢化玻璃将参观区与生产区隔开，参观者可透过玻璃看到注塑、吹瓶、灌装等生产流程。累计接待参观7万余人。4月，益海(泰州)粮油工业有限公司被评为省工业旅游示范点。 (李 誉)

■ 临港经济园

【概况】 2014年，临港经济园实现地区生产总值84.72亿元，比上年增长18.40%；完成公共财政预算收入2.61亿元，增长19.30%。规模以上工业产值225.57亿元、销售81.37亿元、利税29.36亿元、利润17.14亿元，分别增长25.10%、49.90%、24.70%、25.40%。完成高新技术产业产值88.80亿元，占规模以上工业39.50%，比上年提高2个百分点。共引进项目16个，其中1亿元以上项目9个，总投资19.50亿元。协议利用和港澳台资5000万美元，实际利用外资和港澳台资3317万美元。

【基础设施建设】 2014年，园区远东大道、龙窝路、文圣路3条横向主干道，团结路、水岸路、景城路、友谊路、客瑞斯路、新乔路6条支路全部建成通车，总长8.62千米，累计完成投资1.86亿元。路网、管网、电网、水网等地下管网设施更加完备。6栋4层7.20万平方米的标准厂房全面竣工。

【项目建设】 2014年，园区新开工项目8个，续建项目10个，全年完成投资25.50亿元。泰州诚达精工新材料有限公司、中通速递泰州集散中心、江苏昆仑光源材料有限公司、江苏环球船舶配套设备有限公司、江苏格律斯科技有限公司、江苏省特种安全防护产品质量监督检验中心、标准厂房等项目建成投产。江苏扬泰电子有限公司一期、江苏港城中药养生有限公司、泰州汇锦电子有限公司、圆通速递泰州集散中心、国通速递泰州集散中心、江苏天华索具有限公司、江苏安奇正消防设备有限公司、江苏苏骏纺织有限公司、江苏凯越基础工程有限公司等项目加快推进。

【企业转型升级】 2014年，园区按照“六化”(品牌化、标准化、资本化、上市化、信息化、高端化)要求，积极引导企业转型升级。泰州苏中天线集团有限公司C70G组合天线被认定为国家重点新产品，能量回收装置获中国、美国、日本、德国发明专利授权。绳网吊索具协会开展行业标准制订工作，江苏正申索具有限公司、江苏海通索具有限公司等重点吊索具企业创成省著名商标。泰州市榕兴抗粘敷料有限公司加快推进“新三板”上市步伐，其医用水胶体敷料项目被国家火炬计划立项。泰州市创新电子有限公司、泰州苏中天线集团有限公司获评江苏省名牌产品。江苏扬子江药业集团凯威药用包装有限公司技术中心通过省级认定。

【省特种防护产品质量监督检验中心投入使用】 7月，江苏省特种安全防护产品质量监督检验中心正式迁至高港区临港经济园。项目占地1公顷，总投资5000万元，新建办公楼和检验用房等配套设施，建筑面积约9000平方米。该中心为省内唯一的省级特种安全防护产品专业检测机构，拥有功能齐全的静电、绝缘、高湿、无菌等特殊性能试验室和先进的仪器设备。业务范围覆盖11个省(市)的2000余个生产企业，检测能力涵盖吊索具、消防防护产品、安全网等74个产品、197个参数。

(戚冬娟)

农　业

【概况】2014年，高港区粮食生产实现十一连增，平均单产475.30千克。畜禽养殖平稳发展，生猪、家禽和奶牛规模养殖比重分别达81.73%、98.61%、100%。有序推进土地适度规模经营，小农场、农业龙头企业、农民合作组织、专业大户分别达到193个、15个、280个和186户，新型规模经营主体规模经营面积6647公顷，占承包耕地面积比重62.40%。实施高标准农田项目867公顷，成功获批国家级农业综合开发项目县。推广各类农机具159台（套），农机化水平达84.50%。推动农业社会化服务组织建设，经工商注册登记的农业社会化服务组织77个，全区专业化统防统治和联防联治覆盖面70%。完善农产品质量安全追溯监管信息平台建设，农产品质量抽检合格率100%，获市考评一等奖。新申报无公害农产品25个，有机农产品33个。完成成片造林307公顷，森林抚育面积533公顷，建成省级村庄绿化示范村11个。农业利用“三资”8.59亿元，其中1000万元以上农业内资项目6个，总投资1.30亿元。农业实际利用外资和港澳台资660万美元，农产品出口774万美元。秸秆禁烧和综合利用工作考评继续名列市区第一。创成全省唯一一个内陆平安渔业县（区）。区农委被省委宣传部等部门评为全省文化科技卫生“三下乡”工作先进集体。

【农业执法检查】2014年，高港区开展农资打假、农药监管年专项检查、高毒农药专项整治、农业投入品专项整治、种子市场执法检查等活动，保障农业生产安全和农产品质量安全，维护农民合法利益。全区镇级农资经营店检查覆盖率100%，农产品生产基地检查覆盖率100%，组织各类农业执法检查专项行动46次，出动执法人员1000余人次，检查整顿农资经营企业及经营户300余个。立案查处各类农业违法案件9起，其中，农药案件3起、肥料案件4起、野生动物保护案件2起，放生青蛙200余千克。抽样检测各类农资产品35批次，监督抽样农产品29批次。联合市农委、公安、工商等部门开展执法检查2次。

【农业保险】2014年，高港区水稻、小麦、油菜、能繁母猪执行100%承保率，高效设施农业做到应保尽保。高效设施农业保险总保费580.51万元，新开办苗木和仔猪保险，在全市开出淡水鱼保险第一单。（常　虎）

·种　植　业·

【概况】2014年，高港区农作物总播种面积27380公顷。其中，粮食面积19620公顷，比上年减少0.81%，总产量13.99万吨，减少0.60%；油料面积2190公顷，增加9.50%，总产量6786吨，增加9.90%；蔬菜（含菜用瓜）播种面积4870公顷，增加15.40%，总产量16.38万吨，增加23.40%。

【粮食生产】2014年，高港区水稻种植面积7740公顷，比上年减少1.53%；公顷产9307.50千克，减少0.39%；总产7.20万吨，减少1.90%。推广迟熟中粳武运粳24，种植面积3333.33公顷，公顷产9525千克；早熟晚粳南粳5055，种植面积4200公顷，公顷产9165千克。夏粮生产面积9430公顷，增加0.32%，公顷产5967千克，增加0.91%，总产量5.63万吨，增加1.23%。其中，小麦种植面积9040公顷，增加0.22%，公顷产6307.95千克，增加5.80%，总产量5.70万吨，增加2.60%。小麦单产和总产创新高。品种推广以扬麦20为主，搭配种植宁麦19，均为大穗型高产品种。

【油料生产】高港区油料作物主要为油菜籽和花生。2014年，油菜籽种植面积1390公顷，公顷产2730千克，总产量3795吨，比上年分别增加13.90%、2.20%、16.50%。花生种植面积790公顷，公顷产3754.50千克，总产量2966吨，分别增加2.60%、0.04%、2.60%。

【种植业补贴】2014年，高港区水稻直补面积7993公顷，补贴300元/公顷，补助239.79万元。农资综合补贴面积9848公顷，补贴1527.42万元。良种补贴资金342.48万元，其中，水稻良种补贴面积7940公顷，补助225元/公顷，补贴178.65万元；玉米良种补贴面积577公顷，补助150元/公顷，兑付资金8.66万元；小麦良种补贴面积8891公顷，补助150元/公顷，补贴133.37万元；油菜良种补贴面积1455公顷，补助150元/公顷，补贴21.83万元。

【高产增效创建】2014年，高港区共创建省部级万亩示范方4个，其中，部级1个、省级3个。胡庄镇整镇推进水稻高产增效创建，南北各建省级示范方1个，同时建有省级小麦示范方1个。永安洲镇建设部级水稻万亩示范方1个。4个示范方建设均通过省、市级验收，胡庄镇水稻北片示范方平均实产10572千克/公顷，永安洲镇实产10005千克/公顷，比上年分别增加13.50%和7.50%。

·林　　业·

【概况】2014年，高港区新建、完善绿色通道18千米，完成成片林造林面积307公顷，以银杏路为重点打造高标准农田林网2667公顷，森林抚育面积533公顷，建成11个省级村庄绿化示范村。新建长江江滩、西干河、引江河3个湿地保护小区，面积356.70公顷，自然湿地保护率48.40%；新建大泗枫香基地、

5.30公顷刁铺桂花良繁基地、26.70公顷白马优质桃树基地和4公顷许庄林苗基地。

【银杏树】 2014年，高港区现存100年以上的银杏嫁接树2351株。定植银杏树114万株，其中，挂果树近76万株，盛果树11万株。年产白果5800吨以上，年产银杏外种皮6000吨以上、中种皮（种壳）150吨左右。银杏大田成片林467公顷，银杏围庄林面积5067公顷，各种规格的苗木45万株左右。年产银杏干青叶760吨以上。银杏活立木蓄积量9.60万立方米，并以2000立方米/年的速度递增。雄银杏1.30万株。（常 虎）

·畜 牧 业·

【概况】 2014年，高港区实现畜牧业总产值4亿元、增加值2亿元。出栏生猪13.70万头、山羊1.85万只、家禽164.60万羽。生猪大中型规模养殖比重70.02%，山羊规模养殖比重42.01%。有县级以上规模养殖场274个，其中，生猪养殖场189个、山羊养殖场27个、蛋禽养殖场29个、肉禽养殖场27个、奶牛养殖场2个。

【动物疫病防控】 2014年，高港区牲畜口蹄疫和高致病性禽流感等重大动物疫病应免率、抗体检测合格率、免疫标识配戴率、免疫档案建档率均达100%。采集畜禽血样1909份，检测抗体5665份，发放使用消毒药3.20吨，消毒面积240.05万平方米。开展人感染H7N9流感应急处置工作，排查家禽养殖场（户）10966个，查看各类家禽59万羽，抽样监测家禽血样1010份，经血清学监测，结果均为阴性。

【动物检疫监督】 2014年，高港区未发生动物及其产品安全事件，采样送检1390份，无不合格样品。检测“瘦肉精”10943份，无阳性。出动执法人员350人次，检查兽药经营部8个、饲料生产企业3个，监管市级以上规模养殖场93个，未发现违法违规现象。

【畜禽屠宰监管】 2014年，高港区完成区级层面畜禽屠宰监督管理职责调整和交接工作。在区农委畜牧兽医科增挂“畜禽屠宰管理科”牌子；明确各镇街畜牧兽医站具备独立事业单位法人资格，并增挂“泰州市高港区动物卫生监督所××分所”牌子。区政府召开全区生猪屠宰管理工作会议，部署生猪屠宰清理整顿工作。区农委、公安分局、工商分局、食品药品监管局等部门开展生猪屠宰清理整顿联合执法行动3次，查处依法应检疫而未检疫的动物及动物产品案件6起，保障肉品质量安全。（常 虎）

·园 艺 业·

【蔬菜业】 2014年，高港区蔬菜（含菜用瓜）播种面积4.87千公顷，比上年增加15.40%，总产量16.38万吨，增加23.40%。蔬菜产值4亿元，年外销蔬菜3.55万吨。

【果树果品】 2014年，高港区规模较大的经济林果种植面积333公顷，其中，泰州市御庐园现代农业科技有限公司种植经济林果33公顷，主要种植设施葡萄、油桃、杏等；许庄农业科技示范园种植经济林果33公顷，主要品种有葡萄、桃、冬枣等。泰州市逸夏果品有限公司的葡萄生产基地及其产品获省无公害农产品证书。

【花卉苗木】 2014年，高港区有规模兰花企业8个，名贵兰花品种500个。以白马科技示范园、高港农业生态园、永安洲防护林苗圃板块为中心，成立苗木生产专业合作社，加大招商引资力度，扩大花卉苗木生产基地。发展苗木基地20余个，花卉苗木产业面积1333公顷，在田苗木150余万株，带动农户1000余户。（常 虎）

·渔 业·

【概况】 2014年，高港区水产品养殖面积617公顷，总产量5914.50吨，实现渔业总产值1.56亿元。投放各类鱼种150万千克。新增高效设施渔业面积25.33公顷，新增微孔增氧20公顷。共有休闲渔业单位23个，渔业经济合作组织14个，合作组织养殖面积400公顷。泰州丰汇长江水产有限公司被农业部评为水产健康标准化示范场，全区有部级水产健康养殖示范场4个。

【省平安渔业示范县（区）】 2013年起，高港区启动江苏省平安渔业示范县创建工作，形成区政府统一领导，渔业主管部门、安全生产综合监管部门、各镇街和渔民广泛参与的创建格局。开展平安捕捞、平安渔业示范镇、平安渔业示范村、平安渔业示范船系列创建活动。排查出隐患渔船26艘，查处电、毒、炸鱼案件12起。实施渔船集中停泊，在醒目位置设置警示牌。开展水产品质量安全专项整治行动30次，检查内容涉及违禁药物、违禁饲料添加剂、苗种生产持证情况、鱼药经营持证情况、生产记录和用药记录是否完善。开展渔船更新改造工程，长江渔船更新改造率90%以上。渔业公司建立渔业学校，对渔船船员进行法律、法规、实用技术和安全知识培训，船员持证率100%。鼓励、引导船东和渔民购买渔业互助保险，渔民人身保险参保率100%。制定渔船自救、互救激励机制，免费为渔船配置救生衣、救生圈585件，所有渔船救生衣、救生圈、灭火器、太平斧等安全设备齐全。各镇街、村（社区）、组、船主、渔业企业签订安全生产责任书214份，覆盖率100%。水产、安监、交通、公安、海事等部门及永安洲镇共建长江水上安全生产、搜救联动机制。2014年12月，经省海洋与渔业局、省安监局考核，高港区被评为2013~2014年度（内陆）江苏省平安渔业示范县，为全省内陆唯一，也是全市首个。

【高港区江鲜养殖园区】 位于永安洲镇东江社区。2014年，投入资金750万元，建设工厂化养殖车间5658平方米，标准化渔池7.30公顷，开展刀鱼、鮰鱼、中华鲟、河豚、长江青虾、铜鱼等长江名贵水产品的养殖，投放苗种130万尾。开展河豚与青虾高效混养、鮰鱼工厂化养殖试验。（常 虎）

·农业产业化·

【概况】 2014年，高港区实施农业产业化项目2个，分别为省级引导资金项目无致敏脱苦白果多肽面研制，国家农业综合开发产业化经营项目1万吨速冻食品加工新建贴息项目，获省级以上财政资金补助130万元。新增农业经营主体规模经营面积1100公顷，新型适度规模经营主体适度规模经营比重60.80%，比上年提高10.40个百分点。建成市级示范家庭农场12个，累计建立小农场139个，规模经营面积3100公顷。白马镇岱白村被认定为全国"一村一品"示范村，江苏康贝宠物食品有限公司获批江苏省出口农产品示范基地，泰州市乐太食品有限公司被认定为市级农业产业化龙头企业。

【农产品质量建设】 2014年，高港区加强农产品质量安全监管站规范化运行建设，推进农产品质量安全信息化进程。区级、7个镇街监管站和7个规模果蔬基地监测点共上传速测果蔬样8722个，合格率99.99%；发布监管动态信息365条，添加巡查记录421条。开展"三品一标"（无公害农产品、绿色食品、有机食品和农产品地理标志）的认证和获证后监管工作，新申报无公害农产品25个，有机食品33个。获评泰州市十佳诚信单位1个、诚信单位8个、守信单位1个。

【"一村一品"建设】 2014年，高港区建设"一村一品"专业特色村9个，其中，蔬菜瓜果类3个、花卉苗木类2个、粮食种植类1个、畜禽类2个、水产养殖类1个。主导产业总收入3.66亿元，从事主导产业的农户数5111户，特色产业种植面积967公顷，水产品养殖面积233公顷，永安洲镇永胜村（葡萄种植）为省级"一村一品"示范村，白马镇岱白村（花卉苗木种植）为全国"一村一品"示范村。

【上膳源泰州农场】 上膳源泰州农场位于高港现代农业产业园区，规划用地333.33公顷，总投资5000万元，集有机农业生产、农业观光旅游和高效农业示范为一体。其中，一期用地85公顷，建成3.33公顷连栋大棚温室、53.33公顷钢架大棚、10公顷林下畜禽养殖基地、冷藏物流中心。6月，上膳源泰州农场成功通过南京国环有机成品认证中心认证，进入有机转换期。产出蔬菜品种均送SGS瑞士通用公证行、上海谱尼测试中心检测。7月，正式开园。（常 虎）

·农业综合开发·

【概况】 2014年，高港区新建高标准农田867公顷，总投资1836.95万元，其中财政资金1780.95万元。项目区共建设泵站11座，硬质明渠19.53千米，暗渠2.90千米，农桥10座，涵洞60座，硬质水泥路20.17千米，项目区农民年人均增收270元。

【获批国家农业综合开发项目县（试行）】 5月初，国家农业综合开发办公室下达批复，同意高港区为2014年新增国家农业综合开发县，试行期1年。1年试行期满后，组织开展新增开发县的工作绩效、机构设置、人员配备等考核，考核合格即正式批准为国家农业综合开发县。

（常 虎）

·农业机械·

【概况】 2014年，高港区经工商注册登记的农业社会化服务组织77个，专业化统防统治和联防联治覆盖面70%，永安洲镇、胡庄镇基本实现统防统治全覆盖。"农机化提升年"活动成效明显，主要农作物生产基本实现全程机械化，推广各类农机具159台（套），农机化水平84.50%。

游客参观上膳源泰州农场土猪园

口岸街道徐庄村水稻田全部实行机插秧

探索农机跨区合作服务新模式，与兴化创优农机服务专业合作社签订合作协议，互调农机参与作业。

【水稻种植机械化】 2014年，高港区新增6行乘坐式插秧机11台，插秧机保有量725标台，实现机插秧大田面积6800公顷，机插率88%。

【秸秆还田机械化】 2014年，高港区秸秆还田面积13687公顷，还田率85%。其中，夏季7720公顷，还田率93%；秋季5967公顷，还田率73.90%。

【农机监理】 2014年，高港区落实农机安全生产责任制，深化安全生产专项治理活动，构建"平安农机"长效机制。注册登记联合收割机9台，拖拉机30台。年检拖拉机385台，年检收割机102台；驾驶员换证46人；注销驾驶员1140人；注销长期脱检的变型拖拉机256台；投保各类农机政策性保险233份。查处违章拖拉机52台、驾驶员50人。

（常　虎）

·农业园区·

【概况】 2014年，高港区有各类农业园区9个，其中，省级园区1个、市级园区3个、区级园区5个。9个园区分别为省级高港现代农业产业园、胡庄镇果蔬园艺产业园、大泗生态种养产业园、白马现代农业产业园、江苏中药科技园、腾龙林业科技园、高港现代渔业园、永安洲御庐园和胡庄提水养殖园，总面积3220公顷，累计投入7.17亿元。

【江苏泰州高港现代农业产业园】 位于胡庄镇，创建于2008年，2011年被认定为省级农业园区。共有高效农业2000余公顷，形成"一园五区"的格局。其中，设施农业果蔬种植区666.67公顷、中草药种植区333.33公顷、花卉苗木种植区333.33公顷、提水养殖区333.33公顷和银杏种植区333.33公顷。2014年，以上膳源泰州农场建设为核心，开展园区提档升级改造，投入2000万元，建成有机蔬菜生产区、育苗中心、冷藏物流中心和有机体验中心主体结构。蔬菜种植品种150种，畜禽养殖品种数十种。

【大泗生态种养产业园】 位于大泗镇，面积167公顷，落户企业近20个，2013年被认定为市级生态种养产业园区。园区规模养殖比重100%，其中，泰州市大江禽业有限公司、泰州市金路禽业有限公司存栏蛋鸡5万羽以上，江苏西来原生态农业有限公司年养殖山羊1万余头，江苏常泰农牧科技有限公司存栏种猪1300头、出栏苗猪2万头。园区获批市级以上农业龙头企业2个，认证无公害农产品产地6个、无公害农产品产品6个，注册商标3个，泰州老字号1个。　（常　虎）

工　业

【概况】 2014年，高港区完成工业总产值1548.56亿元，比上年增长20.70%；规模以上工业产值、销售、利税、利润分别达1438.80亿元、1392.33亿元、195.73亿元和122.93亿元，分别增长22.20%、20.40%、19%、22.50%。实施1亿元以上重大工业项目31个，工业投资财务发生数126.14亿元，增长36%。高港区被评为2014年度全市工业经济工作目标考核先进市（区）；扬子江药业集团、益海（泰州）粮油工业有限公司被评为工业国税开票销售十强企业；泰州市博泰电子有限公司被评为十佳转型升级示范企业；扬子江药业集团碘酒海醇注射液、盐酸格拉司琼葡萄糖注射液等国家新药生产线项目，泰州市鹏翎胶管有限公司年产15000万件橡胶板、管、带及橡塑制品项目被评为十佳工业投资重大项目。

【重大工业项目建设】 2014年，全区实施1亿元以上工业投资项目31个，其中新开工15个，完成技改投入87.65亿元。江苏福马高新动力机械有限公司、江苏华夏重工有限公司、泰州鹏翎胶管有限公司、益海（泰州）粮油工业有限公司、江苏昆仑光源材料公司、泰州市亚星塑业有限公司等企业的项目竣工投产或部分竣工投产，全年新增产值45亿元。高港高新区的江苏张驰轮毂制造有限公司、江苏保力自动化科技有限公司、江苏博莱登汽车部件有限公司、泰州麒润电子有限公司项目，核心港区的江苏创亿机械有限公司、扬子江药业集团江苏龙凤堂中药有限公司、江苏汇福蛋白科技有限公司、益海（泰州）粮油有限公司项目，临港经济园的泰州诚达精工新材料有限公司、江苏扬泰电子有限公司、泰州市东方印刷版材有限公司项目，大泗镇的江苏宇马铝业有限公司、江苏三木页岩气金属软管有限公司项目，胡庄镇的江苏乐彩印刷材料有限公司项目等有序推进。31个重大项目中，属于新医药、粮油食品、装备制造、新材料四大支柱产业的项目22个，占总数的70.97%。

【企业“六化”工程】 2014年，高港区继续推进企业“六化”（品牌化、标准化，资本化、上市化，信息化、高端化）转型升级工程。以品牌化、标准化提升行业话语权。全区获批江苏省名牌产品2个、泰州名牌产品8个、农产品名牌产品1个、服务业名牌1个，获批省政府质量奖1个、泰州质量管理奖1个、泰州服务质量奖2个，新增省级标准化良好行为企业3个，制（修）订国家标准1个、行业标准9个。以资本化、上市化提升资本运营力。邀请华泰证券、申银万国等券商，为规模以上企业提供上市培训、咨询和辅导，引导企业加快股份制改造，建立现代企业管理制度。以信息化、高端化提升企业核心竞争力。泰州口岸船舶有限公司被工业和信息化部列为“两化”（信息化和工业化）融合管理体系贯标试点企业，泰州市博泰电子有限公司被认定为江苏省“两化”融合示范企业，江苏神驰机电有限公司、益海（泰州）粮油工业有限公司、泰州市恒源化织厂被认定为江苏省“两化”融合试点企业，新增市“两化”融合示范企业、试点企业各3个；江苏宇马铝业有限公司被认定为江苏省五星级数字企业，新增三、四星级数字企业23个；核心港区通过江苏省“两化”融合示范园区复核；江苏扬子江计算机科技有限公司被认定为省规划布局内重点软件企业，1个软件产品被评为江苏省金慧奖，江苏扬子江计算机科技有限公司和泰州板桥软件有限公司各有1个软件产品被评为泰州市优秀软件产品。江苏扬子江药业集团凯威药用包装有限公司建成省级企业技术中心，江苏保力自动化科技有限公司等8个企业建成市级企业技术中心。

（鲍　馨）

·新医药产业·

【概况】 2014年，高港区新医药产业实现产值491.83亿元、销售470亿元、利税55.06亿元，比上年分别增长18.20%、17.60%、21.50%。有规模以上企业4个。

【江苏扬子江药业集团凯威药用包装有限公司】 创建于1994年，位于口岸街道朱营社区。占地面积13.33公顷，建筑面积2.50万平方米。主要生产药用PVC硬片、药用PVC/PVDC复合硬片及工业挤出片。拥有压延线8条、复合线2条、纸箱生产线1条。有职工338人，其中中高级职称人员70人。2014年，投资5000万元改造、升级生产设备，投资150万元用于绿化建设。

（鲍　馨）

·粮油食品产业·

【概况】 2014年，高港区粮油食品产业实现产值173.04亿元、销售159.92亿元、利税27.45亿元，比上年分别增长16.60%、9.70%、10%。

【益海（泰州）粮油工业有限公司】 成立于2006年，位于核心港区内。总投资2.31亿美元，注册资本8900万美元，占地近40公顷。主要从事大豆、菜籽等农产品的生产加工、仓储及销售，是“金龙鱼”系列油和米的主要生产基地之一。2014年，公司加强食品安全、劳工安全、信息平台建设，获全国放心粮油示范企业、全国AA粮油信用企业、江苏省“两化”融合试点企业、江苏省工业旅游示范点等称号。12月，年加工30000吨稻米油项目投产。

【泰州统实企业有限公司】 创建于2012年，由台湾统一实业股份有限公司投资兴建，位于高港高新区内。总投资9000万美元，注册资本3000万美元，是高港区投资规模最大的台资企业。有员工400人，其

益海粮油“金龙鱼”油包装线

中高级技术人才64人。建有饮料充填生产线3条和制盖线6条，生产"统一"牌冰红茶、低糖绿茶、鲜橙多、蜜桃多、冰糖雪梨、阿萨姆奶茶、伯爵奶茶等饮料，主要销往华东区。通过ISO 9001质量管理体系、ISO 22000食品安全管理体系认定。

【华润雪花啤酒（泰州）有限公司】 创建于2011年1月，位于高港高新区内，由央企华润集团旗下华润创业公司投资新建，年产啤酒20万吨，注册资本1900万美元。公司占地面积15.33公顷，有员工284人。主要产品有雪花勇闯天涯、雪花干醇、雪花冰醇、雪花原汁麦、雪花清爽和三泰银爽、三泰纯鲜啤酒，产品覆盖泰州、南通、盐城、扬州等市场。2014年，投入54万元完成氨制冷自动控制改造；投入71.84万元用于污水、固体废物处理；投入90.45万元进行技术改造，降低水、电、汽消耗。全年实现产量109973.24千升、销量124333.37千升。

【江苏康贝宠物食品有限公司】 创建于1992年，位于许庄街道创业大道南侧，集研发、生产、销售宠物食品为一体的实业公司。注册资本2000万元，总资产9000万元。员工580人，工程技术人员138人，其中中高级职称82人。有狗咬胶、肉制品、鸟食、小动物食品、烘焙五大生产线，年加工能力6亿吨。（鲍　馨）

·装备制造产业·

【概况】 2014年，高港区装备制造产业实现产值489.54亿元、销售477.58亿元、利税70.25亿元，比上年分别增长29.60%、28.30%、26.70%，有规模以上企业85个。其中，船舶行业实现产值251.71亿元、销售244.31亿元、利税37.27亿元，有规模以上企业11个；机电行业实现产值158.37亿元、销售155.31亿元、利税23.84亿元，有规模以上企业39个。

【泰州口岸船舶有限公司】 2014年，公司完工交付18艘船。新接订单4艘，共22万载重吨，在手订单43艘，共330万载重吨，生产任务排产至2017年上半年。合作开发新船型产品8项，自主研究开发新船型产品1项，自主研究开发新技术、新工艺26项，申报国家专利16项。自主开发应用软件10项，其中6项获国家软件著作权登记证书。公司研发的45车/999客客滚船和节能环保型64000载重吨散货船被江苏省科技厅认定为高新技术产品。引进硕士研究生2人；博士后创新实践基地首名博士后进站。有4人获得高级职称，28人获得中级职称，69人获得初级职称。2人获得高级职业经理人任职资格证书，1人被评为江苏省第一届优秀职业经理人。组织各类培训近7000人次。公司获得国家级"守合同、重信用"企业称号，成为江苏省首个通过二级达标验收的民营船企，被工业和信息化部列为"两化"融合管理体系贯标试点企业，被评为泰州市十佳高新技术企业。

【泰州三福船舶工程有限公司】 创建于1985年，分口岸厂区和永安厂区，占地面积约100万平方米，拥有长江深水岸线3500米，万吨级船台7座（包括并联的8万吨级船台2座、5万吨级船台2座、2万吨级船台3座），主要生产10万吨级以下各类散货船、多用途船、油轮/化学品船及各类海洋工程船和驳船，通过GL、CCS、ABS、BV、NK、KR等国际知名船级社认证，出口综合吨位200万吨以上。有职工7000余人，各类工程技术人员980人，中高级技术人员520人，国内外船级社认可发证焊工1500人。申请专利32项，获授权实用新型专利28项、发明专利1项。2014年，公司顺利进入第一批符合《船舶行业规范条件》企业名单。

【泰州市旺灵绝缘材料厂】 创建于1984年，位于永安洲镇马船东路8号。是生产微波印制板电路基板的专业厂家，产品广泛应用于航天、航空、北斗卫星系统等领域，市场占有率95%以上。有职工296人，工程技术人员46人，其中高级职称11人。固定资产1亿元。"旺灵"为省著名商标，企业是省高新技术企业、省民营科技企业、省中小型科技企业。

【泰州市创新电子有限公司】 前身为1992年成立的口岸五金机电配件有限公司，2001年改为现名，位于临港经济园内，注册资本3000万

三福船舶举行57000DWT散货船命名仪式

元。主要生产恒力弹簧和电脑转轴、支架、底座及诸多电子配件。

【泰州苏中天线集团公司】 创建于1986年，位于港口东路，注册资金8880万元。占地面积5.60公顷，建筑面积3.50万平方米。员工686人。总资产38799万元。是国内规模最大、技术开发力量最强、自动化程度最高的汽车天线专业制造商。为江苏省新标准高新技术企业、江苏省"重合同、守信用"企业、国家火炬计划重点高新技术企业、江苏省民营科技企业。获大众、通用、福特、标致雪铁龙、奔驰、宝马等26个公司的独家配套证书。

【万向精工江苏有限公司】 浙江万向精工有限公司全资子公司，2011年3月正式投产，位于高港高新区内。占地面积13.33公顷。主要开发生产"万向WANXIANG""WGC"牌汽车轮毂轴承单元（第一代、第二代、第三代带ABS电子速度传感器）、汽车轮毂轴承等汽车零部件产品，年产能450万套/年。系江苏省高新技术企业，通过ISO/TS 16949质量管理体系认证。2014年，完成4条生产线的自动化、智能化改造，开发新产品、新品种30余个。

【江苏神驰机电有限公司】 创建于2009年2月，由重庆神驰机电股份有限公司投资兴建，总投资1亿元，注册资本3000万元。占地4.20公顷，建筑面积3万平方米，可年产60万台电机和30万台通用机械，产品主要销往美国、加拿大、日本和欧洲。拥有国内及国外专利22项，研发出节能型智能变频电机逆变装置技术。有技术研发人员65人。每年研发投入占销售额的4%以上。

【泰州诚德钢管有限公司】 创建于2008年，位于许庄街道永盛路28号。主要生产碳素及合金钢无缝钢管，应用于重型机械、天然气存储、核电、风电、海上石油平台、航天、航空等行业。先后取得GB3087、GB8162、GB8163、GB5310、API-5CT等产品认证，通过ISO 9001质量体系认证，API 5L、API 5CT认证，英国劳氏认证。有职工258人，研发人员36人。

【江苏能建机电实业集团有限公司】 创建于1984年，位于永安洲镇，下辖泰州市分析仪器厂、江苏省普菲柯医疗器械总厂、中国老科协高科技泰州实验基地和泰兴分公司。占地面3.20万平方米，固定资产6000万元。有职工500余人，其中工程技术人员占38%。先后获得省高新技术企业、省知识产权密集型企业、省标准化良好行为企业、省计量保证确认企业、省信用管理贯标企业、省企业知识产权管理标准化示范单位、省"两化"融合试点企业等称号。通过ISO 9001质量体系认证，特种设备A级和安装改造维修A级资质认证，欧洲CE认证和全国五大锅炉厂的合格分承包方资质认证。2014年，蓝宝石晶体生长炉获省首台（套）重大装备产品认定。

【泰州超人汽车电子有限公司】 位于临港经济园内，专业生产及销售汽车发动机零部件、接插件、转换器、线束、发动机传感器。公司产品配套于国内一汽大众、富康、上汽、通用等企业，部分直接出口欧洲、美洲、东南亚等国家和地区。有各类工程技术人员53人，其中高级工程师7人。

【泰州友润电子有限公司】 创建于2009年，位于高港高新区标准厂房区，有标准化厂房2幢。主营产品有半导体集成电路和分立器件塑封引线框架，有10余个系列、100余个品种，销往无锡、扬州、深圳和甘肃等地。通过ISO 9001:2008质量管理体系认证，先后获江苏省高新技术企业、江苏省民营科技企业、江苏省科技型中小企业等称号。2014年，新增地1.73公顷，投入3000余万元建设新厂房和T型铜带生产线，其中铜带生产线试生产。

【江苏华夏重工有限公司】 创建于2009年，位于永安洲镇，注册资本8000万元，占地面积10.53公顷，有员工160余人，技术人员26人，产品主要有大型海港疏浚设备系列、海上风电安装船配套系列、水下采矿装备系列、内河节能环保挖泥船系列。国内市场占有率90%以上，国外市场占有率20%以上。

【江苏昆仑光源材料有限公司】 创建于1969年，2005年改制为有限责任公司，位于扬子江南路3号。有职工300余人，其中，高级工程师6人，各类工程技术人员30余人。固定资产1714万元。主要生产镀镍铁丝、纯铜线、纯镍丝、杜美丝、铜芯线、锡铅焊料、模具配件等光源产品，1J30、1J50（A）、1J79、1J85等软磁合金带，4J29、4J36、4J42、4J43、4J49、4J50等膨胀合金丝、棒、带材，5J1480、5J1580、5J1070热双金属带材，R5、R6、R9、R11、R15、R20、R25、R30、R33、R40、R41、R50、R52、R55、R60系列三金属带材。4J43棒料产品在杜美丝行业的市场占有率90%以上。"昆仑"商标为江苏省著名商标。

（鲍　馨）

·新材料产业·

【概况】 2014年，高港区新材料产业实现产值93.80亿元、销售91.37亿元、利润8.98亿元、利税14.24亿元，比上年分别增长28.40%、27.90%、26.30%和27.20%，有规模以上企业29个。其中，化工新材料行业实现产值89.27亿元、销售87.24亿元、利润8.84亿元、利税14.01亿元，有规模以上企业21个；壁纸行业实现产值4.53亿元、销售4.13亿元、利润0.14亿元、利税0.23亿元，有规模以上企业8个。

【富彤化学有限公司】 创建于2004年10月，其前身为泰州市富彤化工有限公司，位于核心港区新材料产业园内，生产三氯化磷、三氯氧磷、亚磷酸、磷系阻燃剂等产品，年产三氯化磷15万吨、三氯氧磷5万吨、亚磷酸3万吨、TCPP 4万吨、TEP 1万吨。产品广泛应用于基础化工原料、海绵、玻璃钢、工程塑料、聚乙烯、改性PPO树脂、改性PPO-HIPS树脂、聚氨酯等产品。有员工220人，中、高级技术人员20余人。

【江苏荣天化工集团有限公司】 创建于2003年，位于永安洲镇马船路。职工300人，工程技术人员36人，其中高级职称人员6人。固定资产1.50亿元。2014年，新上对羟基苯基醚项目产品，主要应用于汽车零部件、塑料、橡胶等添加，项目总投资8000万元。

【泰州市天润合成化工有限公司】 创建于2002年10月，位于核心港区新材料产业园。主要生产不饱和聚酯树脂及医药中间体。注册资本5000万元，总资产1.36亿元。占地面积5.10公顷，建筑面积9800平方米。有员工46人，其中专业技术人员8人。2014年，购置土地4公顷扩建新厂区，11月正式开工。

【江苏郁金香装饰材料有限公司】 前身为1985年成立的江苏郁金香集团，2009年在高港高新区建设新厂，2010年正式投产。占地2.80公顷，建筑面积1.20万平方米。拥有先进的圆网、凹版、水洗复合等现代化壁纸生产线，采用直接燃气加热塑化和水墨印刷工艺，环保高效。可生产印花、压花、圆网发泡墙纸产品，涵盖工程系列、家装系列、娱乐系列和儿童系列四大系列。年产各种高、中档壁纸460万卷，产品广泛用于宾馆、酒店、商场、家庭装饰。远销东欧、中亚和东南亚地区。通过ISO 9001国际质量管理体系认证和ISO 14001国际环境管理体系认证。

【江苏皇冠壁纸有限公司】 创建于2000年，为外商独资企业，注册资金400万美元，2002年正式落户高港高新区。拥有壁纸生产线4条，选用国外精制印压花模具，生产各式中、高档壁纸。通过ISO 14001国际环境管理体系认证和ISO 9001国际质量管理体系认证。先后被评为中国壁纸最具影响力品牌、中国壁纸行业十大品牌，被中国建筑装饰装修材料协会认定为绿色、环保、节能建材产品。（鲍　馨）

·电力工业·

【国电泰州发电有限公司】 2014年，国电泰州发电有限公司有员工363人，其中，专业技术人员66人、技能人员198人、应届大学毕业生26人。全年未发生人身、设备、火灾及环境污染事故，实现连续安全生产2412天。发电量完成116.20亿千瓦时，平均上网电价402.40元/兆瓦时（含税），电费回收率100%。入炉综合标煤单价控制在590.50元/吨（不含税），比上年下降62.20元/吨。实现营业收入47.80亿元，利润总额9.88亿元。国税开票销售51.60亿元，上缴税费4.72亿元。先后获中国能效之星、全国发电可靠性A级机组、中国国电集团公司先进单位等称号。

安全生产　强化安全目标控制，落实安全生产责任制，结合迎峰度夏、青奥会保电、2号机组C修、环保设施改造、二期工程建设等工作，开展安全大检查及重点环节隐患排查等专项整治活动，排查并整改安全隐患21条，整改率100%。强化机组检修标准化和消缺质量管理，重视技术监督，分析危险点和薄弱点，落实设备管理责任制，严控重复缺陷发生，召开专题分析会研究设备重大缺陷对策，及时制定技术方案和措施，有针对性治理锅炉受热面高温腐蚀、机组低负荷下的空预器漏风、掺烧高挥发分煤种爆燃等问题。严格安全可视化管理及工程建设外包、分包队伍管理，规范安全基础和过程管控，全年对外签订安全协议195份、安全目标责任状42份，进行入场安全教育1056人次。

挖潜增效　主动应对发电利用小时下降和内部替代电量缺少的困难，优化电量结构，争取度电效益最大化。完成基数电量101.10亿千瓦时，平均基数上网电价430.30元/兆瓦时，上网电量峰谷比1.04，达到区域内百万机组最高水平。共获得替代电量15.10亿千瓦时，比上年增加3.70亿千瓦时；其中，外部协商电量5.50亿千瓦时，高于五大发电集团（中国华能集团公司、中国大唐集团公司、中国华电集团公司、中国国电集团公司、中国电力投资集团公司）及同区域（江苏）、同类型（火电）、同等级（100万千瓦）平均水平114小时。争取地方政府支持，完成19个大用户直供电合同签订，交易电量3.70亿千瓦时，获3200万千瓦时大用户补贴基数电量。全年在完成煤电互保任务110万吨的基础上，采购进口煤149万吨，占总采购量的27.40%，累计平仓销售合同煤203.10万吨；实现入厂标煤单价565.80元/吨（不含税），降低56.90元/吨，为同区域、同类型电厂最低；累计掺烧经济煤种340万吨，节约成本5100余万元。滞期费减少119.50万元，累计盈吨420吨，亏卡控制在15大卡以内。以保障燃料采购和工程建设正常运转为前提，强化资金市场分析和预算管控，通过融资租赁、发行私募债、银行承兑汇票等手段，有效降低资金成本。全年综合资金成本5.68%，达到可比企业领先水平；财务费用发生1.30亿元，减少2391万元。

转型升级　按照巩固老用户、

培育新用户的供热工作思路，积极拓展热力市场。全年对外供热53.30万吉焦，比上年增加15.20万吉焦，实现热力业务销售收入2756万元（含税），增加749万元。新培育工业热用户5个，稳步推进益海（泰州）粮油工业有限公司、江苏汇福蛋白科技有限公司、阿贝尔化学（江苏）有限公司、扬子江药业集团江苏龙凤堂中药有限公司供热项目的各项规划和建设工作。优化调整副产品经营管理模式，加大粉煤灰分选力度，提升装、运、检服务质量，有效巩固销售市场，全年灰渣利用率100%，在总产量下降的情况下，实现综合利用销售收入4096万元，增加160余万元。

节能环保　作为国家能源局火电环保升级改造示范项目之一，国电泰州发电有限公司主动采用国内外先进的煤炭清洁高效利用技术，实施环保改造，为企业发展创造先机。11月，完成2号机组脱硫提效、加装湿式电除尘改造项目，各项运行指标均优于超低排放要求。12月初，开始执行环保电价。全年两台机组环保装置保持高效稳定运行，脱硫投运率100%、脱硫效率95.40%、脱硝投运率99.90%、除尘效率99.90%，二氧化硫、氮氧化物、烟尘的排放量，比上年分别减少617吨、4317吨、397吨，各项污染物均达标排放。利用节检、1号机组D级检修、2号机组C级检修，完成2A、2B汽动引风机改造、吹灰器汽源改造、机组节能优化控制系统改造、空预器出口至电除尘入口烟道优化等改造，科学实施设备治理，优化运行方式，提升机组运行的可靠性和经济性。2号机组C级检修后，供电煤耗降低1.17克/千瓦时，厂用电率下降1.30个百分点。全年供电煤耗完成287.45克/千瓦时，降低3.31克/千瓦时；综合厂用电率完成3.11%，降低1.44个百分点。关注并充分运用国家节能环保等财政补贴优惠政策，获节能环保专项资金1227万元。

二期扩建工程　通过对重大技术方案设计论证评审、第三方监造、厂家现场监装、实施业主旁站制、激励施工队伍等配套措施，积极破解新技术、新材料、新工艺首次使用带来的风险，及时发现处理水冷壁、悬吊管及中压内内缸等重大设计制造缺陷。将精细化管理贯穿工程建设全过程，对照科技示范项目标准，形成问题清单，落实责任部门和责任人，指导现场进度。2月25日，3号锅炉大板梁就位；4月20日，烟囱到顶；9月10日，集控楼交付安装；9月28日，3号机组发电机定子就位；11月10日，3号机组DCS上电；12月15日，3号机组厂用电受电；4号机组现场工期与3号相差控制在2个月内，同步推进外围工程。结合现场施工及设备到货情况，利用银团等融资渠道，保障资金供应安全，降低融资成本。严格按照76.35亿元的工程造价目标，科学分解，严控每笔费用支出，做好中间结算。至年末，累计发生投资66.89亿元，全年发生49.97亿元。

（张倩倩）

·其他工业·

【泰州市东方印刷版材有限公司】 创建于1969年，位于江平路38号，占地面积1.99万平方米。有员工183人，固定资产净值1930万元。热敏CTP印刷版材为高新技术产品、国家重点新产品，阴图版为国家火炬计划项目，“东方”牌商标为省著名商标。

【泰州市华强照明器材有限公司】 创建于1996年，专业设计、生产、销售LED照明产品。总资产4.50亿元，占地面积13.50万平方米，建筑面积9.80万平方米。有员工743人，其中工程技术人员243人。年产节能灯芯柱45亿芯柱、LED灯具260万盏，在国内照明行业处于领先位置。公司与飞利浦、欧司朗、雷仕等国际知名照明集团建立合作关系，产品出口欧洲、美国和东南亚。拥有发明专利6项、实用新型专利19项，20余项产品取得中国强制认证和节能认证。为国家重点高新技术企业、江苏省创新型企业，“联幸”LED灯具为省名牌产品，“联幸”为省著名商标。

【江苏宇马铝业有限公司】 创建于1994年7月，位于大泗镇。拥有热顶铸造15吨熔铸生产线2条，挤压生产线8条，静电粉末喷涂生产线2条，木纹转印生产线1条，阳极氧化着色及电泳涂漆生产线各1条，注胶式及穿条式隔热型材生产线各1条。年生产各种铝型材2万吨，可生产铝型材100余个系列、400余种规格。主要产品有铝合金平开窗、平开门、推拉窗、推拉门、扶手、断桥隔热型材（包括注胶式及穿条式）、艺术门、玻璃幕墙（包括隔热幕墙）及各种工业型材。2014年，2个系列新产品获江苏省高新技术产品认定证书，1个系列新产品被列为国家星火计划，申请专利77件，获得授权实用新型专利4件、外观专利65件，被评定为江苏省五星级数字企业。全年实现铝型材销售1.40万吨。

【泰州永盛彩印包装有限公司】 创建于2002年，位于高港高新区内。专业从事瓦楞纸板、瓦楞纸箱包装生产，是江苏省出口包装定点生产企业，为中国纸包装工业纸箱彩盒50强企业。公司产品主要为中、高档瓦楞纸板，水印瓦楞纸箱、纸盒，为电器、化工、医药、食品、纺织、日用品、机械等企业提供出口或内销包装。能生产A、B、C、E单楞纸板及AB、CB、BE、CE、ABE、BCE、BCC等多层瓦楞纸板，月产量700万平方米；纸箱、纸盒月产量400万平方米。纸箱套色一次性最多能套6种颜色。总投资5794万元，注册资本2897万元。2014年，投入1125万元用于升级改造、增加设备。

【泰州市白马塑料制品有限公司】创建于2005年，位于白马镇工业园区内，占地1.33公顷，建筑面积9800平方米，与安徽海螺集团维持长期合作关系，是全国包装制业的会员单位。公司以塑编为主业，集实业、投资于一体，主要产品有圆筒涂膜布和塑料编织袋，应用于建材、化工、饲料、粮食等产品包装。

【泰州市茂尧聚氨酯塑料制品厂】前身为1986年成立的胡庄编织厂，位于胡庄镇孔庄村。有职工60人，工程技术人员5人，其中高级职称3人。固定资产1500万元。是生产聚酯和聚氨酯颗粒的专业厂家，产品广泛用于电子、机械、鞋材、万向轮领域，市场占有率50%以上。

【泰州远大旅游用品有限公司】创建于2005年，位于临港经济园临港大道。注册资本436万美元，总投资450万美元。占地7.53公顷。有职工500余人，中、高级以上职称人员11人。主要生产经营桌上游戏台、篮球架、货架等系列产品。拥有自营进出口权，产品销往美国、德国、澳大利亚等100余个国家和地区。2014年，实现产量54.32万台。

【江苏正申索具有限公司】创建于2001年，位于口岸街道振兴北路。注册资本1360万元。有职工256人。主要生产、设计、开发钢丝绳索具、吊装带、吊梁三大系列产品，广泛应用于冶金、机械、铁道、石化、港口、电力、汽车、航空、建筑等领域，主要用户有首钢、中国一重、中国二重、三一重工、南车集团、上海港务集团、上海电气集团、东方电气集团、中石化等。有各种设备270余台（件）。（鲍　馨）

建　筑　业

【概况】2014年，高港区完成建筑施工总产值354.05亿元，比上年增长24.20%，占市交指标107.10%；实现建筑业增加值93.58亿元，增长20%，占市交指标104.30%。完成当年工程1885项，建筑面积2119万平方米；竣工工程888项，竣工面积1041万平方米。完成境外营业额560万美元。引进和培养经营、管理类人才161人，申报中、高级职称39人，初级职称59人，组织各类业务培训11次。

【工程质量管理】2014年，区住房城乡建设局强化对建设、勘察、设计、施工、监理、质量检测、审图等单位执行建设工程质量管理规定和工程建设标准的监督检查，对检查中发现有重大工程质量问题的项目，及时发出整改通知，限期整改，依法查处违法违规行为。全年创“梅兰杯”等市优工程奖10项，创省级文明标准化工地3个、市级文明标准化工地21个。

【新增资质企业12个】2014年，区住房城乡建设局实施培强扶弱、优化结构策略，培植规模企业做大做强。引导低资质企业利用高等级资

2014年高港区新增建筑安装资质企业一览表

表10

企业名称	序列	类别	发证时间
江苏荣嘉建设工程有限公司	施工总承包	房屋建筑工程	2014-02-28
江苏世民市政工程建设有限公司	施工总承包	市政公用工程	2014-03-04
泰州市华强照明器材有限公司	专业承包	城市及道路照明工程	2014-04-08
泰州市为海混凝土有限公司	专业承包	预拌商品混凝土	2014-04-12
泰州市振达劳务有限公司	劳务分包	脚手架作业分包	2014-06-04
泰州市利源建设工程有限公司	施工总承包	房屋建筑工程	2014-06-23
江苏临都建设工程有限公司	施工总承包	房屋建筑工程	2014-07-01
江苏思远建设有限公司	施工总承包	房屋建筑工程	2014-08-20
泰州永平金属结构工程有限公司	施工总承包	房屋建筑工程	2014-10-16
江苏中源石化工程有限公司	专业承包	化工石油设备管道安装	2014-11-17
江苏强槐体育用品有限公司	专业承包	体育场地设施工程	2014-11-26
泰州福昕机电设备安装工程有限公司	专业承包	机电设备安装工程	2014-12-18

质企业的品牌和信誉,加强资源整合和要素集约,形成企业集群。整顿经营不规范、状况不佳企业,引导资质单一企业向专业化方向发展,申报增项,拓展领域。全年新申报三级资质企业11个、劳务分包企业1个,资质升级5个,申报增项8个。至年末,全区有资质企业105个,其中,一级企业4个、二级企业23个。涉及资质门类更加齐全,主要有房屋建筑、钢结构、市政公用工程、水利水电工程、消防、地基与基础工程、装饰装修、金属门窗等。

【行业转型升级】 2014年,区住房城乡建设局通过开展科技进步和科技创新活动,推进全行业转型升级。引导企业开展新技术、新工艺、新材料、新设备开发利用,淘汰落后生产技术,淘汰高耗能、高污染生产工艺,全年行业技术装备投入7.72亿元,比上年增长12.20%。产业结构变化明显,以房建施工为主的经营模式逐步向基础设施领域发展,以土建施工为主的经营模式开始向服务业延伸,以单纯从事施工承包的经营模式开始向工程总承包领域拓展。全年实现多元化产值285万元。

【江苏三泰建设工程有限公司】 前身为1954年成立的泰兴县刁铺工程大队,2006年改为股份制企业,定为现名。2008年,获房屋总承包二级资质。2014年,晋升房屋总承包一级资质,注册资本3210万元,固定资产1227.40万元,职工2993人,各类技术管理人员200余人。先后承建台湾国际新城、腾龙御园、临港水岸景城一期、御澜湾等工程。2014年,实现施工总产值16.63亿元、增加值4.35亿元、利润5347.10万元,获泰州市建筑业先进企业称号。

【江苏庆泰钢结构有限公司】 成立于1999年,注册资本1.10亿元,固定资产5627万元。职工1156人,各类技术管理人员156人。钢结构专业承包一级资质企业。先后承建泰州火车站站房、黑龙江省肇东市体育馆、江苏梅兰化工有限公司厂房、浙江省奉化市雪窦寺露天弥勒大佛等钢结构工程。2014年,实现施工总产值11.02亿元、增加值3.16亿元、利润1.76亿元,被评为江苏省钢结构十强企业、泰州市建筑业十强专业企业。 (姚 翔)

服 务 业

·金 融 业·

■ 金融管理与服务

【概况】 2014年,高港区建立企业运行质态“健康档案”,探索设立5000万元金融信贷风险基金,为企业融资提供增信服务。举办两届“金融超市”活动,市、区60余个金融机构与100余个企业达成200余个融资意向合作项目及多个上市辅导意向,金额33.60亿元。组织12个银行机构、6个小额贷款公司、1个证券公司开展“金梦帮扶”活动,向贫困家庭及孤儿共38人捐助现金4万余元。年内,中信银行设立支行,泰州农商行、中国银行分别在大泗镇、永安洲镇设立营业网点。至年末,工商银行、农业银行、中国银行、建设银行、交通银行、邮政储蓄银行、招商银行、江苏银行、南京银行、中信银行、泰州农商行、江阴农商行均在区内设有支行。人保财险、人保寿险等14个保险机构开展业务。有小额贷款公司6个,其中,农村小额贷款公司5个、科技小额贷款公司1个,注册资本金9.40亿元,贷款余额10.50亿元,支持客户数565户,累计贷款余额36.49亿元。全区金融机构存、贷款余额分别为304.20亿元、171亿元,比上年分别增长12.40%、15.80%,存、贷款增幅列全市第一位。创成江苏省金融生态优秀区。

【搭建银企及证企沟通平台】 2014年,区金融办先后走访100余个企业,调查企业新上项目、技术改造、扩大生产等方面的融资需求情况,及时把调查情况向市、区各银行反馈。将全市17个银行金融信贷创新产品汇编成册,印发给所有企业负责人和财务总监,方便企业掌握符合自身发展的信贷产品。利用“高港金融”QQ交流群(成员为各银行员工),及时共享最新形势政策和企业融资需求状况。编制《券商、创投高港行资料汇编》,为企业和券商、创投等金融机构提供相互了解渠道。联合市银监分局打造网络金融服务平台,在泰州中小企业金融服务网上,开辟网上“金融超市”,公开全市24个银行机构的小微企业信贷产品、信贷政策和联系方式。

【推进企业上市】 2014年,区金融办先后组织华泰证券、宏信证券、南京证券等券商调研江苏扬泰电子有限公司、江苏华夏重工有限公司、泰州市康驰汽车配件有限公司等企业,帮助企业了解上市流程,明确上市途径。10月13日,开展资本市场和资本运作宣传培训活动,推动企业在资本运作上解放思想,解决企业“不愿上市”问题,编制《企业上市工作辅导》,帮助企业了解上市基本条件、操作流程和法律法规。建立上市工作联席会议制度,制定企业上市“三年行动计划”,明确专人跟踪服务拟上市企业。

【小额贷款公司监管】 2014年,区金融办多次召开小额贷款公司监管会议,要求各小额贷款公司规范运营。指定专人负责日常监管,建立健全小额贷款公司财务数据和经营情况定期报送制度。年末,配合审计部门对全区6个小额贷款公司进行年度审计,监管小额贷款公司全年运行情况。

【打击非法集资】 2014年,高港区先后开展打击和处置非法集资宣传月活动、涉嫌非法集资广告资讯清理排查行动、金融风险隐患排查行动。区金融办承担统筹协调工作；区委宣传部和区电视节目中心监管新闻媒体、电视广播、互联网、手机短信等信息发布渠道，督查各镇街活动开展情况；区城管办规范管理户外广告，拆除和清理涉嫌非法集资户外广告；区农委、商务局分别排查清理农村资金互助合作社和典当行；各镇街指定专人进村入户宣传政策法规。排查清理工作取得良好效果，信息传播载体实现非法集资广告零发布。

【农村土地承包（流转）经营权抵押贷款试点】 2014年，区金融办在胡庄镇、白马镇等地开展调研工作，编制《高港区农村土地承包（流转）经营权抵押贷款管理暂行办法》和《高港区农村土地承包（流转）经营权抵押贷款试点工作实施方案》。在胡庄镇进行试点工作，成立领导小组，建立经营权价值评估机制及风险防范机制，确定一批经营稳定、效益良好的规模经营业主进行融资培育，及时了解、解决试点工作中遇到的困难和问题。

【"金融超市"活动】 3月5~10日，高港区举办第二届"金融超市"（金融服务月）活动。每天组织4个银行与45个企业交流洽谈，最终促成168个企业与16个银行达成225个项目，总金额33.60亿元。在此次"金融超市"活动上，区财政拿出3亿元对公存款，按照各银行对中小企业的贷款投放金额，以10:1的比例给予相应的对公存款奖励。10月14~17日，举办第三届"金融超市"活动，在原有银企对接基础上，侧重为中小企业与各类证券、创投机构搭建交流合作平台，共举办银企、证企对接专场活动4场。60余个金融机构分批到三大园区及镇街开展专场对接活动，结合各行业特色，与当地企业交流洽谈，最终达成15个银企合作项目和9个上市辅导意向。

（马 霓）

■银 行

【中国工商银行股份有限公司泰州高港支行】 2014年，支行人民币各项存款余额22.48亿元，各项贷款余额11.97亿元，实现利润4384万元。被江苏省分行评为2013~2014年度先进单位。

贷款管理　加大对全区重大项目、重点企业支持力度，发放国电泰州发电有限公司一期项目3.50亿元营运期贷款及二期项目4000万元银团贷款、泰州市凯城投资开发有限公司标准化厂房项目7500万元贷款。扶持中小微企业和个体经营户发展，发放各类贷款4.04亿元。加强贷后管理工作，分析风险因素，排出潜在风险客户，对不良贷款实行逐户到人管理，加快清收，压降个人关注类贷款，防止劣变。

存款管理　提升机构存款和新型经济体贡献度，围绕代发工资业务，通过客户维护、业务支持、积分回馈、优惠服务等手段，提高留存率。提升网点效能，调整人员结构，优化网点布局，提高服务水平，促进个人储蓄稳步增长。竞争中高端客户，抓住业务发展主动权。采取公公联动、公私联动、私私联动、三方联动等措施的落实，提高产品覆盖率。

中间业务　发挥理财产品优势，提升理财产品的渗透率，提高收益水平。加大发卡力度，抢占分期市场，提高收入水平。推进福农卡发卡工作，向外来务工人员和代发工资企业推荐使用福农卡。以汽车分期为主体，抢占分期付款业务市场。提高国际业务对中间业务的贡献度，扩大外汇客户群，带动国际结算业务快速增长。推广个人网上银行客户证书，促进电子银行开户量、交易额等指标全面增长。

内控管理　贯彻落实总行《关于规范业务运营风险事件违规责任人处理工作的意见》，加强教育培训，重视新员工业务培训。做好网点现场管理，加强业务审核。职能科室坚持定期集中分析。做好重要风险点防控治理，落实责任制。促进各级管理人员和关键岗位人员廉洁从业，实现零案件目标。

优质服务　开展"人民满意银行建设年"创建活动，将提升服务质量作为各级管理者的基本职责，推进服务管理体系建设，完善服务监测和考评机制，健全责任机制，改善客户评价和投诉管理机制，加强服务管理队伍建设，强化部门间沟通协调，客户满意度明显提高。被省分行评为优质服务先进集体。

（魏金山）

【中国农业银行股份有限公司泰州高港支行】 2014年，支行本外币各项存款余额44.68亿元，净增1.54亿元，各项存款总量、储蓄存款总量继续位居高港区四大行第一；各项贷款余额16.74亿元，净增3.58亿元，存贷比提升7个百分点。继续保持内控管理综合评价一类行水平。

资产业务　推行信贷组合管理，合理配置经济资本，通过上争规模和结构调整，加大对实体经济支持力度，重点保证新落户区内项目、地方特色产业和大中型企业资金需求，新增法人实体贷款3.90亿元。牵头组建江苏望涛项目贷款银团，参加国电泰州发电有限公司、泰高高速银团贷款，参贷份额分别为5亿元、6亿元和2亿元。面对经济下行、潜在信用风险加大形势，调整投放策略，在风险可控的前提下，稳步推进信贷结构调整，整合信贷资源投向运行质态优、科技含量高、发展前景好的小微企业，以及贴现、质押等低风险信贷业务，信贷结构和资产质量进一步改善。

负债业务　严守宏观政策和监管规定，以优质服务赢得客户。组织实施“春天行动”“激情仲夏”和“赢在金秋”等专项竞赛活动，实现本外币各项存款平稳发展。本外币各项存款余额44.68亿元，其中，储蓄存款余额24.02亿元，净增0.21亿元；人民币对公存款余额20.24亿元，净增1.10亿元；外币存款余额707万美元，净增371万美元。储蓄存款和对公存款总量份额均列区内四大行第一。

中间业务　实现中间业务收入3040万元，经济增加值4030万元，拨备后利润8072万元。注重零售板块的中间业务收入，围绕集成银行业务体系建设，通过贵金属和“本利丰”“双利丰”“安心得利”等个性化理财产品营销和代理保险“双单作业”，提升个人理财业务价值创造能力。围绕电卡业务体系建设，通过支行强势推动、网点全员营销、公私批零联动，促进电卡业务有效发展。拓展信托融资、私募债等新兴业务，续发国电泰州发电有限公司私募债3亿元，办理行内外信托2单、6亿元，实现创新型中间业务收入746.75万元，占公司类中间业务收入97.91%。

转型发展　实施对公业务转型计划，强化对公客户的源头营销和维护。有序推进网点软转型计划，区内6个网点均成功完成软转型导入工作，有针对性地研究高低柜分设、柜面劳动组合和弹性排班制度，基本解决人手紧张矛盾。构建电子商务等新型交易平台，完善电子渠道服务功能，实现客户交易的电子化、自助化、离行化，引导柜面业务向电子渠道分流。转变业务增长方式，提升全行持续发展能力。由以往的偏重时点存款考核转向日均存款考核，将理财、基金、国债、保险等产品纳入折效存款考核。加大利率市场化改革步伐，最大限度贴近市场需求。重视高端投行、基础结算、电子银行、银行卡等中间业务发展，对不同类型的中间业务收入实行差别计价。（张国太）

【中国银行股份有限公司泰州高港支行】 2014年，支行本外币存款余额39.09亿元，净增2.26亿元，其中，公司存款余额21.51亿元，储蓄存款余额17.58亿元。本外币各项贷款余额16.94亿元，净增2.05亿元，其中，公司贷款余额12.76亿元，个人消费贷款余额4.18亿元。实现境外融资9.10亿元。

存贷协调发展　巩固与泰州口岸船舶有限公司、扬子江药业集团等重点企业的合作关系。拓展园区企业客户，加大对中小企业及城市建设的授信支持。加强与地方政府的合作，争取行政事业单位存款。个人金融服务方面，借助产品创新，主推住房贷款、汽车分期贷款及“微金融”（对小微企业发放350万元以下的纯信用贷款）产品的业务叙做。

国际结算业务　实现国际结算市场业务量7亿美元，净增2.40亿美元，增长51.17%，市场份额增长135.71%，同业排名第一。江苏远航船舶国际贸易有限公司在支行开立保函市场份额达76%。新增跨境人民币结算业务21亿元，新增远期结售汇7.80亿元。

品牌形象建设　走进园区、企业、镇街、社区，宣传反假反洗钱、反电信诈骗、残损币换新服务及金融产品。创成省银行业文明规范服务百佳示范单位、市五一巾帼标兵岗、省行青年文明号、省行巾帼文明示范岗，辖属惠裕支行创成省金融监管机构先进职工小家。

（吴　强）

【中国建设银行股份有限公司泰州高港支行】 2014年，支行本外币各项存款余额42.39亿元，净增4.05亿元，各项贷款余额37.16亿元，净增8.10亿元，账面利润12049万元，中间业务收入5574.70万元。国际业务结算量6.15亿美元，结售汇1.24亿美元。

业务拓展　获高港区社保基金专户和社保定期存款账户代理银行资格，发行社会保障金融IC卡计1.67万张，贷款总投放量44亿元，其中向政府基础设施和园区企业投放13亿元。个人存款增长2.07亿元，同业市场占比第一。

转型创新　将原三泰储蓄所升格为金港中路支行，开办对公结算业务。利用融资租赁和债务融资工具拓展非信贷融资，为国电泰州发电有限公司办理固定资产融资8.19亿元。专项分期业务取得突破，市场份额提升9.90个百分点。成功实施建行泰州分行首个大中型收单商户，吉麦盛超市MIS系统收银项目上线运营。信用卡业务中间业务收入较上年增长46%。（许伯岳）

【交通银行股份有限公司泰州高港支行】 2014年，支行本外币各项存款余额27亿元，净增2亿元。发放各类贷款14亿元，其中小企业及个人贷款3亿元，年末贷款余额15亿元；国际业务结算6亿美元；实现经营利润4711万元。

支持地方经济建设　调整优化信贷结构，支持重点企业、重点项目和科技节能企业发展，加大城市建设投入。发放大中型企业本外币一般授信贷款11亿元，其中，益海（泰州）粮油工业有限公司央行互换资金贷款2.32亿港元，泰州伟业拆船轧钢有限公司6000万元，泰州诚达精工新材料有限公司1亿元，国电泰州发电有限公司3500万元，区城投中心3.12亿元，核心港区1.55亿元。发挥小企业“展业通”贷款门槛低、流程短优势，发放小企业贷款27笔、3亿元。（凌　杰）

【江苏银行股份有限公司泰州高港支行】 2014年，支行本外币各项存款余额21.09亿元，净增12.52亿元。其中，储蓄存款净增0.83亿元，公司存款净增11.69亿元。理财类资产销售2.26亿元。各项贷款22.30亿元，净增14.46亿元。个人贷款余额0.89亿元，净增0.34亿元；对公贷款余额21.41亿元，净增14.12亿元。实现中间业务收入2301.11万元，国际结算业务量1.10亿美元，完成国际结算中间业务收入175万元。中心口径小企业贷款余额新增8160万元，户数新增20户。

（戴晓妍）

【南京银行股份有限公司泰州高港支行】 2014年，支行共有员工20人，存款余额23亿元，其中，企业存款20.60亿元，储蓄存款2.40亿元；贷款余额10亿元，其中，公司贷款余额9.03亿元，个人类贷款0.97亿元。

金融服务 在扶持区域重点项目和重点企业的同时，利用自身的产品优势，服务区域小微企业，解决小微企业融资难问题。全年表内外授信总额21.50亿元。打造"金梅花"理财品牌和"信易贷""购易贷""房易贷"等个人金融服务产品。

客户服务 举办金融业务知识进社区活动6次、反假币知识宣传2次。举行防电信诈骗宣传，成功堵截电信诈骗1起，为客户挽回损失近3万元。

（汤冬梅）

【中国邮政储蓄银行股份有限公司泰州市高港支行】 2014年，支行实现各项存款余额9.28亿元，贷款余额7.30亿元。优化客户价格体系，推出多项存贷款产品，培育优质客户，支持中小企业发展。根据区有关政策指引，对重点企业等给予信贷支持。做好城镇居民社会养老保险、灵活就业人员社会保险宣传与代收付工作。

（秦亦萍）

【江苏泰州农村商业银行股份有限公司新港支行】 2014年，支行各项存款余额142245.20万元，净增42856.20万元；各项贷款余额61324.35万元。全年实现营业利润5256.17万元。被泰州农商行总行评为2014年度经济效益考核一等奖、经营目标综合考核二等奖。

贷款业务 秉承"立足三农、服务小微企业"理念，优化信贷结构，加大对实体经济支持力度，保证涉农项目、小微企业资金需求。全年贷款投放稳步增加，累计发放贷款1.50亿元。年末，利息收入6935.07万元。

存款业务 在全区率先实行人民币存款利率全部上浮20%，各项存款利率在全区银行业位列第一。年末，储蓄存款30260.27万元，比年初上升5157.27万元；新增新型农村社会养老保险代收业务，实现对公存款与储蓄存款同步增长。

中间业务 加快中间业务发展，发行圆鼎芯片卡1575张，推广新版网上银行和二代手机银行（客户端版）业务，实现圆鼎借记卡全球银联ATM取款、个人网银和手机银行转账汇款免手续费。

（潘　浒）

【江苏江阴农村商业银行股份有限公司高港支行】 2014年，支行本外币各项存款余额3.37亿元，比上年增长62.27%；贷款余额2.53亿元，其中小微企业贷款余额7117万元，占比28.15%。

特色业务 推出节节高约定存款业务，10万元起存，利率按照同档次整存整取定期存款利率分段计算利息，在保证客户存款流动性的前提下实现客户存款收益最大化。

中间业务 完成国际业务结算量233.95万美元，结售汇157.20万美元；个人理财业务1.20亿元，比上年增长88.84%；卡消费1991万元，增长245.06%。新增企业网银33户、个人网银100户，比上年增加60户，手机银行签约160户。

（史　砣）

■保　　险

【中国人民财产保险股份有限公司泰州市分公司高港营业部】 2014年，营业部实现总保费收入6374万元，其中，财产险保费收入2084万元，车险通保费收入3829万元，农业保险保费收入461万元。工程保险完成年度计划的255%。车险续保率80.67%，高于全辖平均水平。

（宗　芬）

【中国人寿保险股份有限公司泰州市分公司高港营业部】 2014年，营业部实现总保费收入1.36亿元，其中，个人保险业务保费收入6953万元，银行保险业务保费收入6026万元，团体保险业务703万元。处理赔付案件1374件，赔款支出710万元，结案率100%。

业务发展 个险渠道有序推进业务发展，强化会议经营，提升队伍质。银保渠道在满付压力巨大的情况下，强化网点沟通、项目运作和平台运作，圆满达成年度目标。团险渠道优化业务结构，拓展市场，短险业务增长明显。在全辖率先开展计生失独家庭成员保险。推进开源节流，完善费用动支审批制度，经营效益稳步提升。

（赵桂根）

·旅　游　业·

【概况】 2014年，高港区共接待游客35.90万人次，比上年增长90.90%；实现旅游总收入7272.48万元，增长29.28%；旅游产业带动周边就业1076人。各旅游项目按序推进，上争省、市各级旅游专项引导资金75万元。全区有国家AAA级旅游景区1个，省四星级乡村旅游点1个、二星级乡村旅游点2个，省工业旅游点1个。全年旅游行业无安全生产事故，实现旅游零投诉。

【口岸雕花楼景区建成AAA级旅游景区】 口岸雕花楼，又名四方楼，始建于清乾隆四年（1739年），续建于民国初年。2004年，高港区政府对其修缮，同时复建三进平房，增建假山、连廊、亭、阁、榭、舫等景点。2010年5月，正式对外开放。2014

雕花楼景区

年，启动AAA级旅游景区创建工作，改善内外交通环境，做好生态环境建设，健全旅游安全体系，更新和完善游客服务中心、旅游标识标牌和公共服务设施配套。7月，被江苏省旅游景区质量等级评定委员会批准为AAA级旅游景区。年内，景区接待游客8.40万人次。

【重点旅游项目建设】 2014年，口岸水景街区完成投资5900万元，主要用于视频监控系统、高港书画院、停车场、景观雕塑、地面铺装等建设。白马海军诞生地博览园完成投资2500万元，主要用于老行当一条街一期及旅游配套设施等建设。江苏中药科技园完成投资5200万元，完成两幢明代风格建筑，神奇大道、长生河、福禄湖等景观绿化工程，以及园区道路、管网施工等建设。

【乡村旅游项目建设】 2014年，鑫马生态园、御庐园生态果园和白马庙森林公园3个星级乡村旅游点共接待10.97万人次，实现旅游收入566.18万元。上膳源泰州农场完成投资2880万元，主要用于80公顷有机农场建设及物流中心等配套设施建设。杏都葡萄园完成投资175万元，主要用于果园扩建、给排水等基础设施建设。　（仲伯荣）

·物　流　业·

【概况】 2014年，高港区物流园区实现开票销售120.60亿元，税收8亿元，共有入园企业104个。泰州港永安港区集装箱物流工程完成投资2亿元，正式投入运营。国通、中通速递泰州集散中心等项目投入运营；海泰化工产品交易市场运营态势良好，16个大型化工生产企业完成交易额5亿元。

【海企化工仓储成为省服务业“十百千”行动计划创新企业】 江苏海企化工仓储股份有限公司是由江苏省国资委下属江苏省海外企业集团投资组建，总投资5.30亿元，是首个进军化工物流业的省属企业。主营醇类、酸类、芳烃类等数十种液体化工品的仓储服务，建成30万立方米库容，码头年吞吐能力400万吨。2014年7月，获评省服务业“十百千”行动计划创新企业。全年实现营业收入9098万元，比上年增长22.29%；利润总额2619万元，增长4.58%；货物总周转量245万吨，增长52.20%；装卸槽车31563辆，增长68.98%；装卸船只891艘，增长57.70%，其中，外贸船278艘，增长47.09%。

【速递公司集散中心建设】 位于临港经济园内，已有中通、圆通、国通3个速递公司集散中心项目落户，占地共13.33公顷，总投资8亿元。其中，中通速递泰州集散中心项目总投资2亿元，主要建设电商中心、快件分拣中心、仓储配送中心等设施，年内投入运营；国通速递泰州集散中心项目总投资3亿元，主要建设快件枢纽集散中心、国通速递航空枢纽中心、电子商务仓储配送中心，年内投入运营；圆通速递泰州集散中心项目总投资3亿元，主要建设快件枢纽集散中心、圆通速递航空枢纽中心、电子商务仓储配送中心等设施，年内进行厂房主体结构施工。（夏华俊）

·通　　信·

■ 电　　信

【概况】 2014年，中国电信股份有限公司泰州分公司高港区局（以下简称“区电信局”）完成业务收入9563万元，净增智能机用户0.59万户，净增移动用户0.18万户，净增宽带用户0.07万户，净增ITV信息互通频道用户0.08万户。全区有固定电话用户7.52万户，天翼移动用户8.36万户，互联网用户4.77万户，网络电视ITV用户1.60万户，光纤FTTH接入覆盖51.30%，电信移动基站85个。　（孙　伟）

■ 移动通信

【概况】 2014年，中国移动通信集团江苏有限公司泰州分公司高港营销中心（以下简称“高港移动”）用户规模18.90万户，运营收入超过1.50亿元，比上年增长7.50%。参与企事业单位信息化建设，全年新签订专网专线261条，范围覆盖全区7个镇街，产生收入275万元。协助区农委完成“蓝天卫士”项目建设，监控农田秸秆焚烧。

【网络建设】 2014年，高港移动新

增GSM（全球通通信系统）基站19座（共计224座），共有2G室内分布系统15个、3G室内分布系统66个、4G室内分布系统210个，实现13个WLAN（无线局域网）热点地区覆盖。

【宽带业务发展】2014年，高港移动新建宽带小区56个，对原有小区补盲102次，涉及小区82个。新增覆盖2.45万户，总覆盖5.60万户，90%以上小区和村（社区）实现宽带接入。全年宽带用户净增6032户，用户规模提升47%，覆盖区域渗透率23%。对宽带用户进行网内4M免费提速，基本满足用户对网速需求。（王　艳）

■ 联通通信

【概况】2014年，中国联合网络通信有限公司泰州市高港区分公司（以下简称"高港联通"）完成通信服务收入2085万元，比上年增长21.15%。共建3G基站35座、2G基站40座，新增合作厅11个、便利店60个。

【业务发展】2014年，高港联通围绕"沃3G"品牌，结合存费送机合约计划、购机送费合约计划，尤其是苹果手机合约计划实施方案，实现2G业务稳步增长、3G业务快速增长目标。全年发展2G用户10285户；3G用户34680户，其中合约机用户近9000户。新增宽带用户900户。（邹　群）

·商贸流通·

■ 市场建设

【商品市场】2014年，全区有各类商品市场13个，其中，农贸市场10个，工业品消费市场2个，小商品市场1个。有亿元以上市场3个。

【农村连锁农家店建设】年初，全区有农村连锁农家店172个。因道路建设、城乡改造拆迁等原因，至年末，剩有136个，其中20个完成信息化改造。实现直营店镇街覆盖率100%，农家店村覆盖率100%。

【鲜活农产品直供社区示范工程】至6月，江苏泰供海诞现代农业发展有限公司完成2013年度鲜活农产品直供社区示范工程建设指标，共建设社区直供店16个，配套配送分拣中心1000平方米、冷藏库600立方米、冷冻库250立方米，总投资567万元。销售范围覆盖30个大型小区，服务居民5000户。新增销售配送人员45人。直销店日均销售量1200余千克。

【成品油市场监管】2014年，全区有加油站（点）23个，其中，中石化12个、中石油2个、社会加油站9个（长江、水上加油点共4个）。3月，区商务局为23个加油站做好成品油零售经营批准证书年检换证工作，21个加油站（点）通过初审。按时完成2014年度加油站发展计划上报工作，经省、市主管部门认可下达建站计划3个。（焦　岩）

■ 批发零售业

【概况】2014年，高港区社会消费品零售总额40.35亿元，比上年增长13.50%，增幅全市第一。其中，批发贸易额28.24亿元，零售贸易额3.01亿元，住宿业营业额0.25亿元，餐饮营业额8.22亿元。（尹　曦）

■ 粮食购销

【概况】2014年，高港区粮食系统完成地储粮轮换、清仓查库、全社会粮食食用油及油料供需调查、仓储企业熏蒸作业备案、地方应急粮油加工企业落实、危仓老库维修方案实施等工作。地方储备粮扩增工作按计划顺利实施，全区地方储备量0.70万吨，新增储备0.30万吨。全年收购粮食266.73万吨，销售229.31万吨。完成中心粮库一期工程，新增仓容1万吨。新建大泗粮食烘干中心，日烘干能力200吨。高港区国有粮食购销公司被评为江苏省农民满意粮食收购企业。益海（泰州）粮油工业有限公司获全国诚信粮油AA级企业和放心粮油示范加工企业称号。

【中心粮库建设】2014年，高港区在大泗镇建成中心粮库一期工程，实现地方储备粮集中统一管理。一期工程总投资525万元，新建仓房1幢，仓容1万吨，辅助用房318平方米。工程完工后立即加入秋粮收购工作，为群众卖粮提供仓储库容。

【危仓老库维修改造】2014年，高港区组织危仓老库维修改造项目，将国家拨付的仓房维修补助资金157万元、区财政补助资金30万元和粮食购销公司自筹资金106万元，共293万元，用于口岸粮库、孔桥粮库、胡庄粮库维修改造和数字化粮库建设。年内，全部完工，通过省粮食局组织的第三方验收。

【粮食流通监督检查】2014年，高港区对取得粮食收购许可证的所有法人、其他经济组织和个体工商户进行核查2次。持有粮食收购许可证的经营户共17户，其中，国有9户、民营企业5户、个体工商户3户。开展专项监督检查9次，出动检查人员59人次，检查企业153个次，其中，政策性粮油委托收储库点4个，涉及夏粮收购市场监管监督检查、托市粮收购政策执行情况专项检查、清仓查库检查等。

【粮食行业安全生产】4月，高港区组织开展粮食行业消防安全排查活动，共出动检查人员66人次，检查消防安全责任落实情况、企业建立安全生产领导机构情况、消防安全管理情况、各类消防器材配备情况、企业作业是否符合消防安全规定情况,未发现重大消防安全生产隐患。5月31~30日,开展“安全生产月”宣传活动,到基层宣传安全生产知识。6月16~31日,开展青奥会期间安全生产检查整改专项行动,完善企业安全生产责任制体系。8~12月,开展打非治违专项行动,保障粮食行业安全生产经营形势稳定。全年粮食行业实现安全生产无事故。

(蒋 进)

■供 销

【概况】2014年,高港区供销系统实现商品销售总额58.29亿元,再生资源销售6.08亿元,农副产品收购额10.70亿元,农产品交易额14.27亿元,连锁销售16.94亿元,电子商务销售1610万元,基层社销售1.61亿元,实现利润1653万元。提档升级为农服务社5个,新建庄稼医院4个,创建农民专业示范社4个,前程为农服务社为省级样板社。区供销社获2014年全市供销系统综合考评一等奖,泰州市福齐天科技有限公司、泰州市集泰农产品有限公司被评为全市供销系统十强企业,口岸供销社被评为优秀基层社,高港区同人于野植保专业合作社被评为优秀专业合作社。

【基层供销合作组织建设】2014年,区供销系统提档升级为农服务社5个,新建庄稼医院4个,全部通过省、市供销社验收。全区91个为农服务社实现销售额5.41亿元,比上年增长15.29%。领办、参办农民专业示范社4个,全区38个农民专业合作社实现销售额7.59亿元,增长5.29%。成立高港区供销合作经济联合社大泗分会,消灭“两空社”(空白社、空壳社)达100%,基层供销社建设实现全覆盖,全区7个基层供销社实现销售额1.61亿元,增长1.40%。

【新农村现代流通网络工程】2014年,区供销系统以现代经营理念和现代流通方式为核心,优化农资、日用品、农产品、再生资源、烟花爆竹、非处方药品六大经营网络。在口岸街道徐庄村、白马镇黄河村、胡庄镇田野村分别组建泰州市高港区太祥农资专业合作社、泰州市高港区润苗农资专业合作社和泰州市高港区天源农资专业合作社,对农资配送实行“四统一”(统一采购、统一标识、统一价格、统一配送)、“三到位”(农资配送到田头、技术培训到人头、植保服务到地头)。福齐天农资公司和200个农资连锁网点共生产、销售化肥22494吨,销售额4232万元。完善日用品经营网络,开拓农村市场,确保消费安全,日用品销售1.20亿元。推进农产品流通体系建设,扩大农产品销售渠道,成立一号店特产中国高港馆,全系统农产品交易额14.20亿元,网上销售额1610万元。开展再生资源回收站点整治,取缔无证经营户4个,做好从业人员培训,推进再生资源回收示范网点建设。加强对烟花爆竹网络的管理服务,烟花爆竹实现销售1075万元(包括连锁网点)。推进非处方药品网络建设,以永安洲镇天安大药房有限公司为依托组建医药连锁公司,在口岸、大泗、胡庄等镇街新增网点5个,销售总额413.13万元。

【社有企业发展】2014年,区供销社指导农资公司、农产品公司、烟花爆竹企业把握市场和政策机遇,调整经营策略,优化经营结构,改善服务方式,提升市场竞争力。规范社有资产运营和管理,做好财务预算编制、执行和监督。落实安全生产责任制,加强隐患排查和整治,做到安全生产零事故。完成佴庄山羊养殖专业合作社养殖基地扩建项目、泰州市高港区绿海花卉苗木集散中心新建项目包装工作,完成泰州松丽进出口贸易有限公司(电子商务)挂牌工作。全年社有企业实现销售5.07亿元、利润864万元。

【前程为农服务社获评省级样板社】大泗镇前程为农服务社创建于2012年9月,位于大泗镇前进村,总面积1200平方米,设有“一牌、二市、二场、八家、八室”。“一牌”,按照全省统一样式悬挂前程为农服务社标牌;“二市”,设有农资超市和日用品超市,日用品超市和农资超市营业面积350平方米,日用品超市经营品种1100种以上,农资超市经营品种65种以上,日用品配送比例60%,农资配送比例80%;“二场”,设有篮球场和健身场;“八家”,设有党员之家、人大代表之家、政协委员之家、民兵之家、工会之家、妇女之家、老年人之家和残疾人之家;“八室”,设有医疗卫生室、计生服务室、文体活动室、图书阅览室、村民电教室、民事调解室、村民代表议事室和警务室。2014年12月,被江苏省供销合作总社评为省级样板社。

(高庆东)

·住宿餐饮业·

【概况】2014年,全区住宿业营业额2541万元,餐饮业营业额8.22亿元,有限额以上住宿餐饮企业11个,星级酒店1个,连锁酒店2个。

【烹饪餐饮行业协会工作】2014年,高港区烹饪餐饮行业协会指导餐饮企业调整经营策略,走大众餐饮之路,稳中求进。4月,组织部分餐饮企业参加酒店管理及调整转型专题培训班。7月,结合文明城市创建,开展餐饮企业文明餐桌活动,倡导餐饮企业参与“不剩饭、不剩菜、吃不完就打包”行动。9月,组织部分餐饮企业参加江苏省厨师节暨第七届全国烹饪技能竞赛,夏威夷大酒店获烹饪技能竞赛铜奖。10月,组织会员单位到南京参观2014年江苏国际餐饮博览会。11月,开展“四季飘香”公益活动,组织酒店名厨送烹饪技艺进社区,现场展示时令菜制作方法。年末,组织会员单位开展“送年夜饭走进敬老院”活动。

(尹 曦)

综合管理与监督

发展规划管理

【概况】 2014年，区发展改革委着力破解发展难题，强化综合协调服务，做好固定资产投资管理，推进重大项目建设，加快发展服务业，较好完成年度目标任务。全区实现服务业增加值109.66亿元。完成固定资产投资247.28亿元，比上年增长32.20%，其中工业投资126.14亿元，增长36%。全区在建重大项目84个，总投资441.81亿元，当年完成投资146.31亿元，完成年度投资计划的107.64%。区发展改革委共上争项目14个，上争资金669万元。

【经济运行分析与调研】 2014年，区发展改革委加强对经济运行的监测和分析，总结全区经济运行中取得的成绩，剖析存在的突出问题，有针对性提出应对措施，按季形成经济运行形势分析报告，提交区人大常委会审议通过《关于全区2014年国民经济和社会发展计划执行情况的报告》，为区委、区政府研究部署发展举措提供依据。完成《高港区关于加快沿江现代服务业与先进制造业融合发展调研报告》《高港区现代物流业发展调研报告》《关于高港区港口物流与市区经济发展关系的研究》《全区服务业发展情况》等调研材料。

【推进服务业发展】 2014年，区发展改革委编制《高港区服务业发展三年（2014~2016）行动计划》，明确服务业发展的重点领域、产业布局及发展方向。针对快速发展的电子商务行业，初步制定电子商务扶持政策，开展政策可行性论证。推进服务业转型升级，电子信息产业园项目二期工程完工，省级壁纸检测中心、特防产品检测中心投入运营，中药科技园项目加快建设，江苏海企化工仓储股份有限公司创成江苏省“十百千”行动计划创新型企业。围绕15个重点服务业项目，制作招商宣传资料，编写项目投资指南。组团参加2014中国泰州服务业投资说明会，成功签约明发商业中心、泰州中外运物流中心、典诚医疗器械交易平台、高港汽车服务综合体4个项目，项目总投资额14.80亿元。引进顺丰速递、安能物流等项目，协议引进外来资本10亿元。全区完成服务业固定资产投资17.89亿元，比上年增长23.41%。22个投资1000万元以上的服务业重点项目进展顺利，完成投资19.40亿元，国通速递泰州集散中心、中通速递泰州集散中心、苏安商业广场等17个项目竣工，圆通速递泰州集散中心、明发五星级酒店等项目加快推进。完成服务业税收17.89亿元，比上年增长23.41%。其中，列入市“提速升级四大工程”的6个服务业重点企业，实现利税14526.11万元。累计培育限额以上及重点服务业企业165个，其中1亿元以上企业20个。

【规模以上项目建设】 2014年，全区实施规模以上施工项目231个，计划总投资379.56亿元，单体项目投资规模1.64亿元。其中，新开工项目198个，计划总投资310.90亿元，单体项目投资规模1.57亿元。规模以上项目到位资金239.34亿元。国家预算内资金0.32亿元，国内贷款3.61亿元，利用外资和港澳台资1.06亿元，自筹资金216.89亿元。

【项目上争】 2014年，区发展改革委共上争项目14个，涉及服务业、农业、循环化改造等领域，上争资金669万元。其中，国家服务业引导资金省配套资金150万元，省级服务业引导资金120万元，市区服务业发展奖励类资金124万元，生猪标准化规模养殖场建设项目25万元，高港高新区循环化改造示范试点补助资金250万元。

【重大项目建设】 2014年，全区在建重大项目84个，总投资441.81亿元，当年完成投资146.31亿元，完成年度投资计划的107.64%。

农业项目 3个项目全部开工建设，总投资3.78亿元，当年完成投资8400万元，完成年度计划的102.44%。

工业项目 33个项目全部开工建设，总投资229.39亿元，当年完成投资87.47亿元，完成年度计划的112.10%。

服务业项目 12个项目全部开工建设，总投资43.66亿元，当年完成投资11.83亿元，完成年度计划的108.89%。

社会事业项目 2个项目全部开工建设，总投资4.80亿元，当年完成投资1亿元，完成年度计划的111.11%。

城建及公用基础设施项目 13个项目全部开工建设，总投资33.70亿元，当年完成投资15.56亿元，完成年度计划的101.60%。

安置区及房地产项目 21个项目开工20个，总投资126.47亿元，当年完成投资29.61亿元，完成年度计划的98.71%。 （夏华俊）

2014年高港区重大项目建设情况一览表

表11

项目名称	建设性质	总投资（亿元）	年内完成投资（亿元）	年内实施进度	实施主体
总　计	—	444.81	146.31	—	—
现代农业项目（共3项）	—	3.78	0.84	—	—
中药科技园基地建设项目	续建	3.00	0.52	农民培训办公区基本建成；智能温室继续施工建设；物流、中药初加工厂调整建设方案；种植中药材53.33公顷	江苏农牧科技职业学院
联泰生态农林示范基地项目	新建	0.28	0.22	完成农转用征收，办理土地上市；完成园林绿化及场地平整、开挖河道、地下管网铺设、道路等基础建设	泰州联泰生态农业有限公司
有机蔬菜（杂粮）生产项目	新建	0.50	0.10	新建大棚21.33公顷，无公害蔬菜基地66.67公顷	上海容邦投资管理有限公司
工业项目（共33项）	—	229.39	87.47	—	—
年产1000台纸币自动封包项目	续建	0.80	0.60	办公楼、厂房验收完成，内部开始装修，设备进厂安装	江苏保力自动化科技有限公司
年产1.50亿件汽车用流体管路项目	续建	10.00	4.00	正式投产	泰州鹏翎胶管有限公司
科技孵化器（电子信息产业园）	续建	4.00	1.12	完成1号、3号、5号、7号楼内外粉刷、地坪等配套工程	常州一建
年产1万吨电转子、2000吨精密模具项目	续建	0.60	0.40	设备进厂，安装调试，试生产	泰州铭建精机模具有限公司
摄像五金器材项目	续建	0.40	0.30	设备进厂，安装调试，试生产	泰州宇铨五金器材有限公司
3条壁纸生产线项目	新建	1.00	0.50	厂房主体封顶	江苏典雅墙纸有限公司
年产2000吨重整催化剂、2000吨加氢催化剂项目	新建	1.34	1.20	厂房、办公楼建成，设备订购，部分设备安装调试	江苏扬子催化剂有限公司
年产50万件汽车铝合金轮毂项目	新建	1.50	1.00	厂房、办公楼竣工验收，部分设备安装完成60%；厂区道路、下水施工完成40%	江苏张驰轮毂制造有限公司
博来登汽车ABS阀体、安全气体发生器项目	新建	0.90	0.40	试生产	江苏博来登汽车部件有限公司

续表11

项目名称	建设性质	总投资（亿元）	年内完成投资（亿元）	年内实施进度	实施主体
年产6000吨异型铜带项目	新建	0.78	0.40	完成年度计划，厂房建设完工	泰州麒润电子有限公司
年产120万件气弹簧、200万台滑板车和通信器材项目	新建	1.34	0.55	厂房钢结构开始安装	江苏创亿机械有限公司
龙凤堂中药产业基地项目	新建	20.00	6.00	固体制剂、口服液车间屋面瓦完成，动力中心完成80%；所有外墙瓷砖贴完，包辅材成品库外墙瓷砖完成，外墙真石漆完成；车间门窗玻璃安装完成；厂房外墙脚手架拆除，GRC柱头安装完成；连廊土建完成A段连廊基础开挖；屋面防水保温工程完成	江苏龙凤堂中药有限公司
科冕木业二期实木地板项目	改扩建	2.50	1.50	主体完工，设备安装完成	泰州科冕木业有限公司
聚四氟乙烯薄膜材料生产线项目	新建	1.00	0.30	4号车间贴面砖、5号厂房装修基本完成；1~4号厂房、办公楼开始装修	泰州市亚星塑业有限公司
年产10万吨改性环氧树脂项目	新建	1.76	0.42	总平图通过审查；工程上围墙建成，污水处理设施建设中	泰州市天润合成化工有限公司
年产2万吨羧甲基纤维素钠（CMC）项目	新建	2.00	0.70	完成车间1三层施工、车间2二层施工，土建基本完成	恒达化工科技泰州有限公司
年处理油料300万吨及饲料蛋白项目	新建	13.00	2.00	环评进入审批程序，蛋白安评报批，油脂安评修改，主车间施工图报审；部分设备招投标；新增3公顷综合物流项目地块的供地及收回手续办理中，全面进场打桩	江苏汇福蛋白科技有限公司
植物油精炼及综合深加工项目	新建	5.30	1.50		江苏汇福油脂科技有限公司
年产3万吨稻米油项目	新建	1.03	0.60	竣工投产	益海（泰州）粮油工业有限公司
电光源专用金属材料和精密合金材料项目	续建	1.20	0.38	设备安装调试	江苏昆仑光源材料有限公司
年产15万吨合金新材料项目	新建	22.00	3.10	室外配套施工结束	泰州诚达精工新型材料有限公司
年产400万套电脑转轴和600万套弹簧项目	新建	2.20	1.10	1号、2号车间室外配套施工结束	泰州市汇锦电子有限公司
临港经济园标准厂房	续建	1.00	0.70	室内外装饰施工	临港经济园
年产500台消防机器人项目	新建	0.60	0.28	厂房主体结构施工	江苏安奇正消防设备有限公司
年产69万平方米FPC柔性线路板生产项目	新建	5.00	0.93	完成1号、2号厂房室内外装饰施工，3号厂房主体结构施工	江苏扬泰电子有限公司
年产1500万平方米印刷版材项目	新建	1.00	0.36	主体结构施工	泰州市东方印刷版材有限公司
年产3000吨无纺布及1500吨基布项目	新建	0.60	0.28	厂房室内外装饰施工	深圳苏骏纺织品有限公司
天华吊索具项目	新建	0.60	0.28	厂房主体结构施工	江苏省海通索具有限公司
三类骨科器械生产项目	新建	0.80	0.72	厂房全面竣工，大部分设备安装调试结束，进入批量生产	贝尔泰克江苏医疗器械有限公司
氟碳喷涂型材生产线技改项目	新建	0.30	0.39	厂房竣工，设备安装调试，正式投产	江苏宇马铝业有限公司

续表11

项目名称	建设性质	总投资(亿元)	年内完成投资(亿元)	年内实施进度	实施主体
注射剂建设项目	续建	35.00	2.02	冻干粉针3号车间项目建成，通过国家级GMP认证；完成抗肿瘤固体制剂车间所有设备采购，厂房净化施工开工建设	扬子江药业集团
碘海醇、盐酸格拉司琼葡萄糖注射液生产线改造项目	新建	3.45	3.45	设备安装调试完成，部分竣工投产	扬子江药业集团
国电泰州电厂二期工程项目	改扩建	85.60	49.80	锅炉水压试验	国电泰州发电有限公司
现代服务业项目(共12项)	—	43.66	11.83	—	—
明发商业广场	续建	17.00	2.00	11栋高层27万平方米6栋主体砌墙完成，粉刷完成80%；5栋高层主体封顶	明发集团(泰州)房地产开发公司
台湾国际新城	续建	8.50	2.00	一期别墅19栋、商铺(销售楼)主体验收	泰州天隆房地产开发有限公司
明发五星级酒店	续建	5.00	0.65	桩基完成，基础底板钢筋完成50%	明发集团(泰州)房地产开发公司
集装箱码头配套物流项目	续建	2.00	2.00	集装箱码头堆场全部完成，岸桥和场桥调试完成，现场办公楼、现场业务楼和辅助用房基本建设完成；实施信息化安装和查验区堆场及各类配套设施	核心港区
泰州亚东建材有限公司中转站	新建	1.00	1.00	完成综合楼、包装车间、3个1万吨水泥库和2个2万吨水泥库的土建，厂区道路地坪、水沟的施工；用电设施、水泥输送系统及机械设备安装中，其中水泥输送系统桁架已做好，5个转站基础的施工完成，其中1个转站基础的钢构安装中；装船机基本安装完毕，卸船机安装中	泰州永安港务有限公司
圆通速递泰州集散中心	续建	3.00	1.00	办公楼室内外装饰施工，1号分拣车间主体结构完成	泰州圆通速递有限公司
中通速递泰州集散中心	续建	1.50	0.40	工程竣工	泰州中瑞物流有限公司
苏安商业广场	续建	1.50	0.35	停工(办理相关手续)	金凤凰大酒店有限公司
国通速递泰州集散中心项目	新建	1.50	0.72	厂房主体结构施工	泰州国通速递有限公司
老行当文化创意产业园	新建	1.56	0.86	老行当文化DIY馆布展结束，文化商业街主体建筑1号、2号、3号、4号楼外装饰结束，景观楼封顶	泰州市老行当文化发展有限公司
世泽雕艺园二期	新建	0.50	0.50	工程主体全部结束，院墙关好，景观绿化、供排水结束	江苏世泽艺术品有限公司
宗教文化园二期	新建	0.60	0.35	山门殿、钟楼、鼓楼、僧僚建设完成	泰州市海诞城市投资发展有限公司
社会事业项目(共2项)	—	4.80	1.00	—	—
永安实验学校	新建	2.60	0.30	1号、2号楼二层施工结束，其他基础设施施工中	核心港区

续表11

项目名称	建设性质	总投资（亿元）	年内完成投资（亿元）	年内实施进度	实施主体
新高港中小学	续建	2.20	0.70	竣工交付	区住房城乡建设局
基础设施项目（共13项）	—	33.70	15.56	—	—
解放路东延	续建	0.50	0.19	K1+260–K1+350处两根高压电线杆未迁移，导致工程进度延缓	明发集团（泰州）房地产开发公司
永福路	续建	0.30	0.27	竣工通车	北京海城公司
创新大道改造工程	续建	1.30	0.86	马厂桥至周梓桥水稳结束，其余路段沥青摊铺结束	北京海城公司
锦江路	续建	2.30	0.50	竣工通车	核心港区
临港经济园区内支路项目	续建	0.80	0.60	新乔路、客瑞斯路、友谊路、团结路沥青施工中	临港经济园
龙窝路	续建	0.80	0.30	竣工	临港经济园
海军大道东延	新建	4.10	0.70	桥梁竣工，道路贯通	白马镇
王营河路北延	续建	0.30	0.20	竣工通车	中建八局
银杏路	续建	5.50	0.40	银杏路绿化施工完成，银杏路西延路基施工结束	区交通运输分局
泗白路南延工程	续建	0.80	0.55	竣工通车	区交通运输分局
田许线改扩建	续建	12.50	8.50	一期竣工通车，二期路基层贯通，桥梁建成	区交通运输分局
高港自来水公司出厂总管改造工程	续建	0.30	0.20	工程竣工，6月投入使用	区水利局
永安洲污水处理厂二期（含污水总管）工程	续建	4.20	2.30	4座泵站主体施工，3万吨/日污水处理厂主体施工，完成10千米污水管网铺设	区水利局
房地产及安置区项目（共21项）	—	126.47	29.61	—	—
育才花苑二期	续建	3.00	0.87	1~3号、10号、11号二层完成主体混凝土浇筑，4号、8号完成地下室顶板混凝土浇筑，5~7号、9号完成地下室顶板钢筋绑扎	北京海城公司
新城花园二期	续建	0.80	0.30	1号楼拆除外脚手架、扫尾、报验，附属工程进场施工	泰州海城置业有限公司
三星嘉苑	续建	2.40	0.04	办理土地手续	北京海城公司
天然居项目	续建	3.00	1.00	雨污水管线施工完成80%	泰州市长三角置业有限公司
恒元城商住开发项目	续建	3.00	1.00	6幢高层，4幢高层主体砌墙93%，2幢高层主体封顶	泰州恒源置业公司
云墅壹号	续建	1.75	0.75	外墙抹灰	江苏华泰建设有限公司
明发城市综合体项目（一期二阶段）	新建	8.00	2.00	一期二阶段3幢高层（24、25、26号楼）主体结构完成15%	明发集团（泰州）房地产开发公司
新城名邸一期	续建	6.00	3.80	脚手架全部拆除，外墙涂料施工，附属工程开始施工	核心港区
临港水岸景城	续建	17.50	3.30	二期（17+1层2栋、11+1层6栋）主体结构完成30%	临港经济园
孔桥社区集中居住区	新建	1.38	0.42	完成29幢90套23569平方米集中居住房建设及基础设施建设	泰州市孔桥开发投资有限公司

续表11

项目名称	建设性质	总投资（亿元）	年内完成投资（亿元）	年内实施进度	实施主体
将军一品	续建	2.00	0.30	部分楼体竣工	白马房地产开发公司
新城领域	续建	1.34	0.50	部分楼体竣工	泰州市新世纪房产公司
大泗镇安置区工程	续建	1.80	0.90	一期交付使用	泗水城投有限公司
杏港花苑开发项目	新建	1.00	0.36	开工建设	泰州圆融投资置业有限公司、胡庄镇
龙湖美景	续建	10.50	6.20	一期竣工交付，二期主体完成50%	区住房城乡建设局
宇业·天逸华府一期	续建	14.00	2.00	配套设施施工	江苏宇泰置业有限公司
水岸帝景	续建	12.50	0.20	完成工程量30%	江苏兆达房地产开发有限公司
栖园	续建	6.00	1.00	二期竣工，三期高层墙体结束	泰州亿嘉置业有限公司
中建·锦绣珑湾一期	续建	20.00	4.00	配套设施施工	中建楷昕房地产开发有限公司
建邺·南韵家园	新建	7.00	0.50	基础施工	泰州恒建置业有限公司
瑞仪·香林华庭	新建	3.50	0.18	进行打桩	北京瑞仪盛天科技有限公司

财　政

【概况】 2014年，高港区完成财政总收入70.54亿元，完成目标任务的100.70%，比上年增长2.80%。公共财政预算收入28.68亿元，完成目标任务102.80%，增长15.10%，高于全市平均增幅5.90个百分点。其中，税收收入23.58亿元，完成目标任务的103%，增长15.30%，高于全市平均增幅7.60个百分点。一般预算支出24.65亿元，政府性基金支出20.73亿元。

【推进转型升级财政政策】 2014年，高港区安排转型升级专项资金1.20亿元，落实营改增扶持、中小企业国际市场开拓补助等政策，推动各类企业发展壮大。拨付土地净出让金及基础设施配套费5.50亿元，支持三大园区提升转型升级的支撑力和承载力。优化财政服务，指导各类企业申报项目，138个企业356个项目获省、市补助资金6249万元。开展融资服务，在引导金融机构科学放贷的基础上，开展财政支持新型农业经营主体融资改革试点工作，向农民专业合作社、农业龙头企业、家庭农场主等宣传金融产品，全区40个家庭农场、36个专业大户、18个农民专业合作社与金融机构对接；创造性开展政府采购信用融资，全年发生融资业务18笔，融资额350万元，有效化解中小微企业的融资难题。以上两项融资做法被财政部网站专题介绍。

【支持农业发展财政政策】 2014年，高港区整合农业综合开发土地治理、现代农业生产发展等项目资金近3000万元，支持农村土地流转、小农场建设等。通过“一折通”发放农资综合补贴、粮食直补1767.17万元，发放水稻、玉米、小麦、油菜良种补贴和农机购置补贴481.74万元。区财政投入508万元，在水稻、小麦、油菜、农机具等农业保险的基础上，新增苗木、露地西瓜、肉牛、仔猪、仔鹅5类保险，全年理赔146万元。获省小型农田水利重点县项目奖补资金300万元。

【推动开放创新财政政策】 2014年，高港区充分发挥招商引资奖励资金效应，支持开展北京、福州、台湾专题招商活动。跟踪招引项目开工建设进度，突出税源监控。发挥服务业引导资金效应，及时兑付奖励资金，支持实施服务业提速计划，全年新增重点服务业企业19个，服务业增加值103.90亿元、税收17亿元，成为财政增收的新增长点。拨付高层次创新创业人才引进计划专项资金230万元。

【保障民生财政政策】 2014年，区财政用于民生支出17.65亿元，占公共财政支出71.52%，全面完成为民办实事项目。制定《高港区促进全民创业暂行办法》，积极实施创业就业培训、职业技能培训、工伤安全培训、职业技能大赛等政策，实行补助个人和补助企业相结合的补助方式，在提升职工技能的同时，推动就业创业工程。逐步提高城乡居民养老、医疗保险筹资标准和保障水平，城乡居民低保、散居孤儿供养标准提高至每月530元、1020元，全年拨付基本药物制度药差补助、城乡居民最低生活保障、在籍学生及少儿医疗保险、大病医疗救助、新农保等资金1.76亿元。足额安排经费，保障口岸实验学校投入使用、永安洲实验学校建设，在省定标准的基础上，提高中小学生均公用经费标准，支持全国义务教育基本均衡示范区建设。追加安排“高港杯”全国象棋青年大师赛、文化馆及图书馆免费开放、苏演院线专项资金200万元。推动医疗卫生体制改革，重新核定2014~2015年度各基层医疗卫生机构经常性收支差额财政补助方案。研究制定财政支持“美丽乡村”建设、覆盖拉网式农村环境综合整治工作方案，“美丽乡村”建设项目获省补资金630万元。实施农村污水处理设施及配套管网项目10个，总投资1100余万元。推动城市基础设施建设和文明城市创建，加强政府投资项目财政评审，全年评审项目40个。支持农村公益设施建设，组织开展农村公益事业“一事一议”财政奖补、农桥建设等工作，投入1062万元。支持平安高港与法治高港创建，安排社会建设专项资金2250万元。

【财政资金监督】 2014年，高港区认真执行人大决议决定，按照“有预算不超支、无预算不开支”原则，加强区级财政预算执行和存量资金管理，从严控制一般性支出追加，全年核减追加申请812万元。出台《高港区财政专项资金申请使用全过程承诺责任制暂行规定》，强化各环节工作人员责任，全年申报工业、农业项目524个，资金量1.98亿元，未发生一起违规违纪行为。制定因公临时出国、因公短期出国培训费用管理办法，严格执行机关差旅费、培训费和会议管理办法，压缩一般性支出。出台《区级财政专项资金管理办法》，对各类专项资金的设立、调整和撤销作出明确规定，将专项资金纳入预算管理，开展绩效评价，提高专项资金使用效益。组织开展严肃财经纪律和“小金库”专项治理，全区144个行政、事业单位和社会团体参加自查自纠，检查重点单位5个。开展镇街财政财务检查，对发现的19个问题提出处理意见，提高基层财政管理水平。加强银行存款核对检查，保证国库资金安全。加强政府采购监督，提高财政资金使用效益。突出做好民生资金监管，加强监管平台的维护工作，全区10个部门、47个民生项目均通过监管平台公开，发放各类民生资金2.70亿元。

【预算管理改革】 2014年，高港区创新预算管理模式，选择11个部门作为预算公开的试点单位，在区政府网站公开部门预算，主动接受社会各界对财政资金的监督。及时批复107个部门预算项目的绩效目标，首次通过政府购买服务的方式，引进第三方独立评价，对8个涉及民生事业、产业发展的专项资金实施财政绩效评价，促进部门提高预算编制的科学性。加强政府债务管理，清理甄别地方政府存量债务，为政府债务纳入预算管理打下基础。

【国有资产管理】 2014年，高港区创新行政事业单位国有资产管理模式，出台行政事业单位国有资产评估管理办法，全年审核、备案、批准行政事业单位资产处置37批次，涉及资金320万元。创新企业国有资产管理模式，出台区本级企业国有资产损失责任追究暂行办法，最大限度防止国有资产流失。出台区级机关执法执勤用车配备使用管理办法，做好公车改革前期调研及统计工作，为公车改革打下基础。

（赵　明）

税　务

·国家税务·

【概况】 2014年，泰州市国家税务局第二税务分局（以下简称“国税二分局”）组织国税收入251844万元，比上年增长17.06%。其中，入库增值税233157万元，增长23.91%；入库消费税2494万元，增长4.82%；入库企业所得税14812万元，下降26.56%。完成公共预算收入69762万元，增长16.76%。国税二分局先后被评为市国税系统绩效管理先进单位、市基层站所作风建设五星级单位、市“职工书屋”示范单位；综合业务科被评为市国税系统十佳标兵科（室）；1人获泰州市五一劳动奖章，2人分别被评为全市国税系统十佳征管能手和十佳服务明星，7人获市国税局嘉奖。

【税收数据情报综合管理平台应用】 2014年，国税二分局把推广应用省国税局数据情报综合管理平台作为工作重点，实现平台在风险管理过程中的正常应用。强化指标采集，健全岗责体系，集中初始化设置，在各层级合理配置岗位角色和设定操作权限，基本实现业务层面全覆盖。全年采集医保刷卡信息、商品房销售信息、非贸易项下对外付汇信息、辖区外商投资企业购付汇信息、境外投资企业投资款汇出信息、股权变更信息、财政专项拨付信息、企业供电信息、地税营业税申报信息和建筑安装代开票信息8000余条。

【税源管理】 2014年，国税二分局面对宏观经济下行压力未消退、税源不足根本矛盾未解决的客观情况，增强对经济税源状况的预测把握能力，全面夯实组织收入的各项工作基础。提升组织收入规划能力，完善税源预测管理办法，细化税源重大变化报告制度，建立月（季）度税收收入调度机制，有效提高税收计划编制准确性，力求税收计划接近税源实际，合理实施分解。提升税收收入增长质量，结合区域经济结构和产业结构特点，调整纳税风险识别指标，细化风险分类管理措施，加强对重点行业、税源大户、连续亏损户及税负偏低企业的动态管理。提升行业税收管理水平，将行业税收管理作为提升税收管理能力的突破口，探索细化行业生产经营规律，建立行业税收分类管理模型，加强对现代服务业的政策研究，提高行业税收管理质量。

【“营改增”实施】 2014年，国税二分局加大“营改增”政策宣传力度，帮助企业掌握税收政策、熟悉办税流程，增强适应税制转换的能力，做实“营改增”项目，做大“营改增”基数。充分发挥“营改增”政策效应，围绕重点企业逐户梳理和分析，引导企业实施主辅分离、分类核算，及时处理政策执行过程中的各种问题，有效增加地方公共财政预算收入。围绕“堵漏增收”目标，对辖区内交通运输和物流辅助等服务业企业进行专题辅导及专项核查，确保重点行业“营改增”税款不流失。全年入库“营改增”税收6927万元，比上年增长47.34%。

【税收风险应对】 2014年，国税二分局建立较为规范的风险应对任务整合推送流程，按照“合并同类项、剔除重复项、否决违规项、平衡任务量”原则甄别处理后，通过税源管理平台推送工作任务。依托数据情报综合管理平台等辅助工具，开展分类识别，建立重点行业纳税评估模型，有针对性查找涉税风险。建立案头评估机制、案例引导机制、集体审议制度和查前培训制度，规范案头评估工作。以《纳税评估法律适用指引》为蓝本，及时梳理易产生执法风险的税收政策执行环节，改进可能导致执法风险的技术要素和关键环节，加强执法风险内控机制建设。全年发起风险应对173户次，补缴税款9489万元，比上年增长80.20%，风险应对总成效对国税收入贡献率3.80%。在市国税局组织开展的全市风险应对实战案例专题交流会上，国税二分局报送的应对案例获一等奖。

【税法宣传】 2014年，国税二分局充分利用新闻媒体、税收例会等手段，围绕社会关注的税收热点、焦点问题，及时解读宣传新出台的税收政策和管理措施，预防和化解可能出现的征纳矛盾，构建和谐税企关系。开展税法宣传进农村活动，将税法宣传资料、纳税服务联系卡送到农户手中，宣传讲解农产品税收优惠政策，现场回答农户提出的涉税问题。开展税法宣传进学校活动，到中小学校发放税法宣传资料，通过现场互动、播放动漫短片等方式，讲解税收种类和作用，普及青少年税法知识。开展税法宣传进园区活动，重点讲解“营改增”政策及其对企业发展的影响，宣讲与园区重点工程、项目相关的税收政策，听取企业涉税需求，助推企业健康发展。

【纳税服务】 2014年，国税二分局推进纳税服务专业化建设，前移审批环节，简化审批手续，压缩办结时限。推进纳税服务信息化建设，搭建涵盖办税服务厅、“12366”纳税服务热线、税务网站的服务平台，启用办税服务叫号系统和星级服务评价平台，扩大“同城通办”地域范围，推行远程抄报税和网上认证，完善24小时自助办税区（点）。推进纳税服务品牌化建设，在巩固“服务e站”品牌的基础上，采取团队咨询、“一对一”辅导、“一企一策”等形式，掌握“营改增”试点后纳税人反映的新情况、新问题，推进有条件企业做好主辅分离工作。（郗　郢）

·地方税务·

【概况】 2014年，江苏省泰州地方税务局第五税务分局（以下简称“地税五分局”）共组织入库税收收入197521万元，比上年增收22236万元，增长13%。税收收入中，省级收入3202万元，增收67万元，增长2%；市、县级收入182355万元，增收24529万元，增长16%，其中，公共财政预算收入166024万元，增收21338万元，增长15%。营业税入库89864万元，增收16855万元，增长23%；企业所得税入库31056万元，减收1034万元，下降3%；个人所得税入库16102万元，增收2419万元，增长18%；房产税入库4367万元，增收1067万元，增长32%；土地使用税入库7716万元，增收940万元，增长14%；印花税入库2900万元，增收452万元，增长18%；城建税入库22856万元，增收4876万元，增长27%；耕地占用税入库2981万元，减收4591万元，下降61%；资源税入库0.77万元，与上年持平；契税入库7000万元，减收2036万元，下降23%；土地增值税入库12674万元，增收3286万元，增长35%；组织入库其他收入50531万元，增收7123万元，增长16%，其中，入库社保费收入34200万元，增收3933万元，增长13%。地税五分局被评为全国工人先锋号、法治泰州建设依法行政示范单位。

【税收风险应对】 2014年，地税五分局排查、清理风险源点，使零申报率由年初的55%下降为33%。对16户欠税企业采取银行扣款等强制执行措施，压缩欠税528万元，控制新欠发生率在0.15%以内。异地正常经营户由年初的201户下降为32户。组织全体人员关注大集中系统使用中出现的问题并及时上报，74条建议被省地税局采用，列市区第2名。共对349户纳税人进行风险应对，评估入库税款8300万元，贡献率4.29%，其中，查补1万元以上税款的户数占52.60%，为全市最高。

（顾 蕾）

统 计

【概况】 2014年，高港区统计工作优化服务，加强经济运行监测和分析预警，编发《高港统计》简报112期，撰写各类信息422条，刊印《高港统计年鉴》《高港统计手册》《统计月度小册子》等服务载体2800余册。完成年报和定报工作任务，实施全面小康建设等统计监测和绩效管理民意调查等专项调查，开展投资统计改革试点。第三次全国经济普查进入资料应用开发阶段。2个项目分别被省统计局评为基层规范化管理创新示范项目和基层统计服务示范项目。推行部门统计规范化建设，开展统计法律法规宣传，做好统计业务指导、执法监督和从业资格认定工作，推进联网直报企业规范化建设。区统计局被评为第三次全国经济普查省级先进集体、全省县级统计局规范化建设示范单位，统计综合业务获市一等奖。

【第三次全国经济普查】 2014年，高港区强化普查宣传动员工作，区委常委、副区长吴斌发表专题电视讲话，高港电视台滚动播出专题宣传片，采用电子显示屏、宣传站牌、发放宣传单等多形式宣传，做到电视有影、小区有画、街道有横幅、手机有短信。做好普查登记、数据审核工作，经过区和市普查办公室多轮核查，未发现单位或个体户漏登现象，未产生单位界定错误。数据审核阶段，采用专业审核与镇街核实、常规审核与集中会审、机器核实与人工审核、基层表审核与综合资料审核相结合方式，确保普查数据质量。做好数据汇总和质量抽查工作。区普查办公室组成5个质量检查验收工作组到各镇街，对抽中的法人单位、产业活动单位和个体经营户进行回访调查。经过全区350名普查员努力，全区普查登记法人和产业活动单位5116个，采集到“五证”（营业执照、组织机构代码证、税务登记证、事业单位法人证书及其他证书）的单位5107个，“五证”采集率99.82%；个体户登记17369户，采集到证照的个体户9058户，证照采集率52.15%。开展资料研究，做到分析项目、责任部门、承担人员、完成时间四落实，拟定奖励措施，组织评比。参与省、市级课题招标研究工作，中标市级研究课题4个。12月，区经济普查办公室、刁铺街道经济普查办公室、许庄街道经济普查办公室被评为江苏省全国第三次经济普查先进集体，区统计局李正堂等6人被评为先进个人。

【年报和定报工作】 2014年，区统计局严格按照“一套表”统计方法制度和上级统一要求，执行《高港区统计数据全程质量管理实施方案（2014年）》，强化数据质量管理，全面完成2013年统计年报任务，按时上报、如期公布2014年月度和季度统计数据。全年举办各类业务培训41次，参训1100人次。

【统计监测与调查】 2014年，区统计局对“八项工程”（转型升级工程、科技创新工程、农业现代化工程、文化建设工程、民生幸福工程、社会管理创新工程、生态文明工程和党建创新工程）、全面小康建设、民生幸福“六大体系”（终身教育、就业服务、社会保障、住房保障、养老服务、基本医疗卫生）等加强综合统计监测，开展文化产业、社会发展、妇女儿童发展、农业基本现代化等专项统计监测，完成绩效管理民意调查、国税纳税满意度、村庄环境整治群众满意度等专项调查，提出具有前瞻性、预警性、可操作性意见和建议。市人大常委会副主任、区委书记王建对村庄环境整治群众满意度调研报告作重要批示。

【统计服务】 2014年，区统计局印发《高港统计年鉴》300册、《高港统计手册》600余册、《统计月度小册子》1500余册、《统计季度分析》80册、《高港年度手册》150册、《高港统计月报——工业生产》200册。编发《高港统计》112期，撰写信息422则，被省、市、区政府分别采用3则、46则、171则；被国家统计局、省统计局、市统计局分别转载1则、52则、375则。在区政府门户网站开辟统计专栏，及时公布主要统计数据和分析，方便社会各界了解和查询统计数据。

【统计数据质量管理】 2014年，区统计局邀请市统计局专家对区、镇街统计系统全体人员，“四上”单位（规模以上工业企业，资质等级建筑企业，限额以上批发和零售、住宿和餐饮企业，规模以上服务业企业）统计人员代表100余人进行培训。全年指导单位和企业130个。开展统计执法检查，组织工业、劳资、建筑、房地产等专业开展统计监审工作。监审单位31个，行政处罚4个，罚款1个。加大从业资格管理力度，组织270人参加统计从业资格考试，创历史新高。依托区政府电子政务中心，实现统计内网“村村通”。规模以下服务业统计实现村（社区）一级直接采集数据联网直报。年末，直报企业数470个，占全市50%，直报率62.25%。

【部门统计规范化】 2014年，区统计局针对部门不重视统计工作、管理混乱、资料不全、人员不稳、数据质量不高等问题，按照《江苏省部门统计规范化管理办法》和《江苏省部门统计工作规范化验收办法》，在全市率先出台部门统计工作规范化建设实施方案和验收标准，明确验收对象、工作标准及创建序时进度，并将区农委、经济和信息化委、商务局、科技局4个单位作为规范化建设示范单位，协助其从组织领导、信息化建设和档案管理等方面逐条整理申报材料，做好样板展示。根据创建过程及取得的成果，制作部门规范化模板，逐项诠释24个创建指标。年末，4个单位被省统计局评为江苏省部门统计示范点。

【规模以上企业统计规范化建设】2014年，区统计局结合群众路线教育实践活动收集的意见和建议，针对全区规模以上企业统计基础现状，提出"一企一策"实施方案，将规模以上企业分为资料健全、资料相对齐全、资料欠缺三大类，提出相对应的规范化建设要求，为全区规模以上企业规范化建设奠定基础。年末，高港区规模以上企业规范化验收达标率超90%。"一企一策"被省统计局评为基层规范化管理创新示范项目。

【全省基层统计服务示范项目】2014年，区统计局建立内容涵盖历年主要经济指标，人口年度指标，核算季度指标，工业、国内贸易、投资、财政、对外贸易等月度主要统计指标，以及支柱产业等资料的综合统计电子台账。以PDA（掌上电脑）为载体，实时更新，第一时间满足社会各界对统计数据的需求。分专业对各类数据进行比对、分析和预警，更好地监测各行业数据变化，掌握经济运行发展趋势，发现经济运行中存在的问题，及时反馈到区委、区政府负责人和部门。此服务模式被省统计局评为基层统计服务示范项目。

【投资统计改革试点】2014年，高港区被列为泰州市投资统计改革试点区。成立由区委常委、副区长吴斌任组长，区政府办公室副主任和区统计局局长为副组长，区发展改革委、经济和信息化委等22个部门、园区及镇街分管负责人为成员的领导小组，明确领导小组及其办公室职责。制定《国家统计局固定资产投资统计制度方法改革方案解读》《高港区2014年固定资产投资统计制度方法改革试点方案》，梳理现有法人单位，走访调研企业。分5场次培训全区494个投资试点调查单位统计人员。试点工作进展顺利，为探索镇街、园区、区级投资数据的采集、审核、汇总、上报流程总结经验。（徐筱艳）

审　计

【概况】2014年，高港区审计局共实施审计项目88个，查出违纪违规金额1818.01万元，管理不规范金额48070.99万元，净核减工程造价2952.15万元。组织审计2009~2013年教育附加费使用情况，审核高港国际财富中心项目资产转让费用，对江苏大江建设集团有限公司改组整顿事项进行"回头看"。配合区纪委对区疾控中心、区卫生监督所进行财务检查，督查全区各部门、单位五一期间"三公"经费（因公出国经费、公车采购及运行费、公务接待费）使用情况，调查核心港区融资情况。配合区扶贫办公室审计挂钩帮扶资金。审核口岸实验学校等地块延期临时安置补助费、田许路工程动迁费用、龙湖美景临时围墙工程款。参与义乌大市场及文峰千家惠租金兑付协调、基层医疗卫生机构2012~2013年财务收支审核、违规收费专项治理等。各镇街审计所共审计项目94个，审计金额46839.73万元，促进增收节支4827.79万元。区审计局研究制定审计项目作业进度管理办法、中介机构管理办法等新制度6项。

【财政财务审计】2014年，区审计局对2013年度区级预算执行及其他财政收支、区科技局财政收支等实施审计，会同兴化市审计局对扬中市国有土地使用权出让收入进行审计。区级预算执行审计重点审计公共财政预算的编制及执行、财税收入管理、财政专项资金特别是民生资金的安排使用等，分析评价财政专项资金是否达到预期的效益和效果，促进预算管理科学化，提高财政管理水平，规范部门财政收支行为。全区7个镇街审计所共对20个科室、村（社区）财务进行审计。

【民生项目审计】2014年，区审计局对2013年度1%村庄环境长效管护资金、农业综合开发资金、城投中心2013年度资金运营情况、城镇保障性安居项目、新型农村合作医疗基金等进行审计，维护群众切身利益。

【经济责任审计】2014年，区审计局对区科技局原局长、区委区级机关工委原书记、大泗镇原镇长、区编委办原主任进行任期经济责任审计，联合区委组织部、区编委办对胡庄镇原党委书记进行"三责联审"（用人责任审查、编制责任审查、经济责任审计）。许庄街道、胡庄镇审计所完成干部离任审计项目4个。

【固定资产投资审计】2014年，区审计局对龙湖美景二期地块房屋征收补偿情况进行审计调查，对泗白路、银杏路等27个重点建设项目，以及田许路拆迁、国电泰州发电有限公司二期动迁、全民健身中心综合运动馆改造及装饰、高港实验小学抗震加固改造等工程进行跟踪审计；对区级机关行政办公楼生态停车场、2012年度小型农田水利重点县工程等53个工程项目进行竣工决算审计，净核减工程造价2952.15万元。永安洲镇、口岸街道审计所对本级财政投资的63个基本建设项目进行审计。（沙　亮）

物 价

【概况】2014年，高港区设立280万元的价格调节基金，启动价格补贴机制，发放补贴1.47万元，惠及困难家庭。强化价格监测预警，做好民生价格公示，上报监测报表254份、监测分析45篇、监测简报10期，撰写的《高港洋鸡蛋价格持续上涨》和《泰州猪价连跌养殖亏损分析报告》被省委办公厅信息采用。推进天然气价格改革，制定出租汽车客运价格。开展网上收费年审，公布政府性基金、行政事业性收费项目清单，整治违规收费行为。深化价格服务，做好价格调研、成本分析和价格认证工作。结合文明城市创建，开展价格诚信体系建设。受理各类投诉、咨询、举报和信访件70件。年内，区物价局被评为省价格工作先进单位、市价格管理工作先进集体。

【收费年审】2014年，区物价局采取上门年审为辅、送审为主的方式，开展网上收费年审，上门年审的行政事业性收费单位21个，送审的55个，年审率100%，注销收费许可证3个。应审验经营性服务收费单位30个，实际审验30个，其中，上门年审10个，送审20个，年审率100%，注销经营性服务收费登记证1个。

【价格专项检查】2014年，区物价局先后开展药品零售行业、教育收费及涉车收费等专项检查，重点查处各收费单位的收费公示、明码标价、执行收费政策等方面。上半年，对主要药品零售商的药品零售价格进行第二轮检查，共检查药店30余个，在第一轮检查中发现的违反明码标价规定及不执行政府指导价行为全部整改到位。春季、秋季开学初，开展教育收费巡查，检查幼儿园3所和职业中学1所，收费情况总体良好。4月20日起，开展停车场及驾校收费专项检查，抽取3个大型停车场和6个驾驶员培训学校，听取经营状况、收费情况及在收费过程中遇到的实际问题和解决方法汇报，查看营业执照、收费公示栏及台账，与服务对象、工作人员交流，发现问题责令改正，遏制多收费、乱收费现象。

【清费治乱】2014年，区物价局联合区财政局编制《泰州市高港区政府性基金、行政事业性收费项目清单》，并向社会公布，明确各部门、单位实际执收的政府性基金、行政事业性收费的项目、标准和依据，凡未列入清单的收费项目一律不予收取。开展违规收费行为专项整治，对上门检查发现的一般性问题，视情节轻重进行规范和处理，退还违法所得23万元。调研行政审批前置的中介机构收费，联合区监察局调查中介机构收费情况，未发现违规行为。

【价费公示】2014年，区物价局围绕群众生活所需，及时变更采集点，整合价格信息资源，完善监测指标规范。上半年，对长江刀鱼、河豚进行专项价格监测，形成分析报告。下半年，开展螃蟹和羊肉“价比三家”工作，撰写的《我区全羊席启动，价格亲民》被市物价局监测中心采用，并被高港电视台民生栏目专题报道。全年发布“价比三家”行情28期、价格3482个。各镇街在每期“价比三家”数据公示后，拍摄照片留作台账资料。使用多色纸张张贴数据，体现“价比三家”数据更新的及时性。

【价格认证】2014年，区物价局共承办成本认证11件，标的额10亿元；涉案价格鉴证36件，标的额29.82万元；二手非住宅用房交易计税价格认定15件，标的额1600万元；车损价格认定4件，标的额36.25万元。开展重点工程建设涉及“三农”价格认证，协助解决久拖未决的矛盾。开展军转干部安置房成本认证，控制前期直接成本，减少后期不合理利润，为区委、区政府提供定价依据。

【价格举报受理】2014年，区物价局加强“12358”价格举报电话的值守工作，保证24小时值班，及时答复“12358”价格举报电话、物价局网站举报箱、市（区）长信箱、“12345”政府热线、大江论坛等各类投诉平台上群众提出的问题。全年受理各类投诉、咨询、举报和信访件共70件，其中，咨询件63件、举报件5件、投诉件2件，办结率和回复率均达100%。

【价格诚信创建】2014年，区物价局用半年时间分3个阶段开展价格诚信创建行动，重点检查是否存在虚构原价、虚假折扣、模糊赠售、不履行价格承诺等严重侵害消费者权益的价格欺诈行为。4月中旬~5月下旬，重点规范大润发超市及其出租商铺的明码标价和明码实价工作；6~7月，重点规范新开发的时代广场散户经营区域；8~10月，定期或不定期巡查，督促经营者长期坚持执行诚信经营、明码实价规定。共巡查12次，建立价格数据统计表10张，发现销售价高于宣传价的价格违法行为1起，海报宣传促销商品但柜台无销售记录的价格违法行为2起，给予口头提醒2次，发放责令整改通知书1份，责令经营者当场整改。泰州市高港自来水有限公司、泰州市高港区润良商业有限公司被评为江苏省价格诚信单位。

【非居民天然气价格改革】2014年，区物价局贯彻落实国家、省、市关于调整天然气价格文件精神，迅速启动调价工作。与市物价局对接，准确理解政策精神，把握调价时机。开展天然气企业成本价格核算，为调价提供依据。召开供气单位与用气企业座谈会，听取双方对调价的意见与建议，把握调价幅度。管道燃气非居民用气基准价格由每立方米3.26元调整为3.53元。

【出台出租汽车客运价格】2014年，区物价局开展出租汽车市场调研、成本论证，举办出租汽车客运价格听证会，充分征求各方意见，结合实际制定高港区出租汽车客运价格，报经区政府同意。起租价6元，起租里程2千米，超起租里程1.80元/千米。

【平价商店建设】2014年，区物价局与14个平价商店签订平价商店建设运行补充协议书。严格平价商店退补程序，规范连锁经营模式，完善承包（加盟）合同。将价格监督检查引入平价商店日常督查体系，区物价局价格科、检查分局、监测中心、职工监督站组成联合巡查组参与平价商店的日常督查工作。在平价商店门店内悬挂“12358”价格投诉热线公示牌接受群众监督。对平价商店违反明码标价规定的，开展执法检查。（赵　菲）

市场监督管理

·工商行政管理·

【概况】2014年，高港区企业登记注册总数1555户，注册资本总额518464.21万元，其中，有限责任公司777户、国有企业721户。累计注册外商投资企业9户，均为外商独资企业，注册资本1.78亿美元。个体工商户3575户，从业人员6525人，注册资本7.78亿元。私营企业1502户，其中，有限责任公司736户、独资企业764户，雇工人数9590人，注册资本35.85亿元。农民专业合作社111个，注册资本1.30亿元。有各类商品市场13个，其中，农贸市场10个，工业品消费市场2个，小商品市场1个。广告经营单位60户，从业人员172人，广告经营额4078万元。全年检查合同84份，金额0.21亿元；办理动产抵押登记24件，帮扶企业融资3.32亿元，盘活企业资产6.16亿元。查处各类违法案件66起，为消费者挽回经济损失320万元。泰州工商行政管理局高港分局（以下简称“区工商分局”）被评为全市工商系统目标管理考核先进单位、2014~2015年度市级依法行政示范点。

【全市民营经济考核“五连冠”】2014年，高港区重新制定民营经济专项考核办法，对2013年度民营经济专项考核先进村居和创业明星给予奖励，民营经济发展先进村（居）各奖励1.50万元，创业明星各奖励2000元。全区净增个体工商户2534户、私营企业1360户，分别完成目标任务的230%和150%，其中私营企业数比上年增长110%。净增家庭农场等农村新型合作组织222户，新增“个转企”210户，注册商标324件，新建面积不低于5000平方米的创业孵化基地3个，举办创业培训2470人次，组织银企对接活动9次。各项发展指标均超额完成目标任务，获2014年全市民营经济发展一等奖，实现全市民营经济发展考核“五连冠”。

【综合监管示范区创建】2014年，高港区将原10个工商分局巡查组调整为8个责任区，每个责任区配备2名以上工商干部，工商所副所长或支部书记担任责任人。综合监管区之间实行交叉办案，换位巡查。集中整治无照经营，完善联席会议、信息抄告、联合执法、督查考核四项制度，共取缔无照经营29户，疏导发照187户，立案查处23起，罚款9.80万元。

【市场主体年报工作】2014年，高港区全面清查辖区内市场主体，摸清市场主体经营情况，建立健全企业信用档案和市场监管信息共享机制。开展监管工作业务培训、年报政策培训，开设年报自助服务区，为企业和个体户提供年报指导和服务。全区市场主体2013年年报率75%。

【流通领域产品质量安全监管】2014年，高港区发放食品流通许可证462份，变更许可128份，新建食品经营户信用档案462份，规范320份。推进食品安全监管督查工作机制，将对工商所督查结果纳入年终考核项目。工商分局与工商所、工商所与片区责任人签订食品安全监管工作目标管理责任书，工商所与食品经营者签订食品安全承诺书，签订率90%以上。开展食品检测220批次，围绕五一、中秋、国庆、元旦、春节等重要时段，开展专项整治6次，查处各类食品案件13件。开展家用燃气灶具专项治理、乳制品清查工作，加强对农资、名烟名酒、电动车等重点商品的安全监管，完成抽检300余批次，立案查处不合格商品案件32起。

【专项执法行动】2014年，高港区工商系统创新监管执法方式，“专人办专案”整治全区房地产市场，发现案件线索8个，立案5起，其中，案值5万元以上2起，移送公安机关1起。对全区15个壁纸企业开展执法调研，从原创设计、品牌使用规范、产品宣传等方面出谋划策；严查销售不合格成品油、燃气垄断、售假、虚假宣传等扰乱市场秩序的违法行为，办结商标侵权案件14例，获赠“维权卫士”锦旗。查处各类违法案件85起，罚没入库90.04万元，为消费者挽回经济损失320万元。

【商标品牌培育】2014年，高港区新增省著名商标3件、市知名商标13件。区政府对获得2013年省著名商标、市知名商标的企业给予奖励，共奖励资金53万元。

2014年高港区新增著名商标、知名商标一览表

表12

类　　别	商标名称	注 册 人	地　　址
江苏省著名商标	海企仓储	江苏海企化工仓储有限公司	核心港区
	图形	江苏亚太吊具有限公司	高港高新区振兴大道18号
	ROOSIN	泰州市榕兴抗粘敷料有限公司	临港经济园远东大道8号
泰州市知名商标	启佑及图	江苏启迪教学仪器有限公司	刁铺街道西工业园
	美艺舞台及图	江苏美艺舞台设备工程有限公司	大泗镇工业园区
	TZZT	泰州市中泰教学设备有限公司	刁铺街道解放路1号
	中鑫科技及图	泰州市中兴医械科技有限公司	胡庄镇新世纪大道8号
	强槐及图	江苏省强槐体育用品有限公司	大泗镇工业园区
	蓝光及图	泰州蓝天布业有限公司	大泗镇工业园区
	上华教仪及图	江苏上华教学设备有限公司	刁铺街道环溪路66号
	子辰教仪及图	江苏子辰教育设备有限公司	许庄街道创业大道南侧1号
	福缘达	江苏福缘达热工科技有限公司	核心港区标准厂房区
	HXZG及图	江苏华夏重工有限公司	永安洲镇中心村
	海诞	江苏泰供海诞现代农业发展有限公司	白马镇增产村
	福齐天	泰州市福齐天生物科技有限公司	胡庄镇丁庄村
	宇隆及图	泰州市宇隆绳网有限公司	口岸街道三官新村241号

【消费维权】 2014年，高港区受理调解消费者投诉273件，为消费者挽回经济损失约20万元，回访满意率96%。举行“3·15”国际消费者权益日宣传活动，开展供水、供电、供气、电信、公共交通五大行业满意度测评，查处一批侵犯消费者权益典型案例。开展消费教育专题讲座6场，参训人数500余人。建立“12315”消费维权服务站6个和郑美琴维权工作室。

国际消费者权益日宣传活动

【融资助企】 2014年，高港区工商系统搭建助企融资平台，为企业融资4.27亿元。其中，为23户企业办理动产抵押登记，帮助企业盘活资产39145万元，为企业融资17487.22万元。6月，无偿为江苏江东港口投资公司办理码头抵押登记确权，成功融资2亿元，为全省首例码头抵押登记。8月，帮助江苏能建机电实业集团有限公司以“远亚”商标专用权为质押物，获得泰州农村商业银行永安洲支行3890万元贷款。针对小微企业融资难，牵头实施“邮储·十亿送贷”行动，发放贷款1280万元，居全市首位。

【企业信用建设】 2014年，高港区新增国家级“守合同重信用”企业3个、省级5个、市级18个。组织开

2014年高港区新增"守合同重信用"企业一览表

表13

级　别	企 业 名 称
国家级	扬子江药业集团、泰州口岸船舶有限公司、江苏大邦清洗有限公司
省　级	泰州口岸船舶有限公司、江苏大邦清洗有限公司、江苏环宇水利水电工程有限公司、江苏光华运动器材制造有限公司、江苏长兴净化工程有限公司
市　级	泰州市康建胶带有限公司、泰州汇锦电子有限公司、泰州建源仪表有限公司、江苏荣华实验器材有限公司、泰州市刁铺橡胶织带厂、泰州成功教学用品有限公司、泰州市乐太食品有限公司、泰州市辉春医疗器械有限公司、泰州市银杏舞台机械工程有限公司、江苏安凯隆消防装备实业有限公司、泰州友润电子有限公司、泰州市蓝天布业有限公司、江苏腾龙园林绿化工程有限公司、江苏京华澄电力科技有限公司、泰州市康建胶带有限公司、富彤化学有限公司、泰州祥和项目管理有限公司、泰州市华强照明器材有限公司

展"诚信之星"评比活动，泰州市华强照明器材有限公司、泰州市东方离合器有限公司、泰州市创新电子有限公司3个企业的负责人当选泰州市首届"诚信之星"。

【登记注册资本制度改革】 3月1日起，高港区实施登记注册资本制度改革。推进简政放权，将个体工商户、个人独资企业及专业合作社登记权限全部下放至基层工商所，推行行政许可审核合一，登记业务办结时限缩短至1~3个工作日。在全区工商登记窗口推行"明白纸"制度，一次性告知相关事项。推行个体工商户、个人独资企业"同城通办"，实现70%以上的登记事项就近办理。开展企业和个体户换发新版营业执照工作，换照率56%。专设"个转企"绿色通道，对"个转企"实行"一窗式"办理，重大项目跟踪服务。建立工商、质监、税务"三证合一"制度，执行"负面清单"制度，对未列入清单范围内的审批事项坚决削减，创业通道更加通畅。实行相关行政许可"前置改后置"，"先照后证"工作开端良好，全年发放"先照后证"营业执照164份，将情况通报至许可部门。

【"社区一照"模式试点】 2014年，高港区在口岸街道蔡滩社区试点办理全区首个"社区一照"，即以社区为主办单位成立社区创业服务中心，把社区内分散的经营户集中起来，统一办理一张营业执照，解决弱势群体办照难题。《新华日报》《泰州日报》《现代快报》和省、市工商文化网等专题报道。全年发放社区创业服务中心服务卡22张。

【大润发"诚信经营放心消费"商圈创建】 2014年，高港区以大润发商圈为示范点开展放心消费创建活动，以点到面辐射到全区商贸集中地区，组织18个单位参加"诚信经营·放心消费"承诺宣誓。加大对商圈内商家规范经营意识的培育，组织大润发超市、时代广场等6个大型商场、超市参加新《中华人民共和国消费者权益保护法》知识竞赛。

（戴　静）

·质量技术监督管理·

【概况】 2014年，高港区推进品牌化与标准化建设，新增各类品牌产品12个，各类质量奖4个，省质量信用评价A级企业8个，省级标准化良好行为企业3个，省计量保证确认单位1个，省计量合格确认单位6个。实施省级壁纸联盟标准。省级特防产品检测中心和墙纸检测中心通过省质监局资质认定，投入使用。开展特种设备安全隐患整治工作，整改企业263个。全年工业产品质量抽查合格率96.97%，食品抽查合格率96%。泰州质量技术监督局城区（高港）分局（以下简称"区质监分局"）被评为2014~2015年度泰州市依法行政示范点。

【品牌化与标准化工作】 2014年，高港区获批江苏省名牌产品2个、泰州名牌产品8个、农产品名牌产品1个、服务业名牌1个。扬子江药业集团获省政府质量奖，为全市唯一。全区获批泰州质量管理奖1个、泰州服务质量奖2个，各类质量奖企业总数超过20个。新增江苏省质量信用评价A级企业8个，江苏省质量信用A级评价企业累计17个。新增省级标准化良好行为企业3个。新增省级计量保证确认单位1个、计量合格确认单位6个，工业产品采标率93%。制（修）订国家标准1个、行业标准9个。泰州市华强照明器材有限公司的LED道路照明应用技术被列入2014年泰州市服务业标准化项目，制定《LED道路与街路照明灯具安装规范》。口岸街道蔡滩社区养老助残项目申报省服务业标准化试点单位。

【墙纸联盟标准实施】 2014年，高港区成立墙纸联盟标准推广实施工作领导小组，每季度召开专题会议部署推广实施工作，调研和学习外地成功经验，制定《高新区墙纸联盟标准推广实施方案》《高港壁纸联盟标准管理办法》，设计壁纸联盟标准标识，保障墙纸安全。江苏德泰墙纸有限公司生产出符合联盟标准壁纸，外贸销售量增加近50%。

【特种设备监管】 2014年，高港区清查特种设备台账，摸清特种设备底数和安全状况。分3个片区召集企业开展隐患整治动员和工作部署，限期整改。定期召开安全检查进度过堂会，确保隐患排查整治无死角。到企业提供技术指导，提出隐患整改方案。组织隐患整治“回头看”，严格督促企业兑现整改承诺。完成整改企业均到区质监分局备案，完善监管档案。召开质量安全联席会议，每两个月交流各镇街、园区隐患整改情况，强调企业的主体责任和地方政府的监管责任，将隐患整改纳入质量安全工作计划中统一部署。督促企业整改特种设备安全隐患279个，全面完成整改263个，隐患整改率94%。

【省级检测中心建设】 2014年，高港区省级特防产品检测中心和省级墙纸检测中心通过省质监局资质认定，投入使用。省级特防产品中心实施国家或省级监督抽查检验，提升高港吊索具产业的行业知名度。认真研判地方产业特色和发展需求，筹建省级测绘计量中心，拟定中心建设方案。（印　君）

·食品药品监督管理·

【概况】 2014年，高港区食品药品监管工作围绕监管为民、保障群众饮食用药安全大局，着力解决群众最关心、社会反响最强烈的食品药品安全问题。强化食品安全监管，开展餐饮服务食品安全放心工程创建，组织监督抽样和快速检测。强化各类餐饮食品、药品、医疗器械、保健食品、化妆品专项整治，规范基本药物质量管理，建立药品零售企业远程监控体系，加强风险监测。发放宣传画报近1万份，各类上墙制度、消毒记录1200份，“不剩饭、不剩菜”提示牌近5000份，规范“小餐饮”店360个，全区持证餐饮单位量化分级管理覆盖率95%。上报药品不良反应218例，医疗器械不良事件223例。受理各类投诉举报43起，受理率、办结率、满意率均为100%。全年未发生一例等级食品安全事故，未发生一例源头性药害事件。

【餐饮食品安全放心工程创建】 2014年，高港区开展餐饮食品安全放心工程第三周期创建工作，申报3个示范镇街和5个示范单位，明确创建指标和任务分解。年末，许庄街道、大泗镇、胡庄镇3个示范镇街和新谷香酒店、宝丰联商务会所有限公司、贵族牛排店、永安洲镇中心幼儿园、许庄中心小学5个示范单位，全部通过泰州市食品药品监管局检查验收。

【“小餐饮”备案与农家宴监管】 2014年，高港区组织各镇街“小餐饮”备案和农家宴从业人员培训7次，培训人员310人次，提高镇街“小餐饮”备案材料受理、审核工作质量和效率，增强农家宴从业者食品安全意识。印发《高港区农村家宴管理手册》。发放“小餐饮”备案凭证419份，备案率城区100%、农村95%。集体聚餐备案率、现场指导率95%以上。探索农家宴新模式，鼓励有条件的镇街邻里中心、乡村饭店开设代办农家宴业务。全区未发生因“小餐饮”食品导致的食物中毒事件，未发生因农家宴聚餐导致的投诉举报和群体性食物中毒事件。

【重大活动餐饮食品安全监管】 2014年，高港区成功保障“高港杯”首届全国象棋青年大师赛、区人大与政协会议、中考与高考、上膳源开业典礼等重大活动餐饮安全14次、4000余人，未发生一起等级食品安全事故。

【食品药品抽样快检】 2014年，高港区完成米面制品、熟肉制品、盒饭、粽子、肉类、蔬菜等食品监督抽样37批次，快速检验200批次，发现不合格品种2个批次，合格率97%。完成药物抽样87批次，非法添加抽样22批次，化妆品抽样10批次，发现不合格中药饮片3批次，不合格药品8批次，抽样不合格率10.09%。

【学校食堂餐饮安全监管】 2014年，高港区开展学校食堂食品安全风险监测，重点对煎炸油、酱油、蔬菜、肉类等进行抽检，及时发现食品安全隐患。对全区各学校（幼儿园）负责人、食品安全管理员和食堂负责人共300余人次开展食品安全知识培训，重点内容有《江苏省学校食堂食品安全管理操作指南》、餐饮服务提供者应承担的法律责任、人员管理、食品安全基础等。

【药品经营质量管理】 2014年，高港区逐镇街举办新版GSP（《药品经营质量管理规范》）培训班，宣传新版GSP要求。走访调查70个药店，指导药品经营许可证到期的33个零售药店按照《药品经营许可证管理办法》规定办理手续。31个连锁企业门店按照GSP要求改造硬件、软件。10月10日，百姓人大药房连锁有限公司在全市率先通过江苏省药品认证审评中心组织的新版GSP认证现场检查。

【药品不良反应和医疗器械不良事件监测】 2014年，高港区强化对药械经营企业的监管，健全完善药品不良反应（ADR）和医疗器械不良事件（MDR）监测报告制度，建立健全监管动态档案，协调企业落实专(兼)职人员从事监测工作,提高监测的在线呈报单位覆盖面。全年上报ADR报告298份,MDR报告223份。

【食品安全专项整治】 2014年,高港区对全区学校及其周边餐饮单位进行安全大检查,查处从事学生用餐服务的家教机构4个。检查景区外持证单位20个,宣传培训人数120人次,发放宣传培训资料100余份,抽检景区外餐饮单位食品15批次,合格率100%。7月,媒体曝光上海福喜食品有限公司使用过期、变质等劣质原料加工食品的行为后,在全区范围内全面排查肯德基、曼可基等西式餐饮企业,共下架就地封存上海福喜食品有限公司产品2类8千克,要求餐饮企业立即全面停用、下架、召回所有源自上海福喜食品有限公司生产的肉制品等食品原材料。

【药械保化专项整治】 2014年,高港区继续强化药品、医疗器械、保健品和化妆品(以下简称"药械保化")专项整治。开展医疗器械"五整治"(整治医疗器械虚假注册申报、违规生产、非法经营、夸大宣传、使用无证产品五种行为)专项行动,采取暗访调查、集中排查、突击检查相结合方式,检查医疗机构79个、医疗器械经营企业80个。以药械经营使用单位、医疗美容机构为对象,开展注射用透明质酸钠专项检查。开展药源性兴奋剂、含特殊药品复方制剂、含麻醉药品和曲马多口服复方制剂购销管理专项整治。均未发现违法行为。

【违法违规行为查处】 2014年,高港区共查处食品药品违法违规行为38件,罚没款累计20.30万元,其中,餐饮食品类案件12件,罚没款4.60万元;药械保化类案件26件,罚没款15.70万元。查处假药5个品种8批次,中药饮片不合格3批次;假冒医疗器械3个品牌8个系列;非法添加违规药物保健食品1个品种。涉及刑事犯罪案件3起,全部移送公安机关立案侦查。建立区食品药品执法联动工作联席会议制度,由区政府办公室牵头,区公安分局、人民检察院、人民法院、法制办、食品药品监管局等组成部门联席会议,强化食品药品执法联动的制度保障和组织保障。

【"药品安全在行动"服务】 2014年,高港区定期在镇街、社区开展健康义诊、宣讲辨别假劣药械保化知识、现场测量血压等活动。在胡庄镇开展妇科、乳腺、B超等女性生殖健康义诊活动,接受群众咨询,发放药品安全知识宣传资料86份,价值近1万元的爱心药品8个品种500余盒。在许庄街道乔杨社区帮助群众辨别真假药品和保健食品18份,发放各类宣传材料1000余份,回收假劣、过期药品和保健食品60余种200余盒,发放药品抵用券2000元。向泰州市福利院孤寡儿童捐赠价值1万元的儿童用纸尿裤、奶粉、儿童夏服、儿童常用乙类非处方药。慰问环卫工人,现场捐赠价值近1万元的防暑应急包、毛巾、香皂、驱蚊水等物品。 (张 敏)

"全国安全用药月"活动

安全生产监督管理

【概况】 2014年,高港区共检查生产经营单位556个次,其中,检查危化品企业96个次,发放现场检查记录96份,排查一般事故隐患249个,督促整改247个,整改率99.20%;检查烟花爆竹批发公司及零售网点91个次,发放现场检查记录91份,排查一般事故隐患173个,整改173个,整改率100%;检查造(拆)船企业19个次,发放责令整改指令书19份,排查事故隐患167个,督促整改167个,整改率100%;检查人员密集场所325个次,查处一般火灾隐患861个,督促整改861个,整改率100%;检查建筑施工企业25个次,排查一般事故隐患438个,发放隐患整改通知书18份、停工通知书9份。全区发生各类生产安全事故150起,死亡30人。其中,道路交通事故60起,死亡20人;工商贸事故3起,死亡3人;建筑事故5起,死亡6人;火灾事故82起,死亡1人。连续10年未发生有较大影响及较大以上生产安全事故,连续5年在市政府安全生产综合考核中名列前茅。

【安全生产责任制落实】 2014年,高港区先后召开全区安全生产工作会议、区委常委(扩大)会议、区安全生产委员会全体(扩大)会议、党政联席会议,落实安全生产责任。理顺各园区、镇街、部门及企业之间的安全责任关系,健全"管生产必须管安全、管行业必须管安全、管业务必须管安全"制度,强化行业监管、综合监管和属地监管落实,督促企业履行主体责任,条块结合、分工合作的安全生产责任体系进一步明晰。区政府与各园区、镇街和28个部门签订安全生产目标责任状。各园区、镇街、部门层层签订目标责任状。继续将安全生产工作纳入各园区、街道及部门年度目标考核指标,落实生产安全事故"一票否决"制。区安全生产委员会定期督查、通报全区安全生产工作。组织人大代表、政协委员视察事故隐患整治情况。

【家庭作坊式企业安全检查】 4月22日~5月25日,高港区吸取"1·14"浙江台州市大东鞋业火灾和"3·26"广东普宁市内衣厂火灾事故教训,开展家庭作坊式企业专项检查。重点排查部分家庭作坊式企业存在的没有固定、规范厂房,生产、仓储和住宿"三合一"现象,以及在耐火等级、防火间距、疏散通道、电气设备等方面存在的严重安全隐患,共排查治理隐患378个。

【危险岗位作业整改行动】 4月4日~5月10日,高港区在制定危险岗位作业安全管理和监督办法的基础上,开展危险岗位作业专项整改行动,严厉打击高危岗位作业人员无证上岗行为,保障一线职工生命健康安全。共查清涉及危险岗位作业人员3099人,其中持证2749人,持证率88.71%,未持证人员全部按要求参加培训。

【安全生产检查整改专项行动】 6月中旬~9月中旬,高港区开展安全生产检查整改专项行动。开展危险化学品行业专项检查,围绕"两重点、一重大"(重点监管的危险化工工艺、重点监管的危险化学品和重大危险源的监管)、生产装置设计诊断、危险作业许可等重点内容,检查企业49个次,排查隐患253个,整改247个。开展造(拆)船专项检查,检查企业7个,排查整治隐患96个。开展特种设备行业安全专项检查,重点整治小锅炉、快开门压力容器、简易升降机,检查单位57个次,排查事故隐患63个,其中较大隐患2个。开展城区烟花爆竹零售网点专项检查,检查网点168个,排查超量储存、违规堆放等违法违规行为110余起,全部整改到位。开展城镇燃气行业专项检查,检查单位2个,督促整改事故隐患6个,取缔非法经营燃气的小作坊1个。开展易燃易爆场所消防安全专项治理,重点检查防火间距、防火分隔、疏散、通风、防爆泄压等是否符合要求,排查隐患646个,整改612个,责令停产停业整顿单位2个,行政拘留1人。检查建筑施工单位52个,排查事故隐患286个,整改243个。以事故多发路段和重点交通违法行为为重点,走访排查企事业单位27个,排查一般事故隐患49个、较大隐患路段2处,全部整改到位。对民用爆炸物品、水利、旅游等其他10个行业领域,开展各类安全检查109次,排查隐患317个,整改286个。

【粉尘防爆专项行动】 "8·2"昆山中荣金属制品有限公司特别重大爆炸事故发生后,高港区各区委常委分别到挂钩园区、镇街开展安全生产检查和督查工作。区政府成立安全生产检查小组3个,聘请化工、冶金、机械等行业专家,到各地重点企业开展安全专项大检查。各园区、镇街成立安全生产检查小组51个,分别对辖区内企业开展安全检查,确保不遗漏一个企业,不放过一处隐患。共检查企业1042个,排查重大事故隐患37个、一般事故隐患2720个,责令停产停业整顿单位58个。

【"六打六治"专项行动】 2014年,高港区根据国务院、省、市安全生产委员会部署,开展"六打六治"(打击矿山企业无证开采、超越批准的矿区范围采矿行为,整治图纸造假、图实不符问题;打击破坏损害油气管道行为,整治管道周边乱建乱挖乱钻问题;打击危化品非法运输行为,整治无证经营、充装、运输,非法改装、认证,违法挂靠、外包,违规装载等问题;打击无资质施工行为,整治层层转包、违法分包问题;打击客车客船非法营运行为,整治无证经营、超范围经营、挂靠经营及超速、超员、疲劳驾驶和长途客车夜间违规行驶等问题;打击"三合一""多合一"场所违法生产经营行为,整治违规住人、消防设施缺失损坏、安全出口疏散通道堵塞封闭等问题)专项行动。高港区主要整治内容包括危险化学品、粉尘防爆、油气管道、建筑施工、交通运输和消防等方面。危险化学品和粉尘防爆方面,共排查各类安全隐患736个,整改722个,整改率98%。油气管道方面,发现管道存在问题7个,其中,占压问题4个、安全距离不足问题2个、穿越密闭空间问题1个,全部整改到位。交通运输方面,完善急弯、陡坡、视距不良等影响行车安全路段的标识标线,新增防护栏220米,修复防护栏1000米。消防方面,排查单位276个,发现火灾隐患722个,责令停业整改68个,临时查封3个。建筑施工方面,发现隐患364个,发放告知书87份、安全监管记录63份、安全隐患整改通知书126份、停工通知书12份。

【危险化学品自动化控制】 2014年,高港区在对所有涉及重点化工工艺和高危储存设施的企业自动化控制改造的基础上,出台危险化学品自动化控制安全管理办法,规范机构管理、控制室管理、设备管理、检维修管理等方面。聘请专家督查运行情况,发放责令限期整改指令书5份,排查隐患63个,停产整顿企业1个。

【职业病危害监督管理】 2014年,高港区摸清全区木制家具、蓄电池、电子产品、皮革箱包和制鞋、水泥五大行业职业病危害状况,查明接触职业病危害人数3000余人。203个企业按要求完成网上申报。督促企业健全职业病危害防治制度和操作规程,完善职业健康档案,企业职业病危害申报率100%。

【安全生产风险评估】 2014年,高港区根据《行业安全监管分类标准(试行)》,开展安全生产风险评估活动。将全区732个工贸生产型企业按行业类型分冶金企业18个、机械企业247个、建材企业28个、轻工企业258个、电子企业22个、电镀企业1个、壁纸企业12个、造(拆)船企业7个、纺织企业85个、其他企业54个;按安全监管等级分为红色监管企业6个、橙色监管企业155个、蓝色监管企业571个;按评估现状分"好"的7个、"较好"的85个、"一般"的557个、"较差"的74个、"差"的9个。在评估过程中,由专家逐一排查企业存在的安全隐患,排查出的2351个一般安全事故隐患全部整改到位,106个重大事故隐患按"一患一档"要求建档,全部整改到位。

【安全生产标准化建设】 年初,高港区制定分阶段、分层级、分步实施的安全标准化建设步骤,确定以示范企业带动其他企业全面建设的推广方法。全区生产型小微企业500个,完成标准化创建的120个,超额完成20%的计划指标。新增规模企业13个,全部完成标准化创建,经过专家验收,达标率100%。已达标的企业,均完成标准化年度自评工作。益海(泰州)粮油工业有限公司和泰州口岸船舶有限公司完成二级安全标准化企业创建任务,泰州市正大饲料有限公司、华润雪花啤酒(泰州)有限公司推进二级标准化工作,金港装饰城、红星美凯龙家居广场、大润发超市推进三级标准化工作。

【安全生产管理规范化建设】 2014年,各园区、镇街按照"党政同责,一岗双责,齐抓共管"总体要求,建立健全安全生产责任体系、监管体系,强化安全生产队伍建设、制度建设,开展安全生产管理规范化建设工作。各园区、镇街基本配备3名专职或兼职安全监管人员。配备安全监管车辆,购置数码照相机、录音笔、浓度检测仪等执法装备。制定《安全监管检查指导手册》,实现高危企业"一企一要点",重点行业"一行业一要点"。8月,高港高新区、大泗镇和胡庄镇通过省安监机构能力建设验收,并获省安监局赠送执法车辆。全区8个园区、镇街均达到合格以上标准,5个通过省安监机构能力建设验收。

【安全生产宣传与培训】 2014年,高港区开展安全生产宣传周、咨询周、科技周、应急预案演练周等活动,在高港电视台开辟《安监之窗》专栏,组织宣讲团到园区、镇街及重点企业宣传安全生产知识。6月安全生产月,设立宣传牌30余块,发放各类宣传资料、手册6000余份,接待群众咨询1000余次。组织部分企业负责人参加生产安全事故公审旁听,参观南通监狱,接受安全生产警示教育。在富彤化学有限公司举行全区防化应急救援演练,模拟贮槽区发生三氯化磷液体泄漏应急处置和应急救援,邀请全区所有化工企业负责人,各园区及镇街分管负责人、安监科长到场观摩。全年开设各类安全生产培训班95期,培训各类人员7453人次。

(常爱民)

高港区举行液氯钢瓶泄漏事故应急救援演练

城乡建设

城乡规划

【概况】 2014年，泰州市规划局高港分局（以下简称“区规划分局”）强化规划引领，指导完成滨江新城、许庄街区、刁铺街区、核心港区、永安洲镇镇区、胡庄镇镇区等控制性详细规划编制。服务永安洲污水处理厂二期工程（含污水总管）、泰镇高速安置区等民生工程和扬子江药业集团、国电泰州发电有限公司等重点企业。开展规划“绿色通道”服务，提高审批效能。承办区级人大代表建议、政协委员提案会办件12件，市级人大代表建议、政协委员提案会办件5件。

【滨江新城控制性详细规划调整】 2014年，高港区调整滨江新城控制性详细规划，将扬子江路西侧用地纳入规划范围。优化滨江新城开发强度规划指标，更加科学合理指导地块开发建设。12月18日，通过专家认证会认证。规划期至2020年。规划范围西临南官河—长江沿岸，东抵迎江路—336省道一线，北以人民路为界，南至泰州长江公路大桥连接线，总用地面积12.40平方千米。规划可容纳居住人口约12万人。功能定位为泰州滨江的核心地区，集商务办公、休闲娱乐、旅游观光、高档居住等功能为一体的生态、人文新区。

【许庄街区与刁铺街区控制性详细规划编制】 2014年，高港区深化高港高新区总体规划，推进许庄街区与刁铺街区控制性详细规划编制。注重与原核心区、东城片区控制性详细规划衔接，逐一落实新建道路、新建项目用地。7月22日，通过专家论证会论证。12月9日，通过市规划委员会审查。规划期至2020年。许庄街区总规划范围北至港北路，南至京沪高速，东至231省道，西至泰州大道—南官河，总用地面积约18.90平方千米，规划居住人口6万人。功能定位为电子信息、汽摩配件、医疗器械、壁纸等产业为主的现代化生态产业园区，泰州南部以交通枢纽为发展引擎的独具现代特色的高效、生态、活力新城，泰州市高档生态宜居示范区及高港区综合商贸区。刁铺街区总规划范围北至沪陕高速，南至通港路，东至高港大道东侧城市总体规划中的建设用地界限，西至南官河，总用地面积约6.88平方千米，规划居住人口9万人。功能定位为泰州南部以交通枢纽为发展引擎，独具现代特色的高效、生态、活力新城，泰州市高档生态宜居示范区及高港区综合商贸区。

【永安洲镇总体规划编修】 9月26日，永安洲镇总体规划获市政府批复。规划期至2030年。永安洲镇（泰州港核心港区）行政辖区范围总面积55.90平方千米，其中规划范围面积约36.90平方千米（不含长江水域面积），规划人口规模13.20万人。功能定位为以大运输量及大用水量的港口工业、船舶工业和现代物流业为主，生活配套为辅的港口型经济综合区。

【永安洲镇镇区控制性详细规划编修】 2014年，永安洲镇以核心港区生活配套功能布局为重点，组织镇区控制性详细规划编制工作。12月25日，获市政府批复。规划期至2030年。规划范围：服务中心组团位于永安洲镇域中部，规划范围东至高港大道，西至中心港，南至古马干河，北至马永路，总规划用地面积约1.90平方千米，其中水域面积约0.10平方千米；新材料产业组团位于永安洲镇域东南部，规划范围东至护场河，西至高港大道，北至古马干河，总规划用地面积约2平方千米，其中水域面积约0.20平方千米；临港产业组团位于永安洲镇域西部，规划范围东至疏港路，西至长江，南至古马干河，北至建桥路，总规划用地面积约2.20平方千米，其中滩涂面积约0.60平方千米。规划人口规模：服务中心组团规划居住人口约3.50万人，新材料产业组团规划工作人口约1.20万人，临港产业组团规划工作人口约0.80万人。功能定位：服务中心组团以现代服务业为主体，良好的人居环境为特色，集居住、文化、娱乐、教育功能为一体的现代化综合服务中心；新材料产业组团以新材料产业研发及生产为主的现代产业集聚区；临港产业组团以大运输量、大用水量的港口工业及物流业为主的产业集聚区。

【胡庄镇镇区控制性详细规划编修】 2014年，胡庄镇按照专家论证会意见要求，结合镇区现状、实际发展需求，落实道路、用地布局调整。12月25日，胡庄镇镇区控制性详细规划获市政府批复。规划期至2030年。规划范围东至幸福路、孔庄河，南至中心港，西至胡马河，北至中兴路、陶胡路，规划用地总面积305.40公顷（不包括城镇发展备用地117.80公顷），规划居住人口2.60万人。功能定位为以设施果蔬等高效农业为主导功能，连接新街、黄桥的重要节点，生态宜居镇。

【民生项目规划服务】 2014年，区规划分局调研永安洲污水处理厂二期工程（含污水总管）建设工作，提出规划选址选线建议，确定水厂和泵站选址位置、干管管线线位，办理项目选址意见书，保障项目建设快速推进。梳理金港嘉苑、育才花苑、港城花苑、宏达花苑等项目情况，提出解决方案，上报市规划委员会协调解决，维护群众利益。配合供电公司开展实验小学西侧变电站迁建选址工作，提供选址地点建议、布局方案，组织控制性详细规划图则调整，协助完成选址手续报批。协助白马镇研究确定泰镇高速拆迁群众安置点分布位置、范围，协助大泗镇理清、解决泰镇高速安置区二期建设遗留问题。

【重点项目规划服务】 2014年，区规划分局跟踪服务扬子江龙凤堂项目、国电泰州发电有限公司再热燃煤发电项目，及时报送审批材料。配合区住房城乡建设局、交通运输分局和园区、镇街，开展金港路北延、金港路南延、柴墟东路、龙窝路、上马线、成功大道、创业路、环溪路、永福路、永盛路等10余条道路选线工作，提出规划选线建议要求。参与高港区国防通信基站布点选址，协调确定基站选址原则、选址范围、建设形势等要求，3月完成基站选址办理。

【项目审批】 2014年，高港区共组织召开建设项目编审会8次，审查方案和项目155个。受理上报市规划局审查项目197个，经市规划局会议审查同意、资料齐全的项目均已办结。办理建设项目选址意见书18份，用地面积98.10万平方米；办理用地规划红线图42宗，用地面积299.50万平方米；依据规划编制上市规划条件及出具红线52份，用地面积147.60万平方米；初审各类单位建设、工业企业规划设计方案40个；办理建设用地规划许可证37份，用地面积171.60万平方米；建设工程规划许可证40份，建筑面积77.60万平方米。其中，通过“绿色通道”服务办理各类工业项目建设用地规划许可证23份，用地面积50.70万平方米；办理建设工程规划许可证37份，建筑面积77.20万平方米；办理规划红线图13宗，用地面积90.80万平方米；出具规划条件20份，用地面积58.90万平方米；审批工业项目规划方案26个。

【个人建房审批】 2014年，高港区召开个人建房审批联席会议5次，讨论个人建房申请事项255个，对符合建房要求的申请户办理选址85份，办理建设工程规划许可证138份，建筑面积1.70万平方米。

（李德江）

城市建设

【概况】 2014年，全区实施重点城建项目67个，完成投资71.70亿元。新增道路20.70千米。完成市政公用设施投入1300余万元。新增绿化40.34万平方米，绿化覆盖率44.31%。拆除合法房屋面积15.23万平方米。

【重点城建项目建设】 2014年，全区实施重点城建项目67个，其中，口岸实验学校、龙湖美景安置区一期竣工交付，柴墟水景街区一期开街，水景街区停车场和永安实验学校开工建设。

口岸实验学校　位于泰州市高港区扬子江南路西侧，龙窝路北侧，金港路南延段东侧，友谊港南侧，占地面积8.33公顷，建筑面积6.40万平方米，容积率0.52，建筑密度12.90%，绿化率36.40%。由初中部、小学部、艺体楼、宿舍食堂4个功能区域组成，其中，中学部12轨36个班，小学部8轨48个班，主体建筑3~6层。有教学楼、图书馆、室内篮球场、400米标准跑道操场、宿舍、食堂等设施，总投资2.20亿元。9月，竣工交付。

永安洲实验学校　为九年一贯制学校，总投资2亿元，占地9.33公顷，建筑面积7.50万平方米。按省级教育现代化示范学校标准，规划建设小学、初中教学楼及实验楼，配套设施包括400米标准跑道操场、游泳馆、艺体中心、报告厅、图书馆及植物园，可容纳3360名学生，其中，小学2160人、中学1200人。

龙湖美景安置区　占地面积13.89公顷，建筑面积31.78万平方

米，容积率1.71，建筑密度15.70%，绿地率30%，总投资约12亿元，总承包单位常州市天启建筑有限公司。一期工程规划用地面积6.07万平方米，总建筑面积11.59万平方米，竣工交付。二期工程规划用地面积7.80万平方米，总建筑面积18.79万平方米，完成主体工程50%。

基督教堂　位于扬子江南路东侧，口岸转盘以南200米处，占地面积1.60公顷，建筑面积7460平方米，哥特式建筑，具备宗教活动、学习培训、办公接待、生活居住等功能，总投资约3500万元。年末，主体封顶。

口岸水景街区　位于高港城区中心老街旧址，东起金港南路、南至向阳支路、西至向阳南路、北至自然巷。总用地面积8.27公顷，建筑面积3.20万平方米。其中，商业建筑147套，面积2.70万平方米；居住建筑4套，面积913平方米。总投入8.50亿元。街区以雕花楼为中心，在原址修复城隍庙、财神庙、戚氏故居、李信昌过载行、孙氏四方楼等文化古迹，恢复建设关帝庙、庆元桥、朝阳门、正阳门、纳阳门等标志性建筑，达到“梳理街巷结构，恢复历史风貌”总体要求。年末，全面开街。

【道路建设】 2014年，高港区开工建设城市主次干道25条约58.81千米，完成投资16亿元。锦江路、田许线改扩建工程一期、王营河路北延、创业大道改造、永福路、水岸路、景城路、团结路、新乔路、银杏路、古田路改造和泗白路南延等多条道路建成通车。

田许线改扩建工程　南北向干线公路，北起东风路与药城路交叉处，与创新大道在周梓中沟东侧相交，后沿周梓中沟东侧布线，下穿高速后继续向南与沿江高等级公路相接。全长12.80千米。改扩建标准为城市主干道，道路红线宽60米，控制红线宽100米，双向六车道，总投资12.50亿元。年末，一期工程竣工通车。

海军东路　全长3.57千米，其中，春兰路至前进河（含前进河大桥）长约1.79千米，前进河至海纪馆段长约0.77千米，海纪馆至丰民路1.01千米，一期工程（春兰路至海纪馆段）道路规划红线宽度45米，双向6车道，采用一级公路技术标准，沥青混凝土路面，总投资约2.50亿元。年末，一期工程路基贯通。

泗白路南延　全长2.45千米，起点位于大泗加油站，路线由北向南，终点位于银杏路，总投资8000万元。年末，竣工通车。

口岸水景街区

古田路改造　全长11.60千米，西起柴墟路东延与田许线交叉道口，沿宣堡港向东至与泰兴交界，总投资6300万元。年末，竣工通车。

【市政公共设施建设】 2014年，全区市政公用设施总投资1300余万元，完成城区公交站台维修、城区沥青修补、通扬路道路维修等工程。实施城区雨水管网疏通24.60千米，维修其他破损路面约1.40万平方米，维修大理石道板1380平方米，维修隐患消防栓272处，井盖补缺156个，维修损坏护栏940米，处理高港区数字化城管市政维修案例2117起。城区景观灯维修373盏，更换节能灯泡601只、电缆9900米、LED灯80盏。燃气管网铺设23千米，9个老小区接入管道燃气，新增管道燃气居民用户1500户、企业用户14户。

【城镇绿化】 2014年，高港区全面完成市交城镇绿化考核各项指标，道路绿化增加9.89万平方米，小区绿化增加11.96万平方米，公共绿地增加15万平方米。全区绿化覆盖率44.31%，城镇人均公共绿地面积14.09平方米，超过国家级生态区指标。投入500万元优化升级城区干道及重要路段绿化，补栽补种苗木100万株。

【城市动迁】 2014年，高港区区直动迁项目主要实施东方明珠二期、东风路快速化改造、春港路北侧（宇业用地）地块、金港路南延及龙窝路4个项目动迁工作，共搬迁个人住宅房屋592户、工厂17个，拆除合法房屋面积约15.23万平方米。继续采取“协议动迁、政府回购”动迁模式，本着公开、公平、公正、阳光原则，在纪检、审计部门全程跟踪监督下实施。除部分项目仍在后期扫尾中，全年动迁工作基本结束，无遗留问题，无上访，无违法违纪事件。

（朱　群）

市政项目投融资

【概况】 2014年，泰州市港城建设投资发展中心（以下简称“区城投中心”）加快融资渠道转型升级，控制融资成本，融资工作重心由商业银行流动资金贷款转向投行业务，完成新增30亿元的融资任务，保证全区重点城建项目顺利实施。

【推进市政项目建设】 2014年，区城投中心集中力量充实到各重点项目上，实行项目包保责任制，限时完成。执行区委、区政府关于政府投资项目的管理规定，实行设计、招标、实施单位“三权分离”操作模式，确保依法行政、按规办事。全年跟踪服务核心港区索菲特大酒店前期土地整理、净水管网迁移、永安洲污水处理厂二期、口岸实验学校、龙湖美景小区、田许路改扩建、银杏路监控系统等区属工程项目，投入工程款约10亿元，支付拆迁款及土地附着物补偿款等计13.82亿元。

【融资渠道拓展】 2014年，区城投中心与信达证券合作，发行企业债券10亿元。按照“一项目、一平台”原则，向华夏银行申请项目贷款10亿元，向农行申请项目贷款7亿元，向建行申请项目贷款4亿元，向南京银行申请项目贷款3亿元。加大与政策性银行合作的力度，向国家开发银行申请流动资金贷款1.02亿元。

【融资成本控制】 2014年，区城投中心在与银行合作过程中，坚持执行区委、区政府指示，严格把控利率红线，拒绝高成本资金。对账面资金，与各金融机构对接，按照资金使用周期制定理财计划，打造银行结构性存款。探索理财新路，在保障资金安全的前提下，采取保贴银票、委托放款等方式，争取可支配资金利益最大化，实现资金增值，化解融资成本。

【储备土地上市】 2014年，区城投中心按照南京土地督察局要求及违规土地整改计划，提前偿还借款8.30亿元，整改注销土地11宗计56.04公顷。规范土地收储行为，2014年度市政府批准同意高港区土地整改收储上市的21宗土地计91.33公顷全部整改到位。

（区城投中心）

房地产综合开发

【概况】 2014年，高港区开工住宅面积75万平方米，竣工面积40万平方米。龙湖美景一期、格林美郡二期、腾龙御园一期等项目基本建成。鹏欣瑞都、天逸华府二期、龙湖美景二期开工建设。

鹏欣瑞都　南临春城路，北临春港路，东临王营河路。由泰州富林房地产开发有限公司投资建设，占地面积8.07公顷，建筑面积12万平方米，总投资5亿元。年内，开工建设。

天逸华府　南临港城路，北临春城路，东临通江路，西邻王营路。由江苏宇泰置业有限公司投资建设，占地面积15公顷，建筑面积38.61万平方米，总投资15亿元。年内，一期9万平方米竣工。

中建·锦绣龙湾　位于蔡圩河北侧，扬子江路东侧，占地面积20.33公顷，建筑面积45.40万平方米，总投资23.50亿元。其中，一期南地块占地面积11公顷，建筑面积21.50万平方米；二期北地块用地面积9.33公顷，建筑面积23.90万平方米。年内，一期工程21万平方主体竣工。

水岸景城　位于绕城公路以东，宣堡港以南，小田河中沟以北，占地面积17.87公顷，建筑面积48万平方米，总投资17亿元。一期建设高层，总建筑面积29万平方米，竣工交付。

恒元城　位于高港高新区创业大道北侧，占地面积7.33公顷，建筑面积15.50万平方米，总投资3.50亿元。年内，住宅主体封顶，红星美凯龙家居广场开业。

【房产管理】 2014年，区住房城乡建设局办理预销售许可事项9件，批准预售面积28.70万平方米。投入70余万元完成房产档案数字扫描，建成房屋登记系统，规范房屋产权发证登记程序，加快办证速

天逸华府住宅小区

度。全年产权发证6671本，确权面积123.45万平方米，办理他项权证1963本，完成房产权属交易2271宗。强化直管公房、白蚁防治、房产档案利用等惠民职能，改善服务态度，提高服务水平。

【物业管理】 2014年，区住房城乡建设局征收住宅专项维修资金1800.70万元，新增外地备案企业2个，指导成立业主委员会2个。实施老小区整治改造，完成春江花园、蔡西小区、高港商城、鑫港花苑、银杏苑等小区整治工程。建立健全投诉回访机制，处理各类投诉200余起，回访满意率98%。

【住房保障】 2014年，高港区发放离休干部、退休教师、镇街退休人员及区级机关干部职工住房补贴163人次、515万元。及时调整年度住房公积金缴存、住房（租金）补贴及新职工住房补贴发放基数。全年审核单位92个，核定各项补贴3029人次、130.60万元，其中，在职干部职工住房（租金）补贴1411人次，月发放金额43.80万元；退休人员住房（租金）补贴252人次，月发放金额8.70万元；新职工住房补贴1366人次，月发放金额78.10万元。基本建成公共租赁住房561套（间）；新开工建设限价商品住房548套，建成1824套；发放城镇家庭廉租住房租金补贴12户、5.13万元。

【住房公积金管理】 2014年，泰州市住房公积金管理中心高港管理部累计归集住房公积金1.83亿元，比上年增长15%，年度结息1116万元。完成新开户单位23个，新增开户职工4930人，新增月缴额233万元，增长160%。发放个人住房贷款479户、1.22亿元，回收贷款3782万元，贷款余额3.81亿元，净增7662万元。个人贷款继续保持零逾期，按揭贷款抵押办结率58%。

（朱　群）

城市管理

【概况】 2014年，高港区推进城市环境综合整治，44个整治项目全部完成并通过验收。加强市容市貌管理，开展占道经营、户外广告、工程渣土等专项整治。做好环境卫生管理，清理城区死角，改造和更新垃圾房、果壳箱及公厕，实行16小时清扫保洁制，实现机械化作业和人工清扫作业相结合。实行城乡垃圾一体化处理，全年生活垃圾无害化处理量4.35万吨。拆除违法建设159处、15009.56平方米。收集各类数字城管案件信息32586件，立案率97.64%，及时派遣率98.43%，部门处理率98.20%。区城管办获全市城管系统绩效管理考核一等奖。

【市容管理】 2014年，区城管办制定市容环卫责任书1800余份，逐路逐段逐户签订，张贴于室内醒目位置。按照“主干道严禁、次干道严控、小街巷规范”原则，开展占道经营专项整治，出动执法车辆600余次，取缔流动摊贩350余个、夜市排档40余个，发放限期改正通知书40余份，规范入店经营1000余户。规范城区内各主次干道非机动车辆停放。对各沿街店铺的不规范灯箱、橱窗广告集中清理，劝说户主自行拆除，将拒不配合、妨碍执法的商户在高港电视台曝光。共清除过街横幅100余条、整修门店招牌40余处，拆除竖式灯箱290余个、“小耳朵”灯箱（安装在建筑物外墙的小灯箱）500余个，清洗主城区范围沿街店铺橱窗广告3000余平方米，主干道小广告500余平方米。成立建设工地和工程渣土专项整治领导小组，出台渣土整治工作方案、考核办法等文件。实行渣土运输时间、线路、载重量、覆盖状况、速度等全方位管理；渣土运输车辆安装GPS定位系统，逐步实施渣土车运输报告制，要求各运输单位及时上报运输时间、线路、运输量，成立渣土管理夜间巡查队；实行错时上下班制度，加大对码头、工地等易发生车辆抛洒的重点工地及重点路段的重点监控。开展渣土扬尘治理双百日行动，发放整改通知书8份，巡查发现抛洒滴漏现象60余次，查处和制止超载、车轮带泥污染路面等行为100余起。

【城市环境综合整治】 2014年，高港区召开城乡环境整治工作协调会11次，现场督查项目长效管理和推进情况10次，发出整改建议

省级城市管理示范社区——润洲社区

函21份、督查问题反馈单12份、任务派遣单27份，编印城市环境综合整治工作简报15期。邀请苏州大学凤凰学院和合肥工业大学等单位专家、学者，调研区主次干道和创建路段的现状，编制高港区户外广告设施专项规划，启动示范路户外广告及店牌店招控制性详细规划编制工作，推动各镇街创建省级城市管理示范路和城市管理示范社区。全年44个整治项目全部完成并通过验收。高港区城市环境综合整治工作列全市第二名，永安洲镇润洲社区和口岸街道新城社区获评省级城市管理示范社区，向阳路低洼易淹易涝片区整治入选省城市环境综合整治典型案例集。三星南北路、蔡圩河、龙湖美景3个项目被市城市环境综合整治领导小组办公室列为优良项目，占全市优良项目的50%。

2014年高港区44个城市环境综合整治项目一览表

表14

城郊结合部			
名　称	位　置	牵头部门	责任单位
城东社区	宣堡港南、宣南中沟北、扬子江路东500米	口岸街道	城东社区
王营社区	王营河以东、春港路北、宇业集团西、蔡圩河南	口岸街道	王营社区
孔杨路	许庄街道孔桥社区	区住房城乡建设局、高新区	许庄街道
星火路	许庄街道孔桥社区	区住房城乡建设局、高新区	许庄街道
许钱路	许庄街道孔桥社区	区住房城乡建设局、高新区	许庄街道
塘许路	许庄街道塘许路（扩建）	区住房城乡建设局、高新区	许庄街道
创业大道	泰高路至周梓中沟（拓宽）	高新区规划建设局	许庄街道
孔桥集中居住区一期	许庄街道明河村、乔杨社区	区住房城乡建设局、高新区	许庄街道
总　计	数量：8个		
城　中　村			
名　称	位　置	牵头部门	责任单位
润洲花苑	中心社区20、21、22组（17幢小高层）	永安洲镇	核心港区
解放新苑	刁铺医院南侧	刁铺街道	刁铺街道
三星花苑二期	三星集镇	许庄街道	许庄街道
总　计	数量：3个		
棚　户　区			
名　称	位　置	牵头部门	责任单位
锦江路	口岸街道	区住房城乡建设局	口岸街道
银杏路	刁铺街道	区住房城乡建设局	刁铺街道
231省道先导段	口岸街道	区住房城乡建设局	口岸街道
总　计	数量：3个		
老　旧　小　区			
名　称	位　置	牵头部门	责任单位
高港商城	高港商城（房屋破损，基础设施缺损）	区住房城乡建设局	口岸街道
春江花园	春江花园（房屋破损，基础设施缺损）	区住房城乡建设局	口岸街道
蔡西小区	蔡西小区（房屋破损，基础设施缺损）	区住房城乡建设局	口岸街道
鑫港花苑	鑫港花苑（房屋破损，基础设施缺损）	区住房城乡建设局	口岸街道
银杏苑	银杏苑（基础设施缺损）	区住房城乡建设局	口岸街道

续表14

迁善小区	扬子江路西侧,环溪路南侧,府东路西侧,繁荣小区北侧	区住房城乡建设局	刁铺街道
总　　计	数量:6个		

背街小巷

名　　称	牵头部门	责任单位
沿河南路	口岸街道	口岸街道
府东路	刁铺街道	刁铺街道
振兴南路	许庄街道	许庄街道
富民东路	许庄街道	许庄街道
总　　计	数量:4条	

城市河道

名　　称	牵头部门	责任单位
沈岱中沟	区水利局	城东社区
马厂中沟	区水利局	许庄街道
官沟中沟	区水利局	许庄街道
老南官河	区水利局	口岸街道
总　　计	数量:4条	

低洼易淹易涝片区

名　　称	位　　置	牵头部门	责任单位
同联排涝站建设	引江东路金禾商砼向东500米	区水利局	永安洲镇
润洲花苑排涝站建设	新口永路西面	区水利局	永安洲镇
胜利排涝站建设	马船西路	区水利局	永安洲镇
节制闸建设	口永路	区水利局	永安洲镇
管道疏浚	金港北路	区住房城乡建设局	区住房城乡建设局
总　　计	数量:5个		

建设工地

名　　称	位　　置	牵头部门	责任单位
滨江新城安置区	沿江高等级公路两侧	永安洲镇	永安洲镇
锦绣龙湾	扬子江东路	区住房城乡建设局	区住房城乡建设局
龙湖美景安置区	口岸街道城南社区	区住房城乡建设局	区住房城乡建设局
231省道先导段	口岸街道新明社区、龙窝口社区	区住房城乡建设局	区住房城乡建设局
总　　计	数量:4个		

农贸市场

名　　称	位　　置	牵头部门	责任单位
邻里中心	永新路	区工商分局	永安洲镇
总　　计	数量:1个		

停车设施

位　　置	牵头部门	责任单位	增加泊位(个)
果菓农贸市场	区工商分局	刁铺街道	10

续表14

港城路	交警二大队	交警二大队	40
金港路	交警二大队	交警二大队	50
邻里中心地下停车位	永安洲镇	核心港区规划建设局	130
总　计	停车设施:4　处		泊位:　230个

户 外 广 告

规范整治项目		工作量(处)	牵头部门	责任单位
集中清理	未经审批、违规设置的户外广告	26	区城管办	区城管办
		10	许庄街道	城管中队
		9	刁铺街道	刁铺街道
集中整治	设施陈旧破损的	13	区城管办	区城管办
		11	永安洲镇	城管中队
		6	区城管办	口岸街道
	长期空白闲置的	3	区城管办	口岸街道
	存在安全隐患的	2	区城管办	口岸街道
总　计	数量:80处　面积:194平方米			

其　　他

名　　称	位　　置	牵头部门	责任部门
蔡圩河闸站	蔡圩河与南官河交界处	区水利局	区水利局

【环境卫生管理】 2014年,区城管办在确保日常道路清扫保洁工作到位的基础上,全面摸排主次道路责任范围内卫生死角,出动垃圾运输车辆300台次,清理城区死角30余处、各类无主垃圾近500吨。生活垃圾做到日产日清,清运率100%,机械清扫率高于45%。升级改造主城区垃圾房,拆除重建9座,刷白、补门18座;清洗、更换果壳箱,增设果壳箱80个,安装内胆180个;更换或维修公厕水泵8座;新建田河垃圾中转站;城区26条主次干道、110万平方米清扫面积实行16小时清扫保洁制。执勤车辆和道路清扫车辆安装GPS定位系统,全过程监控执法巡查和道路清扫状况;投入90余万元购置道路洗扫车和洒水车各1辆,实现机械化作业和人工清扫作业相结合,解决群众反响强烈的扫路车扬尘问题。

【城乡垃圾处理】 2014年,新城、刁铺垃圾中转站完成升级改造投入使用。田河垃圾中转站迁址新建后,垃圾压缩效率提高1倍。及时收集各镇街垃圾集中点的生活垃圾,统计垃圾进出站数量,建立台账,统一由密闭式垃圾运输车送至垃圾焚烧发电厂无害化处理。全年生活垃圾无害化处理量4.35万吨。全区7个镇街、82个涉农村(社区)全部通过市城乡生活垃圾一体化管理检查验收,3年任务提前1年完成。

【违法建设防治】 2014年,高港区制定在建工程月报和新生违法建设日报制度,组织基层巡查人员业务培训。及时更新"一户一卡"资料,确保卡载资料全面、客观反应每户建筑状况,为违法建设防控提供数据保障。向镇街发送违法建设督办建议函5份,下派任务派遣单49份,提高违法建设处置效率。接待群众来电来访169人次,办理各类交办件91件,办复率100%,办结率98%。开展违法建设拆除专项行动,拆除违法建设159处、15009.56平方米,其中,历史违法建设64处、9186.27平方米,新生违法建设95处、5823.29平方米。高港区违法建设防治工作获市区考核第一名。

【数字城管建设】 2014年,高港区实施数字城管建设计划管理,每周、每月分析研究运行情况,了解各责任部门数字城管案件处理情况,协调、督查疑难案件,提升数字城管案件处理率、及时处置率。在数字城管平台一期建设的基础上,启动实施数字城管二期工程项目,完善数字城管二期项目部件的数据普查建库、一期工程数据更新、地形图侦测等工作,优化升级软件系统,利用已有的市、区信息网络管理平台,实现信息共享。建立协调联办、处置回访机制,注重多走现场、多方协调,突出现场协调与督办落实相结合,形成案件处置工作合力。多次组织全区数字城管责任单位二级平台受理员、操作员数字城管业务培

高港区数字化城市管理中心

训，专题辅导系统使用、操作流程、综合统计和通用查询等功能，提高平台操作技能和熟练程度。围绕全国文明城市创建，优化信息采集队伍，畅通信息采集渠道，制定信息采集工作重点，加大河道黑臭、无物管小区、后街背巷及城郊结合部环境脏乱差等现象的巡查力度，解决护栏缺失、井盖缺损、水域不洁、乱堆乱放、积存垃圾等群众反映的热点及难点问题。全年收集各类数字城管案件信息32586件，其中，立案31816件，立案率97.64%，及时派遣率98.43%，办结31246件，部门处理率98.20%。　（胡　静）

镇村建设

【概况】 2014年，高港区按照规划先行、资源集约、基础超前、设施配套、功能完善、环境优美要求，推进镇村建设。实现涉农82个行政村、245个自然村村庄环境整治长效管理全覆盖，顺利通过省、市验收。村庄环境整治管理和重点镇村建设工作考核均列全市第一。

【小城镇建设】 2014年，高港区整合中心城区、小城市、重点镇年度目标任务，将永安洲镇小城市建设上升到与中心城区板块同样重要的位置，发挥大江、大桥、大港优势，打造城市副中心；鼓励大泗镇、胡庄镇、白马镇完善基础设施及公共服务设施，加快农业科技推广，发展本地特色产业和生活服务业，提升镇区配套功能和集聚效应。永安洲镇依托泰州港核心港区，在建成特色镇口、休闲观光公园、健身广场、文化中心、邻里中心、润洲花苑、能建大厦、新世佳宾馆等基础上，启动22个重点城镇建设项目，总投入约40亿元。大泗镇投资8000万元建设泗白路南延工程，长约4.80千米的胡庄大泗环线工程投入使用；盘活老政府地块，打造集超市、宾馆、金融、饮食、文化、便民服务等于一体的大泗邻里中心；在泰镇高速大泗互通处建设污水提升泵站1座，沿泗白路和塘许路铺设污水主干管，其他支路铺设支干管，主干管收集污水向西连接官沟泵站，最终输入泰州凯发新泉污水处理厂处理。胡庄镇杏港花苑商住小区项目一期工程开盘销售，富力臣酒店项目主体工程竣工，上膳源农场一期运营良好。白马镇将军一品住宅区主体完成，新城领域高层区、别墅区全部封顶，白马庙景点进行内部装修，老行当文化创意产业园项目有序推进。

【村庄环境整治】 2014年，区委、区政府成立村庄环境整治推进工作领导小组，建立“两级政府、三级管理、四级网络”（区、镇两级政府，区、镇、村三级管理，区、镇、村、管护队四级网络）的村庄环境整治和长效管理体系。全区核定专职管护人员792人，负责道路、河道、绿化、卫生保洁、设施维护、防违控违“六位一体”综合管护，确保每个行政村配备1名以上绿化养护员和1名以上公共设施维护员。各镇街按照村庄环境长效管理要求，做好管护人员岗前技能培训，区城管、住建、水利、交通、卫生、环保、农委等部门给予业务指导。口岸街道引江社区、胡庄镇单王村开展转星升级康居乡村创建工作，全区有省环境整洁村155个、一星级康居乡村59个、二星级康居乡村25个、三星级康居乡村6个。25个村创成市级美丽乡村，胡庄镇史庄村史庄自然村、许庄街道乔杨社区联和自然村创建省级美丽乡村。9~10月，村庄环境全域整治工作通过省级验收。

【农民集中居住】 2014年，永安洲镇投入4亿元建成润洲花苑二期17栋小高层11万平方米，安置村民663户，投入6亿元建设滨江新城名邸18万平方米。临港经济园投资约8亿元，建成水岸景城农民集中安置区一期工程，共1824套，交房约1000户。许庄街道乔杨集中居住区一、二期4.50万平方米建成，入住村民154户，三期2.50万平方米全部封顶；孔桥集中居住区一期1.70万平方米建成，入住村民74户。刁铺街道育才花苑集中安置226户，引江新村集中安置106户。大泗镇结合土地增减挂钩建设泗水人家低层联排农民居住区2万平方米，入住村民74户，新增耕地面积3.33公顷；结合泰镇高速项目建设拆迁，投资9000万元建设文昌花苑集中安置区，一期4.45万平方米建成，部分村民入住。白马镇

东江社区渔民集中居住区

在镇郊或就近在村部建设农民集中居住区，建成185户低层联排住宅。全区建设集中安置区和集中居住区约计3000户，完成原计划的172%。（朱　群）

交　通

【概况】 2014年，全区公路总里程671.30千米。其中，按技术等级分，高速公路18.20千米，一级公路99.30千米，二级公路84.70千米，三级公路70.40千米，四级公路412.40千米，等外公路4.50千米；按行政等级分，国道18.20千米，省道41千米，县道129千米，乡道213.80千米，村道269.30千米。公路桥梁273座。有过江通道1处（泰州长江公路大桥），汽渡1处（高港汽渡）。有通航船闸2座。公路客运总量39.36万人次、周转量5595.55万人・千米，货运总量767.95万吨、周转量61436万吨・千米。有公交线路20条。

【重点交通工程建设】 2014年，高港区实施田许线改扩建工程、银杏路接线工程、胡庄大泗环线工程及田古线改造等重点交通工程，共完成投资10.96亿元。

银杏路接线工程　完成投资8000万元。其中，银杏路西延工程道路起点位于观五桥，沿许庄河南侧向西，终点位于金港北路，总长0.44千米，完成投资1500万元，建成通车；泗白路南延工程起点位于大泗加油站，路线由北向南，终点位于银杏路，总长2.77千米，完成投资6500万元，建成通车。

胡庄大泗环线工程　起点位于十字汪桥，沿胡曲线向北，至梁大线平交后，沿梁大线向西，终点位于大泗加油站，全长10.20千米，总投资2300万元，建成通车。

【农村公路建设与养护】 2014年，高港区实施农村公路建设项目11个25千米，其中，县道网改造项目2个6.60千米，提档升级项目6个10.20千米，路肩硬质化项目3个8.20千米。至年末，所有项目主体工程均已完工，部分项目进行路肩备土和绿化等配套工程建设。新（改）建桥梁13座，全部完工。投入近100万元用于县道的破损维修、道路灌缝及桥梁病害处置。7月，开展全区农村公路桥梁病害调查工作，对调查出来的栏杆破损、伸缩缝损坏、桥头跳车等病害进行处置，对四、五类桥梁设置限高和限宽标志，确保通行安全。年内，永安洲镇创建成省乡村公路管理养护及安保工程示范乡镇，许庄街道、大泗镇、永安洲镇创建成市农村公路管养优秀乡镇。

【客运管理】 2014年，高港车站设立服务点2个，开展优质服务，将部分过境车辆就近进站，合理安排班次及时间，方便旅客出行。公交行业推行“便捷公交、廉价公交、智能公交、绿色公交、文明公交”承诺，优化调整公交线路5条。交通、教育、交警部门对校车经营单位、车辆、驾驶人认真梳理，加强安全教育，落实各项安全措施。

【货运管理】 2014年，区交通运输分局严格按照许可准入资质条件进行许可，做到许可期限不过时，许可资料规范完整，许可程序合法有序，共许可户主204户、车辆317辆，总载重2216吨，无一起行政不作为，无一起投诉。开展物流快递业整治，对全区物流快递业市场逐户调查，通过调查排列出无证经营业户，限期整改。加强行业统计工作管理，运输企业每月末按期上报统计报表。开展公路、水路运输专项调查，及时、准确向市交通局上报各项统计报表。

【行业安全生产】 2014年，区交通运输分局对公交、客运、汽渡、运输企业检查24次，共出动117人次，排查隐患83起，整改83起，投入整改资金17.30万元。全年汽渡渡运客、货车辆110213辆；公交三分公司发班25380班次，行驶里程377万千米；车站每日发班290班次；检测站检测车辆2107辆，无一起安全责任及死亡事故。

【出租车投入运营】 年初，首批20辆出租车投入试运营，结束高港区没有自己出租车的历史。高港出租车由泰州市亨扬运贸有限公司高港分公司经营，车型采用桑塔纳志俊，起步价6元（2千米），里程单价每千米1.80元，5千米外加收50%返程费。至年末，共投放出租车30辆，超额完成年度目标任务。

（黄维民）

水　利

【概况】2014年，高港区建设安全、民生、资源、环境“四大水利”，突出开展以中央财政农田水利重点县项目、城市水环境综合整治、供水和污水设施建设为重点的水务建设，强化防汛防旱、水行政执法、水资源管理和水务工程管理等工作，水利事业保持良好发展势头。小型农田水利重点县工程项目完成投资3361.49万元，疏浚整治中沟5条，完善农田水利设施。完成4条中沟集镇段整治工程，建设城区水源调度建筑物，改善城区水环境。继续实施永安洲污水处理厂二期工程，自来水公司出厂总管改造工程投入运行。凤栖湖建设开局良好。区水利局被市水利局授予全市水利系统目标管理二等奖，小型农田水利重点县项目在省水利厅和财政厅组织的绩效考评中获优秀等次。

【防汛防旱】2014年，区防汛防旱指挥部办公室多次组织工程技术人员，按照“查全、查细、查实”原则，对沿江涵、闸、站逐一检查，逐一技术鉴定，对城区防洪设施认真梳理，将检查出的问题，向镇街、企业通报，督促落实除险加固措施。区防汛防旱指挥部建立巡查网络，将险工险段分工落实到人，汛期安排人员24小时值班，做好汛情的记载和防汛信息的上传下达，确保险情能够及时发现和处理。根据气象和水文信息，科学调度水利工程运行，控制内河水位，保证不受涝受旱。区级共储备“三袋”（草袋、麻袋、编织袋）5.60万只、木桩440根、土工布0.45万平方米、块石3000吨、钢管9100米、应急排水泵6台（套）、打桩机2台、应急灯10只。及时组织汛后大检查，实施古马干河引江排涝站抢修工程、同心闸上游防汛应急度汛工程、天雨闸维修工程、友谊排涝站维修工程、长江堤防挡浪墙及护坡维修工程。

天雨闸维修工程　位于永安洲镇永兴社区，是天雨中沟通往古马干河的控制性建筑物，因地基沉降不均，配电房、管理用房均出现不同程度沉降，导致房屋出现倾斜、墙壁开裂、屋内渗水严重，有严重安全隐患。年内，投资15万元进行维修，拆建配电房及管理用房，更换部分配电设备。

古马干河引江排涝站抢修工程　位于古马干河北岸，北接悼念河，南临古马干河，由于排涝站处岸坡失稳滑移，年内，投资27万元进行抢修。水下采用抛石压脚方法稳定岸坡，抛石计500立方米，水上部分沙填密实到位后，用厚浆灌砌块石修复。9月竣工。

同心港上游防汛应急度汛工程　同心港上游段江滩属北沙易塌段范围内，年内，在江堤近400米段进行水下贴边抛石护坡，抛宽15米、厚1米，计5700立方米。10月下旬竣工，总投资121.45万元。

友谊排涝站维修工程　系友谊中沟入江控制建筑物，主要作用是为友谊中沟引排水，排口岸街道龙窝口社区、城南社区、东南社区部分涝水。年内，对该闸维修加固，主要实施内容为排架、工作桥拆除重建、启闭机更换、出水口渗漏进行灌浆。10月下旬竣工，总投资12万元。

【小型农田水利重点县项目】2014年，高港区小型农田水利重点县项目完成投资3361.49万元。新建或改造灌溉泵站95座，新建混凝土衬砌渠道169.35千米，配套建设过路涵及沟口涵洞48座，高效节水灌溉53.33公顷。其中，大泗镇拆建电灌站62座，新建硬质渠道128.14千米，建设涵洞11座，高效节水灌溉53.33公顷；口岸街道拆建电灌站25座，新建硬质渠道24.01千米，建设涵洞23座；许庄街道拆建泵站8座，新建硬质渠道17.20千米，涵洞14座。改善灌溉面积2933.33公顷，新增供水能力121万立方米，新增高效节水灌溉面积93.33公顷。项目区实现粮食增产2200吨，灌溉增产效益440万元，新增经济作物产值270万元。

【农村河道疏浚整治】2014年，高港区投资450.73万元（省、市补助350万元，区级配套100.73万元）实施沈岱中沟、刁西引河、田河中沟、小田河中沟、陈兴中沟5条中沟疏浚整治，疏浚河道6.10千米、12.59万立方米，岸坡整治1.97千米，配套建筑物16座。投资100万元实施白马镇坝东桥拆建工程。

【城区水环境整治】2014年，高港区按照“标本兼治、综合治理、区镇

城区蔡圩河

(园)联动”思路,以《泰州市高港区水环境综合整治规划》为依据,分高港新区片、刁铺老镇区片、口岸老镇区片、滨江新城片四大片区,推进水环境综合整治。投资3600万元,实施王营河中段、马厂中沟、周梓中沟、官沟中沟、太平中沟集镇段整治工程,整治河道6千米。投资800万元,在蔡圩河与南官河交界处建设4个流量双向引排闸站1座,在王营河与宣堡港交界处建设1.50个流量双向引排闸站1座。主城区水系基本建成相对封闭独立的保水圈,既能防洪排涝,又能保障城区水景观、水生态调水。

【河道管护】 7月,高港区对城区及骨干河道管护进行公开招标,从管护能力水平及承包价格上择优选定管护单位,制定管护标准,明确责任。古马干河、宣堡港2条干河和城区河道通过招投标落实专业管护队伍,签订管护协议,明确管护标准、考核、奖惩等事宜,其他7条干河由各镇街负责管护。区江河堤防管理所每月组织考核,考核采用百分制,考核结果与各管护单位资金拨付挂钩。加强河道巡查,每周至少巡查一遍,巡查内容主要包括水面河坡保洁情况、堤防和防护工程完好情况、穿堤建筑物运行情况、河道管理范围内有无违章建筑等方面,发现问题及时通知管护单位整改。投入100余万元集中整治宣堡港(城区段、胡庄段)、许庄河乔杨段、西干河、古马干河、南干河、长江堤防(永安洲段)、南官河(刁铺段)的河坡倒塌、排水设施损坏、水面漂浮物及河坡绿化等问题。

【落实“河长制”】 2014年,高港区成立以区水利局局长为主任的“河长制”管理办公室。6条省骨干河道分别由区水利局负责人担任“河长”,区水利局科室负责人任挂钩责任人。各镇街按照要求逐中沟、逐村(社区)明确“河长”。全区形成由区水利局负责人、各镇街负责人、各村(社区)负责人组成的三级河道“河长制”管理责任网络。主要职责是督促建立河道管护队伍和管护制度,定期检查河道工程维护,管理水域岸线资源,协调解决河道管理及确权划界方面的问题,依法查处各类侵害河道的违法行为。

【水费征收】 2014年,区水利局征收污水处理费544.40万元,水资源费161.74万元,南水北调基金41.98万元,堤防占用费140万元。

【水务执法】 2014年,区水利局共立案11起,其中,非法采沙及非法停靠案件6起,违章占用案件4起,施工位置、界限未经审批案件1起,罚款75万元。长江河道采砂管理执法巡查215次,其中江上巡查51次。在防汛清障中拆除坝埂4处,清除违章活动板房3处,清除违章堆放1235平方米,清理渔网、鱼簖10张。对区内采砂船舶实行登记制度,并集中管理。

【永安洲污水处理厂二期工程】 拟建DN 1200~ DN 1800污水总管21.15千米,建设提升泵站4座,扩建规模为日处理污水3万吨,扩建后日处理污水4万吨。工程建设年限为2014~2015年,工程预算4.20亿元。年内,完成4座泵站及污水处理厂主体工程建设,铺设污水管网10千米。

【自来水公司出厂总管改造工程】 总投资3339.62万元,建设出厂DN 1000球墨铸铁管总管8千米,沿龙窝北路向南约400米,沿规划中的口岸东路向东,经扬子江南路,继续向东沿小刘港北侧铺设,直至高港大道,然后沿高港大道向北,与高港大道现有DN 500供水管连通,同时实施春港路(王营路—高港大道)供水管网联通工程,与DN 1000总管沟通。2014年6月中旬,完成全线试压、冲洗,投入运行。

【凤栖湖建设】 凤栖湖系修建泰州大桥连接线时开挖取土而形成,年内,区委、区政府决定整治湖区环境,打造沿湖水生态景观。凤栖湖水生态治理项目总投资1.10亿元,建设周期为2015~2016年。湖区总占地约46.25公顷,其中,湖面水域31.98公顷,湖心岛5.60公顷,环湖道路1.92公顷,绿化景观6.75公顷。主要开展湖区整理,护坡护岸,环湖道路建设,湖区景观绿化建设,周边南马中沟、张马支沟、集成中沟、徐庄中沟等水系沟通和整治,新建张马支沟闸站和集成中沟溢流闸。年内,完成初步建设方案评审,湖区开挖、护坡、环湖道路标段和周边河道整治标段完成招标。 (白 伟)

土地资源管理

【概况】 2014年,泰州市国土资源局高港分局(以下简称“区国土资源分局”)共报省农转用征收土地200余公顷,盘活各类存量闲置土地56公顷。挂牌出让用地34宗、105.74公顷。建成为民服务窗口,累计发证193宗。通过实施占补平衡新增耕地48.47公顷,易地购买占补平衡指标53.33公顷。查处违法用地3宗。办理宅基地登记发证8宗、国有土地使用权登记发证2091宗。办理提案、议案7件,答复率、满意率均为100%。受理群众来信33件,来访16批,市、区长信箱16件,厅长信箱11件,行风热线5件,结案率98%。高港区被评为省土地执法模范县(市、区)创建工作先进县(市、区),区国土资源分局被评为江苏省国土系统依法行政先进单位。

【用地服务】 2014年,区国土资源分局到镇街、园区对接建设用地需求,科学确定项目用地规模和排序。共报省农转用征收土地200余公顷,其中,上争省国土资源厅“点供”计划20公顷、独立选址计划28.33公顷，位列全市第一；上争市国土资源局独立选址计划5.07公顷。做好扬子江药业集团龙凤堂、国电泰州发电有限公司、泰镇高速、东风路南延、海军大道、京沪高速江广段等重大项目和重点民生工程用地服务，从勘测定界、规划调整到征地洽谈、组卷报批，全程跟踪，专人服务，涉及面积333.33公顷。盘活各类存量闲置土地56公顷。全年挂牌出让工业用地26宗，面积80.27公顷，获取出让金2.97亿元；经营性用地8宗，面积25.47公顷，获取出让金3.79亿元。办理抵押登记180宗，抵押金额45亿元。组建巾帼测量队，为服务对象办理用地勘测定界、地籍测量、交地放线25宗。建成为民服务窗口，累计发证193宗，其中，办理分割证77宗、个人抵押融资112宗、单位抵押融资4宗。

【耕地保护】 2014年，区国土资源分局建立耕地补充机制，通过实施占补平衡新增耕地48.47公顷，占市交指标的132%，其中21.60公顷通过市国土资源局验收，耕地质量等级评定同步开展。通过省国土资源厅交易平台，易地购买占补平衡指标53.33公顷。新增基本农田标志牌22个、界桩491个。许庄街道省级土地整治项目通过省国土资源厅验收，胡庄镇省级基本农田整理项目顺利开工。

【土地节约集约利用】 2014年，区国土资源分局建立“税评机制”“准入机制”和“倒逼机制”，提升项目用地节地水平和产出效益。对全区168个规模以上企业，结合用地面积及2011~2013年纳税情况，开展项目用地税收综合评价，建立数据库，实行动态管理。全区有9个企业被列入限制发展类企业名单，5个企业被列入禁止发展类企业名单，14.33公顷低效用地被纳入“土地储备银行”。对2012年以来87个新增建设用地项目开展为期1个月的专项清理行动，调查投资强度、用地面积、建设周期、达产效益等方面。约谈园区、镇街负责人2人，发出督办单1份。出台《高港区项目用地准入审查办法》，对新建工业项目在项目招商和选址阶段开展项目用地准入审核。对闲置存量用地实行“倒逼机制”，先后将江苏太平洋钢管有限公司、江苏梅兰化工股份有限公司等33.33公顷闲置土地盘活给江苏汇福油脂科技有限公司；利用许庄街道润阳电子产业园6.67公顷闲置土地，建成4万平方米高标准厂房。7月，通过省国土资源厅组织的国土资源节约集约模范区验收。

【规范用地秩序】 2014年，区国土资源分局按照“查防并举，重在预防”思路，建立土地执法动态巡查、违法用地24小时报告、土地执法监察绩效考核等制度，从严防范和控制违法用地，依法查处违法用地3宗。做好土地卫片执法检查工作，实现“零约谈、零问责”目标。出台《高港区设施农业用地管理意见》《高港区规范农机场库管理实施意见》，以镇街为单位，每333.33~666.67公顷设置农机场库1个，规范小农场设施农用地管理。出台《高港区违法用地预防问责办法》，落实园区、镇街、村（社区）、区级机关部门及其工作人员监管违法用地工作职责。

【土地确权登记】 2014年，区国土资源分局实行城镇地籍管理信息系统统一登记制度，共办理宅基地登记发证8宗，国有土地使用权登记发证（初始登记、分割登记、权属变更登记、名称地址变更登记、分割证换发证）2091宗，正确率100%。

【地质灾害评估】 2014年，区国土资源分局及时做好地质灾害危险性评估级别核定和备案，全年评估备案43宗，其中，危险程度二级1宗、三级42宗，准确率100%。

（王珊珊）

环境保护

【概况】 2014年，高港区集中式饮用水源水质达标率、覆盖率和地表水水质达标率均为100%，长江高港段水质达Ⅱ类标准，口岸闸、口岸桥等考核断面水质为Ⅲ类。区域声环境质量达到环境噪声达标区要求，城市环境噪声达标区建设覆盖率95%，区域环境噪声54.90分贝，交通噪声低于68分贝。城市环境空气质量达到《环境空气质量标准》AQI指数二级标准的天数占全年天数65.20%以上。90个重点污染源企业参加2013年度泰州市环境行为评级，评定绿色企业5个、蓝色企业72个、黄色企业10个、红色企业2个、黑色企业1个。15个企业投保环境污染责任险，7个企业完成强制清洁生产审计，3个企业完成自愿清洁生产审计。高港高新区、核心港区、临港经济园全部完成规划环境影响评价编制工作。全年排污收费入库433万元。获中共、省覆盖拉网式农村环境综合整治补助资金560万元。高港区被评为江苏省生态区、2014年度全市完成环境保护目标责任状先进区。区环保局在2014年度环境信访工作绩效考核中成绩突出，被省环保厅通报表扬。

【污染物减排】 2014年，市政府下达高港区的主要污染物减排任务：化学需氧量、氨氮、二氧化硫、氮氧化物最低削减量分别为250吨、30吨、30吨、30吨。高港区科学制定减排方案，全面推进工程减排、结构减排和管理减排，排定水污染减排项目7个、大气污染物减排项目4个。先后投入1000万元铺设燃气管网15千米，投入350万元铺设供热管网2千米。总投资4.20亿元的区污水总管及污水处理厂二期工程完成总工程量的48%，进入主体施工阶段。督促企业新建或改造废气处理装置29台（套），完善污水处理设施15台（套），新增日处理污水量1600吨。先后关停泰州市沃爱特化工有限公司、泰州市大唐化工有限公司等化工和电镀企业6个。全区化学需氧量、二氧化硫、氨氮、氮氧化物分别削减255吨、32吨、33吨、30吨，完成市交减排任务。

【大气污染防治】 2014年，高港区开展环保联合执法10余次，下发施工现场扬尘集中整治检查单78份，查处渣土车辆超载超速、带泥上路等违法行为100余起，累计淘汰黄标车及老旧机动车551辆，超额完成年度目标任务。泰州口岸船舶有限公司、泰州三福船舶工程有限公司喷涂环节挥发性有机物治理整改到位，省交47台燃煤锅炉整治任务全面完成。投入280万元购置空气监测设备6台（套）。环境空气自动监测站点完成升级改造，11月正式投入使用。

【饮用水源地保护】 2014年，高港区以口岸水厂为依托建成高港区备用饮用水源地。取缔泰州新桥垂钓服务有限公司，重新选址建设渔船停泊点。常态化开展饮用水源地巡查，增加监察、监测频次，保证全市饮用水安全。

【危险废物和放射源监管】 2014年，高港区督促29个危险废物产生单位按月登录江苏省危险废物动态管理信息系统网上申报，对128个企业固废转移申请进行预审，核发企业排污许可证12份。加强对2个放射源使用单位的监管。青奥会期间，对国电泰州发电有限公司二期工程的2枚2类源实施封存管理。危险废物和放射源安全处置率、动态信息申报审核率均为100%。

【黑臭河道整治】 2014年，高港区对全区20条主要河道31个断面取样检测，排查主要河道周边排污情况。制定水环境整治规划，建立健全河道保洁长效管理机制，全面整治省交办的4条黑臭河道，每月2次不间断监测，4条河道的水质均稳定在省定水域功能区标准以上。

【秸秆综合利用】 2014年，高港区制定秸秆综合利用规划和秸秆危害防控暨综合利用考核奖惩实施办法，建立区、镇街（部门）、村（社区）、组四级督查巡查机制。推广秸秆深耕还田、麦套稻、秸秆气化、秸秆碳棒，提高秸秆综合利用水平。夏、秋两季均未发现一处大面积着火点，秸秆综合利用率96%。

【环境监察】 2014年，高港区出动环境监察人员1300余人次，监察企业200余个，制作整改和限期整改通知68份、监察记录900余份，立案查处违法排污企业12个，全区未发生一起环境污染事故。

【环境监测】 2014年，高港区对49个重点排污企业进行监督性监测180次、建设项目环保设施竣工验收监测23次。水质样品监测80余次，噪声监测5次。为泰州市今朝伟业精细化工有限公司和泰州斯达水洗有限公司提供季度性环境现状监测服务，为6个企业污染源申报、环境质量认证等活动提供监测服务。4月起，每月对城区4条整治河道水质监测2次。5~6月，配合市环境监测中心站开展长江及引江河流域水污染事件应急监测样品采集工作。11月，受市环境监测中心站委托，昼间监测主城区14个噪声网格内的区域环境噪声，及时上报监测数据。

【环保整治专项行动】 2014年，高港区投入资金3700余万元，开展环保整治专项行动。明确挂牌督办企业21个，其中，市级6个、区级15个。对高永化工园区内15个化工企业开展专项整治，其中，13个企业从项目建设、污水废气治理、废渣处置、雨污分流、环境应急管理等方面整治到位，泰州市永鑫化工有限公司和泰州市江泰化工有限公司因未按时完成整治被责令停产。对6个存在严重环境问题的化工、电镀等企业实施关闭，其中，泰州市新星染料化工厂、泰州市祥太矿机有限公司、泰州市高港区安泰诺化工有限公司、泰州市四通包装容器有限公司、泰州市沃爱特化工有限公司拆除全部生产设备，泰州市大唐化工有限公司停产，拆除主要生产设备。

【建设项目环境管理】 2014年，高港区严格执行市政府《关于切实加强环境准入管理的决定》，完善环境与发展综合决策机制，严把审批关、建设关、验收关。全年审批项目86个，其中，工业项目50个，三产项目36个。大中型建设项目环境影响评价报告书（表）、登记表审批率和“三同时”（环保设施与主体工程同时设计、同时施工、同时投产使用）执行率均达100%。

【环保信访】 2014年，高港区畅通“12369”环保举报热线，实施环保信访回复制度和信访包案制度，明确信访承办责任人和回复时限，做到及时受理、及时处置、及时回复。省级以上越级访、重复访比上年下降52%，全区未发生重特大环境污染事故，未发生因环境污染事故引发的赴京信访，未发生严重影响社会稳定、被新闻媒体曝光的环境信访。区环保局处理“12369”环保热线来电42件，“12345”政府服务热线来信、来访、来电120件，城管数字化平台投诉16件，各类网络平台投诉40件，处理人大代表建议和政协委员提案12件，结案率和回复率均为100%。

【生态示范创建】 2014年，区政府办公室印发《高港区生态红线区域保护规划》，明确全区生态红线区域总面积45.15平方千米，占土地面积的15.70%。4月30日，省环保厅正式发文确认高港区为省级生态区。年内，口岸街道、刁铺街道、许庄街道、白马镇、大泗镇被环保部命名为国家级生态乡镇（街道）。口岸街道引江社区、许庄街道许庄社区、许庄街道蔡庄村、刁铺街道万庄社区、胡庄镇史庄村共5个村（社区）建成省级生态村（社区）；田河小学创成省级绿色学校；口岸街道育才社区、刁铺街道界牌社区、许庄街道官沟社区等15个社区建成市级绿色社区。

【“十二五”环保重点工程建设】 2014年，高港区12个市级“十二五”环保重点工程项目中，建成科技创业园集中供热管网工程、镇街秸秆综合利用示范工程和玻璃窑炉废气治理工程等8个项目，在建项目3个，启动建设项目1个（临湖新区河道整治工程），全部达到序时进度要求。

（徐会兰）

2014年高港区“十二五”环保重点工程建设情况一览表

表15

项目名称	总投资（万元）	年内完成投资（万元）	建设内容	实施进度	实施主体
生活污水管网扩建工程	33000	17000	建设高新区至永安洲污水主管网10千米左右，泵站2座。	50%	区水利局
乡镇污水处理厂建设工程	2500	—	建设白马、大泗、胡庄镇污水处理厂，新增污水处理能力2500吨/日	建成	大泗镇政府、胡庄镇政府、白马镇政府
国电泰州发电有限公司一期脱硝工程	14000	7000	新建脱硝系统设施	50%	国电泰州发电有限公司
国电泰州发电有限公司二期脱硝工程	13440	13440	新建脱硝系统设施	建成	国电泰州发电有限公司
国电泰州发电有限公司二期脱硫工程	20160	13500	新建脱硫系统设施	50%	国电泰州发电有限公司
核心港区集中供热管网工程	6000	3000	建设覆盖园区的集中供热管网	50%	国电泰州发电有限公司
永安洲玻璃窑炉废气治理工程	6000	—	5个企业玻璃窑炉由原来直接烧煤改为燃用油、煤气或电炉	建成	泰州市翰阳彩管厂、泰州市振华玻璃厂、泰州市兴利金属玻璃有限公司、泰州市宝龙玻璃厂、泰州市和顺泡花碱厂
高港高新区集中供热管网工程	6000	—	建设覆盖园区的集中供热管网	建成	泰州金泰环保热电有限公司
临湖新区河道环境综合整治工程	6900	900	综合整治临湖新区及周边宣堡港、张马中沟23千米河道	在建	区水利局
秸秆综合利用示范工程	3000	—	建设永安洲、大泗、口岸秸秆综合利用示范工程，秸秆处置能力各为5000吨/年	建成	泰州市宝祥新能源有限公司、泰州市瑞隆新能新有限公司、泰州市鑫鑫秸秆能源化利用有限公司
环境监测监控建设工程	500	300	建设高港区环境监测站，购置配套监测仪器设备	60%	区环保局
永安洲污水处理厂二期及配套管网建设工程	5785	4000	新增1万吨/日污水处理能力，配套管网23千米	75%	区水利局

社会事业

科　　技

【概况】 2014年，高港区完成高新技术产业产值732.05亿元，比上年增长22.70%，占规模以上工业产值50.88%；全社会研发投入占地区生产总值3.74%。获批各类科技计划项目200余项。获批省级科技进步三等奖1项，市级科技进步奖7项，评选出区科技进步一、二、三等奖20项。新签订产学研合作协议项目56项，新建产学研联合体16个。新增省级工程技术研究中心2个、省级研发机构绩效评估优秀1项、省级研究生工作站1个、市级工程技术研究中心5个。高港汽车零部件科技产业园获批省级科技产业园，永安洲镇获批江苏省创新型试点乡镇。12个企业获批省“苏科贷”，6个企业获批农业银行“金科通”，获批各级各类科技贷款12473万元。申请专利3169件，其中发明专利843件；专利授权955件，其中发明专利29件；万人拥有发明专利7.48件。获批省知识产权贯标先进单位3个、省知识产权“正版正货”单位1个，新增省贯标备案企业11个。高港区获全市科技创新工作先进市（区）一等奖。区知识产权局被评为江苏省知识产权执法维权工作先进单位。

2014年高港区各级科技进步奖获奖项目一览表

表16

项目名称	承担单位	项目完成人	等　级
尿失禁治疗用药曲司氯铵片的开发	扬子江药业集团	路显锋、赵文镜、杨菡、王庆辉、吕慧敏、罗宏军、林海	省级三等奖
纳米复合陶瓷基板封装的LED灯具	泰州市华强照明器材有限公司	陈献华、崔旭高、陈龙、陈伟勇、许爱国、陈仁国、陈亚忠、徐琴、栾健	市级二等奖
微创粗隆粉碎性骨折和股骨颈骨折连体型加压锁定接骨板	泰州市中兴医械科技有限公司	史亚军、顾玉祥、冯健、赵道芳	
环氧丙烷在立式储罐的密闭低压安全环保储存技术	江苏海企化工仓储股份有限公司	史先召、黄伟金、孙承莉、黄福光、李岩、倪震、蔡月、孙冬	市级三等奖
4G移动终端用微波高频电路板	泰州市博泰电子有限公司	施吉连、李瑞、吴多龙、倪新军、朱云霞	
IC封装专用的FSIP18型引线框架	泰州友润电子有限公司	张轩、周亚兵、钟华明、陈钱、张文武、刘琴	
J56车用音频视频USB线束总成	泰州苏中天线集团有限公司	蒋小平、曹振新、李春玫、李红梅、叶鸭权、施蓉、王月梅	
高介电复合材料电路板	泰州市金鼎电子有限公司	尹应增、朱俊、徐军、陈云、徐玲	

续表16

项目名称	承担单位	项目完成人	等　级
尿失禁治疗用药曲司氯铵片的开发	扬子江药业集团	杨菡、王庆辉、路显锋、吕慧敏、罗宏军、夏博、张乐	区级一等奖
基于企业私有云理念的造船生产制造过程实时综合管理系统平台	泰州口岸船舶有限公司	杨春、刘杰、胡义、戴益民、周小娟、封爱芳、王刚	
51000载重吨江海直达型散货船研发及产业化	泰州三福船舶工程有限公司	黄正东、赵李飞、尚鑫、王玉涛、罗磊	
超宽幅聚四氟乙烯车削薄膜及其制造工艺	江苏泰氟隆科技有限公司	候金国、赵文六、谭波、赵晖	
基于切刃微织构与来复式微振幅多段技术的高精度冲压模具准备技术	泰州市创新电子有限公司	栾跃进、于麟、蔡启东、杨帆、徐萌	区级二等奖
绝缘栅双极型晶体管（IGBT）的组装技术及产业化	泰州海天半导体有限公司	陈长贵、范仲雷、王桂琴、杨元慧、刘炜、张春华	
北斗天线信号接收装置用微波高频电路板	泰州市博泰电子有限公司	施吉连、新军、吴多龙、李瑞、朱云霞、倪文波	
医用包装复合材料PVDC乳胶涂布技术	江苏扬子江药业集团凯威药用包装有限公司	徐小圣、刘耀华、徐国兵、邱兴浩	
“异丁醛”低损耗化工储罐安全储存技术	江苏海企化工仓储有限公司	史先召、孙承莉、黄伟金、黄福光、李岩	
烧伤凝胶敷料	泰州市榕兴抗粘敷料有限公司	褚加冕、褚省吾、陈煜、崔莉、陈达永、欧阳溪、程文涵	
中药敷膏结合远红外治疗强直性脊柱炎	高港区许庄街道社区卫生服务中心	乔纯礼	区级三等奖
复合型井壁稳定剂	泰州市精细化工厂	陆明富、孙正华、徐建、田桂芳	
基于微波辐照技术玻封半导体用新型杜美丝	江苏昆仑光源材料有限公司	陆余圣、常建良、胡发强	
汽车天线旋转防盗装置	泰州苏中天线集团有限公司	蒋小平、李红梅、李春玫、叶鸭权、韩亚萍	
北斗导航高介电复合陶瓷电路板	泰州市金鼎电子有限公司	张祖存、朱俊	
IC封装专用的FSIP18型引线框架	泰州友润电子有限公司	张轩、周亚兵、钟华明、陈钱、刘琴、张文武	
汽车用音响、空调关键部件技改项目	泰州超人汽车电子有限公司	沈荣清、朱长冬、刘桂亮、周建、许爱华	
TSM-168电脑针织横机	泰州市天圣针织机械实业有限公司	程林森、陈义国、于荣辉、蒋继章	
新型CAGF-90汽车同步器	江苏追日汽车同步器有限公司	赵孝民、李汉祥、黄网明、熊文进、栾兴元	
WPZ-345/150煤矿用破碎装载卧底机	泰州市兴东煤矿机械制造有限公司	许世东、杨济生、颜悦明、郑国明、毕冬君	
双离合器汽车自动变速箱（DCT）用同步器	泰州海博汽车科技有限公司	雷雨龙、唐海滨、卢晓辉、张建国、刘洪波	

【产学研合作】 2014年，区科技局组织开展企业院校行、一对一项目专题对接会、专家高港行、科技成果专题讲座等专题科技推介活动25次，推广应用科技成果100余项，促成产学研合作协议项目56项，新建产学研联合体16个。江苏海企化工仓储股份有限公司江苏省液体化工储运工程技术研究中心、江苏宇马铝业有限公司江苏省铝合金门窗工程技术研究中心被认定为省级工程技术研究中心，泰州市华强照明器材有限公司江苏省（华强）光源器件材料工程技术研究中心在省级研发机构绩效评估中获优秀等次，

泰州市海博汽车科技有限公司研究生工作站被认定为省级研究生工作站，泰州丰汇长江水产有限公司泰州市仿野生河豚养殖工程技术研究中心、泰州新安阻燃材料有限公司泰州市新安磷酸盐阻燃剂材料工程技术研究中心、江苏华夏重工有限公司泰州市海工疏浚设备工程技术研究中心、泰州市天鑫机械有限公司泰州市（天鑫）小型动力机械工程技术研究中心、泰州市欣港电子材料有限公司泰州市清洁镀金工程技术研究中心被认定为市级工程技术研究中心。

【科技金融】 2014年，高港区共有12个企业获“苏科贷”项目立项，分别为泰州市海博汽车科技有限公司、泰州市博泰电子有限公司、泰州市榕兴抗粘敷料有限公司、江苏保力自动化科技有限公司、泰州库宝制冷设备制造有限公司、江苏浩瀚蓝宝石科技有限公司、江苏荣畅牧业发展有限公司、泰州市宏泰电力设备有限公司、泰州友润电子有限公司、泰州市追日齿轮有限公司、泰州市奥鑫机械有限公司、江苏追日汽车同步器有限公司，获批科技低息贷款3050万元。6个企业获农业银行“金科通”项目立项，分别为泰州永盛彩印包装有限公司、江苏乐彩印刷材料有限公司、泰州市博泰电子有限公司、泰州市光明电子有限公司、江苏华夏重工有限公司、江苏康贝宠物食品有限公司，获批科技低息贷款4438万元。

【知识产权工作】 2014年，全区专利申请量3169件，比上年增长14.86%，其中，发明专利申请量843件，增长31.30%；专利授权量955件，增长62.97%。新增泰州市东方离合器有限公司、江苏环球船舶配套设备有限公司、泰州市海博汽车科技有限公司、江苏奥莱克冷链有限公司、泰州市光明电子有限公司、江苏扬子江药业集团凯威药用包装厂、江苏佳强照明电器有限公司、泰州市东田电子有限公司、江苏赛维环保有限公司、泰州市精细化工厂、泰州市宏泰电力设备有限公司11个企业为省地方标准《企业知识产权管理规范》贯标备案企业。泰州中义通信器材有限公司、泰州市兴东煤矿机械制造有限公司、江苏扬子环保设备工程有限公司3个企业被认定为江苏省知识产权贯标先进单位。泰州市华强照明器材有限公司被认定为省“正版正货”承诺企业，江苏神驰机电有限公司、泰州苏中天线集团有限公司、泰州市博泰电子有限公司、泰州市创新电子有限公司被认定为市“正版正货”承诺企业。泰州市创新电子有限公司、江苏能建机电实业集团有限公司、泰州市金鼎电子有限公司被认定为市知识产权密集型企业。

【科技计划】 2014年，全区获批各类科技计划项目200余项，其中，国家重大专项1项，火炬计划8项，星火计划4项，国家中小企业创新基金1项，国家重点新产品1项，新认定、复审、重新认定高新技术企业共14个，省级科技支撑计划1项，省级博士集聚计划6人，省级科技副总2人，高新技术产品80项。共上争资金2722万元。

2014年高港区国家级、省级科技计划立项情况一览表

表17

项目类别	项目名称	承担单位	资助情况	地　区
国家重大专项	化学一类新药羟考酮罗通定片的临床研究	扬子江药业集团	769万元	区　属
国家中小企业创新基金	超高真空 NCVM 制备纳米不导电金属膜	江苏海诞电子科技有限公司	99万元	白　马
国家重点新产品	C70G 组合天线	泰州苏中天线集团有限公司	30万元	口　岸
国家火炬计划	双花百合片	扬子江药业集团	—	区　属
	基于生物特性的医用水胶体敷料	泰州市榕兴抗粘敷料有限公司		口　岸
	经济型18000载重吨多用途重吊船	泰州三福船舶工程有限公司		
	新型 ZR150-X 高精汽车同步器	江苏追日同步器有限公司		刁　铺
	轿车双离合器自动变速箱（DCT）用同步器	泰州市海博汽车科技有限公司		许　庄
	IGBT 产品 BT15N120ANH 的封装	泰州市海天半导体有限公司		
	卫星通信用高频四层电路板	泰州市金鼎电子有限公司		永安洲
	数字化印刷用免处理阴图热敏 CTP	江苏乐彩印刷材料有限公司		胡　庄
国家星火计划	稻麦秸秆基高密度成型生物炭技术产业化技术研究与推广	泰州市鑫鑫秸秆能源化利用有限公司	—	口　岸

续表17

项目类别	项目名称	承担单位	资助情况	地区
国家星火计划	高附加值宠物食品再生牛皮制备技术的研发及应用	江苏康贝宠物食品有限公司	—	许庄
	枫香优良种质资源引进及培育技术研究	江苏腾龙园林绿化工程有限公司		白马
	农村城镇化建设用节能铝合金型材	江苏宇马铝业有限公司		大泗
江苏科技型中小企业备案	泰州市华强照明器材有限公司	—	—	口岸
	泰州市东方传动技术有限公司			
	泰州市友润电子有限公司			许庄
	江苏能建机电实业集团有限公司			永安洲
	江苏华夏重工有限公司			
	泰州市贝斯特医疗设备有限公司			胡庄
省高新技术企业	扬子江药业集团	—	—	区属
	泰州市兴东煤矿机械制造有限公司			口岸
	江苏追日同步器有限公司			刁铺
	江苏保力自动化科技有限公司			
	泰州市追日齿轮有限公司			
	万向精工江苏有限公司			许庄
	泰州市东田电子有限公司			
	泰州市华强照明器材有限公司			
	江苏神驰机电有限公司			
	江苏泰氟隆科技有限公司			永安洲
	泰州新安阻燃材料有限公司			
	江苏能建机电实业集团有限公司			
	泰州市博泰电子有限公司			
	江苏海诞电子科技有限公司			白马
省后备高新技术企业	泰州市恒源化织厂	—	—	口岸
	泰州市天鑫机械有限公司			许庄
	江苏联星光电有限公司			
	泰州市海博传动机械科技有限公司			
	泰州永盛彩印包装有限公司			
	江苏奥莱克冷链有限公司			永安洲
	江苏华夏重工有限公司			
	江苏荣畅牧业发展有限公司			
省火炬计划重点高新技术企业	泰州苏中天线集团有限公司	—	—	口岸
省科技支撑项目（工业）	基于陶瓷基板和组合荧光粉封装的高光效、高光品质白光LED的研究开发与应用	泰州市华强照明器材有限公司	80万元	许庄

续表17

项目类别	项目名称	承担单位	资助情况	地　区
省博士计划企业创新类	缪世峰	扬子江药业集团	15万元	区　属
	王　竞		15万元	
	袁峰泉		15万元	
	曹记峰		15万元	
	崔　莉	泰州市榕兴抗粘敷料有限公司	15万元	口　岸
省博士计划境外世界名校类	曹记峰	扬子江药业集团	—	区　属
省科技副总	刘　杰	泰州口岸船舶有限公司	5万元	区　属
	曹振新	泰州苏中天线集团有限公司	5万元	口　岸
省高新技术产品	柴芩清宁胶囊	扬子江药业集团	—	区　属
	富马酸卢帕他定			
	巴洛沙星片			
	盐酸左氧氟沙星注射液			
	利拉萘酯原料及乳膏			
	节能环保型64000载重吨散货船	泰州口岸船舶有限公司		
	45车/999客客滚船			
	带磁感应圈的双列圆锥轮毂单元	万向精工江苏有限公司		高新区
	WPZ-345/150煤矿用破碎装载卧底机	泰州市兴东煤矿机械制造有限公司		口　岸
	57000载重吨巴拿马散货船	泰州三福船舶工程有限公司		
	环保型51000载重吨江海直达散货船			
	全回转29米海工拖轮			
	30吨重卡用新型高强度耐磨齿圈	泰州市东方传动技术有限公司		
	微波高速氧化包覆型杜美丝	江苏昆仑光源材料有限公司		
	聚氯乙烯/聚偏二氯乙烯固体药用复合硬片	江苏扬子江药业集团凯威药用包装有限公司		
	聚氯乙烯固体药用硬片			
	高性能电力线路施工机具	泰州市昊鑫电力机具有限公司		
	NL-1车顶螺旋杆防风天线	泰州苏中天线集团有限公司		
	7131汽车侧窗玻璃印刷天线放大器系统			
	4200F汽车前窗玻璃印刷天线放大器系统			
	BX3一种汽车后窗玻璃印制天线系统			
	双向棘轮脚踏式、桌式升降支撑架	泰州市创新电子有限公司		
	易、快拆底座的显示器用支撑架			
	螺杆螺母传动型超重超大显示屏升降支撑架			
	轻薄型错位片显示屏升降支撑架			
	一种带电作业用绝缘滑车	江苏巨力电力材料有限公司		

续表 17

项目类别	项目名称	承担单位	资助情况	地　区
省高新技术产品	阻燃增强 ABS 工程塑料	泰州艳阳天塑料科技有限公司	—	刁　铺
	低添加量无卤阻燃增强 PC 工程塑料			
	A7G 副箱汽车同步器	江苏追日同步器有限公司		
	963 坯饼镀层测厚/称重检测机器人	江苏保力自动化科技有限公司		
	ZC5 叉车变速器离合齿总成	泰州市追日齿轮有限公司		
	一种可防止手术后残留人体内纱布片	江苏洁乐医用敷料有限公司		
	一种汽车喷涂专用粘尘布			
	纳米复合陶瓷基板封装的 LED 灯具	泰州市华强照明器材有限公司		许　庄
	绿色高品质高档装饰金属墙纸	江苏德泰墙纸有限公司		
	GrP9 石油裂化合金钢管	泰州诚德钢管有限公司		
	一种抗失效性强的引线框架 TO-220M	泰州东田电子有限公司		
	一种可大幅提高 MOS 管成品率用的引线框架 TO-220C			
	新型高强度汽车轮毂专用轴承	泰州广顺汽车部件有限公司		
	高强度环保型纸板及纸箱	泰州永盛彩印包装有限公司		
	150QM 发动机箱体组件	泰州市天鑫机械有限公司		
	冲制型引线框架（TO-263 型）	泰州友润电子有限公司		
	冲制型引线框架（DIP4）			
	冲制型引线框架（晶振支架）			
	浮力限流阀	泰州晟禾水处理设备制造有限公司		
	新型功能性植物源性仿真饲料	江苏康贝宠物食品有限公司		
	高强度脚轮	泰州市万达轮业制造有限公司		
	基于一种电力电子 PWM 控制技术的逆变式节能发电机控制器	江苏神驰机电有限公司		
	免烘烤感光阻焊电路板	泰州市金鼎电子有限公司		永安洲
	4G 移动通信智能天线高频电路板	泰州市博泰电子有限公司		
	北斗系统地面台站 PTFE 高频金属基电路模块基板			
	小型化 SMD 耐温绝缘垫片	江苏泰氟隆科技有限公司		
	双夹扁汞齐灯管芯柱	江苏佳强照明电器有限公司		
	真空聚结透平油净油机	泰州市宏泰电力设备有限公司		
	涡流高效真空净油机			
	耐酸碱高密封绝缘聚四氟乙烯管材	泰州市三星铁氟隆有限公司		
	H-C 级 PFG 复合槽绝缘箔			
	一种高频印刷电路板用高精度聚四氟乙烯薄膜	泰州市亚星塑业有限公司		
	聚四氟乙烯玻璃纤维布膜材			
	高频晶体电路板盖板	泰州市光明电子材料有限公司		
	双面处理聚四氟乙烯玻璃纤维布			

续表17

项目类别	项目名称	承担单位	资助情况	地　区
省高新技术产品	阳离子降粘剂	泰州市精细化工厂	—	永安洲
	高效融霜瀑布式冷风幕分体立风柜	江苏奥莱克冷链有限公司		
	线性变频非对称涡流冷风幕饮品展示柜			
	高介电复合材料电路板	泰州市金鼎电子有限公司		
	高效黄油收集过滤机	泰州市宏博节能环保科技有限公司		
	一种TBC涂层的防霉壁纸	江苏东宇墙纸有限公司		
	甲基磺酸	泰州市苏宁化工有限公司		
	医药级高纯甲基磺酸			
	一种疏浚船用带副叶片的泥泵叶轮	江苏华夏重工有限公司		
	新型横移滑轮组			
	磷酸三(α-氯丙基)酯	富彤化工有限公司		
	食品安全与追溯领域便携式智能终端	江苏荣畅牧业发展有限公司		
	磷酸三(二氯丙基)酯	泰州新安阻燃材料有限公司		
	一种具有增强轻量化的铝合金轮毂	泰州市康驰汽车配件有限公司		白　马
	建筑用新型结构铝合金幕墙型材	江苏宇马铝业有限公司		大　泗
	YMGT110新型节能复合窗及铝型材			
	颈椎微创双重锁定植入系统	泰州市中兴医械科技有限公司		胡　庄
	数字化印刷用光敏PS版	江苏乐彩印刷材料有限公司		
	数字化印刷用UV-CTP版			
省民营科技型企业	泰州苏中天线集团有限公司	—	—	口　岸
	泰州超人汽车电子有限公司			
	泰州市恒源化织厂			
	泰州市榕兴抗粘敷料有限公司			
	泰州市创新电子有限公司			
	江苏扬子江药业集团凯威药用包装有限公司			
	江苏洁乐医用敷料有限公司			刁　铺
	泰州东田电子有限公司			许　庄
	泰州市海博传动机械科技有限公司			
	江苏图南智能科技有限公司			
	江苏康贝宠物食品有限公司			
	江苏能建机电实业集团有限公司			永安洲
	泰州市江泰化工有限公司			
	泰州市三星铁氟隆有限公司			
	泰州市金鼎电子有限公司			

续表17

项目类别	项目名称	承担单位	资助情况	地　区
省民营科技型企业	江苏佳强照明电器有限公司	—	—	永安洲
	泰州市亚星塑业有限公司			
	泰州市康驰汽车配件有限公司			白　马
	泰州市荣美液压机械制造有限公司			
	泰州市乐太食品有限公司			胡　庄
	泰州昆泰电子科技有限公司			

【汽车零部件科技产业园建成省级科技产业园】 泰州高港汽车零部件产业园位于高港高新区，成立于2008年，面积3.98万平方米，集聚各类汽车零部件生产企业42个。拥有省级高新技术企业8个、省级后备高新技术企业4个，省级科技公共服务平台3个，省级民营科技型企业4个，国家级重点新产品3项、省级高新技术产品35项，3个项目列入国家火炬计划。拥有汽车零部件相关授权专利量94件，其中，发明专利15件、实用新型专利79件。2014年，园区实现销售收入50.45亿元，拥有销售过1亿元骨干企业11个，形成汽车轮毂及轴承单元、汽车天线、汽车电子、汽车流体管道、汽油发动机等产业链。12月，被省科技厅确认为江苏省科技产业园。

【永安洲镇获批省创新型试点乡镇】 2013~2014年，永安洲镇完成专利申请1095件，其中发明专利299件，授权专利493件；新增江苏省高新技术企业5个，国家重点新产品2个，国家火炬计划3个，国家星火计划2个，国家、市中小企业创新资金项目各6个，省创新型企业1个，省高新技术产品28个，省民营科技型企业12个，省工程中心3个。成功申报市级科技企业孵化器（核心港区科技企业孵化器），与西安交大国家技术转移中心签订产学研协议。12月，永安洲镇被省科技厅确认为江苏省创新型试点乡镇。（胡　晖）

防震减灾

【概况】 2014年，高港区完善防震减灾工作网络，制定《高港区震情监视和短临跟踪工作方案》。配备海事卫星电话、导航仪、对讲机等应急设备。修订地震应急预案。在蔡滩社区建成泰州市首个地震主题科普馆。举办首届中小学防震减灾书画作品竞赛，收到作品117件，评出一等奖4件、二等奖8件、三等奖15件。许庄街道乔杨社区创成国家级地震安全示范社区，口岸街道新城社区、刁铺街道环溪社区、许庄街道马厂社区、许庄街道乔杨社区创成省级地震安全示范社区，尚美中学、刁铺中心小学、高港实验小学创成省级防震减灾科普示范学校。区地震局被评为2014年度全省市县防震减灾工作优秀单位和泰州市防震减灾工作先进单位。

【乔杨社区获评国家级地震安全示范社区】 许庄街道乔杨社区围绕“防震减灾从社区做起”主题，坚持预防为主、防御和救助相结合方针，向社区居民普及防震减灾知识。建立防震减灾工作长效机制，安排专项工作经费，成立防震减灾科普知识宣传队和地震应急志愿者队伍，完善地震应急预案管理体系，建有地震应急避难场所，制定疏散通道规划图，将社区医疗服务站设为应急医疗救护点。年末，社区被国家地震局评为国家级地震安全示范社区，成为全市首个获得该荣誉的社区。（丁　毅）

气　象

【概况】 2013年12月31日，中国气象局正式批复同意成立泰州市高港区气象局。2014年4月，完成气象台、办公室、雷电防御中心机构设置，人员任命到位。升放无人驾驶自由气球或者系留气球活动作业审批和建设项目、大气环境影响评价使用气象资料审查项目不再由市气象局授权，改由区气象局独立行使。6月，正式启用泰州市高港区气象局行政许可专用章。区气象局认真开展公共气象服务，严格履行汛期值守和日常值守职责，加强全区气象灾害防御能力建设。

【气象防灾减灾】 2014年，口岸街道第二中心幼儿园自动气象站完成安装，投入运行。高港农业生态园自动气象站完成改造升级，新增能见度观测、地温观测等项目。区气象局、区农委、胡庄镇、大泗镇开展气象灾害减灾避灾平台试点，及时向农业种植户、专业合作社及农场主等发布气象灾害预警信息、农技服务信息、市场动态、植保信息等。利用“3·23”世界气象日、科普宣传周、安全生产咨询日等，宣传气象防灾避灾知识。

区气象局气象观测站

【预报预警服务】 2014年,区气象局向区委、区政府及区农委、各镇街发送天气公报55份,其中重要天气公报20份,公报内容包括最新天气变化、天气过程防灾减灾建议、夏收夏种及秋收秋种意见等。开通气象微博服务,发送各类微博1547条。汛期严格执行24小时应急值班制度和领导带班制度,共发布各类预警信号7次、警报9次。节假日安排值守人员,做好应急值守、安全生产和信息报送工作。

【防雷减灾】 2014年,区气象局完成危化品生产经营单位年度防雷安全检测工作,发现防雷安全隐患13处,出具整改意见书13份,全部完成整改并通过验收。联合安监、消防等安全部门,对办公场所、企业开展防雷安全生产检查,发现2个造船企业存在防雷安全隐患,完成整改并通过验收。8月,参与安全大检查工作,对检查中发现的防雷安全隐患提出整改措施,帮助完善防雷、防静电措施。 (言文峰)

教 育

【概况】 2014年,高港区出台《义务教育学校布局规划(2014~2017年)》《关于加快推进教育现代化建设的实施意见》《关于进一步加快校舍安全工程建设的意见》和《高港区住宅小区配套幼儿园建设管理实施办法》。加大教育投入,推进校安工程,口岸实验学校投入使用,永安洲实验学校启动建设。实施运动场地塑胶化工程,7所学校塑胶运动场地投入使用。开展数字化校园创建工作,共有数字化校园19所。推动学校食堂改革,打造安全、透明、放心食堂。实施学校优质化工程,搭建教学比武平台,开展国际交流合作等,培养优秀教师队伍。教科研能力大幅提升,实现省级重点规划课题零突破。加强督导,促进教育教学质量全面提高。全区有中小学、幼儿园35所,其中,中专1所、高中2所、初中9所、九年一贯制学校1所、小学10所、幼儿园12所。中小学生24395人,在园幼儿5298人。专任教师2693人,其中,中专263人、高中424人、初中769人、小学803人、幼儿园434人。省特级教师6人,省特级教师后备人才5人,市级骨干教师126人。

【学前教育】 2014年,全区12所幼儿园中有省优质园10所,占83.30%。口岸、刁铺、许庄、永安洲、胡庄、白马、大泗、田河、汪群9所幼儿园明确为公办幼儿园,为区教育局下属全民事业单位。幼儿教师全额拨款事业编制34人,占公办幼儿园专任教师总数14.72%。6月,对全区幼儿园2012~2013年收支情况、区拨公用经费使用情况及贫困生补助情况进行审计调研。

【中小学教育】 2014年,全区有小学10所,在校学生12413人,教师803人。小学入学率、巩固率、毕业率均保持100%。有初中9所,九年一贯制学校1所,在校学生5394人,教师769人。初中入学率、巩固率、毕业率均为100%。公办普通高中2所,其中,四星级1所、三星级1所,在校学生3712人,教师424人。高港区考生1227人参加高校招生考试,其中,普通类考生1143人、纯体育艺术类8人,新疆班76人。江苏省口岸中学作为考点,编排考场45个。被高校录取1088人,其中本科594人。

【职业教育】 2014年,高港中等专业学校成为江苏省高水平现代化职业学校立项学校,机械加工技术实训基地通过江苏省职业教育高水平示范性实训基地验收,获省补建设资金400万元。工业分析与检验专业通过省级品牌专业验收,与泰州市创新电子有限公司、泰州超人汽车电子有限公司合作的校外实训基地通过市级验收。单招考试本科升学27人,公办大专及以上院校录取率98%,位居市区第一名。开展企业职工岗位培训、机动车维修从业人员培训、农村劳动力转移培训、社会创业培训、职业农民培训、退役士兵技能培训、统计人员从业资格培训、机关工勤人员培训等,年培训3000余人次,为企业、为社会提供技术支持与服务。在省职业学校专业技能课程"两课"(示范课、研究课)评比中,2人获示范课奖,5人获研究课奖。在省职业院校技能大赛中,4人获二等奖。

【社区教育】 2014年，全区各镇街社区教育中心、居民学校开展教育培训活动近400场次，9.40万人参与，居民社区教育活动参与率36%。组织参加江苏省第二期成人教育培训服务三项国家标准(《成人教育培训服务术语》《成人教育培训组织服务通则》《成人教育培训工作者服务能力评价》)宣讲员培训班、省社区教育管理人员高级研修班等。组织各社区教育中心管理人员到苏南社区教育发达地区学习社区教育工作经验。口岸街道社区教育中心申报江苏省标准化社区教育中心，白马镇前进村居民学校等10所居民学校申报江苏省标准化居民学校。依托"江苏学习在线"公共服务平台，建成服务社区居民终身学习的数字化学习网站——高港学习在线，涵盖课程学习、政策发布、理论研究、社会培训等功能，共发布工作、生活、修养、服务三农、老年教育等9大类、39小类近1.70万门课程。口岸街道建成市民学习网。

【素质教育】 3月，高港区在实验小学举办第4届阳光体育节，共有21支中小学代表队、210名学生参赛，设有跳绳(2分钟速度双摇跳、集体3分钟穿梭8字跳长绳)、踢毽(2分钟盘踢)、掷实心球、阳光接力跑(8×100米迎面接力跑，小学4×200米，初中女生4×800米、男生4×1000米)3个大项。4月，组织1500名学生参加中考体育考试。5月6~8日，举行幼儿园韵律操、中小学广播体操、大课间体育竞赛暨特色大课间示范校评比活动。5月13日，在永安洲镇中心小学举办"中国少儿戏曲小梅花"选拔赛，15支代表队60余名选手参赛。6月29日，在大江剧院举办全区未成年人文明礼仪风采大赛，设知识竞答、情景剧表演、微视频展示3个环节。9月，在汪群小学举办高港区学校大课间体育观摩活动，全区中小学校分管体育副校长、体育教研组长近50人参加。10月19日，举办高港区第18届中小学生田径运动会，全区各中小学校的20支代表队362名运动员，参加60米、100米、200米、400米、800米、1500米、跳高、跳远、铅球、垒球等比赛，破5项赛会纪录，5人达国家少年级标准。11月，组织全区中小学生个人艺术单项比赛，223人参赛，选拔110人参加市级比赛。12月，举办中小学生中国象棋比赛，20支代表队的120名选手参加比赛。组织学校参加绿色学校、健康促进学校、节水型学校和红十字合格学校创建工作，田河小学创建成省级绿色学校，高港实验学校被评为江苏省红十字先进学校。

【教师队伍建设】 2014年，高港区公开招聘中小学教师28人、幼儿教师24人。引进省特级教师、教授级高级教师闻国泉，市学科带头人、幼儿园优秀管理人员宋剑云。加大名师培养力度，涌现出全国优秀教师许敏，江苏省优秀教育工作者邱祥军，江苏省特级教师叶红、叶新和，其中，叶新和为泰州市名教师、泰州市中青年突出贡献专家，实现本土特级教师、名教师和突出贡献专家零突破。奖励业绩突出的优秀人才121人次、28.92万元。233名教师参加校际交流，占符合交流条件专任教师的22.50%；参加交流骨干教师39人，占符合交流条件骨干教师的24.70%。开展以"立德树人"为主题的第三期"校长亮台"论坛活动，举办高港区第五期校长培训班，到广东省深圳市福田中学观摩学习，提高校长专业素养、理论水平和实践能力。出台《高港区中小学校级后备干部培养实施方案》，举办高港区校级后备干部第一期"读书沙龙"活动，更新教育理念，提高管理水平，提升科研能力，增强创新意识。选拔任用10名后备干部到校长助理岗位。

【信息技术装备与应用】 2014年，高港区投入300余万元，为许庄中心小学、高港实验小学、高港实验学校配备多媒体设备93套，建成录播室3个，购买教师用笔记本263台。投入240万元，为中小学添置图书7.70万册、学生电脑381台。投入58万元，为中小学更新课桌椅3861套。推进"泰微课"资源平台建设，4月，召开全区"泰微课"建设工作推进会，邀请华东师范大学教授吴志宏作"翻转课堂"和微视频制作专题辅导；5月，组织全区制作技术指导人员培训；6月，对所有学科教师进行多媒体教学资源规范制作技术和课程解读培训。平台共上传微视频资源2800余条、试题7000余条，资源访问量7万人次。开展数字化校园创建工作，17所学校创成市级数字化校园。开展信息技术应用评比活动，3月，举办中小学电脑制作活动，38件作品获市级以上奖；5月，组织多媒体教育软件评比，4件作品被推荐参加全国教育信息化大奖赛，戴长林、李玉华作品《采薇》获全国一等奖。9月，组织信息技术与学科整合优质课评比，推荐5节课参加市级评比，其中初中语文课代表泰州市参加省级比赛。在2014年省初中化学实验技能大赛中，1名教师获省一等奖，1名教师获市二等奖。第十七届全国教育信息化大奖赛中，1件作品获全国二等奖，2件作品获全国三等奖，3件作品获省二等奖，5件作品获省三等奖。永安洲镇初级中学张辉获泰州市十佳信息技术专业能手称号。

【教学科研】 2014年，高港区先后组织相关学科省级网络培训、"泰微课"微视频制作培训等，帮助教师把握课改方向。开展"教研员与教师共读一本书"活动，举行读书交流活动。邀请江苏师范大学教师教育学院副院长魏本亚作"提升教师教学研究素养"专题报告，阐述教学科研的重要性和必要性、教育专业化的基本内涵和途径。6所优质化项目学校接受专家指导，学习上海、深圳等地学校先进办学经验，打造各自特色。口岸中心小学语文学科教研组、常州市武进区教师发展与研究中心组实现跨江联动。举办初中物理"骨干展台"优质课比赛活动、小学英语"能手擂台"优质课比赛活动、初中数学"新秀露台"优质课展示活动、初中数学区级集体备课研讨观摩活动，选拔多名优秀教师参加省、市级各项教学基本功和优质课比赛。高港实验小学朱辉获江苏省小学数学教师优质课比赛一等奖；口岸中心小学张蓉获江苏省小学语文教师优质课比赛二等奖；口岸中心小学陈慧获江苏省小学劳动与技术教师教学基本功比赛二等奖；高港实验小学唐萍获泰州市小学思想品德教师教学基本功比赛一等奖；高港实验小学唐小丽、永安洲中心小学周章红获泰州市小学英语教师优质课比赛一等奖；许庄初级中学朱小燕、口岸实验学校徐震获泰州市初中数学教师教学基本功比赛一等奖；高港实验学校黄健获泰州市初中物理优质课比赛一等奖；高港实验小学丁玲获泰州市小学科学优质课比赛一等奖第一名。9项省级"十二五"规划课题顺利开题，新增90项市级"十二五"规划、教研课题并开题；44项"三进"（普通话进校园，书法进课堂，诵读进教材）课题和2011年度的8项泰州市"十二五"规划教研课题结题。

【教育督导】 2月，高港区召开全区责任督学会议，出台《泰州市高港区中小学校责任督学挂牌督导工作实施方案》，要求专兼职督学按照指定督查内容，对区域内学校每月开展专项督查，发挥专兼职督学挂牌督导作用。5月22日，通过泰州市教育督导组督导考核。年内，先后对7所小学开展素质教育督导评估，对全区中小学校开展实施《义务教育学校管理标准（试行）》和素质教育"5+2"工程（主题德育、自主学习、青春活力、实践体验和未来素养五大行动，区域推进展示和学校微创新激励两大机制）督导评估，对7所学校开展教育现代化学校创建评估。

【校车监管】 8月18日，区校车安全管理办公室突击检查全区校车监管情况，未发现违规行为。8月20日，区校车安全管理办公室组织召开全区校车安全工作会议，各镇街、部门、学校分管负责人和校车驾驶员共70余人参加会议。与会人员观看交通安全警示教育片，交警二大队对驾驶员进行专题培训，提醒驾驶员慢行、礼让和负责，区教育局安全管理中心对校车监管提出具体要求。11月4日，市交通运输局、公安局、教育局联合检查组检查高港区校车安全管理工作，肯定高港区校车管理做法及公交化运营思路。

【学校食堂食品管理】 3月和9月，区教育局、卫生局、食品药品监管局等部门两次开展学校食品卫生安全专项检查。总结高港中等专业学校食堂试点经验，试点范围扩大到口岸实验学校、高港实验学校、高港实验小学，统一食材配送、统一带量营养食谱、统一劳务外包，为师生提供卫生可口、营养合理的饭菜。独立结算食堂经费，出台规范管理制度，实现由经营性向保障性转变。

【校舍安全工程】 年初，高港区组织校舍安全检查，鉴定高港实验学校、胡庄中学、大泗学校、汪群小学、胡庄中心小学、许庄中心小学、海军小学7所学校存在隐患，列入当年维修改造项目。对2009年鉴定为危房未拆除封存在学校的校舍全面清理，拆除危房面积8043平方米。7月，永安洲实验学校开工。9月，口岸实验学校投入使用。11月，完成校舍维修工作规划项目任务，累计完成投资220.96万元。12月，高港实验小学加固改造通过竣工验收。

【蔡林森教育思想专题报告会】 8月1日，著名教育家蔡林森专题报告会在高港区大江剧院举行，全区

口岸实验学校

各中小学校长、副校长、校级后备干部、骨干教师代表，区教育局全体人员等近700人参加。蔡林森围绕“没有教不好的学生”教育理念，详细阐述“教书育人责任制”学校管理制度和“先学后教，当堂训练”课堂教学模式。

【泰州市素质教育“5+2”工程汇报展示活动】 12月26日，高港区举办泰州市素质教育“5+2”工程汇报展示活动，泰州市教育局相关处室负责人，各市（区）教育局分管局长、基教科长，各中小学校长、教师代表等近150人参加展示活动。与会人员听取高港实验小学、高港实验学校、口岸实验学校实施素质教育“5+2”工程情况汇报，观摩高港实验小学数学与科学翻转课堂、兴趣小组活动，高港实验学校社团活动，口岸实验学校家长开讲团活动。

【教学科研跨江联动】 2014年，高港区开展教学科研跨江联动活动，重点是“送培到校”，以口岸中心小学语文学科教研组为送培对象，由常州市武进区教师发展与研究中心组成专家团，每月开展1次活动。11月19~21日，常州市武进区教师发展与研究中心组织专家，围绕“聚焦教师素养、提升教学技能”主题，通过课堂观摩、专题讲座、主题对话、互动参与、自主反思等形式，对高港区所有小学数学教师进行培训。

【全国义务教育发展基本均衡区创建】 2014年4月18日，国务院教育督导委员会督导组督导检查高港区义务教育均衡发展情况。4月19日，国务院教育督导委员会县域义务教育均衡发展督导检查反馈会在南京召开，高港区以95分的高分通过义务教育发展基本均衡区验收。高港区在推进经济、社会快速发展的同时，坚持把教育事业摆在优先发展位置。党委、政府工作优先讨论教育项目，社会事业发展优先考虑教育大计，财政资金使用优先保障教育投入，中小学教师工资、津贴全额纳入财政预算，教师平均工资水平不低于公务员。对白马中学、汪群初中等生源较少的农村学校进行专项补助。结合区划调整、城区发展、人口流动和乡村道路交通状况改善等情况，合理调整义务教育学校布局。为胡庄中心小学、胡庄初中、大泗学校、汪群初中等农村学校新建教学楼、综合楼、宿舍、食堂，添加课桌凳。为永安洲小学、许庄小学扩建教学楼、综合楼，满足外来务工人员子女入学需求。新建口岸实验小学，完成高港实验小学加固改造工程，孔桥学校、永安洲实验学校、海军小学启动建设。实施标准化实验室、现代远程教育等教育信息化专项工程，建立健全教育信息资源库，推进数字化校园建设，促进城乡、校际之间教育资源共建共享最大化。为义务教育阶段学校配备符合省Ⅱ类标准的现代化教育设备设施。为6所农村学校实施运动场地塑胶化建设，学校多媒体班套比达到1∶1，小学和初中生均图书拥有量25.46册和40.88册，计算机生机比分别达到8.34∶1和4.89∶1，农村学校与城区学校办学条件基本均衡。招聘新教师八成以上充实到薄弱学校，组织教师校际交流，各学校、各学科、各学段教师年龄结构趋于合理，逐步实现师资力量的基本均衡。选派优秀校长和中层干部到薄弱学校对口帮扶，城区中小学教师评聘中、高级职称必须在薄弱学校任（支）教1年以上。充分利用不同学校优势资源，组建教科研共同体6个，开展学科集体备课、同课异构、交流观摩、集中评课活动，确保优质资源共享共用。 （王劲松）

文　化

【概况】 2014年，高港区全面推进文化阵地建设，加快书画院、历史文化展示馆、国学文化启蒙馆、中华武进士馆和镇街宣传文化中心建设。举办“大江放歌”广场文艺演出8场、“文化港城行”基层巡演8场、“苏演院线”大江剧场专场演出6场。继续开展送科普书籍、送戏、送电影“三送”工程，全年送戏14场，送电影890场，送图书7000册。组织开展精品文艺创作，歌曲《书香飘逸》在泰州市新创文艺节目调演中获银奖，小品《接公公》获铜奖。保护传承传统文化，推进市级文物保护单位保护修缮，开展非物质文化遗产名录的汇集申报。加强文化市场监管，开展文化行政执法活动。编印出版《高港文艺》4期。高港区获2014年度江苏省“无小耳朵社区”创建工作先进县（市、区）称号。

·文化设施·

【高港区书画院（美术馆）】 总投资800万元，位于口岸水景街区南侧、雕花楼西侧，占地面积2465平方米，建筑面积3540平方米，内设展览厅、创作室、培训室、学术报告厅等，具备书画展览、交流、研究、收藏、培训等公共文化服务功能。年内，高港书画院完成土建工程，招聘画家1人，组织书画家到农村和边防中队开展春节送福字服务活动。

【高港历史文化展示馆】 以口岸街道柴墟西路的李信昌过载行为馆址，占地面积1200平方米，建筑面积1116平方米，总投资约500万元。年内，继续开展馆内规划设计、文史资料及实物的征集，完成布展工作。设历史沿革、商贸文化、民俗文化、宗教文化、红色文化、高港名人、柴墟八景、高港新貌8个展厅。

延伸阅读：柴墟八景

口岸古称柴墟，旧时店铺林立，物产丰富，民风淳朴，气候宜人，明代至清初有“八景”之说。

高港历史文化展示馆内柴墟八景图

洲堤杨柳。古时江中有一小洲，后因泥沙沉积，和江岸连成一体。小洲沿堤遍种杨柳，每年清明时节，杨柳吐青，柳枝低垂江面，和风吹送，柳浪翻滚，似烟似雾。

芦岸桃花。柴墟古镇江边遍布桃林，每年阳春三月，桃花似火映红江水，游人行进其间，恰似人间仙境。清人严爵有诗曰："此地桃花好，芳菲望不穷，千村人似醉，两岸水俱红。艳接云霞色，情移杨柳风。渔郎如问讯，有路武陵通。"形象的描写这一胜景。

新丰晓骑。新丰街即今东兴街，街上铺长条石板，古时乡人进镇必经之路。每日清晨，赶早市的人骑马进镇，马蹄叩击石板，清脆的"嗒嗒"声能踩醒睡梦中的小镇。

古渡归帆。古渡即今龙窝口。傍晚时分，落日余晖洒在江面，芦苇在微风中轻轻摇曳，一两只江鸥展翅飞翔，大江上渔舟返航。远远望去，白帆点点，波光粼粼。

庆元夕照。庆元街，柴墟古时繁华的商业街，夕阳西下，店铺开始收市，门前旗幌在风中轻轻摇动，街上三两人等，或推车，或负薪，或漫步……一切是这样的恬静。

江阁惊涛。古时，柴墟江边有望江楼一座，游人登楼远眺，江南远景，尽收眼底。近处，大江浪涌流急，势不可挡，一往向东，甚为壮观。

圌峰积雪。圌山，在丹徒境内。每逢雪后初晴，在江边远望南岸，但见圌山林木苍翠，山顶积雪不化，在阳光中闪着白光。

寿胜疏钟。寿胜寺，始建于南宋，规模宏大，香火鼎盛。据记载，寺庙有房屋九十九间半，院内两株古银杏树耸入云霄，殿前四大金刚威风凛凛，牌楼、钟楼、藏经阁、大雄宝殿等古建筑金碧辉煌，每日晨曦初现，寺内浑厚的钟声飘荡在小镇上空，久久回响。

【国学文化启蒙馆】 以口岸水景街区庆元街44号孙氏四方楼为馆址，占地面积367平方米，建筑面积405.65平方米，总投资约118万元。年内，开展馆内规划设计、布展等工作。设私塾、蒙学、民俗、礼制、语萃、百科6个展厅，重点展示国学文化知识及传统私学发展历史。

【中华武进士馆】 以口岸水景街区庆元街94号戚宅为馆址，占地面积1906平方米，建筑面积1654平方米，总投资约175万元。年内，开展馆内规划设计、文史资料征集、布展等工作。设戚氏人文、科举基础知识、戚家正堂、科举履痕、武进士知识、古代兵器、古代兵法、古代战役8个展厅。

【镇街宣传文化中心建设】 2014年，总投资600余万元、建筑面积2400平方米的许庄街道宣传文化中心建成开放，设有乒乓球室、台球室、棋牌室、档案室、影视厅、健身房、电子阅览室、图书室、书画室、创作室、乐器室、舞蹈房等功能室。刁铺街道、白马镇宣传文化中心规划建设中。此前，胡庄镇、永安洲镇、大泗镇和口岸街道宣传文化中心建成开放并通过验收。

【图书馆】 高港区图书馆位于区文化中心，建筑面积2051平方米，国家一级馆。2014年，共新增图书5000册，征订报刊240种，接待读者3.10万人次。开展首届高港读书节系列活动，先后举办南京大学新闻传播学院教授潘知常"阅读与人生"讲座、"书籍的历史"图片展、"小小图书管理员"体验活动。组织全区中小学生参加泰州市和江苏省2014年度红领巾读书征文比赛。在全区范围内实施图书馆总分馆制、农家书屋"通借通还"一卡通服务，建成包括镇街宣传文化中心在内的20个流通点，与区图书馆实现"通借通还"。

【高港文化体育艺术培训中心】 原名泰州市高港艺术培训中心，2014年2月21日更名为泰州市高港文化体育艺术培训中心，经区教育局批准办学许可的综合性培训机构，隶属于区文体旅游局，地址在区文化馆内。培训内容涉及器乐、棋类、舞蹈、书画等20余个艺术科目及数学、作文、英语等文化类科目。4月20日，中心邀请心理学家、教育家、中国青少年成长规划中心专家刘玉成，举行"中国家庭教育"初三中考策略报告会。4月27日，举行"我和动物有个约会"常州淹城动物园一日游活动，160余名学员参加。6月9日，在大江剧院举行成立7周年广场文艺演出。10月25日，在大江剧院广场举行首届"金秋之美"少儿书画大赛，参与学员80余人。8月15~17日，举办器乐、声乐、书画、舞蹈等科目艺术考级活动，参与学员400余人。11月15日，举行苏州乐园一日游，50余名学员参加。11月22日，在大江剧院广场举行大型乐器展销会，展出吉他、葫芦丝、二胡等乐器。

【中广蓝海影城】 10月18日，中广蓝海影城正式开业。位于金港中路时代百货商场6楼，总面积3600平方米，投资1000余万元，按照全国一线影院标准建设，是高港城区首个星级多厅式影院。有专业电影厅5个、座位813个，最小的影厅可容纳140人，最大的影厅可容纳243人。配备可放映15.1声道的全景立体声影厅。5个厅全部装备并采用先进的2K放映装置，配备3D设备，日均接待观众300余人。（仲伯荣）

·文学艺术·

【文联组织】 2014年，区文联下辖书法家协会、作家协会、摄影家协会、诗词楹联协会、音乐舞蹈家协会、京剧协会、老年书画协会，共有会员428人。其中，书法家协会46人，国家级会员2人，省级会员7人，市级会员9人；作家协会32人，省级会员2人，市级会员12人；诗词楹联协会135人，国家级会员1人，省级会员6人，市级会员12人；摄影家协会35人，国家级会员2人，省级会员6人，市级会员12人；音乐舞蹈家协会90人，省级会员3人，市级会员20人；京剧协会57人，市级会员3人；老年书画协会33人，省级会员5人，市级会员12人。

【文学艺术创作】 2014年，高港区作家协会会员共创造中短篇小说1部、散文120篇、诗歌集2部，在各级报刊发表文章130篇。做好"中国梦·我心中的梦"文艺作品征集工作，报送小说、散文、诗歌40余篇，摄影作品30余幅，舞蹈和快板作品4篇。在泰州市第二届"祥泰之州"美术书法、摄影展上，高卫东作品《泰州大桥》获摄影组金奖、《港城新曲》获摄影组银奖，朱新忠草书获书法组银奖，陶金华作品《山中存幽》获美术组铜奖。出版《高港文艺》4期，发行诗集《放歌永安洲》《柴墟诗苑》和戚正欣《柴墟笔记》。

【文学艺术活动】 2014年，区文联围绕"文化进万家，共筑中国梦"主题，开展丰富多彩的文化惠民活动。区作家协会举办"中国梦，劳动美"征文比赛；区诗词楹联协会举办诗词歌赋征文、吟诵比赛；区老年书画协会举办纪念毛泽东在延安文艺座谈会上的讲话发表73周年书画展，在高港实验小学成立少儿书画摄影辅导基地；区书法家协会举办"为民务实清廉"书法作品展；区音乐舞蹈家协会举办"音之舞"杯高港区首届少儿才艺比赛；区摄影家协会举办"江东明珠，美好高港"摄影比赛，联合区老年书画协会举办迎国庆书画摄影展；区戏剧家协会举办文艺演出30余场次。12月26日，区文联在雕花楼景区举办"美在家乡"淮阴、泰州摄影作品联展，共展出摄影作品120幅。

【"江东明珠，美好高港"摄影大赛】 2014年，市民俗摄影协会、区文联、区摄影家协会举办"江东明珠，美好高港"摄影大赛，围绕经济建设、党的建设、社会建设、生态建设、法治建设和文化建设，用摄影作品反映高港发展成果。3月15日，开始征集作品，至6月30日，共收到130余名摄影家的近1200幅（组）摄影作品。7月13日，经过专家和评委6轮无记名投票，评选出特等奖1幅、一等奖2幅、二等奖4幅、三等奖8幅、佳作奖50幅。7月28日，举行"江东明珠，美好高港"摄影大赛颁奖文艺演出。（高卫东）

·公共文化·

【"大江放歌"广场演出】 2014年，高港区组织开展"大江放歌"广场文艺演出8场，演出歌曲、小品、戏剧、杂技等节目120余个，观众3.20万人次。4月30日，举办"保障惠民生，幸福高港人"区人力资源社会保障局专场；5月12日，举办"弘扬医德医风，展示天使风采"区卫生局专场；6月23日，举办"开放

"音之舞"杯高港区首届少儿才艺比赛

“大江放歌”“美德善行在高港”专场文艺演出

融通，兴商惠民”区商务局专场；7月3日，举办“党的群众路线教育实践活动暨‘周末高港·党员关爱服务行动’文艺汇演”区级机关工委专场；7月28日，举办“民生住建，美好高港”区住房城乡建设局专场；9月10日，举办“师之风采，德艺双馨”区教育局专场；9月18日，举办“美德善行在高港”区委宣传部专场；10月12日，举办“中国梦，劳动美”区人力资源社会保障局专场。

【“苏演院线”大江剧院演出】 2014年，“苏演院线”大江剧院共演出6场，观众5000人次。2月21日，举办锡剧《草命天子》专场；4月28日，举办荷兰白泥秀大乐团专场；6月27日，举办黄梅戏《女驸马》专场；9月15日，举办“美德善行在高港”综艺晚会；10月10日，举办话剧《激辩三十八天》专场；12月30日，举办“百花迎春贺新年”戏曲专场。

【大江艺术团“文化港城行”巡演】 2014年，高港区大江艺术团开展“文化港城行”巡演活动8次，观众近3万人次。7月23~31日，先后到口岸街道、许庄街道、刁铺街道、大泗镇、胡庄镇、白马镇、永安洲镇巡演7场。主要节目有讴歌当地经济、社会发展的表演唱类，如《四大妈夸媳妇》，有反映群众生活面貌、农民生产劳作的小品和秧歌类，如方言小品《草垛仗》和腰鼓舞《欢天喜地》等。8月9日，大江艺术团首次走进企业，到泰州中航船舶重工有限公司巡演，受到企业职工好评。“大江艺术团”获省委宣传部赠送流动舞台演出车1辆。

【老年艺术节】 9月28~30日，高港区在大江剧院举办“庆祝国庆，喜迎重阳”第二届老年艺术节专场演出，有京剧《梅兰芳》、舞蹈《红灯笼》、小品《探亲》等14个节目，近800名观众观看演出。在大江剧院一楼举办“庆祝国庆 喜迎重阳”书画摄影作品展，共120余幅作品参展，涵盖大江、大桥、民俗风情等各个主题，参观人数1000余人。高港区老年艺术团与泰兴市老年艺术团在大江剧院举行交流演出活动，共演出12个歌舞类节目。

【社区文艺调演】 12月12日，由区文体旅游局主办的“魅力高港，幸福社区”第二届社区文艺调演活动在大江剧院举行。主要演出音诗画《丰碑》、快板说唱《群众路线正能量》、小品《母亲》、歌舞《美丽中国梦》等贴近社会主题的节目。全区7个镇街的15个社区代表队参加调演，评出一等奖6个（音诗画《丰碑》、民乐合奏《家乡美》、舞蹈《江畔芦花情》、小品《母亲》、腰鼓舞《山丹丹开花红艳艳》、歌舞《梅兰芳》）、二等奖9个。口岸街道文化站、白马镇文化站、胡庄镇文化站获优秀组织奖，毛学邦、陈连龙、张华俊获优秀创作奖。（仲伯荣）

·文化遗产保护·

【文物保护单位保护与修缮】 2014年，高港区完成市文物保护单位解放街戚宅、解放街孙宅、口岸城隍庙

省委宣传部赠送的流动舞台演出车

及区文物控制保护单位李信昌过载行的保护性修缮。戚宅、孙宅、李信昌过载行分别建为中华武进士馆、国学文化启蒙馆、高港历史文化展示馆，城隍庙向公众开放。对市文物保护单位泰昌生木号、龙泉池浴室进行简易维修。

太平金橘嫁接技艺进校园活动

【非物质文化遗产保护】 2月末，区级非物质文化遗产项目高港宫灯制作技艺、高港江鲜烹饪技艺被列入泰州市第五批市级非物质文化遗产名录项目。3月中旬，区非物质文化遗产保护中心在许庄中心小学举办“绿色风景线”——太平金橘嫁接技艺进校园活动。3月25日，省文明办主任杨志纯、泰州市副市长卢佩民等调研高港实验小学非物质文化遗产进校园活动实施情况。5月上旬，区文体旅游局公布高港区第三批非物质文化遗产项目代表性传承人名单。6月13日，高港宫灯、口岸虎头鞋、高港根雕、高港传统绳带编织4个非物质文化遗产项目参加泰州市第九个文化遗产日宣传活动。10月，严惠仲撰写的《“非遗”保护与高港区地方中小学实践互动平台的构建》参加泰州市群众文化干部技能大赛获静态类铜奖，并入选2014年度江苏省非物质文化遗产理论学习与研究优秀成果文章。

高港区第三批非物质文化遗产项目代表性传承人一览表

表18

项目类别	项目名称	申报单位	代表性传承人		
			姓　名	性别	出生年
传统技艺	高港宫灯制作技艺	泰州市华艺宫灯厂	芮春生	男	1962年
	高港江鲜烹饪技艺	新谷香酒店	章庆阳	男	1953年
			袁国湘	男	1968年
			钱祥富	男	1971年
	口岸传统风筝制作技艺	口岸街道文化站	孙书鸿	男	1946年

【泰州市第九个文化遗产日宣传活动】 6月13日，以“让文化遗产活起来”为主题的泰州市第九个文化遗产日宣传活动在高港区雕花楼广场举行。活动分为民俗节目展演与市级非物质文化遗产项目展示两部分，各市、区20余个项目参加展演及展示。高港区鼓儿书、口岸柴墟大鼓、毛庄石工号子、胡庄高跷、花船等参加民俗项目的表演，高港宫灯、口岸虎头鞋、高港根雕、高港传统绳带编织4个项目参加非物质文化遗产项目活动展示。姜堰区的滚莲湘、面塑，泰兴市的木偶等动、静态项目参加展演及展示。副市长王学锋出席。（仲伯荣）

·文化产业·

【概况】 2014年，高港区加大对装饰壁纸、工艺美术等文化产业的扶持力度，注重发展研发设计、服务外包、文化创意、文化旅游等新型文化产业。全区各类文化企业425个，从业人员8625人，实现文化产业增加值15.43亿元，占全区地区生产总值5.14%。组织泰州市世泽艺术品有限公司、泰州市华艺宫灯厂、江苏郁金香装饰材料有限公司、江苏天元瑞泉墙纸有限公司等文化企业参加泰州市第二届文化产业展示会。高港高新区开发投资有限公司、江苏郁金香装饰材料有限公司、江苏鸿泰环保科技有限公司、江苏德泰墙纸有限公司、泰州市中盛墙纸有限公司共获泰州市文化产业引导资

金150万元。（仲伯荣）

·文化市场管理·

【概况】2014年，高港区先后开展"净网"行动、校园周边文化市场集中检查行动、"绿书签"系列宣传活动、暑期网吧和电子游戏室专项整治、中秋和国庆期间出版物市场集中检查、文明城市创建联合执法、娱乐场所安全隐患排查治理、打击网络侵权盗版专项治理"剑网行动"，以及"保护知识产权，打击侵权盗版""扫黄打非·清源2014""扫黄打非·秋风2014"等文化行政执法行动。依法严厉查处娱乐场所接纳未成年人、超时营业等违法违规经营行为。共出动检查人员2600余人次，检查各类经营场所1100个次，查缴非法音像制品、盗版软件800余盘，非法出版物和盗版图书600余册，立案3起。受理举报电话、人民来信12件。

【打击非法卫星广播电视地面接收设施】2014年，高港区严厉打击非法销售、安装、使用卫星广播电视地面接收设施（俗称"小耳朵"），宣传政策法规，曝光非法行为，引导社区居民自觉抵制非法生产销售、违规安装使用"小耳朵"行为，共查缴"小耳朵"11台。高港区获评江苏省"无小耳朵社区"创建工作先进县（市、区），大泗镇、永安洲镇获评泰州市创建"无小耳朵社区"先进乡镇（街道）。（仲伯荣）

·档　　案·

【概况】2014年，高港区注重夯实档案管理基础，做好档案业务培训与指导，开展档案执法检查，推进基层档案规范化建设。保障档案管理软件系统正常运行，实现馆藏档案全文数字化。做好档案资源开发利用，完善服务举措，区档案馆建成市中小学档案教育社会实践基地。区档案馆共有62个全宗的馆藏档案。其中，文书档案6088卷41118件，会计档案685册（本），婚姻档案43148件，清房档案30卷，破产企业档案1788件，音像档案227盒，实物档案48件，光盘1055张，照片档案200张，图书、报刊资料1096册，检索工具299册。全年接待查档3000余人次。

【档案指导与监督】2014年，区史志办针对档案业务人员变动频繁、水平参差不齐和档案管理不善等状况，分批分类对全区档案人员进行业务培训。外请专家详细讲解档案基础理论与技能、信息技术等专业知识。完善全区档案综合管理软件，提供远程教育平台，组织专兼职档案工作者参加岗位培训系统学习和继续教育。抽调业务骨干到区委组织部，指导全区11个干部人事档案管档单位规范建档。加强对二级机构编制单位、村（社区）、民营企业、宗教活动场所等领域的档案管理指导。区司法局、白马财政所、万向精工江苏有限公司创成三星级标准化档案室，白马镇白马社区创成一星级标准化档案室。对全区68个区直机关开展档案执法检查，评定优秀33个、合格27个、基本合格8个。

【档案数字化建设】2014年，区史志办投入15万元，购买磁盘阵列，保障全区档案综合管理系统正常运行和档案数据库安全。馆藏档案实现100%全文数字化。所有馆藏数据采用移动硬盘和光盘两种方式备份。及时维护、更新高港史志档案信息网。

【档案利用】2014年，区史志办创新服务手段，向社会公布查档电话，建立"8小时外查档制度"。全年接待查档3000余人次，提供档案1500余卷、512册，出具证明1638次，复印档案资料1万余页，为领导决策、城乡建设、招商引资、群众维权、编史修志等发挥重要作用。

【档案安全建设】2014年，区史志办构建人防、物防、技防"三位一体"综合防范体系，确保馆藏档案安全。建立健全档案安全保密制度，加强档案馆防护措施建设，定期检查防护设施。制定灾害应急预案，健全突发事件防范处置机制。开展档案信息系统安全等级保护，确保档案开放、上网及数字化过程中的信息安全。

【档案馆建成市中小学档案教育社会实践基地】2014年，区史志办积极搭建档案教育活动社会实践平台。在史志档案信息网开辟教育专栏，向中小学生普及地方历史、文化、风土人情和革命传统。开展未成人思想道德建设主题教育活动，组织中小学生约800人次参观档案馆、"美丽高港"展厅、查档中心等场所。制作"档案在我身边"宣传展板，在各中小学校流动展览。12月，区档案馆以85分的成绩顺利通过市测评组验收，成功创成市中小学档案教育社会实践基地。

（王小萍）

·地　方　志·

【概况】2014年，高港区地方志编纂工作取得新成绩。《高港区志》有序开展，解决工业篇等难点问题，形成总纂初稿。《高港年鉴》常编常新，框架进一步优化，质量进一步提升，2011卷获第五届全国年鉴奖综合二等奖，2013卷获第三届江苏省年鉴奖综合一等奖。乡镇年鉴编纂工作实现突破，启动全省首部乡镇年鉴《永安洲年鉴》编纂工作。

【区志总纂】2014年，区史志办开展《高港区志》总纂稿件查漏补缺和编辑工作。对收集的老行当、民风民俗等资料进行整理、编辑。推进工业篇编纂工作，区委分管负责人召开专题协调会2次，区史志办走访全区188个规模以上企业，逐家上门收集资料，调整、完善工业篇内容，完成24万字工业篇稿件。开展总纂稿件编辑工作，成立审稿组，分别负责基础、经济、政治、社会人文4个部类的审稿及编辑任务，优化、统一全篇内容，完成首轮审阅、编辑任务，形成300万字的总纂稿件。

【年鉴编纂】 2014年，区史志办制定年鉴编纂大纲，印发编纂实施方案，举办年鉴业务培训班，指导各单位开展资料收集和稿件编写工作，对各单位稿件进行编辑、修改、完善，开展校对和排版工作。年末，《高港年鉴》（2014）出版发行。全书内芯284页、彩页108页，共64万字，附电子光盘。设特载、媒体聚焦、大事记、高港概貌、园区建设、农业·水利、工业·建筑业、商贸流通、城乡建设·环境保护、交通·电力·通信、金融、综合管理与监督、中共高港区委、区人大常委会、区人民政府、区政协、纪检·监察、民主党派·社会团体、法治·军事、教育·科技·卫生、文化·体育·旅游、社会生活、街·镇、人物·荣誉栏、重要文件、统计资料26个类目。公共彩页设领导关怀、政治文明、实力高港、文化高港、和谐高港、美丽高港六部分。宣传彩页设机关单位选介、园区·镇街·社区选介、学校·医院·企业选介三部分。区政协四届三次会议和区四届人大三次会议召开期间，向全区党代表、人大代表、政协委员免费赠送年鉴。 （王小萍）

·电视节目·

【概况】 2014年，高港城市频道累计播出6205小时，每天播出17小时。全年自制电视节目210小时。高港电视节目中心被泰州广播电视传媒集团（台）评为2014年度先进集体，获市集团（台）创收创优单项奖4个。在2014年泰州市优秀广播电视新闻节目评奖中，获一等奖2个、二等奖1个、三等奖2个；电视播音主持作品评奖中，获一等奖1个、二等奖1个、三等奖2个。

【对外宣传】 2014年，高港电视节目中心在《泰州新闻》发片180余条，其中头条和主题新闻60余条。《高港：推进信息化建设　为企业注入活力》《泗水天香牛肉：原汁原味的本土牛肉》《鞠荣祥：为群众吃再大的苦也值得》《江苏最美人物之优秀共产党员徐勤生》等11篇报道被江苏卫视采用。与泰州广播电视传媒集团（台）外宣中心合作采制的《大医院人满为患　分级医疗势在必行》《乡村晚歌——村支书徐勤生》及全国“两会”组合报道（徐镜人）等5篇报道被中央电视台《新闻联播》《新闻直播间》《道德观察》栏目采用。

【主题宣传】 2014年，高港电视节目中心注重提升自办新闻栏目品质，做到重大活动当日播发。《高港新闻》开设《践行群众路线　关注基层民生》《代表委员风采》《政府为民办实事》《践行社会主义核心价值观》《解放思想再发力　科学发展勇攀登》等专栏，以及《贯彻区第四次党代会第二次年会精神》《冲刺首季开门红》《扬子江药业：调结构促增长　注创新添活力》《新年新期盼》《大江儿女——诚信之星》等系列、连续报道40余组180余篇。开展第二、三阶段“走基层、转作风、改文风”采访活动，推出体验式和调查式报道20余篇。摄制电视专题片11部。推出《春节值班故事》8集，五一期间推出《劳模风采》12集，十一期间推出成就报道《项目快推进　城建新提升》16集，文明城市创建期间推出《创建文明城市我们在行动》40余集，推出《拥抱2015》元旦节目10集。

【民生新闻】 2014年，《高港新闻》民生热线接听观众反映的问题和新闻线索300余个、互动论坛发帖100余个，播出镇街、部门答复300余条。推出《戴莉成为我区成功捐献造血干细胞第一人》《青年罹患白血病　爱心人士慷慨捐助》《养猪场粪便乱排　社区干部积极协调》等社会热点连续报道。

【特色栏目】 2014年，高港电视节目中心以开展群众路线教育实践活动为契机，开办特色栏目。11月，为民办实事项目《欢乐社区行》开播，主持人和记者到47个村（社区）的群众家中，宣传文明城市创建、平安高港建设、新农村建设等知识。改版《周日新闻》，新增《周日视点》栏目，报道区委、区政府重点工作及百姓关心的热点话题等。

【电视节目安全准点播出】 2014年，高港电视节目中心针对高港城市频道数字电视用户端存在画面色偏严重、清晰度低的问题，对频道播出前端进行数字化改造，实现前端播出与传输全数字化，用户端画面质量显著提高。对采编播和技术人员开展定期操作培训，严格规章制度，强化安全管理。全年数字电视网络小平台和高港城市频道安全播出6205小时，播出电视剧25部、电影200部、《大江放歌》文艺专场录像6场、《高港风情》6期、《今日扬子江》栏目24期、《高港警方》栏目24期。 （王　健）

卫　生

【概况】 2014年，高港区创成国家级慢性病综合防控示范区，新增江苏省城市示范社区卫生服务中心1个。全区有医疗卫生单位97个，其中，市第三人民医院、区疾控中心、区卫生监督所各1个，镇街卫生院10个，民营眼科医院、儿科医院各1

个，村卫生室（社区卫生服务站）73个，个体诊所9个。编制病床898张，卫生技术人员1184人，门诊、急诊1117885人次，住院21291人次。其中，泰州市第三人民医院编制病床400张，卫生技术人员402人，门诊、急诊179480人次，住院9926人次；高港中医院编制病床120张，卫生技术人员128人，门诊、急诊172277人次，住院2998人次。

【惠民医疗】 2014年，高港区开设“爱心护肾”“天使博爱基金”项目，全年救助患者200余人，救助资金40余万元，组织全科服务团队服务困难家庭100余户，免费送药近15万元。免费为3000余名小学二年级学生开展口腔健康检查和治疗。推行“快乐光明行”近视防控活动，普查在校学生2.60万人次，筛查6所幼儿园2000余名儿童，康复治疗20余人。开展“社区光明行活动”，免费体检6587人次，检查出致盲性眼病患者141人，大部分患者得到较好治疗。（王　军）

·医政管理·

【概况】 2014年，高港区推进医疗卫生对口合作工作，泰州市第三人民医院与泰州市人民医院、全区各基层医疗机构分别签订合作协议。开展50项基本护理知识培训和操作演练，提升护理工作水平。开展全科医学培训周活动，邀请中华医学会专家授课，培训基层医务人员近500人次。泰州市第三人民医院、高港中医院开展临床路径的专业数、病种数、入组率和完成率符合省卫生厅要求。泰州市第三人民医院开展日间手术试点，出院患者平均住院日小于9天，推进优质护理，优质病房覆盖率90%。组织住院、全科医师规范化培训和全科医师转岗培训工作。开展医疗机构和医务人员依法执业情况、毒麻药品和处方管理规范情况、抗菌药物规范使用等专项检查。基层医疗单位全面实行基本药物制度，高值医用耗材参加市招标平台招标。加大院感控制、废弃物规范处置、污水处理监督管理力度，全区医院废水处理装置完好率100%，废弃物规范处置率100%。

【医疗卫生对口合作】 2014年，泰州市第三人民医院与泰州市人民医院建立战略合作伙伴关系，实现LIS（实验室信息管理系统）、PACS（影像归档和通信系统）平台共享，临检中心一体化运行。泰州市第三人民医院与各基层医疗机构签订合作协议，安排10名骨干医生对口支援永安洲镇、大泗镇等8个基层医疗机构，解决区内基层医疗机构服务能力不足的困难，方便病人就医。

【平安医院创建】 2014年，区卫生局定期召开平安医院创建专题会议和安全工作例会，开展医疗单位安全检查2次，全区11个公立医疗机构、2个民营医疗机构全部纳入平安医院创建体系。开展医院内电、气、医疗设备及压力容器等方面检修和维护，消除安全隐患，加强对各类技防监控设施的维护和升级改造。医疗单位医疗责任保险参保率100%，1万元以上赔付的医疗纠纷全部通过区司法局牵头的医患纠纷人民调解委员处理。建立健全警医快速对接机制，确保医院正常医疗工作秩序。邀请区安监局、消防大队专家，对各医疗机构进行安全指导。

【卫生行风建设】 2014年，区卫生局召开全系统党风廉政建设警示教育大会2次，与各医疗卫生单位签订廉洁承诺书。开展“以病人为中心”职业道德教育活动，学习《医疗机构从业人员行为规范》《加强医疗卫生行风建设“九不准”》《泰州市卫生系统行风建设常用法规制度选编》。印发高港区医疗卫生单位建设项目、医用耗材、社会捐赠、公务支出、技术合作、党风廉政6项管理制度。严格落实药品用量动态监测和超常预警制度、不当处方院内公示及点评制度。关注重点行为、重点单位、重点岗位、重点环节、重点人员，强化药品、医用设备、医疗卫生耗材采购招标和基建项目招标活动的监督，坚决抵制医药领域商业贿赂行为。（王　军）

·中医药事业·

【概况】 2014年，高港区组织实施第四届“中医药就在你身边”中医文化科普巡讲，邀请南京中医药大学教授薛博瑜作中医养肝保肝知识讲座，近300人聆听讲座。举办“中医同行”活动，泰州中医院专家和护士为群众开展科普宣传、专家义诊和中医特色理疗服务。100%的社区卫生服务中心、镇街卫生院，90%以上的社区卫生服务站、村卫生室能够提供中医药管理服务。70%的社区卫生服务中心和镇街卫生院建成中医药综合服务区。泰州市第三人民医院中医科达到国家中医药管理局综合医院中医临床科室基本建设标准。高港中医院针灸科、儿科创成市级中医重点专科。（王　军）

·公共卫生·

【概况】 2014年，高港区推广“居民健康素养评估学习系统”自测活动，全区3338人次参与学习系统自评。按照省、市统一部署和要求，完成国家食源性疾病监测项目监测1200人，育龄妇女“两癌”（乳腺癌和宫颈癌）筛查8504人，落实农村孕产妇补助889人，补助金额44.45万元。妇女增补叶酸979人，服用依从率90%，增补叶酸知识知晓率100%。禁止非医学需要的胎儿性别鉴定和选择性别的人工终止妊娠。全区无一例儿童死亡漏报、活产漏报；婴儿死亡率1.98‰、孕产妇死亡率0；婴儿出生缺陷率0.74‰。

全区血防查病2437人(血检2437人、粪检1039人),流动人口查病1300人,均未查出病人,血检阳性4人,均已扩大化疗。全区儿童基础免疫接种率97%以上,圆满完成8个年龄组的麻疹免疫水平监测任务。建立居民电子健康档案24.38万份,建档率93%,其中65岁以上老人建档3.41万份,规范体检2.80万人,体检率83.01%。高血压病人规范管理率88.86%,糖尿病病人规范管理率87.06%,居民死因登记报告2017例,报告率8.04‰,肿瘤登记报告1238例,心脑血管发病登记报告934例。开展精神病人登记报告工作,管理重性精神病人1523例,其中239人享受低保精神病人免费服药服务。

【国家级慢性病综合防控示范区】2014年12月,高港区被国家卫生和计划生育委员会评为国家慢性病综合防控示范区。高港区先后投入3000万元实施慢性病防控项目,完成慢性病防控基础设施改建、基本设备更新和人员培训。2012年、2013年、2014年,区财政安排慢性病防控工作经费分别为40万元、42万元、46万元,占疾病预防控制业务总经费的23.53%、24.14%、25.41%。区卫生局在基本公共卫生服务经费中设立22%(2014年人均7.70元)的慢性病防控专项资金。将慢性病防控工作纳入“十二五”全区经济社会发展规划,出台《高港区慢性非传染性疾病综合防控规划(2011~2015年)》。将恶性肿瘤、糖尿病等慢性病纳入新型农村合作医疗大病补偿范畴,减轻慢性病患者家庭负担。开展基线调查,及时找出影响居民健康状况的主要因素。做好死因监测工作,建立定期核对、信息共享机制。开展恶性肿瘤登记报告工作,确保登记报告的完整性和及时性。做好35岁以上人群首诊测血压工作,每年组织开展65岁以上老人免费健康体检、妇女“两癌”筛查工作。开展离退休干部职工、机关企事业单位、镇村两级机关女干部体检工作,对发现的慢性病及高危人群实施管理并定期随访。将口腔卫生工作列入学校卫生常规工作,定期开展儿童口腔卫生干预项目,在各幼儿园、小学开设口腔卫生健康知识讲座,对小学二年级学生进行口腔健康检查,开展龋齿充填和窝沟封闭工作。在全省率先启动全民低成本健康工程,投入500万元为所有社区卫生服务站配备健康检查设备,配套100余万元的辅助设施,为所有社区卫生服务站配备血糖检测仪、自动血压仪等便携式体检包。在各社区卫生服务中心、有条件的社区卫生服务站设立健康自助检测点31个,配备自助健康检测设备。全区建立43个慢性病健康自我管理小组,社区患者自我管理小组覆盖率48.86%。成立健康教育区级巡讲团,广泛开展健康教育宣传活动,在区电视节目中心开辟《健康之友》专题节目,开展区、镇、村三级健康巡讲932场次,发放各种宣传材料150万份。开展全民健身活动,建成城区“10分钟体育健身圈”,所有学校开展阳光体育运动,落实工作场所工间操制度。倡导健康生活方式,建成全民健康生活方式示范社区19个、示范单位19个、示范食堂16个、示范餐厅15个。对慢性病患者分片、动态管理,将慢性病患者的医疗保健、日常就诊等信息及时输入个人电子健康档案。每名重点病人确定1名社区责任医生,定期跟踪随访、动态观察和健康干预。突出中医特色,将中医融入高血压、糖尿病、冠心病等慢性病防治中,将慢性病防治与中医药健康指导相结合。社区责任医生针对不同慢性病患者的服务需求和个体状况,制定个性化服务方案,如建立家庭病床、上门康复指导、空巢老人保健服务、为老年人和行动困难人群健康体检等。

(王　军)

·爱国卫生·

【健康促进学校创建】2014年,区卫生局确定许庄中心小学、海军小学、大泗学校3所学校为省级健康促进学校银牌单位创建单位,高港实验学校为金牌单位创建单位。4月,对4所学校部分学生进行基线调查和“居民健康素养评估学习系统”效果评估问卷测试,测试结果录入数据库,同时报泰州市疾病预防控制中心。11月,督导各学校创建工作。

【禁烟控烟】2014年,高港区规定10类禁止吸烟的公共场所:托儿所、幼儿园、小学的室内外区域,其他各类学校的教学场所、图书馆、学生宿舍等室内区域;儿童福利院、少年宫、少年儿童活动中心的室内外区域;妇幼保健机构、儿童医院的室内外区域和其他各类医疗卫生机构的室内区域;影剧院、图书馆、展览馆、美术馆等各类公共文化场馆的室内区域;体育场馆的竞赛区、运动员区、观众区;机关、事业单位的室内会议室和提供公共服务的室内区域;公用事业、金融机构的室内营业区域;公共汽车、出租车、长途客运汽车、客渡轮等公共交通工具内部及售票室和设置在室内的站台;电梯内部及其室内等候区域;法律、法规和确定的其他禁止吸烟场所。更换禁止吸烟标志3000余块。组织开展医疗卫生机构等公共场所控烟工作专项督查,对标识不规范、控烟劝导不到位等问题当面指正,限时整改。

【卫生村创建】2014年,高港区按照“整体推进、择优推荐、以点带面、全面发展”工作思路,推进卫生村创建工作。胡庄镇史庄村、周马村,白马镇金马社区、前进村,口岸街道引江社区,永安洲镇兴洲社区和许庄街道管营村7个村(社区)创成省级卫生村；刁铺街道大丰社区，口岸街道城东社区、吴楼村，永安洲镇永兴社区、润洲社区，胡庄镇刘元村、汪群社区、田野村，许庄街道孔桥社区，白马镇陈家村，大泗镇曹于村、佴陈村12个村（社区）创成市级卫生村。完成农村改厕3000座。

（王　军）

·卫生监督·

【概况】 2014年，高港区在永安洲镇和大泗镇设立卫生监督分所，购置余氯分析仪、风速仪等检测仪器。开展校园周边食品安全整治，以及小旅馆、理发店等公共场所专项整治行动，检查公共场所123个、自来水厂2个，其中，住宿场所45个、沐浴场所12个、理发美容场所29个、饭馆和商场超市37个，发放卫生监督意见书108份。（王　军）

体　育

【概况】 2014年，高港区全民健身中心一期工程建成并对外开放，二期工程启动建设。完成60%的“农村15分钟体育健身圈”建设，配发健身路径42套，新建篮球场10个，新增优秀村居体育健身站点10个。举办各类群众体育活动60余场次。成功举办“高港杯”首届全国象棋青年大师赛。参加市级以上比赛10次，获单项最佳表演奖1个、金奖2个、一等奖3个、二等奖1个，团体二等奖1个。完成全国第四次国民体质监测和全国第六次体育场地普查工作。江苏光华运动器材制造有限公司、高港卫东健身中心、高港少儿业余体校、全民健身中心一期工程上争体育产业引导资金120万元。区文体旅游局获2010~2013年度江苏省群众体育先进单位称号。

·体育设施·

【全国第六次体育场地普查】 1月起，高港区启动全国第六次体育场地普查工作。区文体旅游局成立普查工作领导小组和办公室，各镇街相应成立普查机构。选调文化站工作人员、社会体育指导员骨干和在职中小学体育教师30余人参加普查工作。举办区、镇街两级普查员培训班。分前期准备（1月15日~2月28日）、普查实施（3月1日~4月30日）、验收总结（5月1日~6月1日）3个阶段。经过实地丈量、采集数据、分类填写普查表，完成普查任务。全区有各类体育场地665个，用地面积39.83万平方米，场地面积34.79万平方米，人均体育场地面积1.15平方米。

【全民健身中心】 高港全民健身中心工程分两期实施，一期工程投资1350万元，包括综合运动馆、室外灯光篮球场和健身长廊，综合运动馆在一期工程中体量最大，总建筑面积5300平方米，内设羽毛球馆、乒乓球馆和健身馆。二期工程主要包括游泳馆、笼式足球场、网球场、健身广场、体育协会活动场地、管理用房、体育用品商店、体育培训场所、停车场等。2014年，一期工程全部完成，建成室外4个灯光篮球场和健身长廊、综合乒羽馆，健身长廊建成全省首个老年人和残疾人健身康复园；二期工程启动建设。

【体育健身圈建设】 2014年，高港区继续推进农村和城区“15分钟体育健身圈”建设。提档升级村（社区）体育健身工程，建成口岸街道郎庄村、引江社区、城东社区，许庄街道曹官营社区、周梓社区、孔桥社区，胡庄镇薛垛村，大泗镇佴庄村，永安洲镇永胜社区和白马镇陈家村10个优秀村居体育健身站点，全区优秀村居体育健身站点总数41个。根据《高港区农村“15分钟体育健身圈”建设实施意见》计划，完成60%建设任务。在城区新建、更换健身路径和52套篮球架。

（仲伯荣）

·群众体育·

【全民健身日活动】 8月8日，泰州市庆祝全国第六个全民健身日暨高港区全民健身成果展示活动在大江剧院广场举行。全区7个镇街的12支代表队共400余人参加，展示排舞、健身舞、健身气功、跆拳道、街舞、健身鼓舞等体育健身项目。

【体育协会建设】 2014年，区文体旅游局颁布《高港区文体社团管理办法》和《高港区优秀文体社团评选办法》，规范协会管理。9月、11月，空竹协会和太极拳协会分别成立，各有会员51人、30人。全区有体育协会13个。

2014高港区体育协会基本情况一览表

表19

名　称	地　点	成立时间	会员数（人）
高港区门球协会	区老年活动中心	1998年	120
高港区信鸽协会	区花卉园艺中心	2007年	85
高港区羽毛球协会	通元巷17号	2007年	45

续表19

名　称	地　点	成立时间	会员数（人）
高港区老年体育协会	区老年活动中心	2008年	2000
高港区石锁协会	扬子江南路	2009年	32
高港区乒乓球运动协会	区全民健身中心	2009年	87
高港区钓鱼协会	夏威夷大酒店渔具店	2010年	50
高港区体育总会	区文化中心	2010年	57
高港区胡庄镇文体协会	胡庄镇宣传文化中心	2010年	220
高港区社会体育指导员协会	区文化中心	2013年	100
口岸街道文体总会	口岸街道宣传文化中心	2013年	1500
高港区空竹运动协会	向阳人家18号楼	2014年	51
高港区太极拳运动协会	义乌大市场	2014年	30

【社会体育指导员培训】 10月10~12日、11月20~22日，高港区连续举办两期全省一线社会体育指导员石锁技能培训班，学员共200余人。选派107人参加省、市级社会体育指导员培训。自主再培训健身气功、广场舞等项目社会体育指导员近500人。全区有社会体育指导员约1400人。

【群众体育项目参赛获奖】 6月6日，高港区组队参加第五届全市广场健身舞大赛，选送的《今夜舞起来》获最佳表演奖，连续5年获得此项赛事最高奖项。9月11日，组队参加市委宣传部举办的"中国梦·泰州风"广场舞比赛，口岸街道健身钱鼓队《洲堤杨柳舞港城》、口岸街道健身秧歌队《茉莉飘香泰州情》均获金奖。9月25~28日，参加全国排舞联赛江苏赛区比赛，《洲堤杨柳舞港城》获常青组大集体原创节目一等奖，《茉莉飘香泰州情》获中年组大集体广场舞一等奖。11月7~11日，参加在杭州白马湖动漫广场举办的2014年"舞动中国·排舞联赛"总决赛，获原创项目二等奖（团体奖），《洲堤杨柳舞港城》获中年职工组原创项目大集体一等奖，《茉莉飘香泰州情》获常青组广场舞项目大集体二等奖。11月8日，组队参加在杭州白马湖动漫广场举办的"万人同跳一支舞，共创排舞吉尼斯世界纪录"挑战活动，共同创造25703人的吉尼斯世界纪录。

【全国第四次国民体质监测】 3月，高港区按照全国统一部署，启动全国第四次国民体质监测工作。拟制工作方案，培训工作人员，组建15人的专业小组，对全区幼儿、成年人、老年人3个总年龄段、14个年龄区间的1000余人，分别进行形态、机能、素质3个方面的体质监测。完成监测数据采集、录入及统计分析等工作，形成监测数据748例。7月中上旬，将数据、登录书、音像和宣传资料等汇总整理后上报市国民体质监测中心。（仲伯荣）

·竞技体育·

【"高港杯"首届全国象棋青年大师赛】 9月12~14日，"高港杯"首届全国象棋青年大师赛在高港区举办。6名象棋特级大师、22名青年象棋大师共进行7轮角逐，包括谢靖、程鸣、刘子健、朱晓虎和孙逸阳5名泰州籍棋手。王天一、王谢靖、郑惟桐分获一、二、三名。此次比赛由中国象棋协会、高港区政府主办，泰州市体育局、江苏省棋类运动协会、区文体旅游局承办，系高港区承办的第一个全国性体育赛事。中央电视台、江苏电视台、人民网、中新网、新浪网和《中国体育报》《新华日报》《扬子晚报》《广东日报》等媒体报道赛事，新浪网、广东象棋网、中国象棋网等网络媒体进行网络现场直播。（仲伯荣）

人力资源

【概况】 2014年，高港区城镇净增就业9100人，新增创业8200人，城镇登记失业率1.83%，继续保持全省最低。职业技能鉴定获证人数6115人。引进高层次人才202人、海外人才28人。全年招聘事业单位工作人员76人（含教师），实现事业单位招考安全无事故和零差错、零投诉。招录公务员12人，安置军队转业干部3人。劳动监察联动平台按期运行率100%，劳动人事争议案件处理结案率100%，立案受理举报投诉、劳资纠纷和突发事件119起，调解劳资纠纷92起，为职工追讨工资794.30万元。区人力资源社会保障局被评为市依法行政示范点。

·城乡就业·

【就业情况】 2014年，全区城镇新增就业9100人；城镇登记失业人数780人，比上年减少121人，城镇登记失业率1.83%，继续保持全省最低。帮助城镇失业人员再就业2012人，其中就业困难人员就业220人，城镇零就业家庭动态为零。新增家庭服务业从业人员68人。年末，全区城乡从业人员155600人，比上年增加3052人，其中，第一产业从业人员30600人，第二产业从业人员67500人，第三产业从业人员57500人。

【创业带动就业】 2014年，高港区先后出台技能培训补贴管理暂行办法、促进全民创业暂行办法等扶持政策，落实培训补贴350万元、社会保险补贴28万元，投放小额担保贷款500余万元，共扶持创业268人，带动就业1286人。在全区7个镇街举办SYB（意为“创办你的企业”）创业培训31期，培训1160人。

【就业服务】 2014年，高港区完善“15分钟公共就业服务圈”和“就业e图”，320个打点单位提供1000余个工种、2.80万个岗位。实行全区城乡人力资源实名制动态管理，开展高校毕业生实名制调查，就业服务工作及就业率排名全市第一。举办招聘活动49场，提供岗位1.20万个，帮助4138人实现就业。1月8日，举办“春风行动——2014城乡劳动力洽谈会”，116个企业提供近4400个岗位，进场求职人数3400人以上，现场达成就业意向1711人。6月26日，举办夏季高校毕业生就业专场招聘会，扬子江药业集团、益海（泰州）粮油工业有限公司、泰州统实企业有限公司、明发集团、泰州口岸船舶有限公司等73个企业提供1200个岗位，进场求职人数700余人，现场达成就业意向221人。10月5日，举办秋季高校毕业生就业洽谈会，共提供岗位近1000个，其中行政管理类岗位占50%，进场求职人数800人，现场达成就业意向115人。区人力资源社会保障局联合市人力资源社会保障局培训中心、泰州技师学院，先后到江苏能建机电实业集团有限公司、万向精工江苏有限公司、泰州市汇锦电子有限公司、江苏神驰机电有限公司等企业举办职工技能提升培训，共举办培训班18期，培训1700人次。

【破解用工难题】 2014年，高港区加快推进村级劳务合作组织试点工作，建立10个村级劳务公司，实现实体化运作，解决富余劳动力就业和企业缺工的问题。加强对外劳务合作交流，巩固外省劳务合作关系，新增甘肃省渭源县、贵州省绥阳县2个省外劳务合作基地，为重点企业和重大项目落户储备人力资源。

（曹　阳）

新春首场招聘会暨“新春助就业”系列招聘会

·人才开发·

【高端人才招引】 2014年，高港区围绕重点行业和关键领域，推行“人才+项目”引才模式，在泰州市华强照明器材有限公司建成博士后创新实践基地，以平台招引人才，促进企业核心竞争力提升。组织区内企业到北京大学、清华大学、南京大学等知名高校和产业优势区域参加各类人才招引活动，引进高层次人才203人，其中海外人才28人。万向精工江苏有限公司引进“国家千人计划”专家1人，江苏乐彩印刷材料有限公司引进外籍印刷专家1人。

【人才培养】 2014年，高港区培养复合型和实用型人才246人。组织参加第二届省状元大赛泰州赛区选拔赛，30名选手参加10个工种的比赛，16名优胜选手获奖，4人晋级参加省比赛。启动实施以高层次人才和紧缺型人才培养为重点，兼顾其他中高级专业技术人才培养的知识更新工程，培训4800人次。全区获批省、市有突出贡献中青年专家3人，江苏省博士计划资助对象4人，新增省级博士后创新实践基地1个。

（曹　阳）

·人事管理·

【“阳光安置”军转干部】 2014年，高港区坚持“阳光安置”政策，通过档案积分、面试、公开选岗等程序，安置军队转业干部3人，其中副团职干部1人，妥善做好军转干部服务管理工作。

2014年许庄街道主要经济社会指标一览表

表25

项　目	数额	项　目	数额
地区生产总值(万元)	247723	实际利用外资和港澳台资数(万美元)	—
第一产业(万元)	9992	第三产业从业人数(人)	10823
第二产业(万元)	112400	新增个体工商户(户)	522
第三产业(万元)	125331	村(社区)数(个)	14
财政总收入(万元)	7766	总户数(户)	12158
固定资产投资完成额(万元)	101000	总人口(人)	46737
农业总产值(万元)	16062	农民人均纯收入(元)	20618
粮食产量(吨)	22063	年末常用耕地面积(公顷)	1704
油料产量(吨)	1187	工业园区面积(公顷)	1200
肉类产量(吨)	1137	城镇建成区面积(公顷)	671
禽蛋产量(吨)	406	绿化覆盖率(%)	35
水产品产量(吨)	1117	人均住房面积(平方米)	57
农业从业人数(人)	1266	人均生活用电量(千瓦时)	600
工业企业数(个)	661	互联网用户(户)	8445
规模以上企业数(个)	26	学校数(个)	5
工业企业年缴税金(万元)	4000	在校学生(人)	5757
建筑业产值(万元)	223352	教师总数(人)	489
建筑业从业人数(人)	4236	医疗卫生机构(个)	13
建筑业利润(万元)	1524	新型农村合作医疗保险参保(人)	21876
引进项目数(个)	6	新型农村社会养老保险参保(人)	19540

2014年许庄街道各村、社区基本情况一览表

表26

名　称	党支部(总支、党委)书记	村(居)委会主　任	户籍人口(人)	耕地面积(公顷)	各类企业数(个)	经济总收入(万元)	农民人均纯收入(元)
马厂社区	祁亚飞	祁亚飞	4121	21	68	186406	24928
三星社区	陈庆年	陈庆年	3480	—	4	10850	24600
周梓社区	杨传林	杨传林	2966	98	14	24000	19980
官沟社区	李惠民	周宜江	4108	85	25	35020	19768
三旗营社区	曹春明	曹春明	2341	65	4	18840	19675
许庄社区	杨　刚	杨　刚	3255	99	50	42060	19950
曹官营社区	杨书红	杨书红	3182	118	18	97980	19980
乔杨社区	乔向民	乔向民	3044	263	45	58900	24340
孔桥社区	乔向民	朱海军	2121	63	16	20180	20061
赵王社区	戴茂松	赵兴华	3476	235	22	20857	19500

续表26

名　称	党支部（总支、党委）书记	村（居）委会主　任	户籍人口（人）	耕地面积（公顷）	各类企业数（个）	经济总收入（万元）	农民人均纯收入（元）
明河村	徐泽超	王荣俊	2061	129	17	15463	19025
管营村	王正乐	孙学军	1804	88	5	12609	19571
钱赵村	宗茂松	宗茂松	4128	265	3	15749	19024
蔡庄村	王纪明	王纪明	3028	202	9	23890	19350

【农业】 2014年，许庄街道新增高效设施农业面积178.93公顷，新增花卉苗木基地117.27公顷。新增无公害农产品生产基地233.33公顷，通过江苏省农产品无公害示范街道验收。新办各类专业合作社14个。流转土地80公顷。新办小农场4个，投入200万元添置直杆喷雾器2台、无人遥控飞行器1架，为小农场统一机插秧、统一病虫害防治、统一供种。夏、秋两季秸秆全量还田面积95%以上。农业利用“三资”11312万元。

【工业】 2014年，许庄街道完成工业总产值62.38亿元，规模以上工业产值45.88亿元，规模以上工业增加值6.74亿元，工业开票销售6.99亿元。汽摩配件、电子信息、纸板生产、服装加工成为街道工业经济支撑产业。净增私营企业116个，比上年增长32%。新增个体工商户转私营企业29个。完成工业投资4.57亿元，新增投资500万元以上企业8个。许庄民营工业园入驻江苏兴洲工矿设备有限公司、江苏飞达安全装备科技有限公司、江苏富泰通用设备有限公司、泰州翔杰金属有限公司和泰州市飞翔电子有限公司等企业。泰州市飞翔车辆工具厂、泰州市银杏织棉厂被认定为泰州市信息化和工业化融合示范企业。

【服务业】 2014年，许庄街道完成服务业增加值12.53亿元，比上年增长34.50%，占年度计划的103.32%；完成服务业税收1.45亿元，增长75.90%，占年度计划107.41%；完成服务业固定资产投资5.53亿元，增长42.42%，占年度计划115.71%。新增服务业企业38个，新增个体工商户572户，新增规模以上服务业企业5个，分别是江苏鸿迅广告传媒有限公司、泰州市金马投资管理有限公司、泰州市万顺运输有限公司、泰州市汇丰物流有限公司和泰州市盛源运输有限公司。新增限额以上批发零售、住宿餐饮企业3个，分别为泰州市祥发贸易中心、泰州市鹍鹏贸易有限公司和泰州市天然居商行。

【城乡建设】 2014年，许庄街道投入150万元，新建硬质道路18.20千米。建成许庄宣传文化中心。孔桥集中居住区一期工程交付使用，集中安置74户，二期联排别墅竣工112户，乔杨邻里中心主体工程封顶。明河集中居住区主体工程接近尾声。孔桥集中居住区一期开工在即，孔桥宣传文化中心投入使用。完成14个村（社区）环境整治工作，4个三星级、2个二星级、4个一星级康居示范村通过省级考核验收。乔杨社区联合自然村组织申报江苏省美丽乡村。完成大自然木业二期工程1.50万平方米、东风路南延工程6000平方米、江苏鹏翎胶管有限公司2.60万平方米拆迁任务。完成土地整理项目任务，增补土地30.67公顷。

【社会事业】 2014年，许庄街道向低保对象418户680人发放低保金230.89万元，向80岁以上老年人发放尊老金185.93万元，为60岁以上老年人办理老年优待证131个，发放优抚金40.60万元。新增就业1316人，新增农村劳动力转移257人，新增创业1243人，企业职工岗位技能提升培训1359人，创业培训120人，农业劳动力培训359人，新

许庄街区一角

增高技能人才141人，职业技能鉴定初、高级获证709人，引进高层次人才45人，引进外籍专家1人，新增留学回国人员7人，开发高校毕业生就业见习岗位36个。企业职工基本养老、城镇基本医疗、工伤、生育保险参保人数分别净增548人、841人、782人、902人。城乡居民社会养老保险参保19540人，城乡居民医疗保险参保21876人。设立街道劳动人事争议调解中心，下设村（社区）劳动争议调解中心，受理调解案件涉及企业56个，为农民工讨回工资450万元、经济补偿金428万元、各类补助180万元。许庄街道人力资源社会保障中心获全区系统综合考评第一名。许庄初级中学、孔桥初级中学教学质量稳步提升。社区教育中心完成各类培训57期、1万人次。组织送电影下乡120场、送戏2场，新建健身场所4个。创建省、市卫生社区各1个。新增计划生育免费药具发放网点3个。建立流动人口信息采集追踪反馈制度，流动人口信息准确率、协查交换率均达100%。出生缺陷预防覆盖率100%。

【平安与法治建设】 2014年，许庄街道整合综治、公安、信访、司法、民政等资源，推进街道社会管理服务中心建设。推进村、社区政法综治组织建设，实现治安防范、纠纷调解、社区矫正、社会保障一体化。共接待群众来访37起、300余人次，化解重大信访问题18件。各类纠纷受理率、调处成功率100%。开展企业安全生产标准化创建，组织安全生产检查5次，检查单位375个次，关停企业3个。未发生重大的群体性事件，未发生民转刑案件，未发生重大安全事故。

【党建工作】 2014年，许庄街道深入开展党的群众路线教育实践活动，加强和改进基层服务型党组织建设，加快基层党组织领导方式转变、工作方式转型、活动方式创新。开展培训周、周末讲堂等活动，组织9批次、700余名党员参观黄桥战役纪念馆，开展焦裕禄精神学习交流、“治四风、树形象”主题研讨和“我是谁、为了谁、依靠谁”专题讨论，挂钩区委常委和街道主要负责人给党员干部上党课。研究确定部分党组织软弱涣散、现职村干部医疗养老保险、村级集体资产保值增值、许庄农贸市场建设、四条中沟污染、安置区煤气管道、学校食堂建设、许庄宣传文化中心建设共8条群众反映强烈的突出问题作为即知即改项目，制定整改方案，明确责任领导、整改时间和整改措施。贯彻落实“党委统一领导，党政齐抓共管，纪委组织协调，部门各负其责，依靠群众的支持和参与”的反腐败领导体制和工作机制。围绕“治四风、树形象”，聚焦突出问题，对“三公”经费、党员干部作风建设、村级非生产性开支、建筑工程招投标活动、征地拆迁、村庄环境整治、防违控违、秸秆禁烧等重点工作，采取集中检查与日常检查、明察与暗访、互查与自查自纠相结合等方式进行监督。

【文明创建】 2014年，许庄街道完善全国文明城市创建工作网络，建立健全规章制度。投入600余万元，完善村、社区和集镇主街道基础设施，铺设硬质道路，新装路灯40盏，新增公共绿化面积5万平方米。10个社区建成精神文明建设宣传专栏，建成道德守礼公益广告站牌92个，设置核心价值观宣传栏16块，建成文化墙980平方米。注册创建志愿者600余人。机关干部到交通主干道引导文明乘车，劝导交通违章行为，宣传创建常识，指导社区文明创建。发放宣传小册子近2000本，700余名中小学生当文明宣传员。在泰州市组织的3次测评中，许庄街道均取得良好成绩。马厂社区新城花苑被市委宣传部、市住房城乡建设局评为文明创建十佳先进小区。

【国家级生态街道】 2014年，许庄街道集中式水源水质达标率100%，农村饮用水卫生合格率100%，建成区生活污水处理率85%以上，开展生活污水处理的行政村80%以上。生活垃圾无害化处理率98%以上，重点工业污染源达标排放率100%，饮食业油烟达标排放率100%。规模禽畜养殖场粪便综合利用率95%以上，农作物秸秆综合利用率98%。农村卫生改厕98%，年农用化肥施用强度125千克/公顷，年农药施用强度3千克/公顷。主要农产品中有机、绿色及无公害产品种植（养殖）面积占71.50%。新增绿化面积8.33公顷，人均公共绿化面积1.78平方米，森林覆盖率31.52%。创新大道、创业大道更换节能灯300盏。8月，被命名为国家级生态街道。

【宣传文化中心对外开放】 2014年，许庄街道投入600万元，利用原孔桥乡政府大楼建成宣传文化中心，并新建东、西裙楼2000平方米。按一级文化中心标准装修，设图书室、书画室、音乐室、音影室、多功能棋牌室、舞蹈房、乒乓室、健身房等10余个文体活动室。年末，对外免费开放。

【孔桥邻里中心投入使用】 2014年，许庄街道投入300万元，利用原孔桥乡政府大楼后面的闲置土地建成孔桥邻里中心。占地面积1020平方米，建筑面积2000平方米，设有家政服务大厅、卡拉OK厅等配套设施，能同时为400人提供餐饮服务。

【社会管理服务中心启用】 许庄街道按照“一个窗口服务群众，一个平台受理反馈，一个流程调解到底，一个机制监督落实”工作机制，融合综治、公安、信访、司法、民政等资源，推进社会管理服务中心建设。2013年2月开始修建，2014年3月建成，地处许庄街道创业大道8号，建筑面积1200平方米，共4层，投资总额2700万元。一楼大厅设服务窗口8个，配备专职人员15人，配有仲裁庭、调处室、恳谈室。4月，正式启用。

【开设“七彩课堂”】 2014年，许庄街道12名大学生村官、志愿者依托马厂社区国家级科普示范活动中心，利用节假日，为外来务工人员子女、留守儿童、少数民族家庭和困难家庭子女开设“七彩课堂”，开展爱心捐助(赤)、学习辅导(橙)、自护教育(黄)、公益宣传(绿)、手工制作(青)、科普(蓝)、心理辅导(紫)7个方面的志愿服务活动。10月，许庄街道大学生村官党支部联合南京师范大学泰州学院团委开展“多彩英语”和核心价值观小讲堂活动。

(宗家林)

永安洲镇

【概况】 2014年，永安洲镇面积55.90平方千米，人口31012人，辖社区11个、居民小组218个，有居民8410户。拥有长江岸线24.20千米。全年实现地区生产总值76.72亿元，比上年增长19.67%；公共财政预算收入4.63亿元，增长35.96%；全社会固定资产投资102.93亿元，增长27.51%；工业总产值400.93亿元，规模以上工业产值393.23亿元，分别增长34.30%、34.50%；高新技术产业产值104.42亿元，增长28.79%；服务业增加值20.58亿元，服务业税收3.48亿元，分别增长22.76%和24.88%；农民人均纯收入22630元，增长15%。年内，永安洲镇先后获江苏省水美乡镇、江苏省科技创新型试点乡镇等称号，在2014年度全区工作目标综合考评中获第一名。

2014年永安洲镇主要经济社会指标一览表

表27

项　　目	数据	项　　目	数据
地区生产总值(万元)	767176	新增个体工商户(个)	596
第一产业(万元)	15420	社区数(个)	11
第二产业(万元)	545968	总户数(户)	8410
第三产业(万元)	205788	总人口(人)	31012
财政总收入(万元)	75090	农民人均纯收入(元)	22630
固定资产投资完成额(万元)	1029280	从业总人数(人)	18160
农业总产值(万元)	27778	年末常用耕地面积(公顷)	1143
粮食产量(吨)	15717	工业园区面积(公顷)	1560
油料产量(吨)	285	城镇建成区面积(公顷)	290
肉类产量(吨)	4009	绿化覆盖率(%)	37
禽蛋产量(吨)	522	人均住房面积(平方米)	63
水产品产量(吨)	4418	人均年生活用电量(千瓦时)	556
农业从业人数(人)	1029	互联网用户(户)	3750
工业企业数(个)	206	学校数(个)	3
工业企业营业收入(万元)	3767449	在校学生(人)	2423
工业企业年净利润(万元)	422465	教师总数(人)	181
工业企业年缴税金(万元)	255275	医疗卫生机构(个)	10
建筑业产值(万元)	693799	新型农村合作医疗保险参保(人)	20870
实际利用外资和港澳台资数(万美元)	7289	新型农村社会养老保险参保(人)	14569
第三产业从业人数(人)	8142	—	—

2014年永安洲镇各社区基本情况一览表

表28

名　称	党支部（总支、党委）书记	居委会主任	户籍人口（人）	耕地面积（公顷）	各类企业数（个）	经济总收入（万元）	农民人均纯收入（元）
福沙社区	王启东	蒋永生	2751	121	55	30679	24068
新街社区	孙祝平	朱纪良	2241	137	41	12784	21979
中心社区	周义松	王文明	2618	131	102	66489	22232
永兴社区	王　敏	秦长林	2146	126	122	44074	23819
兴洲社区	孙仕民	李兴兵	5380	9	237	44950	23295
永胜社区	于　智	孙红才	2623	95	39	24966	22917
上桥社区	黄厚林	宗冬生	3164	136	50	8824	22017
建安社区	王松成	—	2148	167	31	18673	21348
东江社区	陈道贵	陈庆明	2325	78	29	7808	22388
兴隆社区	韩九灯	周建军	2159	150	34	26288	21784
润洲社区	杨义琴（女）	陈　燕（女）	3457	—	1	2583	22261

说明：润洲社区为安置小区，无农田。

【农业】 2014年，永安洲镇实现农业总产值2.78亿元，农业增加值1.54亿元。流转土地753.33公顷，建成规范化小农场23个，农业机械化率100%，新增高效设施农业面积58.40公顷、土地复垦面积22.98公顷。兴隆社区农业观光园、建安社区设施农业基地、东江社区特种水产品养殖基地相继建成。永安洲镇农产品加工集中区被认定为省级农产品加工集中区。

【工业】 2014年，永安洲镇实现工业总产值400.93亿元，规模以上工业产值393.23亿元，比上年分别增长34.30%、34.50%，工业净入库税收2.28亿元；完成工业固定资产投资56.75亿元，增长27.43%。重工装备产业逐步回暖，泰州中航船舶重工有限公司、泰州三福船舶工程有限公司等船舶企业新接订单突破280万载重吨。粮油食品、新材料新医药产业产值迈上100亿元级台阶，分别增长14%、36.30%。

【科技创新】 2014年，永安洲镇完成专利申请594件、授权293件。获批国家火炬计划1个，省高新技术企业4个，省创新型企业1个，省高新技术产品26个，省民营科技型企业6个，省级工程中心3个。12月，被省科技厅确认为江苏省创新型试点乡镇。

【城乡建设】 2014年，永安洲镇编制完成总体规划和控制性详细规划，获市政府批复；编制完成防洪治涝专项规划，通过专家评审；编制完成供水专项规划。投入近1亿元，加大对老街区道路、水系、绿化的改造，东夹江路、兴园路、马船路升级改造完工在即，江鲜美食广场建成，兴洲城中村、永安洲加油站列入搬迁计划。推进滨江新城建设，江堤景观大道、锦江路建成通车，海军文化主题公园、春江花月夜文化街区完成绿化造景，万人观江广场建成并对外开放。投入1200余万元，对村庄环境实施环境美化、道路亮化、河道净化，新增绿化面积113.33公顷，绿化覆盖率37%以上。疏浚骨干河道10.50千米。完成项目拆迁276户，拆迁面积6.80万平方米。新型农民集中居住区建设加快，建成11万平方米润洲社区17幢小高层、4.50万平方米东江社区渔民安置区，634户拆迁家庭入住；17.80万平方米新城名邸16幢高层主体工程封顶，进入附属工程施工；启动18万平方米永安花苑一期建设，整体规划设计方案通过市规划部门审批。

【民生保障】 2014年，永安洲镇在全区率先实现城乡居民社会基本养老保险全覆盖，失地农民即征即保、应保尽保，最低生活保障实现城乡一体。推进创业再就业工程，免费开展职业技能提升、创业再就业培训2335人次，新增创业就业人数3170人。以镇、社区两级社会事业工作站为平台，在各社区配备“职业介绍人”，发布空岗信息1100余条，近900人找到合适岗位。开展关爱系列行动，加大扶贫帮困力度，向困难家庭、弱势群体、过渡拆迁户发放慰问金390余万元。教育现代化工程快速推进，永安洲幼儿园创成省级平安校园，初级中学升学率继续名列全区前茅，投资2亿元的永安洲实验学校部分教学楼主体封顶。引进民间资本参与社会养老建设，启动酒店式老年养护中心建设。加大医疗设施投入，提升医疗服务水平，社区卫生服务中心被评为省级群众满意的社区卫生服务机构。

【文化建设】 2014年，永安洲镇深入开展社会主义核心价值观和《永安洲文明市民公约》宣传教育，设立社区、企业、学校美德善行榜，培育王永红、严霞、沈兰女等先进典型。5月4日，举办爱党、爱国、爱人民、爱家乡、爱家庭“五爱”主题演讲比赛。5月23日，承办高港区第一届“金玉良缘”单身青年联谊活动，设破冰、抱团过河、群龙取水3个游戏环节，150名单身男女员工参加活动。5月30日，举办“为民务实清廉”书法展，展出作品82幅，邀请张元桥、常泰、刘家骏、朱新忠、纪松等12名书法家现场书写廉政诗句、廉政格言25幅。7月1日，在海军文化主题公园举行“在党的阳光下”群众歌咏大会，镇机关、学校、企业、社区的12支代表队参加，2000余名群众观看。10月8日，在江鲜美食广场举办“江东明珠，魅力永安洲”文艺晚会。

【平安与法治建设】 2014年，永安洲镇实行调查研究深入到位、群众诉求解决到位、思想工作细致到位、法律手段跟进到位、后续工作完善到位“五到位”工作法，促进社会管理向社会治理转变，推行社区网格化管理，完善社会稳定风险评估，深化矛盾纠纷排查化解，从源头上解决突出信访问题81起。常态化开展维稳专项行动和征地拆迁专项整治，全年没有发生一起重特大安全生产事故、群体性事件和恶性刑事案件。投入400余万元完善防控体系，严厉打击各类违法犯罪活动，人民群众安全感和幸福指数显著提升。

【党建工作】 2014年，永安洲镇加强党员干部思想政治教育，学习贯彻中共十八大和十八届三中、四中全会精神，以及中共中央总书记习近平系列重要讲话精神，开展“四感五讲四力”（四感：危机感、紧迫感、责任感、使命感；五讲：讲学习、讲政治、讲正气、讲真话、讲实效；四力：理解力、执行力、统筹力、影响力）主题教育、“三敢三识”（敢于担当、敢于负责、敢于决策，学识、见识、胆识）专题教育。启动“121”青年干部（指机关内121名35周岁以下年轻干部）培训工程，组织年轻干部公开为全体机关干部“授课”，全年开展活动31次，内容涉及时事政治、党章党史、政务礼仪、国学经典等。开展群众路线教育实践活动，机关工作作风进一步转变。开展“走基层、转作风”活动，机关干部常年挂钩帮扶困难群众。全面推行“句号工作法”，落实首问负责制、限时办结制和责任追究制，定期组织明察暗访，强化机关效能建设。严格落实中央“八项规定”，严控公务接待费用。落实党风廉政建设责任制，加大源头治腐和纠风治乱力度。

【省级水美乡镇】 永安洲镇积极开展“水美乡村”建设工作，先后疏浚骨干河道32千米，疏浚土方30余万立方米，拆除遗留河房22个，清除渔网786条，整治家前屋后河塘总长62千米，投入机械1701个小时，投入劳动力14766个工日，清运河道杂物6019车、3.60万吨，使用除草剂18070瓶（袋），新增河道绿化面积9.13公顷。加大工业和生活污水的治理力度，铺设污水管网22.50千米，提升化工园区及船舶等企业的治污能力，完成生活污水管网安装工程。加快现代化水利设施建设，同联排灌站、胜利排灌站竣工投入使用，长2千米的同联中沟开挖。出台村庄河道长效管理考核细则，组织专人定期巡防，巩固河道整治成果。成立社区河道管护队，设立管护标志牌，明确责任人管护区域。开展环保宣传，引导群众形成珍惜水资源、爱护水环境的良好风尚。2014年12月，永安洲镇被省水利厅评为江苏省水美乡镇。

【润洲社区创成省城市管理示范社区】 2013年起，润洲社区先后投入460万元对绿化景观升级改造，绿化覆盖率近40%。投入2.10万元在社区主出入口设置小区平面示意图、路名牌、指示牌、门牌等。投入25.80万元统一安装晾衣架706个。对224盏路灯、600余盏公共场所装饰灯集中控制、统一管理。建成景点式垃圾房100座，设立分类果壳箱20个，配备垃圾运输车2辆，对社区生活垃圾封闭清运、日产日清。合理制定绿化带缩减方案，新增318个停车位。2014年12月，润洲社区被省住房城乡建设厅评为江苏省城市管理示范社区，为泰州市区首个。

【社区卫生服务中心获省级表彰】 永安洲镇社区卫生服务中心占地面积2万平方米，建筑面积8000平方米，拥有进口C型臂X光机、体外超声波碎石机、电子胃镜、彩色B超、全自动化分析仪、加拿大产IDC品牌DR和500毫安X光自动成像系统等医疗设备，是一所集医疗、预防、急救、康复为一体的综合性社区卫生服务中心。2014年，投入2000余万元改造设施、设备及绿化，提高医疗条件及服务环境。组织50名卫技人员到二、三级医院轮训，提升医疗水平。开展“一居一医”活动，为镇区儿童、老年人、孕产妇、慢病患者等重点人群建立健康档案，提供以基本医疗、健康指导为主要内容的家庭医生服务。全镇家庭健康建档率71%，慢性病规范管理率87%，群众满意度95%以上。年末，被省卫生和计划生育委员会、省社区卫生协会评为江苏省群众满意的社区卫生服务机构，为全市唯一。

永安洲镇国际影城观影厅

【永安洲国际影城营业】 1月27日，永安洲国际影城正式营业。该影院是高港区首个城镇影院，位于永安洲宣传文化中心一楼，总投资300万元，设有2个厅150余个座位。加盟幸福蓝海院线，同步放映最新影片。全年放映影片305部，观影人数14033人次。

【春季扶贫助学活动】 2月16日，市级机关永安洲群众工作队举行春季扶贫助学活动，向97名在校贫困生发放扶贫助学金9.70万元，并向永安洲镇中学、小学和幼儿园捐赠图书。资金来自市交通运输局、海事局等部门捐赠，受赠学生由群众工作队联合各学校通过班主任推荐、学校审核、校内公示等程序选定。（李 誉）

白马镇

【概况】 2014年，白马镇面积24.02平方千米，人口22290人，辖行政村5个、社区2个、村（居）民小组127个，有居民6630户。全年实现地区生产总值10.06亿元，比上年增长12.45%；高新技术产业产值8.68亿元，增长39.83%；工业企业用电量1155万千瓦时，增长37.35%，增幅排名全区第一；固定资产投资额5.04亿元，增长32.73%；服务业税收收入0.29亿元，增长78.48%；财政总收入5662万元，增长20.70%；进出口总额902万美元，完成目标任务的101.35%；农民人均纯收入16966元，增长15%。

2014年白马镇主要经济社会指标一览表

表29

项　　目	数据	项　　目	数据
地区生产总值（万元）	100562	引进项目数（个）	11
第一产业（万元）	10643	实际利用外资和港澳台资数（万美元）	45
第二产业（万元）	37176	第三产业从业人数（人）	3556
第三产业（万元）	52700	新增个体工商户（个）	183
财政总收入（万元）	5662	村（社区）数（个）	7
固定资产投资完成额（万元）	50400	总户数（户）	6630
农业总产值（万元）	13374	总人口（人）	22290
粮食产量（吨）	14671	农民人均纯收入（元）	16966
油料产量（吨）	604	从业总人数（人）	13563
肉类产量（吨）	886	年末常用耕地面积（公顷）	1404
牛奶产量（吨）	86	工业园区面积（公顷）	180
禽蛋产量（吨）	277	城镇建成区面积（公顷）	374
水产品产量（吨）	719	绿化覆盖率（%）	28
农业从业人数（人）	2298	人均住房面积（平方米）	64
工业企业数（个）	288	人均年生活用电量（千瓦时）	736
规模以上企业数（个）	11	互联网用户（户）	1671

续表29

项　目	数据	项　目	数据
工业企业营业收入（万元）	305982	学校数（个）	3
工业企业年净利润（万元）	12772	在校学生（人）	1340
工业企业年缴税金（万元）	12793	教师总数（人）	130
建筑业产值（万元）	204178	医疗卫生机构（个）	8
建筑业从业人数（人）	522	新型农村合作医疗保险参保（人）	14394
建筑业利润（万元）	34710	新型农村社会养老保险参保（人）	10321

2014年白马镇各村、社区基本情况一览表

表30

名　称	党支部（总支、党委）书记	村（居）委会主　任	户籍人口（人）	耕地面积（公顷）	各类企业数（个）	集体经营性收入（万元）	农民人均纯收入（元）
金马社区	李　泽	马恒良	4635	220	34	51	16917
白马社区	李年娣（女）	王中亚	2687	172	3	30	16908
岱白村	王加凤	孔怀东	3383	232	23	35	17118
陈家村	叶　兵	陈志平	3439	173	35	44	16918
陆家村	王红英（女）	王跃根	2245	114	11	21	16902
黄河村	李　萍（女）	张伯平	2797	220	20	33	16887
前进村	袁华卫	袁富平	3145	172	22	42	17095

【旅游名镇建设】 2014年，白马镇充分利用中国人民解放军海军诞生地的独特资源，推动服务业发展，共实施服务业项目11个，完成服务业总产值18.57亿元、增加值5.27亿元，比上年分别增长13.94和14.38%。将红色旅游、宗教文化、民俗文化相融合，以大旅游思路谋划产业布局、提升服务水平、做亮旅游名片。规划建设泰州市海诞文化创意产业示范区，发展以研发设计、文化传媒、咨询策划、工艺美术和时尚消费为主体的文化创意集聚区。白马庙景点进行内部装修；老行当文化创意产业园一期1号楼、2号楼外装饰结束，3号楼、4号楼和景观楼主体封顶；世泽雕艺园二期主体工程全部结束，景观、绿化等配套工程完成工程量93%；斯托尔商务宾馆、“海军之家”商务休闲中心建成营业。

世泽雕艺园

【农业】 2014年，白马镇实现农业总产值1.34亿元、增加值1.06亿元，比上年分别增长7.25%和7.42%。新增土地适度规模流转413.33公顷，新增高效农业面积80.67公顷，水稻机插秧面积135.33公顷，农业综合机械化水平90%以上。实现夏季秸秆灭茬还田739.20公顷、秋季秸秆灭茬还田397.60公顷，秸秆禁烧工作连续3年列全区第一。粮食单产实现五连增，全年总产量1.47万吨。新增无公害农产品7个、绿色食品标志2个。以海诞农业、腾龙绿化、逸夏果品等特色农业园区为主体，成功创建市级现代农业产业园。江苏泰供海诞现代农业发展有限公司被评为全国供销总社龙头企业，逸夏果品千亩猕猴桃园国庆期间接待游客1.20万人次。注册登记小农场7个。重视农产品质量管理，每月定期监督检查，农产品送样检测合格率98%以上。

【工业】 2014年，白马镇实现工业总产值34.22亿元、增加值3.72亿元，比上年分别增长46.75%和53.10%。有规模以上企业11个，规模以上工业总产值19.83亿元、增加值3.82亿元。通过转让、租赁、合股等方式，实行项目、技术、资金等高位嫁接，盘活江苏晟雅家具有限公司、泰州市天圣针织机械实业有限公司、泰州市明峰电器设备厂等闲置厂房共1.20万平方米，招引投资300余万美元的华嘉服饰项目。与高港高新区对接，实施江苏张驰汽车轮毂有限公司项目，新征工业用地3.33公顷，年开票销售1.50亿元。

【科技创新】 2014年，白马镇新增省级高新技术企业1个、高新技术产品1个。申请专利150件，授权75件。新签产学研合作协议4个，获批星火计划项目1个，江苏海诞电子科技有限公司获国家级中小企业创新资金99万元。

【镇村建设】 2014年，白马镇结合城镇布局和建设需要，优化、调整土地利用总体规划，协调市、区规划部门，聘请规划设计单位编制完成集镇范围内布局规划、总体规划和控制性详细规划，通过专家论证并获批。岱白、前进农民集中居住区交付使用，海诞花园、豪斯美郡全面竣工。将军一品住宅区主体完成，景观、绿化、道路完成工程量85%。新城领域高层区、别墅区全部封顶。白马、黄河、陆家、岱白151户拆迁安置房建设完工在即。泰镇高速交地工作顺利结束。海军东路完成土路基、雨污水及过路管线的施工。新建及维修电灌站71座、涵洞581座，新建农桥6座，完成硬质渠道近15千米，完成水利重点县增补工程及农业高沙土工程项目。完成海军东路、周山河整治配套水系调整工程。全年疏浚区级河道1条、镇级河道3条、村庄河塘4个。土地复垦工作通过区级验收。投资300余万元，完成黄河、金马、前进等村（社区）道路硬质化项目4个、面积近3万平方米，集镇道路维修养护1.50万平方米，李庄大桥完成重建并通车。推进村庄环境整治，新增绿化面积433.33公顷；实施房屋出新近4万平方米；清理生活垃圾2100余吨，建设标准化粪池200个；投入资金100余万元，新建和维修永久性垃圾箱60余个，新增垃圾收运车6辆、封闭式环卫三轮车80辆；完成40个自然村的村庄环境整治任务，创成二星级康居乡村2个、一星级康居乡村9个、环境整洁村29个。

【社会事业】 2014年，白马镇投资200余万元改造升级敬老院，通过省二星级敬老院验收。农村低保实现应保尽保，全年发放保障资金120余万元，发放五保经费50万元。农村养老保险和医疗保险实现全覆盖，全镇参加农村社会养老保险10321人，新型农村合作医疗保险14394人，金马、前进等村（社区）85人参加失地农民保险。新增就业1100人。计划生育率100%。改造农村危房24户。成立老年人体育协会，建成老年人专用棋牌室、健身室等活动场所。陈家村建成功能齐全的健身文化广场，全镇基本形成"15分钟体育健身圈"。举办江苏省暨泰州市"三下乡"集中服务活动，举办"中国梦·劳动美"庆五一职工文艺演出。全镇文化团体27个，人数587人。白马中学被省泰州中学录取2名非指标生，被三星级以上高中录取45人。

【平安与法治建设】 2014年，白马镇共组织安全生产大检查10次，排查各类安全隐患800余起，依法取缔非法经营烟花爆竹单位23个、非法经营危化品单位2个。全镇有36个企业通过三级安全标准化验收。开展食品药品生产经营企业集中排查活动，建立农村小餐饮、包厨申报备案制度，做到食品药品安全监管全覆盖，被评为泰州市食品药品安全放心镇。调处各类矛盾纠纷135起，全镇无一例去省赴京上访。坚持依法行政，推进决策科学化、规范化、民主化。全镇7个村（社区）配齐"法制副主任"，开展法制宣传教育活动，加大法律援助和司法救助力度，构建便民法律服务体系。被市委、市政府评为社会治安综合治理和法治创建工作先进单位，金马社区、陆家村获省级民主法治示范村（社区）称号。

【党建工作】 2014年，白马镇认真开展党的群众路线教育实践活动，做到学习教育贯穿始终，听取意见全面深入，查摆问题客观真实，开展批评顶真碰硬，整改落实措施得力，建章立制务求实效。按照"组织重功能、干部重活力、党员重党性"要求，优化组织建设，扩大党组织覆盖面，非公有制经济党组织应建已建率100%。开展"党员义工""一岗双责""党员先锋岗"活动，发挥基层党组织的战斗堡垒作用。坚持"德才兼备、以德为先"的用人导向，镇党委会通过票决制提拔8名机关中层干部、2名村（社区）干部。制定机关人员日常绩效考核办法，治理"庸懒散"行为。集中开展公款消费、公车私用、公款旅游、公款吃请等专项治理行动，取消党政负责人"小餐厅"。

【"一村一品"建设】 白马镇把"一村一品"建设作为富民强镇的重要抓手，突出区位特色，创新发展理念，拓展发展空间，逐步形成以园林绿化、观光旅游等为代表的"一村一品”产业格局，全镇“一村一品”特色产业总面积400公顷。共有生态农业观光园13个，各类苗木专业合作社14个，花卉苗木企业10个，其中，省级龙头企业1个、市级龙头企业2个，从事与园林绿化有关的人员超过5000人。7月，岱白村（绿姿苗木）被农业部认定为全国“一村一品”示范村。

【市级现代农业园】 白马现代农业园占地面积736公顷，其中，花卉苗木种植面积466.67公顷，果蔬种植面积133.33公顷。园区先后引进苗木新品种100余个，蔬菜新品种28个，猕猴桃新品种4个，草莓新品种3个，建立种苗繁育中心和新品种新技术展示基地。8月19日，白马镇现代农业园被认定为第二批市级现代农业产业园区。

（李正斌　王筛根　朱　峰）

大泗镇

【概　况】 2014年，大泗镇面积36.70平方千米，人口33324人，辖行政村12个、社区1个、村（居）民小组232个，有居民10285户。全年实现地区生产总值9.79亿元，比上年增长12.59%；实现公共财政预算收入2810万元，增长21.59%；工业企业一般纳税人开票销售7.60亿元，增长13.30%；固定资产投资2.93亿元，增长32.21%；服务业税收收入3500万元，增长15.37%；服务业投资2.30亿元，增长31.29%；净增个体工商户306户，完成年计划的218.60%；净增私营企业138个，完成年计划的172.50%；个体工商户升级为企业31个；高新技术产业产值6.11亿元，增长70.31%；新增专利申请量178件，其中发明专利31件，专利授权量82件；新认定省级技术研究中心1个、省级高新技术产品2个；农民人均纯收入15073元，增长14%。年内，大泗镇被评为国家级生态乡镇、全省放心消费创建活动先进单位、泰州市安全监管规范化创建工作示范乡镇。

2014年大泗镇主要经济社会指标一览表

表31

项　　目	数据	项　　目	数据
地区生产总值（万元）	97851	村（社区）数（个）	13
第一产业（万元）	17732	总户数（户）	10285
第二产业（万元）	37900	总人口（人）	33324
第三产业（万元）	42219	农民人均纯收入（元）	15076
财政总收入（万元）	6451	从业总人数（人）	17998
固定资产投资完成额（万元）	29269	年末常用耕地面积（公顷）	2045
农业总产值（万元）	30045	工业园区面积（公顷）	20
粮食产量（吨）	21872	城镇建成区面积（公顷）	102
油料产量（吨）	1527	人均住房面积（平方米）	46
肉类产量（吨）	2959	人均年生活用电量（千瓦时）	326
禽蛋产量（吨）	2064	互联网用户（户）	2989
水产品产量（吨）	1654	学校数（个）	2
农业从业人数（人）	3299	在校学生（人）	1395
工业企业数（个）	154	教师总数（人）	122
规模以上企业数（个）	10	医疗卫生机构（个）	10
建筑业产值（万元）	465385	城乡居民医疗保险参保（人）	24852
建筑业从业人数（人）	2504	城乡居民养老保险参保（人）	19847
新增个体工商户（个）	142	—	—

2014年大泗镇各村、社区基本情况一览表

表32

名　称	党支部(总支、党委)书记	村(居)委会主　任	户籍人口(人)	耕地面积(公顷)	各类企业数(个)	集体经营性收入(万元)	农民人均纯收入(元)
大泗社区	钱爱军	于　祥(代)	4023	148	209	50.30	16451
时庄村	刘根东	王道清	3139	230	13	30.10	15385
马龙村	钱爱军	马　星(女)	1681	104	9	35.23	15006
康乐村	殷国海	吴登喜	1844	112	13	30.15	13601
霍堡村	栾中庆	栾中庆	2672	152	23	32.80	15376
大马村	李葛敏	于　涛	2458	199	20	30.34	15803
佴陈村	曹宏宝	曹宏宝	1900	120	18	35.20	15153
佴庄村	栾中庆(兼)	栾中庆(代)	2465	138	7	30.20	15965
二陈村	谢圣兵	张萃莲(女)	2564	176	6	35.30	15002
北港村	谢加宣	谢加宣	2508	154	5	30.88	13556
曹于村	李成焱	程宝平	2372	129	9	30.60	13700
前进村	任泽南	于留贯	1977	105	16	35.08	15005
杨营村	杨学军	陈小明	3721	278	12	30.38	14909

【农业】 2014年，大泗镇实现农业总产值3亿元、增加值1.77亿元，比上年分别增长24.80%和7.46%。成立农机专业合作社13个，创办植保专业服务社5个，创成“五好”（服务成员好、经营效益好、利益分配好、民主管理好、示范带动好）示范合作社4个、市级示范家庭农场2个。总投资3800万元的江苏西来原生态农业有限公司落户并建成。新增高效设施农业面积153.80公顷、规模农业经营面积168公顷，完成机插秧面积155公顷。秋季秸秆实现全量还田，秸秆禁烧禁抛暨综合利用率100%。组织职业农民培训210人次，开展农业法律法规及农业科技下乡活动2次。全镇13个村（社区）集体经营性收入均达30万元以上。成功搭建绿篱笆电子商务有限公司等电商平台，主推大泗牛肉、芋头、虫草鸡蛋、三福江蟹等10余种特色农产品。组织参加上海农产品展销会、南京农产品展销会和泰州医博会，提升特色农产品品牌效应和整体影响力。

【重点项目建设】 2014年，总投资2000万元的御福园商务中心项目建成并投入使用。江苏中药科技园项目一期工程4500平方米教学综合楼和9200平方米学生生活区主体工程及污水管网、环园大道、神农湖等配套工程全面建设。贝尔泰克医疗器械江苏有限公司新上活检钳和腔镜手术工具2条生产线进入生产阶段。江苏京华澄电力科技有限公司、江苏兄弟彩印包装有限公司进入生产销售阶段。江苏三木页岩气高压软管有限公司一期厂房建成，生产设备完成调试。泰州威迈机电科技有限公司、江苏美艺舞台设备工程有限公司、泰州永扬机械制造有限公司、泰州市伟平石油机械有限公司等项目用地顺利摘牌。

【镇村建设】 2014年，大泗镇完成总投资9000万元、建筑面积4.50万平方米的泰镇高速大泗安置区一期工程及污水管网、道路、绿化等基础设施配套工程建设。总投资近1亿元的泗白路南延工程实现主车道通车，大泗胡庄环线建成通车，组织实施府前路东延、老街东延和北野田东路改扩建工程。以“一事一议”财政奖补项目为依托，修建大时线等村组道路15条，安装路灯277盏。实施中央小型农田水利重点县项目，新建小型公益桥梁3座、泵站63座、渠道125千米、中沟级排水涵10座、涵洞6座。以建成城市后花园为目标，新增绿化造林面积50公顷。创新实施分片承包责任制，推进村庄环境整治工作。传承和发展“泗水”文化，重点改善生态水环境，延伸杨营中沟，畅通集镇水系，在安置区内打造“水质优、水体畅、水岸美”的生态景观河。

【社会事业】 2014年，大泗镇净增企业职工养老保险参保人数231人、城镇职工医疗保险参保人数156人，城乡居民养老保险累计参

大泗学校足球队

保19847人,城乡居民医疗保险累计参保24852人。举办劳动力技能等各类培训班11期,新增就业750人,新增创业303人,新增农村劳动力转移人数210人。核查落实城乡低保户379户466人、低保边缘户89户191人、重残无业人员325人、孤儿13人、烈士子女20人、80周岁以上老年人1202人,办结临时救助27例、大病救助66例,发放各类补助资金近500万元。大泗中心幼儿园完成改造,成功创成省优质园。大泗学校新建教学楼、功能楼。升级改造大泗敬老院、杨营和佴庄居家养老服务站。向1358人发放独生子女奖励资金27.16万元,发放率100%。开展集中孕环情监测工作,孕前检查率98%,照顾二胎参检率100%。建设农村文化广场、健身广场、农家书屋等惠民设施,打造"15分钟文化圈"和"10分钟体育健身圈",大泗文化站创成国家一级文化站。开展"大泗好人"评选活动,推出罗新妹、杨阿英等先进人物。

【平安与法治建设】 2014年,大泗镇全面开展平安村(社区)、平安学校、平安医院、平安家庭、平安企业等创建活动,实现平安创建全覆盖。解决信访突出问题,开展社会稳定风险评估,创新"大调解"机制,探索流动人口、特殊人群、信息网络等服务新举措。维护重大节日、集会、特殊敏感时期的社会稳定,定期组织开展军警民大联防、红袖标义务巡防活动。广泛开展"六五"普法等法制宣传教育,依法打击各类违法犯罪活动。组织开展安全生产专项行动,排查安全隐患1200余次,全部整改到位,镇环安所获省级基层安监机构能力建设先进单位称号。

【党建工作】 2014年,大泗镇以党的群众路线教育实践活动为契机,按照"照镜子、正衣冠、洗洗澡、治治病"总要求,集中解决班子及党员干部"四风"问题。利用"泗水课堂"集中学习,邀请市委党校专家授课,分层次召开座谈会,广泛征求意见、建议60条,其中32条涉及"四风"问题。召开民主生活会,开展批评与自我批评,归纳梳理"四风"方面的问题14项59条。有针对性地制定整改方案,落实责任人,明确整改时限和措施,确保即知即改、立说立行,切实转变工作作风。重视干部队伍建设,坚持"德才兼备、以德为先"原则,从机关工作人员、社会能人、退伍军人中择优招录一批优秀中青年人才,建立村(社区)主要干部后备库。借助道德讲堂、干部培训周、党员干部冬训班,邀请专家、学者授课,重点解决基层干部在基本道德情操、农业农村政策、实用农业技术及农村实际工作等方面存在的不足和问题,提高村组干部综合能力。将一批素质高、能力强的年轻人择优提拔到重要岗位,优化全镇干部队伍结构。

【国家级生态镇】 大泗镇对照创建国家级生态镇基本条件和考核指标,形成党政领导、部门分工、环保监管、企业治理、社会监督、公众参与工作机制。发展高技术高效益、低消耗低排放产业,推动铝装饰材料、建材、医药、化工、舞台设备等行业调整,借助江苏中药科技园发展生态旅游业,借助万亩生态农业园区发展生态农业。完善环保基础设施,投入1500万元铺设污水管网7.80千米,修建污水提升泵站,将污水接入凯发新泉污水处理厂集中处理。投入200余万元整治13条中沟及4条干河。投资90.60万元建设大泗垃圾中转站,日清运垃圾能力近10吨,垃圾无害化处理率95.30%。完成农户改厕7336户,卫生户厕普及率95.70%。清扫保洁及清运人员共有134人,保洁专用车110辆,年环卫费用投入50余万元。主要路段种植花草树木,路道两旁绿化总长度11.68千米,所有道路均有管护人员,主要道路绿化率95.59%。人均公共绿地面积14.30平方米,森林总面积1000公顷,森林覆盖率27.30%。各村自来水普及率均达100%,农村生活饮用水卫生合格率100%,生活污水处理率84.56%。地表水质环境质量达到环境规划要求。投资318万元进行亮化改造,安装路灯908盏。农业生态环境优良,无水土流失现象,农用化肥施用强度、农产品农药残留均控制在标准之内。专门成立环境整治管理队伍,配备专职人员,整顿乱摆摊、乱停放、乱搭建、乱拉挂、乱张贴和乱丢垃圾现象。开展环保宣传活动,发挥广播、电视、电影宣传主渠道作用，发放开展创建活动告全镇人民书3.30万份，布置宣传橱窗30余期，悬挂创建横幅200余条，书写标语160余处。2014年6月，被环保部评为国家级生态乡镇。

【大泗文化站创成国家一级站】 大泗镇文化站占地0.90公顷，建筑总面积3500平方米，局部6层。设乒乓球室、台球室、棋牌室、档案室、影视厅、多功能厅、健身房、微机房、图书室、阅览室、书画室、创作室、乐器室、舞蹈房等功能室，集宣传、会议、教育、演出、休闲、娱乐等多功能于一体，为南师大泰州学院社会实践基地、泰州学院音乐学院学生见习基地。该站结合群众实际需求，开展一系列文化服务活动，做到"大型活动季季有，小型活动月月有"，举办"宇马之夜"大型文艺晚会、"强槐杯"体育赛事、送文艺进敬老院、关爱留守儿童文艺演出、春节文艺巡演、"我们的节日"传统民俗活动等活动。2014年3月，被文化部认定为国家一级文化站。

【大泗中心幼儿园建成省优质园】 大泗中心幼儿园占地面积5940平方米，建筑面积2870平方米，绿化面积920平方米，户外活动场地3000平方米。大泗镇政府先后投入600万元完成该园回收及改造、扩建等工程，添置大、中、小型玩具；开辟种植园地、饲养角等；班班配有钢琴、空调、录音机、DVD机、电视机、紫外线消毒灯、开放式玩具柜、配套桌椅、儿童床、各种教玩具和图书等。园内设立科学发现室、美工室、图书室、多功能活动室、资料室、保健室、晨检室、隔离室等。2014年，被省教育厅确认为江苏省优质幼儿园。 （许 伟）

胡庄镇

【概况】 2014年，胡庄镇面积45.30平方千米，总人口42644人，辖行政村13个、社区2个，自然村37个，有居民13261户。全年实现地区生产总值11.93亿元，比上年增长12.20%；实现工商税收收入5415万元、公共财政预算收入2068万元，分别增长25.40%、24%。实现高新技术产业产值3.85亿元，增长64.50%，新增省级民营科技型企业2个，完成发明专利申请28件、实用新型和外观设计专利申请165件。全年净增私营企业72户，净增个体工商户365户，注册商标29件，完成个转企21个。农民人均纯收入16385元。年内，胡庄镇通过国家级生态乡镇验收。

2014年胡庄镇主要经济社会指标一览表

表33

项　目	数据	项　目	数据
地区生产总值（万元）	119300	第三产业从业人数（人）	8613
第一产业（万元）	24353	新增个体工商户（个）	365
第二产业（万元）	32547	村（社区）数（个）	15
第三产业（万元）	62400	总户数（户）	13261
财政总收入（万元）	5417	总人口（人）	42644
固定资产投资完成额（万元）	21700	农民人均纯收入（元）	16385
农业总产值（万元）	26968	从业总人数（人）	23982
粮食产量（吨）	34544	年末常用耕地面积（公顷）	3049
油料产量（吨）	1562	工业园区面积（公顷）	100
肉类产量（吨）	4317	城镇建成区面积（公顷）	269
牛奶产量（吨）	—	绿化覆盖率（%）	30
禽蛋产量（吨）	1040	人均住房面积（平方米）	46
水产品产量（吨）	1103	人均年生活用电量（千瓦时）	528
农业从业人数（人）	3326	互联网用户（户）	8120
工业企业数（个）	80	学校数（个）	4
规模以上企业数（个）	17	在校学生（人）	2179
工业企业年净利润（万元）	19240	教师总数（人）	200
工业企业年缴税金（万元）	9564	医疗卫生机构（个）	16
建筑业产值（万元）	63511	新型农村合作医疗保险参保（人）	31926
建筑业从业人数（个）	1440	新型农村社会养老保险参保（人）	18488

2014年胡庄镇各村、社区基本情况一览表

表34

名　称	党支部（总支、党委）书记	村（居）委会主　任	户籍人口（人）	耕地面积（公顷）	各类企业数（个）	经济总收入（万元）	农民人均纯收入（元）
胡庄社区	程春生	田　龙	3856	233	149	12976	16111
汪群社区	毛　宁	毛　宁	3377	229	25	14408	16649
赵市村	徐伯成	叶文虎	2851	219	11	10417	16412
薛垛村	张晓兰（女）	张晓兰（女）	1803	155	12	7474	16265
戴陈村	谢桥华	季宝宏	3054	223	13	14425	16263
刘荡村	刘宝香	刘新宏	2716	219	5	10325	16713
单王村	王桂山	杨梅生	3477	275	19	28921	16195
刘元村	王泰生	王泰生	2015	141	6	8613	16414
史庄村	史建伟	史奎生	2535	167	8	15304	16011
庵桥村	张正荣	栾春勇	2338	162	6	11901	16330
周马村	李声岳	蔡桂泉	3283	202	18	14360	15890
宗林村	刘伯阳	曹月华	3793	291	27	18677	16150
丁庄村	张　杰	孔维亮	3276	211	14	17970	15603
田野村	徐龙华	刘纪云（女）	2181	146	4	8776	16467
陈隆村	顾国林	陶　荣	2089	176	4	10678	16232

【农业】 2014年，胡庄镇实现农业总产值26968万元、增加值24353万元，比上年分别增长8.13%和7.28%。上膳源泰州农场一期工程建成开园，建成连栋大棚3.33公顷、钢架大棚53.33公顷，育苗中心、加工中心、物流中心投入运营，常年生产有机蔬菜150余个品种，带动周边近400名农民就业。全年流转土地533.33公顷，累计流转土地1666.67公顷，占承包耕地面积70%。累计组建小农场38个，规模经营面积533.33公顷。新购新型农机具70余台（套），全镇机插秧面积超1333公顷。组建农机植保合作联社1个、村级植保合作社15个，购置大、小型机械62台，全镇统防统治面积1200公顷，实现植保服务全覆盖。组建育秧合作社1个，提供水稻秧苗面积333.33公顷。与兴化等地农机合作社开展跨区作业333.33公顷。新建烘干点2个，日烘干能力13.33公顷以上。新建粮仓6间，仓储能力1600吨。利用胡庄粮管所资源，为赵市、单王等村小农场提供贷款服务20余万元。在农业园区建设冷藏物流配送中心1座并投入运营。胡庄镇获全区农业农村工作专项考核一等奖。

【工业】 2014年，胡庄镇实现工业总产值18.70亿元，增加值3.20亿元，比上年分别增长26.40%和28.30%。完成规模以上工业产值6.25亿元、销售5.94亿元、利税8685万元、利润5822万元，分别增长38.30%、34.40%、64.10%和50.50%。新上工业投资项目6个，投资总额5800万元，泰州亚东特种装备有限公司、泰州市泰港动力机械有限公司项目竣工投产，泰州市华威动力机械有限公司、泰州市宏达工矿安全部件有限公司、江苏海港成套设备安装有限公司、泰州市友谊包装制品有限公司项目竣工在即。江苏乐彩印刷材料有限公司开票销售首次突破1亿元大关。

【服务业】 2014年，胡庄镇实现服务业增加值6.24亿元，比上年增长15.34%；服务业税收3300万元，增长63.99%。新上1000万元以上服务业项目4个，投资3000万元的富力臣酒店主体工程完工，投资8000万元的辉春医疗器械交易中心项目主体封顶。

【镇村建设】 2014年，胡庄镇按照新型城镇化要求，聘请泰州建筑设计院编制胡庄镇概念性规划，集镇总体规划和控制性详细规划获市政府批准。胡曲线、古田线升级改造工程竣工通车，创业西路、育才路西延工程建成。建成孔庄桥、汪群幼儿园桥及9座小型设施桥梁。新架10千伏电网10千米，改造农村电网82千米。实施镇村环境综合整治，完成集镇主干道亮化改造工程，建成创业东路、乐太食品东侧和银杏路西侧绿化带，实施店招店面出新和卫生改厕工程，4个村（社区）环境连片整治全面启动，所有村（社区）顺利通过省级村庄环境全域整治验收。查处违法建设29起，拆除面积2200平方米。年内，胡庄镇通

过国家级生态镇验收，戴陈村、史庄村、薛垛村和宗林村获泰州市美丽乡村称号。

【社会事业】2014年，胡庄镇加速教育现代化建设进程，组建胡庄初中教育集团，教育教学质量不断提升，38名学生被四星级重点高中录取，其中2名学生被省泰州中学正取。依托高港医疗集团，开设特色门诊，邀请专家坐诊，提升医疗服务水平。强化育龄妇女服务管理，计生工作继续保持全区领先。新增健身点7个，单王村成立"桂根文艺队"，史庄村新建2500平方米的健身广场。举办"送戏下乡"文艺演出18场，观众近2万人次。先后举办法治文艺演出、"迎六一·放飞梦想"儿童文艺调演等活动。组织"迎五一·中兴杯"掼蛋比赛、"富民杯"乒乓球比赛、"福云杯"第三届乡村歌手大赛、"大邦杯"廉政格言书法比赛等。文化站获评国家级二级文化站。净增城乡居民养老保险参保626人，续缴率96.60%，新型农村合作医疗保险参保率保持98%以上。开展农民就业创业培训560人次。发放低保、五保、优抚等保障金873.60万元。

【平安与法治建设】2014年，胡庄镇开展"六五"普法宣传和法律进基层活动，承办泰州市普法惠民村村行启动仪式，开展法律援助，增强全民依法维权意识。健全权力运行监督机制，加强村居财务管理，政府依法行政、依法履职能力增强。常态化开展信访稳定和舆情风险排查，落实维稳责任，加大重点人群稳控力度，16起非正常死亡事件有效化解，26起有一定影响的矛盾纠纷得到妥善处理，33名社区服刑人员无重新犯罪，未发生民转刑案件。开展安全生产专项整治16次，排查各类安全隐患398个，责令企业停业整顿3个、关停1个，未发生重大安全生产事故。

【党建工作】2014年，胡庄镇深入开展党的群众路线教育实践活动，组织召开党委中心组学习会12次、镇村干部学习会14次，"四点钟课堂"做法被《泰州党建》宣传报道，获评江苏省冬训工作示范乡镇。召开专题民主生活会和组织生活会，查摆领导班子和班子成员存在的突出问题。研究确定的10个方面的规章制度、8大项15件民生实事全部到位，144个问题清单逐步整改。抓好软弱涣散党组织集中整顿工作，推行村（社区）干部规范化管理，探索实施利用手机软件加强普通党员与党组织互动联系的新机制。做好党员发展工作，新发展党员15人。落实党风廉政建设责任制，履行党委主体责任和纪委监督责任，建立领导班子成员联村联企联户制度。举办廉政格言书法比赛，编发廉政警句，强化党员干部廉洁从政意识。全年纪检部门查办案件6件，其中经济案件3件。

【国家级生态镇创建】2013年起，胡庄镇先后投入600万元建设污水处理厂1座，铺设污水管网2.50千米；投入117万元建设胡庄镇垃圾中转站，日清运垃圾能力近10吨，垃圾无害化处理率95.60%；持续实施绿化美化工程，累计编制森林小班368个，森林总面积836.91公顷，森林覆盖率27.50%。对照创建国家级生态镇5项基本条件和15项具体考核指标，胡庄镇全部达标。2014年5月，受环保部委托，省环保厅苏中督查中心专家组一行验收胡庄镇创建国家级生态镇工作，同意通过验收。

【江苏省公共文化服务体系示范区】胡庄镇共投资900余万元建成宣传文化中心，占地面积0.43公顷，建筑面积3600平方米，有影剧院、图书阅览室、舞蹈房、乒乓球室、多媒体功能厅、书刊阅览室、教育培训室、体育健身室、舞蹈排练房、灯光球场等设施，免费对外开放。每个村（社区）设有篮球场、乒乓球室、农家书屋、文化活动室。广泛开展各类广场文化活动和文化下乡活动，举办乡村歌手大赛、农民趣味运动会和全民健身运动会，连续8年组织喜洋洋农民艺术团开展春节送戏下乡活动。先后投入1000余万元改造光纤线路，提高数字电视传输质量，实现数字电视"组组通"。成立夕阳红太极拳队、乐乐健身队，以"人人展、月月演、村村巡"为目标，搭建"农家乐"草根文化舞台。将文化事业建设纳入政府发展总体规划和财政预算。每年对各村（社区）基层文化管理员集中培训4次。2014年7月2日，胡庄镇被省文化厅、财政厅认定为江苏省公共文化服务体系示范区（示范乡镇）。

【"好人村"——史庄村】史庄村由原史庄、和丰两个自然村合并，户籍人口2535人，不算太大，也不很富裕。在这个淳朴的小村中，走出史记宏、赵玉芳夫妇这样一对"中国好人"。他们22年坚持捐资200余万元，扶贫帮困，修桥铺路，并带领出10余名"史记宏式"的好人，让爱心不断在小村涌动。2014年，史记宏、赵玉芳夫妇被评为中国好人、"感动泰州"十大人物，赵玉芳被评为江苏省十佳巾帼志愿者、泰州市最美志愿者。除史记宏、赵玉芳外，史庄村还有一位孝老爱亲模范——72岁的纪进珠奶奶，年轻时丈夫过世，独自将两个女儿养大出嫁后，她将一直在外流浪、35年素未谋面、长年瘫痪在床的婆婆接回家，精心伺候14年。40岁的史茂林出生于普通农民家庭，10年前独自外出打拼，经营医疗器械，凭借诚信生意越做越大，先后资助一对家庭困难的双胞胎上学，拿出数万元慰问困难户。64岁的史维龙年轻时是电工，退休后赋闲在家，主动承担起村里200盏路灯的日常维护工作，还是村里的义务环卫工，河道清淤、整治水渠、清理杂树，总是冲在最前面。（束　羽　史杏香　田珍丽）

人物·荣誉栏

组织机构及负责人名录

中共泰州市高港区委员会

书　　记　王　建
副 书 记　周裕昌
　　　　　张兆洋（11月17日任）
常　　委　王　建
　　　　　周裕昌
　　　　　张兆洋
　　　　　陈　军
　　　　　程荣稳
　　　　　韩　亚
　　　　　薛永忠（12月18日任）
　　　　　吴　斌
　　　　　蒋向荣
　　　　　陈志斌
　　　　　唐明刚（至9月16日）
　　　　　王友茂（9月16日任）

泰州市高港区人大常委会

主　　任　王　建
副 主 任　刘振东
　　　　　李达华（至12月29日）
　　　　　张　勤（女）
　　　　　王国平

泰州市高港区人民政府

区　　长　周裕昌
副 区 长　陈　军
　　　　　吴　斌
　　　　　邵春宁（女，至12月29日）
　　　　　蔡秋云（女）
　　　　　肖志勇
　　　　　李新美（女，12月29日任）
　　　　　徐绍文
　　　　　包　亚
　　　　　胡道勇（挂职，3月28日任）
　　　　　李亚林（挂职，3月28日任）

政协泰州市高港区委员会

主　　席　任寿南
副 主 席　仲新光
　　　　　周法鸣
　　　　　李　强
　　　　　李新美
　　　　　钱亚东
秘 书 长　马步忠

中共泰州市高港区纪律检查委员会

书　　记　张兆洋（至11月17日）
　　　　　薛永忠（12月18日任）

人民法院、人民检察院、人武部

人民法院
院　　长　胡欣荣（女，至12月29日）
代理院长　陈富贵（12月29日任）
人民检察院
检 察 长　华为民
人武部
部　　长　王友茂（至2月25日）
　　　　　丁　杰（6月29日任）

区委工作机构及区委部门管理机构

办公室（研究室、督查考核办公室与其合署，挂接待办公室牌子）
主　　任　袁　斌（至12月27日）
　　　　　田宝武（12月27日任）
研究室
主　　任　田宝武（至12月27日）
督查考核办公室
主　　任　袁　斌（至12月27日）

网络信息管理中心
主　　任　徐旭东
组织部（非公有制经济组织党工委与其合署）
部　　长　陈志斌
非公有制经济组织党工委
书　　记　戴建斌
组织员办公室
主　　任　叶俊东
宣传部（挂文明办、文联牌子，社科联与其合署）
部　　长　程荣稳
外宣办（区政府新闻办）
主　　任　邵釜明
统战部（区委台办与其合署，挂政府台湾事务办公室、区民宗局牌子）
部　　长　周法鸣
台　办
主　　任　吴　虓
政法委（综治办与其合署）
书　　记　蒋向荣
综治办
主　　任　杨　勇（至12月27日）
　　　　　钱润泽（12月27日任）
编委办（挂区事业单位登记管理局牌子）
主　　任　高志勇
维稳办
主　　任　姚　飞
机关党工委
书　　记　陈振东
老干部局
局　　长　包志明
信访局
局　　长　王明龙（至12月27日）
　　　　　王镇静（12月27日任）
机要保密局（副乡科级）
局　　长　于　云
文明办
主　　任　（暂缺）
沿江开发办
主　　任　王　庆

区人大常委会工作机构

办公室（挂研究室牌子）
主　　任　周树发（至12月29日）
　　　　　李友荣（12月29日任）
研究室
主　　任　张　平
人事代表工作委员会
主　　任　丁春枝
财经工作委员会
主　　任　刘晓春
法制工作委员会
主　　任　李秀年
教科文卫工作委员会
主　　任　朱冬林
城乡建设工作委员会
主　　任　戴凤鸣

区政府工作机构

办公室（挂政府研究室、法制办、外侨办、应急办牌子，正科级下属事业单位：机关事务局）
主　　任　顾为进（至12月29日）
　　　　　王飞平（12月29日任）
政府研究室
主　　任　王飞平
法制办
主　　任　冷　洪
发展改革委（挂物价局、服务业发展办牌子）
主　　任　王　庆
服务业发展办
主　　任　叶　智
物价局
局　　长　吴玉春
经济和信息化委（挂中小企业局牌子）
主　　任　陈新兵（至12月29日）
　　　　　秦荣生（12月29日任）
中小企业局
局　　长　程永进
教育局（挂教育督导室牌子）
局　　长　李俊仁
教育督导室
主　　任　张宏泉（1月9日任）
科技局（挂知识产权局、地震局牌子）
局　　长　孙　跃
监察局（与区纪委合署，挂纠风办牌子）
局　　长　毛一鸣（至12月29日）
　　　　　丁新成（12月29日任）
民政局
局　　长　葛　武（至12月29日）
　　　　　毛一鸣（12月29日任）
司法局
局　　长　祁亚峰（至12月29日）
　　　　　张宏生（12月29日任）
财政局
局　　长　王金云
人力资源社会保障局（挂公务员局牌子）
党组书记　居山林（至12月27日）
局　　长　匡裕民（12月29日任）
住房城乡建设局（挂建工局、规划办牌子）
局　　长　邱小平
水利局
局　　长　胡万源
农　委
主　　任　陈宝进
商务局（挂粮食局牌子）
局　　长　吴　虓
文体旅游局
局　　长　张霁明
卫生局
局　　长　梅　跃（至12月29日）
　　　　　陈新兵（12月29日任）
人口计生委
主　　任　李友荣（至12月29日）
审计局
局　　长　江淑平（至12月29日）
　　　　　曹映华（12月29日任）
环保局
局　　长　匡裕民（至12月29日）
　　　　　左祥生（12月29日任）
统计局
局　　长　李正堂
安监局
局　　长　秦荣生（至12月29日）
　　　　　胡怀扣（12月29日任）
食品药品监管局（11月28日改为在市场监管局挂牌）
局　　长　李新美（至11月28日）

市场监管局（11月28日成立）
局　　长　吴　斌（11月28日~12月29日）
　　　　　高希兆（12月29日任）

区委、区政府直属机构及直属事业单位

城管办
主　　任　张万卿
供销社
主　　任　毛照明
史志办
主　　任　阚　进
行政服务中心（12月27日更名为政务服务中心，调整为区政务办副科级下属事业单位）
主　　任　尹晓平（至12月27日）
政务办（12月27日设）
主　　任　尹晓平（12月27日任）
区级机关事务管理局
局　　长　戴永建

区政协工作机构

办公室
主　　任　（暂缺）
学习提案文史委员会
主　　任　朱长顺
经济城乡建设委员会
主　　任　邹贤平
社会法制委员会
主　　任　陆惠章
科教文卫体委员会
主　　任　徐亚明

群众团体

总工会
主　　席　张　琴（女）
团区委
书　　记　徐思达（至12月27日）
妇　联
主　　席　李　平
工商联
主　　席　李　强
残　联
理 事 长　刘富庭
科　协
主　　席　蒋　为
文　联
主　　席　（暂缺）
侨　联
主　　席　卢国平
红十字会
党组书记、常务副会长　唐秧林

垂直管理部门（单位）

公安分局
局　　长　薛荣美
国土资源分局
局　　长　陆　俊（至12月23日）
　　　　　朱秋生（12月23日任）
工商分局（11月28日撤）
局　　长　曹映华（至11月27日）
质监分局（11月28日撤）
局　　长　高希兆（至11月27日）
国税二分局
局　　长　赵剑三
地税五分局
局　　长　虞　健
高港电视节目中心
主　　任　周越星
交通运输分局
局　　长　高林海
规划分局
局　　长　刘国圣
人防办
主　　任　戈　琦
交警二大队
大 队 长　薛荣明
消防大队
大 队 长　吴文俊（至3月23日）
　　　　　席爱泉（8月11日任）
气象局（12月31日由气象分局更名）
局　　长　赵　蓓
电信分局
局　　长　王广宇（至1月18日）
　　　　　郭宏文（1月18日任）

园区、街道、镇

高港高新技术产业园区
党工委书记　陈　军
管委会主任　包继春（至12月18日）
　　　　　　顾为进（12月18日任）
财政局局长　陆　青
社会事业一局局长　邵剑峰
社会事业二局局长　张宏生
招商局局长　田光明
规划建设局局长　刘长军
党政办主任　栾　勇
经济发展局局长　（暂缺）
泰州港核心港区
党工委书记　韩　亚
财政局局长　王镇静
经济发展局局长　金　星
党政办主任　金正文
规划建设局局长　孙忠厚
招商局局长　（暂缺）
社会事业局局长　（暂缺）
临港经济园
党工委书记　徐绍文
管委会主任　张桂林
口岸街道
党工委书记　徐绍文
办事处主任　张桂林
人大工委主任　韩记国
政协工委主任　（暂缺）
刁铺街道
党工委书记　张宏生（至12月27日）
　　　　　　袁　斌（12月27日任）
办事处主任　李伯英
人大工委主任　李凤华
政协工委主任　（暂缺）
许庄街道
党工委书记　邵剑峰（至12月27日）
　　　　　　田光明（12月27日任）
办事处主任　田光明
人大工委主任　袁荣堂（至12月29日）
政协工委主任　（暂缺）

永安洲镇

党委书记 韩 亚

镇 长 王镇静

人大主席 金 星

政协工委主任 （暂缺）

白马镇

党委书记 马才本

镇 长 马才本

人大主席 周鑫科（至3月1日）

许建中（3月1日任）

政协工委主任 李乃和（至12月31日）

大泗镇

党委书记 魏玉云

镇 长 （暂缺）

人大主席 周鑫科（3月2日任）

政协工委主任 （暂缺）

胡庄镇

党委书记 卞晓江

镇 长 陆明航

人大主席 曹建芳

政协工委主任 （暂缺）

先进人物

（按姓氏笔画排序）

许 敏

许敏，女，1977年9月出生，中共党员，高级教师，高港实验小学副校长。从教近20年，在平凡的工作岗位上创造出优秀的业绩，先后获全国首届跨省市汉字教学比赛特等奖、江苏省教学成果奖、泰州市优质课一等奖，作为核心成员参与“科学认读——培养儿童阅读素养实验研究”。以快乐的心态、准确的定位、清晰的思路、灵活的方法将教育教学工作开展得有声有色，尤其擅长与学生家庭、社区沟通协调，被称为“职业幸福指数最高的老师”。先后被评为江苏省优秀教育工作者、泰州市劳动模范、泰州市优秀班主任、高港区十大杰出青年。2014年8月29日，被教育部授予全国优秀教师称号。

张晓兰

张晓兰，女，1964年12月出生。2006年担任胡庄镇薛垛村党支部书记，在她的带领下，薛垛村新农村建设发生翻天覆地改变，高效农业面积占全村耕地面积的62%，形成以葡萄、蔬菜、大葱、中药材为主的特色产业，农民人均收入突破1万元。2014年3月，被江苏省妇联评为省百名优秀女村官。

陈晓帮

陈晓帮，男，1958年4月生，中共党员，江苏泰兴人，泰州市公安局高港分局胡庄派出所社区民警。1997年从部队转业参加公安工作。2014年9月17日下午3时20分，在接待群众过程中突发心肌梗死，经抢救无效倒在工作岗位上。从警16年来，陈晓帮始终坚持爱岗敬业、舍家忘我、默默耕耘。作为社区民警，他每天穿梭于辖区的大街小巷，把百姓的冷暖牢记心上。2014年青奥会安保期间，他每天对辖区内的重点人员、重点矛盾和各类不安定因素进行排查化解，每隔4天还要参加泰州大桥夜里守卡任务，整整1个多月没有休息1天。他患有严重的高血压，血压高达130/180毫米汞柱，需要长期服药治疗，还患有严重的肾结石，多次碎石无效，医生建议他尽快手术排石。但由于青奥会安保工作任务重，他主动将手术日期往后拖延，直至牺牲在工作岗位上。其感人事迹先后在《江苏法制报》《现代快报》《扬子晚报》《新华日报》《泰州日报》《泰州晚报》和泰州电视台、高港电视台刊载或播出。

姜玲玲

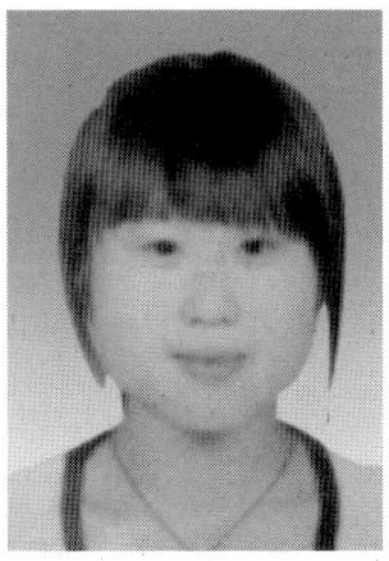

姜玲玲，女，25岁，口岸街道张马社区居民。新婚三月，姜玲玲的丈夫就查出患有尿毒症，而此时的她也已经怀孕一个月。面对困境，她没有轻言放弃，而是一边照顾重病丈夫，一边哺育初生女儿。2014年，姜玲玲当选5月“尊老爱亲”类中国好人。

赵玉芳、史记宏夫妇

赵玉芳，女，1962年11月出生，泰州市公安局高港分局胡庄派出所户籍管理员。史记宏，男，1962年3月出生，中共党员，泰州市高港区胡庄建筑装饰装潢有限公司总经理。22年来，夫妇俩捐资200余万元，盖学校，建广场，修桥筑路，扶贫帮困，将大部分收入用来造福乡亲，至今没有什么存款。2014年，赵玉芳、史记宏夫妇当选8月“助人为乐”类中国好人。

徐勤生

徐勤生，男，1953年3月出生，泰州广播电视台副调研员、口岸街道徐庄村党总支书记。2012年从泰州广播电视台高港电视节目中心“退二线”后，积极响应市委号召，成为全市第三批机关选派到村任职干部。到任以来，他用双脚走遍村子的田间地头，用真心和所有村民交上朋友，以实干赢得群众的信任与夸赞。在他的带动和影响下，村干部放下架子、沉下身子、拉下面子、想出法子，真正架起干群之间的连心桥，加深干群之间的鱼水情，有效推进各项工作。徐庄村先后获江苏省三星级康居乡村、江苏省绿化示范村、江苏省生态村、泰州市全面小康建设示范村、泰州市三星级文明村等荣誉称号。2014年，徐勤生当选11月“敬业奉献”类中国好人。

已故人物

陈　模

陈模（1923~2015），原名傅天漠，曾用名程模、尔东、陈震平。口岸人。著名儿童文学作家。出生贫农家庭。早年在家念了6年私塾，民国25年（1936年）入上海临青学校读书，同年起在上海儿童报刊发表诗文。民国26年8月参加中共地下党领导的孩子剧团，任干事、部长、《抗战儿童》主编。民国30年9月毕业于延安中央党校后，先后任中共中央党校秘书处、教务处干事，彭真秘书，吉林省桦甸县青联筹委会主任，中共桦甸县第一、二、四区区委书记，民运工作队队长，武工队政委。民国36年1月调哈尔滨，历任中共哈尔滨市委学生工作委员会、青年工作委员会书记，哈尔滨市毛泽东青年团执行委员会主任。民国37年5月任青年团哈尔滨市委书记兼青干校党总支书记、干部科长，黑龙江省团委副书记。1951年3月调离哈尔滨，先后任《中国青年报》副总编辑兼党委书记，《儿童文学》编辑部主任，中国青年出版社党组副书记兼中国少儿出版社社长、总编辑，中共北京市委宣传部副部长兼北京市文联党组书记、副主席，北京市作家协会党组书记。1986年5月离休。为北京市文联顾问，中国少先队工作学会副会长，中国儿童文学研究会常务理事，中国寓言文学研究会副主席，中国陶行知研究会理事，涞源县王二小希望小学荣誉校长。

陈模自民国25年开始发表作品。1979年加入中国作家协会，1982年加入北京作家协会。数十年从事少儿创作，作品达350余万字。著有《陈模儿童文学选》《陈模童话故事选》《记住毛主席的话》《失去祖国的孩子》《奇花》《凤凰山女儿》《爱的火焰》《铁哥传奇》《小主人的故事》《心灵的火光》《把阳光留给他》《儿童寓言故事》《少年英雄王二小》《啊，高老师》等书和儿童中长篇小说多篇。《奇花》获全国第三次儿童文艺创作二等奖，《像榕树那样》获1986年小天使奖，《儒将之歌》获《中国青年报》火凤凰杯优秀作品奖，《徐秋新案件真相》获北京市庆祝建国45年征文二等奖，《当代圣人》获1990年《北京文学》优美杯二等奖，《亲情》获《北京文学》纪念建党70周年优秀作品奖，寓言《生死之谜》获上海园丁儿童文学奖，《我和孩子好有缘分》获《北京日报》老党员的风采二等、《八大——历史的盛会——终生难忘的一次采访》获北京市老新闻工作者协会纪念奖，《少年英雄》获全国少儿电影童牛奖、儿童故事片优秀奖及团中央精神文明建设“五个一工程”奖。2005年获北京市颁发的抗日战争胜利60周年纪念章。

党代表、人大代表、政协委员名录

（按姓氏笔画排序）

·党代表名录·

高港区出席中共江苏省第十二次代表大会代表名录

王建、乔向民

高港区出席中共泰州市第四次代表大会代表名录

万晓玲（女）、王建、王群、王国平、王俊泽、叶红（女）、乔向民、刘刚、刘荣富、吴斌、张兆洋、张华女（女）、杨海峰、肖志勇、陆俊、陈军、陈克勤、周裕昌、居山林、封六生、封留才、封新华、查学斌（女）、胡万源、胡冬生、唐小英（女）、徐绍文、戚俊宏（女）、蒋向荣、虞敏（女）、蔡秋云（女）

中共高港区第四次代表大会第二次年会代表名录

丁兆宏、丁春枝、丁新成、刁德林、万晓玲（女）、万福龙、于义祥、于跃进、凡卫东、马翔、马才本、马步忠、卞珍凤（女）、卞晓江、孔永红（女）、尤俊明、尹晓平、毛宁、毛一鸣、毛照明、王庆、王建、王飞平、王友茂、王阿明、王国平、王明龙、王金云、王俊泽、王海峰、王瑞华、王镇静、包亚、包志明、卢国平、史亚军、叶涛、叶建峰、左祥生、田光明、田宝武、石泰、乔峰、乔向民、乔国平、仲新光、任寿南、刘治、刘长军、刘伯阳、刘荣富、刘振东、刘富庭、匡裕民、华为民、吉俊、吉鹏军、孙跃、孙冬林、孙永忠、孙宏许、孙建新、孙剑平、成旭、朱月红(女)、江国辉、江淑平(女)、汤德荣、祁亚峰、纪网兰(女)、许钧、冷洪、吴婕、吴斌、吴加友、吴玉春、吴荣成、吴朝勤、张琴(女)、张万卿、张小平、张长华、张兆洋、张华女(女)、张竹山、张宏生、张桂林、张海峰、张霁明、时彬、李平(女)、李亚、李伟、李泽、李友荣、李文贵、李风华、李正堂、李达华、李伯英(女)、李声岳、李国璋、李俊仁、李帮明、李相文、李继新、李葛敏、杨勇、杨春宣、杨桂喜、杨海峰、沈卫娟(女)、沈光西、肖志勇、邱卜雨、邱小平、邵剑峰、邵荣华、邵釜明、陆河、陆成林、陆明航、陈军、陈龙根、陈志斌、陈宝进、陈建国、陈荣亚、陈荣成、陈振东、陈鸿斌、陈富来、陈道贵、陈新兵、陈献华、周昌军、周法鸣、周树发、周裕昌、周鑫科、居山林、金星、侯玉生、封卫东、封六生、胡万源、荣春兰(女)、赵达民、赵志胜、赵剑三、唐书萍(女)、唐吉武、唐纪祥、唐秧林、徐小圣、徐亚明、徐江飞、徐绍文、徐思达、徐勤生、栾中庆、秦荣生、袁斌、袁荣堂、郭建东、陶恒杰、陶春山、顾为进、高伟、高丽生、高寿祥、高志勇、高林海、崔寅生、戚永生、戚俊宏(女)、曹云(女)、曹小平(女)、曹兴洪、曹建芳(女)、曹明日、曹春明、梅跃、程永进、程荣稳、葛武、葛玉书、蒋为、蒋加华、蒋向荣、谢卫东、谢桥华、韩亚、韩记国、阙进、雷兵、蔡秋云(女)、薛永忠、薛余俊、薛荣美、戴永平、戴永建、戴龙锦、戴建斌、戴济林、戴珍福(女)、戴海霞(女)、戴德恒、戴霞美(女)、魏玉云

·人大代表名录·

高港区出席十二届全国人大二次会议代表名录

徐镜人

高港区出席江苏省十二届人大二次会议代表名录

杨屹峰、周裕昌

高港区出席泰州市四届人大三次会议代表名录

丁新成、王建、王群、王红英(女)、王镇静、叶平、叶红(女)、石杰、刘振东、华为民、乔向民、余雨俊、张杰、张娟(女)、李伯英(女)、杨屹峰、邵剑峰、陆新、陈志斌、陈文兰(女)、陈建国、周江丽(女)、周裕昌、胡欣荣(女)、徐建青(女)、郭余庆、韩记国、薛余俊、鞠建中、魏国俭

高港区四届人大三次会议代表名录

丁春枝、丁新成、卜秀琴(女)、于智、于永祥、于留贯、万福龙、马才本、王庆、王建、王友茂、王龙发、王红英(女)、王甫智、王启东、王国平、王金云、王俊峰、王泰生、王海峰、王镇静、尤俊明、毛继生、卞晓江、孔文四、石晶萍(女)、叶月琴(女)、叶文虎、叶忠民、田红梅(女)、史俊、史建伟、包继春、吉云、吉俊、吕春红(女)、朱冬林、朱庆荣、朱金荣、朱桂珍(女)、乔向民、任寿南、华为民、刘俊、刘小如、刘纪云(女)、刘振东、刘晓春、刘海霞(女)、刘瑞华、江国辉、许长坤、许建强、孙云生、孙永忠、孙宝泉、孙建华(女)、李平(女)、李曼(女)、李风华、李达华、李年娣(女)、李伟平、李兴华、李秀年、李伯英(女)、李金兰(女)、李菊萍(女)、杨春宣、杨德富、肖志勇、吴斌、吴金灯、吴继山、吴朝勤、邱翠琴(女)、沈同章、沈金凤(女)、沈培林、沈菊平、宋晓平(女)、张平、张娟(女)、张勤(女)、张小冬(女)、张兆洋、张连兰(女)、张宏山、张宏生、张素玉(女)、张桂林、张晓兰(女)、张联生、张锦萍(女)、陆军、陈军、陈尧、陈叶林、陈华琴(女)、陈志斌、陈荣成、陈根柏、陈献华、邵春宁(女)、邵剑峰、季宝宏、金星、周义松、周江丽(女)、周树发、周菊平(女)、周裕昌、周鑫科、单银珠(女)、孟伯兰(女)、封留才、胡欣荣(女)、侯玉生、姚永杰、姚宏明、袁斌、袁荣堂、耿金芳(女)、夏永清、顾妲(女)、徐琴(女)、徐亚萍(女)、徐志辉、徐念久、徐绍文、徐春兰(女)、徐勤生、徐镜人、殷国海、殷德明、奚美芳(女)、栾进、栾庆兵、栾如军、高国达、高瑞斌、郭宏鹤、唐明刚、唐维刚、陶春山、曹月华(女)、曹建芳(女)、曹春明、戚庆朋、戚俊宏(女)、彭树林、葛士平、葛玉书、蒋向荣、韩亚、韩九灯、韩记国、韩绍庆、程春生、程荣稳、程桂兰(女)、谢加宣、谢圣兵、谢春华(女)、虞继罗、窦新谋、蔡琴(女)、蔡年生、蔡国平、蔡秋云(女)、樊伟、戴风鸣、戴兴国、魏玉云

·政协委员名录·

高港区出席泰州市政协四届三次会议委员名录

任寿南、刘荣富、吴红艳(女)、李强、杜环宇(女)、杨宏强、邵春宁(女)、邹贤平、陈龙、陈栋、周正青、周法鸣、姚家跃、胥利民、曹斌(女)、梅娟(女)、焦开慧(女)、董伟柱、褚平忠

高港区政协四届三次会议委员名录

丁觉民、于建江、马步忠、马建国、马翔、尹晓平、毛庆武、毛红星、王蓉(女)、王东兴、王明龙、王玥、王洪善、王荣芳(女)、王卿(女)、包继林、卢国平、史爱梅(女)、叶留纪(女)、左祥生、田建国、石敏(女)、仲新光、任寿南、刘华礼、刘志军、刘勇涛、刘富庭、匡裕民、印江、吉长平、孙乃清、孙小平、孙冬林、孙阳(女)、孙志勇、孙建新、孙素红(女)、孙跃、孙雅琴(女)、朱长顺、朱平、朱建军、汤德荣、许世忠、何强、吴婕、宋仁学、宋杰(女)、张小山、张

月霞(女)、张长荣、张巧华(女)、张明、张明生、张金虎、张显伟、张海峰、张海霞(女)、张敏(女)、张琴(女)、张雾明、李文(女)、李付林、李兰香(女)、李苏华、李京、李俊、李俊仁、李家生、李强、李新美(女)、李蓉(女)、李鹏举、杨华(女)、杨希(女)、杨国平、杨勇、杨钧、杨谢、汪晶(女)、沈建、邱卜雨、邱小平、邹贤平、陆玲玉(女)、陆惠章、陈文兵、陈礼晟、陈学东、陈宝进、陈杰汉、陈栋、陈荣亚、陈富来、陈新兵、周法鸣、周娟(女)、周章红(女)、周越星(女)、宗家林、居山林、郑璐(女)、姚立中、姚洁、姚莉(女)、封茜(女)、施瑾瑜(女)、胡万源、胡建、赵燕来(女)、凌照明、唐秧林、徐亚明、徐亚峰、徐泽超、徐思达、徐美华(女)、徐桂明、殷继东、秦荣生、袁国湘、袁彩(女)、都兴宇、钱玉明、钱亚东、顾为进、高巧珠(女)、高进云(女)、崔正彬、常小红(女)、常建斌、戚兆庆、戚鸭章、戚银凤(女)、曹小平(女)、曹明德、曹逸群、梅娟(女)、梅跃、程林森、葛武、蒋小平、蒋为、褚平忠、詹绛(女)、雷兵、蔡国祥、蔡晶(女)、樊凯、冀小燕(女)、薛兰红(女)、薛兴建、薛松林、薛雨生、薛荣明、戴永平、戴永建、戴永星、戴建斌、瞿香龙

荣 誉 栏

·先进集体·

2014年高港区获国家级(含条线)表彰的先进集体一览表

表35

荣　誉	获奖单位	授予时间	授予单位
全国计划生育优质服务先进单位	高港区	2014-07	国家卫计委
国家慢性病综合防控示范区	高港区	2014-12	国家卫计委
全国工人先锋号	地税五分局	2014-04	中华全国总工会
中国国电集团公司五四红旗团委	国电泰州发电有限公司团委	2014-04	共青团中国国电集团公司委员会
国家级生态乡镇	大泗镇	2014-06	环保部
国家级生态乡镇	白马镇	2014-06	环保部
国家级生态乡镇	口岸街道	2014-06	环保部
国家级生态乡镇	刁铺街道	2014-06	环保部
国家级生态乡镇	许庄街道	2014-06	环保部
全国农业科普示范基地	泰州市御庐园现代农业科技有限公司	2014-06	中国科协
全国“一村一品”示范村	白马镇岱白村	2014-07	农业部
中国国电集团公司先进单位	国电泰州发电有限公司	2014-07	中国国电集团公司
中国统一战线宣传先进单位	区委统战部	2014-08	中央统战部宣传办和《中国统一战线》杂志社
国家地震安全示范社区	许庄街道乔杨社区	2014-12	国家地震局

2014年高港区获省级(含条线)表彰的先进集体一览表

表36

荣　誉	获奖单位	授予时间	授予单位
江苏省土地执法模范县(市、区)创建工作先进县(市、区)	高港区	2014-01	省国土资源厅
江苏省生态区	高港区	2014-04	省环保厅

续表36

荣　　誉	获奖单位	授予时间	授予单位
江苏省法治建设示范县（市、区）	高港区	2014–07	省委、省政府
江苏省法治县（市、区）创建工作先进单位	高港区	2014–07	省委、省政府
江苏省综治工作（平安建设）先进集体	高港区	2014–09	省综治委
江苏省平安县（市、区）	高港区	2014–09	省综治委
2011~2014年全省治安综合治理先进集体	高港区	2014–11	省委、省政府
江苏省（内陆）平安渔业示范县（市、区）	高港区	2014–12	省海洋与渔业局、省安监局
全省基层党员冬训工作示范区	高港区	2014–12	省委组织部、省委宣传部
江苏省金融生态优秀区	高港区	2014–12	省金融稳定工作协调小组
江苏省知识产权工作先进集体	区知识产权局	2014–01	省科技厅、省知识产权局
江苏省县级统计局规范化示范单位	区统计局	2014–01	省统计局
全省价格工作先进单位	区物价局	2014–01	省物价局
全省放心消费创建活动先进单位	大泗镇	2014–02	省放心消费创建办
长江航运最佳水运建设奖	泰州港务集团有限公司	2014–02	交通部长江航务管理局
江苏省质量奖	扬子江药业集团	2014–02	省政府
江苏省妇女“双学双比”竞赛活动先进集体	区农委	2014–03	省妇联、省妇女“双学双比”竞赛活动领导小组
江苏省五一巾帼标兵岗	地税五分局综合管理科	2014–03	省总工会
江苏省城市管理示范社区	永安洲镇润洲社区	2014–03	省住房城乡建设厅
全省警务保障“四级同创”示范基层单位	区公安分局	2014–04	省公安厅
院省合作先进单位	区科技局	2014–04	省科技厅、中科院南京分院
江苏省工人先锋号	泰州口岸船舶有限公司船台一车间冷作班	2014–04	省总工会
江苏省五一劳动奖状	泰州市旺灵绝缘材料厂	2014–04	省总工会
长江航运指数工作先进单位	泰州港务集团有限公司	2014–05	交通部长江航务管理局
江苏省优秀民营企业	扬子江药业集团	2014–06	省委、省政府
江苏省公共文化服务体系示范区	胡庄镇	2014–07	省文化厅、财政厅
江苏省妇女报刊宣传工作先进单位	区妇联	2014–07	省妇联
江苏省巾帼来料加工示范基地	泰州市恒凯箱包有限公司	2014–07	省妇联、省妇女“双学双比”竞赛活动领导小组
江苏省巾帼科技创新示范基地	泰州超人汽车电子有限公司	2014–07	省妇联、省妇女“双学双比”竞赛活动领导小组
江苏省双拥工作先进集体	区民政局	2014–07	省委、省政府、省军区
江苏省县（市、区）组建工会和发展会员工作优秀奖	区总工会	2014–07	省总工会
江苏省电力行业优秀宣传企业	国电泰州发电有限公司	2014–08	省电力行业协会
江苏省群众体育先进集体	区文体旅游局	2014–08	省体育局
江苏省群众满意的社区卫生服务机构	永安洲镇社区卫生服务中心	2014–09	省社区卫生协会

续表36

荣　誉	获奖单位	授予时间	授予单位
全省“六五”普法中期先进集体	区司法局	2014–09	省法制宣传教育工作领导小组
江苏省工会新闻宣传工作先进单位	区总工会	2014–09	省总工会
江苏省维护妇女权益示范岗	区妇联	2014–10	省妇联
江苏省平安家庭创建活动先进集体	区公安分局	2014–10	省平安家庭创建领导小组
全省计划生育系列保险工作先进单位	区计生协	2014–11	省卫计委、保监局、计生协
江苏省信息化与工业化融合示范区	核心港区	2014–11	省经济和信息化委
全省基层党员冬训工作示范镇	胡庄镇	2014–12	省委组织部、省委宣传部
江苏省公共机构节能示范单位	区人民法院	2014–12	省机关事务管理局、经济和信息化委
全省市县防震减灾工作优秀单位	区地震局	2014–12	省地震局
全国科普日优秀组织单位	区科协	2014–12	省科协
江苏省服务离退休干部工作精品社区	口岸街道蔡滩社区	2014–12	省委老干部局
《人民与权力》杂志通联先进集体	区人大办	2014–12	省人大常委会研究室
华东电网最佳调度安全管理奖	国电泰州发电有限公司	2014–12	华东电力调控分中心
江苏省第三次全国经济普查先进集体	区经济普查办公室	2014–12	省第三次全国经济普查领导小组
江苏省第三次全国经济普查先进集体	刁铺街道经济普查办公室	2014–12	省第三次全国经济普查领导小组
江苏省第三次全国经济普查先进集体	许庄街道经济普查办公室	2014–12	省第三次全国经济普查领导小组
江苏省“无小耳朵社区”创建工作先进县(市、区)	区文体旅游局	2014–12	省广播电影电视局
江苏省卫生村	胡庄镇史庄村	2014–12	省卫计委
江苏省卫生村	胡庄镇周马村	2014–12	省卫计委
江苏省卫生村	白马镇金马社区	2014–12	省卫计委
江苏省卫生村	口岸街道引江社区	2014–12	省卫计委
江苏省卫生村	大泗镇前进村	2014–12	省卫计委
江苏省卫生村	永安洲镇兴洲社区	2014–12	省卫计委
江苏省卫生村	许庄街道管营村	2014–12	省卫计委
江苏省创新型试点乡镇	永安洲镇	2014–12	省科技厅
江苏省科普示范乡镇	永安洲镇	2014–12	省科协
江苏省水美乡镇	永安洲镇	2014–12	省水利厅
江苏省水美村庄	永安洲镇东江社区	2014–12	省水利厅
江苏省水美村庄	永安洲镇福沙社区	2014–12	省水利厅
全省金融监管机构模范职工小家	中国银行泰州高港惠裕支行工会小组	2014–12	省财贸轻纺工会

2014年高港区获市委、市政府表彰的先进集体一览表

表37

荣　誉	获奖单位	授予时间	授予单位
全市“四个文明”综合考评一等奖	高港区	2014-02	市委、市政府
全市工业经济工作目标考核先进市（区）一等奖	高港区	2014-02	市政府
全市科技创新工作目标考核先进市（区）二等奖	高港区	2014-02	市政府
全市开放型经济工作目标考核先进市（区）二等奖	高港区	2014-02	市政府
全市服务业工作目标综合考核一等奖	高港区	2014-03	市政府
全市流通业工作目标综合考核一等奖	高港区	2014-03	市政府
全市重大项目“双百”工程推进工作先进单位	区政府	2014-12	市政府
泰州市安全监管规范化创建工作示范乡镇	大泗镇	2014-01	市政府
全市工业经济和开放创新工作先进单位	高港高新区	2014-02	市政府
销售上台阶企业	国电泰州发电有限公司	2014-02	市政府
工业国税开票销售十强企业	扬子江药业集团	2014-02	市政府
工业国税开票销售十强企业	益海（泰州）粮油工业有限公司	2014-02	市政府
工业国税开票销售十强企业	国电泰州发电有限公司	2014-02	市政府
十佳高新技术企业	泰州口岸船舶有限公司	2014-02	市政府
十佳高新技术企业	扬子江药业集团江苏海慈生物药业有限公司	2014-02	市政府
十佳转型升级示范企业	扬子江药业集团	2014-02	市政府
十佳转型升级示范企业	泰州苏中天线集团有限公司	2014-02	市政府
十佳高成长性中小企业	江苏昆仑材料有限公司	2014-02	市政府
十佳高成长性中小企业	泰州友润电子有限公司	2014-02	市政府
发明专利十强企业	扬子江药业集团	2014-02	市政府
十佳研发机构	扬子江药业集团药物制剂新技术国家重点实验室	2014-02	市政府
外贸进出口十强企业	益海（泰州）粮油工业有限公司	2014-02	市政府
全面小康建设十强村	永安洲镇东江社区	2014-02	市政府
泰州市安全生产工作先进集体	区安监局	2014-12	市政府

·先进个人·

2014年高港区获国家级（含条线）表彰的先进个人一览表

表38

姓　名	荣　誉	工作单位	授予时间	授予单位
王海东	全国机械工业劳动模范	泰州口岸船舶有限公司	2014-03	中国机械工业联合会
蒋玲玲	中国好人	口岸街道张马社区	2014-06	中央文明办
姜正阳	中国国电集团公司优秀员工（国电一级奖章）	国电泰州发电有限公司	2014-07	中国国电集团公司

续表38

姓　名	荣　　誉	工作单位	授予时间	授予单位
万　群	中国国电集团公司优秀员工（国电一级奖章）	国电泰州发电有限公司	2014-07	中国国电集团公司
周亚明	中国国电集团公司优秀员工（国电一级奖章）	国电泰州发电有限公司	2014-07	中国国电集团公司
王　平	中国国电集团公司优秀员工（国电一级奖章）	国电泰州发电有限公司	2014-07	中国国电集团公司
许　敏	全国优秀教师	高港实验小学	2014-08	教育部
董佳洁	中国统一战线宣传先进个人	区委统战部	2014-08	中央统战部宣传办和《中国统一战线》杂志社
赵玉芳 史记宏	中国好人	胡庄镇史庄村	2014-09	中央文明办
徐勤生	中国好人	口岸街道徐庄村	2014-12	中央文明办
金秋桦	全国刑事申诉检察业务十佳标兵	区人民检察院	2014-12	最高人民检察院

2014年高港区获省级（含条线）表彰的先进个人一览表

表39

姓　名	荣　　誉	工作单位	授予时间	授予单位
孙　卉	妇女儿童工作先进个人	大泗镇政府	2014-01	省政府妇女儿童工作委员会
李　靖	江苏省专利行政执法工作先进个人	区知识产权局	2014-01	省知识产权局
万晓玲	江苏省妇女“双学双比”竞赛活动女能手	高港区佴庄山羊养殖专业合作社	2014-03	省妇联、省妇女“双学双比”竞赛活动领导小组
万晓玲	江苏省十大农产品流通女经纪人	高港区佴庄山羊养殖专业合作社	2014-03	省妇联、省妇女“双学双比”竞赛活动领导小组
赵　琴	江苏省妇女“双学双比”竞赛活动先进工作者	区妇联	2014-03	省妇联、省妇女“双学双比”竞赛活动领导小组
张晓兰	江苏省百名优秀女村官	胡庄镇薛垛村	2014-03	省妇联
陈学东	江苏省安全生产监管监察先进个人	区安监局	2014-03	省安监局
褚　辉	“维护农民工权益、促进社会和谐”专项行动先进个人	区法律援助中心	2014-03	省司法厅
杨　梅	全省国土资源财务管理先进个人	区国土资源分局	2014-03	省国土资源厅
黄　磊	全省科技政务信息工作先进个人	区科技局	2014-03	省科技厅
徐玉萍	江苏省五一巾帼标兵	区卫生局	2014-03	省总工会
张　伟	江苏省五一劳动奖章	江苏皇冠壁纸有限公司	2014-04	省总工会
刁德林	三等功	区公安分局	2014-06	省公安厅
徐镜人	江苏省优秀民营企业家	扬子江药业集团	2014-06	省委、省政府
徐勤生	江苏最美人物之优秀共产党员	口岸街道徐庄村	2014-07	省委宣传部
丁书华	二等功	区人民法院	2014-07	省高级人民法院
邵釜明	优秀通讯员	区委宣传部	2014-07	新闻日报社
赵益萍	江苏地税岗位标兵（三等功）	地税五分局	2014-08	省地税局

续表39

姓　名	荣　　誉	工作单位	授予时间	授予单位
邱祥军	江苏省优秀教育工作者	高港中等专业学校	2014-08	省教育厅
杨　梅	全省国土资源系统推进依法行政工作先进个人	区国土资源分局	2014-08	省国土资源厅
陈万斌	全省“六五”普法中期先进个人	刁铺司法所	2014-09	省法制宣传教育工作领导小组
孙素红	全省“六五”普法中期先进个人	区司法局	2014-09	省法制宣传教育工作领导小组
陈晓帮	一等功	区公安分局	2014-09	省公安厅
张俊杰	二等功	区公安分局	2014-09	省公安厅
田　原	江苏省工会新闻宣传先进工作者	区总工会	2014-09	省总工会
王振林	江苏省“讲理想、比贡献，奋力实现中国梦”活动优秀组织者	高港高新区	2014-10	省科协、省发展和改革委等
赵玉芳	江苏省十佳巾帼志愿者	胡庄镇派出所	2014-11	省妇联
丁跃峰	江苏省最美水利人	永安洲镇水利站	2014-11	省水利厅
毛建明	江苏省第三次全国经济普查先进个人	胡庄镇统计站	2014-12	省第三次全国经济普查领导小组
张桂林	江苏省第三次全国经济普查先进个人	口岸街道办	2014-12	省第三次全国经济普查领导小组
李正堂	江苏省第三次全国经济普查先进个人	区统计局	2014-12	省第三次全国经济普查领导小组
梅久琴	江苏省第三次全国经济普查先进个人	区统计局	2014-12	省第三次全国经济普查领导小组
马宗佑	江苏省第三次全国经济普查先进个人	区统计局	2014-12	省第三次全国经济普查领导小组
张　华	江苏省第三次全国经济普查先进个人	区统计局	2014-12	省第三次全国经济普查领导小组
崔正海	江苏省第三次全国经济普查先进个人	永安洲镇统计站	2014-12	省第三次全国经济普查领导小组
姚恒松	江苏省烟花爆竹安全生产监督管理工作表现突出个人	区安监局	2014-12	省安监局
周树发	《人民与权力》杂志通联先进个人	区人大办	2014-12	省人大常委会研究室
袁　松	全省刑满释放人员安置帮教工作先进个人	区司法局	2014-12	省综治委特殊人群服务管理工作领导小组

2014年高港区获市委、市政府表彰的先进个人一览表

表40

姓　名	荣　　誉	工作单位	授予时间	授予单位
薛旭光	全市重大项目“双百”工程推进工作先进个人	区经济和信息化委	2014-06	市政府
李向前	全市重大项目“双百”工程推进工作先进个人	区农委	2014-06	市政府
朱　俊	泰州市安全生产工作先进个人	区安监局	2014-12	市政府
吴海英	泰州市安全生产工作先进个人	区供销社	2014-12	市政府
李科峰	泰州市安全生产工作先进个人	永安洲镇	2014-12	市政府
田光明	泰州市安全生产工作先进个人	高港高新区	2014-12	市政府
李建年	泰州市安全生产工作先进个人	泰州中航船舶重工有限公司	2014-12	市政府

附　　录

重要文件

·重要文件题录·

2014年区委重要文件题录一览表

表41

文　　号	文　件　标　题	文件日期
泰高委〔2014〕3号	关于表彰2013年度高港区人民满意机关（单位）和效能建设先进单位的决定	2014-02-07
泰高委〔2014〕4号	关于批准2013年度全区五星级社会治安安全村（社区）的决定	2014-02-19
泰高委〔2014〕5号	关于表彰2013年度泰州市高港区综治平安和法治建设工作先进集体的决定	2014-02-19
泰高委〔2014〕6号	关于成立区委党的群众路线教育实践活动领导小组的通知	2014-02-19
泰高委〔2014〕8号	关于调整泰州市高港区国有资产管理中心机构规格的通知	2014-02-27
泰高委〔2014〕10号	关于设立泰州市高港区政务服务管理办公室等机构编制事项的通知	2014-03-28
泰高委〔2014〕11号	关于表彰2013年度“四个文明”建设先进园区、镇街的决定	2014-03-31
泰高委〔2014〕12号	关于表彰2013年度开放型经济工作先进部门及招商引资先进个人的决定	2014-03-31
泰高委〔2014〕13号	关于表彰2013年度全区服务业优秀个人的决定	2014-03-31
泰高委〔2014〕14号	关于表彰2013年度全区民营经济发展先进集体、先进个人的决定	2014-03-31
泰高委〔2014〕15号	关于表彰2013年度工业经济工作先进单位的决定	2014-03-31
泰高委〔2014〕16号	关于表彰2013年度全区科技工作先进单位和先进个人的决定	2014-03-31
泰高委〔2014〕17号	关于表彰2013年度新农村建设先进村（居）和先进个人的决定	2014-03-31
泰高委〔2014〕18号	关于表彰2013年度“创新创优”奖的决定	2014-03-31
泰高委〔2014〕30号	关于表彰高港区劳动模范的决定	2014-04-30
泰高委〔2014〕32号	关于调整泰州市高港区社会管理服务中心机构规格的通知	2014-06-03
泰高委〔2014〕34号	关于建立泰州市高港区行政审批制度改革联席会议制度的通知	2014-07-23

续表41

文　号	文　件　标　题	文件日期
泰高委〔2014〕36号	关于表彰2014年高港区优秀教育工作者的决定	2014-09-10
泰高委〔2014〕47号	关于成立区委全面深化改革领导小组的通知	2014-10-15
泰高委〔2014〕50号	关于组建泰州市高港区市场监督管理局的通知	2014-12-01
泰高委〔2014〕57号	关于成立高港区镇街、村居综合体制改革指导小组的通知	2014-12-04
泰高发〔2014〕1号	关于深入开展党的群众路线教育实践活动的实施意见	2014-02-19
泰高发〔2014〕3号	关于转发《泰州市促进改革创新鼓励干事创业责任豁免办法（试行）》的通知	2014-04-10
泰高发〔2014〕5号	关于贯彻落实中央《建立健全惩治和预防腐败体系2013~2017年工作规划》及省委《实施办法》、市委《实施意见》的通知	2014-04-29
泰高发〔2014〕6号	关于1997年至2012年6月党内规范性文件的清理决定	2014-05-19
泰高发〔2014〕7号	关于转发《江苏省安全生产“党政同责、一岗双责”暂行规定》的通知	2014-08-02
泰高发〔2014〕8号	关于转发市委《“解放思想再发力，科学发展勇攀登”大讨论大落实行动计划》的通知	2014-08-03
泰高发〔2014〕9号	关于印发《关于加快推进教育现代化建设的实施意见》的通知	2014-08-04
泰高发〔2014〕10号	关于印发《关于落实党风廉政建设党委主体责任、纪委监督责任的实施办法（试行）》的通知	2014-08-05
泰高发〔2014〕12号	关于印发《口岸街道简政放权改革试点工作实施意见》的通知	2014-11-26

2014年区政府重要文件题录一览表

表42

文　号	文　件　标　题	文件日期
泰高政规〔2014〕1号	关于印发《泰州市高港区征地补偿和被征地农民社会保障实施细则》的通知	2014-09-24
泰高政发〔2014〕5号	关于表彰2013年度全区安全生产工作先进集体、先进个人的决定	2014-01-23
泰高政发〔2014〕10号	关于表彰2013年度统计工作先进集体和先进个人的决定	2014-03-06
泰高政发〔2014〕18号	关于对重大火灾隐患单位实施挂牌督办的通知	2014-03-19
泰高政发〔2014〕19号	关于表彰2013年林业绿化工作先进单位的决定	2014-03-27
泰高政发〔2014〕20号	关于表彰2013年度全区流通业发展工作先进集体、先进个人的决定	2014-03-31
泰高政发〔2014〕24号	关于表彰全区2013年度质量强区工作贡献奖、先进单位和先进个人的决定	2014-03-03
泰高政发〔2014〕26号	关于加强高港区物业管理工作的意见	2014-04-16
泰高政发〔2014〕33号	关于表彰2013年度全区人口和计划生育工作先进集体和先进个人的决定	2014-05-14
泰高政发〔2014〕35号	关于表彰2013年度全区土地综合整治工作先进集体的决定	2014-05-22
泰高政发〔2014〕39号	关于印发《泰州市高港区大气污染防治行动计划实施方案》的通知	2014-05-29
泰高政发〔2014〕41号	关于表彰2013年度高港区建筑业综合考核先进单位的决定	2014-06-08
泰高政发〔2014〕42号	关于表彰2013年度高港区建筑业先进企业和先进个人的决定	2014-06-08
泰高政发〔2014〕47号	关于表彰2013年度征兵工作先进单位和先进个人的通知	2014-07-10
泰高政发〔2014〕48号	关于明确经济薄弱村标准厂房收益权和股权分配权的通知	2014-08-05
泰高政发〔2014〕49号	关于明确2013年度脱贫奔小康工程奖补资金的通知	2014-08-05
泰高政发〔2014〕55号	关于印发《高港区开展农村土地承包经营权确权登记颁证工作实施方案》的通知	2014-09-17

续表42

文　　号	文　件　标　题	文件日期
泰高政发〔2014〕64号	关于2013年度高港区科学技术奖励的决定	2014-10-22
泰高政发〔2014〕70号	关于印发《泰州市高港区自然灾害救助应急预案》的通知	2014-11-20
泰高政发〔2014〕75号	关于对2013年度全区机关年度考核优秀人员给予记功、嘉奖的决定	2014-12-09
泰高政发〔2014〕77号	关于加强全区食品药品监督管理体系建设的实施意见	2014-12-17
泰高政发〔2014〕85号	关于公布区级行政审批事项目录清单的通知	2014-12-31

2014年区委办公室重要文件题录一览表

表43

文　　号	文　件　标　题	文件日期
泰高委办发〔2014〕5号	关于印发《高港区推行村（居）干部“五位一体”管理工作意见》的通知	2014-01-21
泰高委办发〔2014〕7号	关于转发市委办公室、市政府办公室《关于加强作风建设情况监督检查的实施办法》的通知	2014-01-27
泰高委办发〔2014〕8号	关于印发《高港区推进转型升级综合改革的若干政策实施细则（试行）》的通知	2014-01-27
泰高委办发〔2014〕28号	关于印发《高港区党委（党组）中心组学法制度》的通知	2014-04-25
泰高委办发〔2014〕32号	关于印发《高港区规范村级非生产性开支管理的实施办法》的通知	2014-05-07
泰高委办发〔2014〕40号	关于印发《高港区“蓝领”提升工程实施意见》的通知	2014-06-09
泰高委办发〔2014〕42号	关于健全重大决策社会稳定风险评估机制的实施意见（试行）	2014-07-03
泰高委办发〔2014〕45号	关于成立泰州市高港区口岸水景街区管理委员会的通知	2014-08-12
泰高委办发〔2014〕46号	关于印发《关于城乡社区考核考评、台账和标牌标识设置的规定（试行）》的通知	2014-08-13
泰高委办发〔2014〕47号	关于印发《泰州市高港区机关事业单位工作人员行为失范记录暂行办法》的通知	2014-08-18
泰高委办发〔2014〕48号	关于严禁机关事业单位工作人员和村（居）干部参与高利借贷等民间融资活动的通知	2014-08-18
泰高委办发〔2014〕50号	关于印发《高港区培育和践行社会主义核心价值观行动计划（2014~2020）》的通知	2014-08-23
泰高委办发〔2014〕51号	关于转发《泰州市党政机关公务接待管理规定》《进一步做好接待工作的补充规定》的通知	2014-09-02
泰高委办发〔2014〕52号	关于印发《关于进一步加强区级机关公务用车管理的补充规定》的通知	2014-09-11
泰高委办发〔2014〕55号	关于开展区级机关部门帮扶镇街敬老院活动的实施意见	2014-09-19
泰高委办发〔2014〕61号	关于印发《关于进一步优化“两代表一委员”工作室工作日活动安排的实施方案》的通知	2014-10-23
泰高委办发〔2014〕76号	关于认真做好中央第十二巡视组《对江苏省巡视情况的反馈意见》的整改落实工作的通知	2014-11-19
泰高委办发〔2014〕77号	关于转发市委办公室、市政府办公室《关于严格规范党员干部个人借贷投资理财等行为的暂行规定》的通知	2014-11-20
泰高委办发〔2014〕78号	关于完善领导干部外出报告制度的通知	2014-11-28
泰高委办发〔2014〕79号	关于印发《关于持续深入抓好整改落实巩固拓展教育实践活动成果的实施办法》的通知	2014-12-01

续表43

文　号	文件标题	文件日期
泰高委办发〔2014〕81号	关于转发《泰州市国家工作人员在公共资源出让、公共产品采购、公共资产管理中防止利益冲突暂行办法》的通知	2014-12-02
泰高委办发〔2014〕84号	关于进一步加强党委督查工作的实施意见	2014-12-12
泰高委办发〔2014〕85号	关于进一步巩固创建达标清理规范成果的通知	2014-12-14
泰高委办发〔2014〕87号	关于转发《泰州市市级机关会议管理办法》的通知	2014-12-15
泰高委办发〔2014〕90号	关于印发《口岸街道简政放权改革试点内设机构工作人员定岗定员办法》的通知	2014-12-20

2014年区政府办公室重要文件题录一览表

表44

文　号	文件标题	文件日期
泰高政办发〔2014〕1号	关于及时拨付2013年度水稻机插秧财政奖补资金的通知	2014-01-03
泰高政办发〔2014〕24号	关于印发《2014年泰州市高港区政府集中采购目录及采购限额标准》的通知	2014-03-13
泰高政办发〔2014〕30号	关于印发《高港区部门统计工作规范化建设实施和验收标准》的通知	2014-03-26
泰高政办发〔2014〕33号	关于印发《泰州市高港区生态红线区域保护规划》的通知	2014-03-31
泰高政办发〔2014〕38号	关于建立区食品药品执法联动工作联席会议制度的通知	2014-04-21
泰高政办发〔2014〕45号	关于印发《高港区水稻机插秧工作意见》的通知	2014-05-06
泰高政办发〔2014〕47号	关于印发《泰州市高港区技能培训补贴管理暂行办法》的通知	2014-05-14
泰高政办发〔2014〕48号	关于印发《泰州市高港区促进全民创业暂行办法》的通知	2014-05-14
泰高政办发〔2014〕53号	关于印发《高港区关于规范农机场库建设的实施意见》的通知	2014-05-15
泰高政办发〔2014〕54号	关于印发《泰州市高港区中长期动物疫病防治规划(2014~2020年)》的通知	2014-05-16
泰高政办发〔2014〕67号	关于在全区集中开展安全生产检查整改专项行动的通知	2014-06-16
泰高政办发〔2014〕74号	关于印发《高港区覆盖拉网式农村环境综合整治试点工作实施办法》的通知	2014-07-17
泰高政办发〔2014〕76号	关于印发《关于加强社区民防建设工作的实施意见》的通知	2014-07-21
泰高政办发〔2014〕78号	关于印发《高港区住宅小区配套幼儿园建设管理实施办法》的通知	2014-07-31
泰高政办发〔2014〕81号	关于印发《泰州市高港区燃煤锅炉大气污染整治工作方案》的通知	2014-08-08
泰高政办发〔2014〕82号	关于印发《高港区重污染天气应急预案》的通知	2014-08-08
泰高政办发〔2014〕83号	关于印发《泰州市高港区困难家庭临时生活救助实施细则》的通知	2014-08-12
泰高政办发〔2014〕91号	关于印发《2014~2016年泰州市高港区燃煤锅炉大气污染整治任务清单》的通知	2014-09-19
泰高政办发〔2014〕97号	关于印发《高港区土壤环境保护和综合治理工作方案》的通知	2014-10-21
泰高政办发〔2014〕112号	关于印发《泰州市高港区气象灾害应急预案(修订)》的通知	2014-11-26
泰高政办发〔2014〕113号	关于调整我区机关事业单位社会保险缴费基数的通知	2014-11-28
泰高政办发〔2014〕115号	关于加强区级财政预算执行和存量资金管理的通知	2014-12-01
泰高政办发〔2014〕123号	关于印发《2015年泰州市高港区政府集中采购目录及采购限额标准》的通知	2014-12-30

·重要文件选录·

泰州市高港区征地补偿和被征地农民社会保障实施细则

泰高政规〔2014〕1号

第一章 总则

第一条 为维护被征地农民和农村集体经济组织的合法权益，保障被征地农民的生活和长远生计，规范征地补偿安置工作，根据《江苏省征地补偿和被征地农民社会保障办法》（省政府93号令）、《泰州市市区征地补偿和被征地农民社会保障实施办法》（泰政规〔2014〕3号）等规定，结合我区实际，制定本细则。

第二条 本细则所称征地补偿和被征地农民社会保障，是指国家将农民集体所有的土地征收后，依法给予被征地农民和农村集体经济组织补偿，安排被征地农民的社会保障费用，将被征地农民纳入城乡社会保障体系的行为。

第三条 本细则适用于本区范围内农民集体所有的土地征收补偿和被征地农民社会保障工作。

第四条 被征地农民社会保障遵循即征即保、应保尽保、分类施保、逐步提高的原则，与促进就业相结合，将被征地农民纳入城乡社会保障体系，确保被征地农民原有生活水平不降低，长远生计有保障。

第二章 征地补偿

第五条 本区征地补偿按照省、市公布的标准执行。

第六条 征收农民集体所有的土地，应当依法足额支付征地补偿费用，安排被征地农民的社会保障费用。征地补偿费用包括土地补偿费、安置补助费、地上附着物和青苗补偿费。

第七条 农民集体所有的土地按照用途分为农用地、建设用地和未利用地。

征收农用地应当支付安置补助费，安置补助费按照需要安置的被征地农民人数计算，需要安置的被征地农民人数，按照被征收的农用地面积除以征地前被征地农村集体经济组织人均农用地面积计算。

征收建设用地和未利用地不支付安置补助费。

第八条 青苗补偿费、地上附着物补偿按《泰州市市区征地补偿和被征地农民社会保障实施办法》规定的标准执行。

地上附着物和青苗补偿费归其所有者所有。

征地被告知后，农村集体经济组织或农户在拟征收土地上抢栽、抢种、抢建的，一律不予补偿。

第九条 征收土地涉及房屋及其他建筑物、构筑物的，应当依法给予补偿。征收宅基地涉及农民住房的，应保障被征收人的居住条件。

城市规划建设区内征收土地上涉及农民住宅的，按照与被征收住房合法面积相当的原则安排住房，或按照市场评估价格给予补偿，不再安排宅基地。

城市规划建设区外确需安排宅基地的，可根据村镇建设规划和土地利用总体规划及相关的政策，由镇（街道）妥善安排，但必须履行报批程序；不安排宅基地的，按照相关政策执行。

非法占用土地或违反城乡规划进行建设的，其建筑物、构筑物不予补偿；经批准使用的临时用地，超过批准使用期限的地上建筑物和其他附着物不予补偿。

第十条 土地补偿费归被征地的农村集体经济组织所有，但应将不少于70%的农用地土地补偿费支付给16周岁以上被征地农民。

依法属于农村集体经济组织的土地补偿费的部分，纳入农村集体资产管理，用于农村集体经济组织发展生产和公益性事业，不得挪作他用。

安置补助费用于16周岁以下被征地农民的生活补助和16周岁以上被征地农民的社会保障。

第十一条 征地补偿费用未足额到位的，被征地农村集体经济组织及其成员有权拒绝交地；征地补偿费用足额到位的，被征地农村集体经济组织及其成员应按期交地。

第三章 被征地农民社会保障

第十二条 以征地补偿安置方案批准之日为界限，将被征地农民划分为以下三个年龄段：

（一）16周岁以下（未成年年龄段）；

（二）16周岁以上至60周岁（劳动年龄段）；

（三）60周岁以上（养老年龄段）。

第十三条 被征地农民应当从征地前在拥有该土地的农村集体经济组织内享有土地承包经营权、承担农业义务的成员中产生，原土地承包经营权人享有优先权。土地征收前，由被征地农村集体经济组织提出集体经济组织成员名单，经镇（街道）审查后报区农工部门确认。

第十四条 被安置人员名单由被征地的农村集体经济组织从土地征收前区农工部门确认的成员名单中产生，经镇（街道）审核，并在被征地农村集体经济组织所在地公示3日无异议后报区农工部门审核，最后报区人民政府确定。

第十五条 土地征收时，下列人员可纳入农村集体经济组织成员统计：

1.户口在农村集体经济组织、依法享有农村土地承包经营权并承担相应义务的常住人员；

2.入学、入伍前符合第1项规定条件的在校大中专学生、现役义务兵及一、二级士官；

3.判刑前符合第1项规定条件的服刑人员；

4.父母一方符合农村集体经济组织成员条件、本人户口在农村集体经济组织的未成年人；

5.另有规定的其他人员。

第十六条　土地征收时，下列人员不得纳入农村集体经济组织成员统计：

1.历次征用土地中按当时政策已安置（含货币安置）或撤组转居的人员；

2.户口在农村集体经济组织的国家机关或事业单位在编及离退休人员；

3.因其他原因将户口迁入本农村集体经济组织的寄住人口、暂住人员；

4.另有规定的其他人员。

第十七条　未成年年龄段的被征地农民按照本区安置补助费标准一次性领取生活补助费，不再作为被征地农民纳入城乡社会养老保障。

第十八条　劳动年龄段的被征地农民应当与被征地农民社会保障经办机构（以下简称经办机构）签订《劳动年龄段被征地农民参加社会养老保险协议书》，对参加企业职工基本养老保险或城乡居民社会养老保险作出选择。一经选择，不得变更。

第十九条　劳动年龄段的被征地农民就业并参加企业职工基本养老保险，其个人缴费部分实行年度定额补贴，补贴金额参照市区最低缴费标准确定。

每年7月底前，被征地农民向经办机构提出申请，同时提供本人参保所在地社会保险经办机构出具的上年度（上年7月至当年6月，不足一个会计年度按实计算）缴费证明，经核准后于9月底前发放到位，同时扣减其在社会保障资金专户中的个人分账户资金（以下简称个人分账户），个人分账户资金用完后，保险费由被征地农民个人承担。

劳动年龄段的被征地农民从事非全日制工作或者自由择业（灵活就业）的，可按灵活就业人员的相关规定参加企业职工基本养老保险，保险费由经办机构于每年6月按照本区最低缴费标准逐期代缴，所需费用从其个人分账户中支付，个人分账户资金用完后，保险费由被征地农民个人承担。

参加企业职工基本养老保险的被征地农民，男满60周岁、女满55周岁时缴费年限不足15年的可予以补足，补缴办法按企业职工基本养老保险有关规定一次性足额补缴到位，补缴资金从个人分账户中支付。

第二十条　劳动年龄段的被征地农民选择参加城乡居民社会养老保险的，保险费由经办机构于每年3月逐期代缴，缴费年限须满15年（含补缴），年缴费标准按照征地时本区最低生活保障标准的10倍确定（含征地前已参加城乡居民社会养老保险的被征地农民）。

第二十一条　养老年龄段被征地农民从补偿安置方案批准次月起，按照征地时市区农村最低生活保障标准的1.10倍按月领取养老补助金。被征地前已经参加城乡居民社会养老保险的人员，可同时按规定领取基础养老金。

第二十二条　被征地农民社会保障资金的标准按照征地时本区最低生活保障标准的1.10倍乘以139计算。

第二十三条　劳动年龄段的被征地农民达到领取养老金年龄的，其在保障资金专户个人分账户中的资金本息余额一次性退还本人。已领取职工基本养老保险金待遇的被征地农民，不享受养老补助金，其在保障资金专户个人分账户中的资金本息余额一次性退还本人。被征地农民死亡的，其在保障资金专户个人分账户中的资金本息余额可以依法继承。

第四章　征地补偿资金的筹集与拨付

第二十四条　征地补偿资金由区人民政府按照以支定收、收支平衡、不留缺口的原则，采取分项目、逐地块的方法筹集。

第二十五条　实行征地补偿资金预存制度。征地报批前，各用地报批主体（单位）应将征地补偿费、报批规费和被征地农民社会保障统筹资金存入区财政预存款账户。已明确项目用地单位的，由项目单位缴纳；未明确项目用地单位的镇（街道、园区）属项目用地，由镇（街道、园区）作为用地报批主体缴纳；区属项目用地，由区政府委托的单位作为用地报批主体缴纳。

第二十六条　区财政部门设立被征地农民社会保障统筹资金专户，用于解决被征地农民社会保障资金缺口。被征地农民社会保障统筹资金暂按每亩8万元收取。社会保障统筹资金标准如需调整，由区人民政府确定。经办机构待被征地农民名单确定后，按实结算被征地农民社会保障费用。

第二十七条　征地补偿费用和被征地农民社会保障资金的拨付。

（一）土地补偿费、地上附着物和青苗补偿费。

区国土部门在征地补偿安置方案批准之日起3个工作日内，按地块出具征地补偿费用测算表；区财政部门根据国土部门出具的征地补偿费用测算表在2个工作日内，将土地补偿费、地上附着物和青苗补偿费足额拨付至被征地镇（街道）农经站；被征地镇（街道）在补偿费用到账之日起10个工作日内，将土地补偿费支付到被征地农村集体经济组织，将地上附着物和青苗补偿费支付给其所有者；被征地农村集体经济组织在被征地农民名单确定之日起10个工作日内，将不少于70%的农用地土地补偿费支付给16周岁以上被征地农民。

（二）生活补助费。

未成年年龄段的被征地农民一次性领取生活补助费程序为：

（1）被征地农村集体经济组织填写高港区安置人员审核名单，提供16周岁以下被征地农民本人及其监护人的身份证和户口簿复印件；

（2）镇（街道）填报安置补助

费及社会保障资金拨付申请表，形成初审意见；经审查合格后，区国土、人社、财政等部门在5个工作日内完成审核，区人民政府在3个工作日内批准实施；

（3）拨付申请经区人民政府批准后，区财政部门根据安置补助费及社会保障资金拨付申请表在3个工作日内，将未成年年龄段被征地农民生活补助费足额支付给被征地镇（街道）农经站；被征地镇（街道）在补偿费用到账之日起10个工作日内，将生活补助费支付给本人。

（三）社会保障资金。

劳动年龄段与养老年龄段的被征地农民按规定纳入城乡社会保障体系。社会保障资金拨付与未成年年龄段的被征地农民领取生活补助费审批程序相同。

区财政部门根据安置补助费及社会保障资金拨付申请表在3个工作日内，将社会保障费用拨付至区财政被征地农民社会保障专户。

经办机构在被征地农民名单确定的10个工作日内，将16周岁以上被征地农民的社会保障资金记入其在保障资金专户中的个人分账户。

第五章　管理与监督

第二十八条　征地补偿和被征地农民社会保障工作由区人民政府组织实施，有关部门负责抓好落实。

区国土部门负责土地征收补偿方案的制定、报批、预存款资金的征缴；区农工部门负责集体经济组织成员的身份确认和安置人员名单确定；区人社部门负责被征地农民社会保险的参保办理、养老补助金发放和相关管理工作，配合审核被征地农民社会保障费用落实情况；区财政部门负责征地补偿资金预存款的核算和相关费用的拨付；区监察部门负责征地补偿和被征地农民社会保障工作的监督及违法违纪案件的查处；区审计部门负责征地补偿和被征地农民社会保障资金收支情况的审计；被征地农民所在镇人民政府（街道办事处）应当做好征地补偿费和16周岁以下被征地农民生活补助费的支付、16周岁以上被征地农民社会保障以及交地等相关工作；住建和公安等部门按照各自职责，配合做好征地补偿和被征地农民社会保障等相关工作。

第六章　附　则

第二十九条　本细则所称“以上”均包含本数。

第三十条　2013年12月1日起新批准征收土地征地补偿和被征地农民社会保障按本细则执行。本细则施行前已依法征收土地的，仍然按照原规定执行。

高港区推进转型升级综合改革的若干政策实施细则（试行）

泰高委办发〔2014〕8号

第一章　总　则

第一条　为加快经济转型升级步伐，推进国家级经济开发区创建，实现更高水平小康，促进高港经济社会科学和谐发展，根据中共泰州市高港区委、泰州市高港区人民政府《关于推进转型升级综合改革的若干政策意见（暂行）》（泰高发〔2013〕10号），特制定本细则。

第二条　设立转型升级综合改革专项资金，专项用于泰高发〔2013〕10号文件确定的项目扶持政策的兑现。对泰高发〔2013〕10号文件明确的扶持、补助、奖励事项，除对企业工贸分离、企业上市、战略性新兴产业等采用税收留成返补方式外，其他性质的扶持、补助、奖励等资金主要采用在专项资金中切块的方式予以安排。其中：

1.企业转型及产业升级专项资金。每年由区财政预算作专项安排，初期规模为5200万元，其中：品牌战略230万元、技术改造专项资金580万元、工贸分离3400万元、专利160万元等。

2.园区发展专项资金。每年由区财政预算作专项安排6300万元。其中：特色产业基地专项资金300万元，园区基础设施项目贷款财政贴息6000万元。

3.农村土地流转专项资金。每年由区财政预算作专项安排500万元。

第三条　转型升级综合改革专项资金的分配和管理遵循“公开透明、定向使用、择优支持、注重绩效”的原则。并根据前期资金的使用绩效、转型升级实施目标和要求以及区本级经常性财力增长状况，建立资金的补充保障和稳定增长机制。

第二章　扶持奖励资金兑现的范围、对象和标准

第四条　转型升级综合改革专项资金扶持的项目应符合国家、省、市、区产业和技术政策。具体实施范围包括：

（一）企业转型的扶持奖励

1.实施品牌战略扶持奖励。对首次获得中国质量奖、中国质量奖提名奖、江苏省质量奖、泰州市市长质量奖、江苏省质量管理优秀奖、泰州市质量管理奖的企业，分别一次性奖励100万元、50万元、50万元、40万元、30万元、1万元；对获得中国驰名商标、中国名牌产品、中华老字号的企业，一次性奖励100万元；对获得国家地理标志保护产品、地理标志商标、省重点名牌产品、省名牌产品、省出口名牌、省著名商标的企业，一次性奖励20万元；对获得泰州市名牌产品、泰州市知名商标的企业，一次性奖励1万元；评为江苏省质量信用AAA、AA、A级的企业，分别一次性奖励10万元、5万元、2万元。

同一年度获得国家、省、市同一奖励项目的，根据就高不就低的原则，按最高标准进行奖励，不重复奖励。

2.研制技术标准扶持奖励。对牵头制（修）订国家标准、行业标准及参与制订联盟标准并获省级批准的企业，一次性奖励20万元；对承担

组建全国标准化专业技术委员会分技术委员会或工作组、列入省级循环经济标准化试点、高新技术标准化试点、服务标准化试点、农业标准化试点的单位及评为国家标准化良好行为企业AAAA级，一次性奖励10万元；对参与制（修）订国家标准、行业标准或牵头制订省地方标准的企业及评为国家标准化良好行为企业AAA级，一次性奖励5万元。

以上奖励对象为参与研制技术标准的企业。同一标准多个企业共同参与的，奖励给牵头企业，由牵头企业进行分配。

3.企业资本运作扶持奖励。对吸引区外产业关联企业，资金入股我区企业达3000万元以上的（不含土地投入费用），按实际到账资金总额的5‰给予一次性补助，单个企业最高不超过50万元。

对与世界五百强企业或央企、上市公司、国家级品牌（中国名牌、中国驰名商标）企业建立战略合作关系，实现高位嫁接的企业，经评估认定（认定办法由区经信委、商务局会同有关部门另行制定），分别一次性奖励50万元、25万元。

以上奖励对象为招引区外资金或实现高位嫁接的企业，如企业被兼并、收购或通过合作经营的，奖励给合作企业。

4.企业上市融资扶持奖励。对企业上市过程中土地、房产、车船等权证过户缴纳税费及经审计调增计税所得额补交所得税形成的地方财力区级留成补助给企业。对经批准设立或变更的股权明晰、治理结构规范的股份有限公司给予一次性奖励10万元；通过上市辅导验收且向中国证监会报送发行申请材料并受理后，一次性奖励20万元；企业成功上市，一次性奖励100万元。

5.企业信息化应用扶持奖励。对当年获得国家电子商务平台示范企业及新认定为国家级“两化”融合示范企业，分别一次性奖励10万元；对当年获得省级电子商务平台示范企业及新认定为省级“两化”融合示范企业，分别一次性奖励5万元；创建成五星级数字企业，一次性奖励2万元；新认定为市级“两化”融合示范企业及创建成四星级数字的企业，分别一次性奖励1万元。

对当年同时获得国家、省、市奖励的企业，按最高标准进行奖励，不重复奖励。

6.企业技术改造扶持奖励。对企业以提升自主创新能力、扩大优势特色、推进节能减排为目的的技术和设备投入，符合我区产业规划的项目，当年设备投入在1000万元以上的，项目经投资主管部门竣工验收，按设备投资额的2%～4%比例给予一次性补助。单个项目补助总额不超过100万元。

对获得市“双轮驱动”技术改造补助的项目，区财政进行配套补助，不重复补助。

7.企业研发机构建设扶持奖励。对新认定为国家级、省级重点实验室或企业技术中心（工程中心、工程技术研究中心）分别给予一次性奖励20万元、8万元。

8.企业税收上台阶奖励。对当年净入库税收首次达3亿元、1.50亿元、8000万元、3000万元、1000万元的企业，分别给予企业经营层一次性奖励90万元、45万元、25万元、10万元、5万元。原则上企业主要经营者获奖金的50%，其他成员获奖金的50%。

9.企业实施工贸分离扶持奖励。对工业企业主辅分离后新设立的具有独立企业法人资格的服务业企业，其前三年缴纳增值税、营业税、企业所得税的区级地方财力留成（减出口退税地方财政负担和已享受的优惠政策），按第一年100%、第二年50%、第三年30%，由同级财政安排用于扶持企业发展。

10.企业境外投资扶持奖励。对在境外新设立生产加工、矿产资源、农林业领域合作企业，投资额达200万美元以上，获省商务部门证书，并建成投产的，一次性奖励10万元。

11.十佳优秀企业扶持奖励。对评选（评选办法由区经信委会同有关部门另行制定）为十佳的优秀企业予以表彰奖励，授予企业主要负责人“优秀企业家”称号，并分别奖励5万元。

（二）产业升级扶持奖励

1.重大工业项目引资奖励。对新招引1个投资超亿美元，注册资本达3000万美元或投资超10亿元人民币，注册资本达3亿元人民币以上的工业项目，建成投产后，一次性奖励50万元；每招引1个投资超5000万美元或超6亿元人民币，注册资本达1500万美元或2亿元人民币以上的工业项目，建成投产后，一次性奖励20万元。

上述奖励对象为招引项目的园区、镇街。

2.申报实施重大科技项目扶持奖励。对申报并经批准列入国家重大科技专项、863计划、973计划、科技支撑计划的项目，一次性奖励20万元。对申报并经批准列入国家农业科技成果转化资金和省级科技成果转化专项资金的项目，一次性奖励10万元。对申报并经批准列入省级以上科技型中小企业创新基（资）金、省级基础研究（自然科学基金）计划、科技支撑计划、产学研联合创新资金计划、国际科技合作计划、生命健康科技专项、软科学研究计划、专利实施计划、知识产权战略推进计划等各类科技计划项目的，一次性奖励5万元。对申报并经批准列入省级以上星火、火炬计划的一次性奖励3万元。对申报并经批准列入国家、省科普惠农兴村计划（科技兴农富民工程）项目或先进单位的，分别给予一次性奖励2万元、1万元。

以上奖励对象为项目的申报和实施单位。

3.科技创新能力建设扶持奖励。对新认定为国家级、省级创新型企业，分别给予一次性奖励20万元、10万元；对新认定为省级高新技术企业一次性奖励3万元。对获得国家一、二等及省级一、二、三等科学技术（进步）奖的单位和个人，分别奖励30万元、20万元、10万元、5万元、2万元。

4.高新技术产品产业化扶持奖励。对新认定国家级重点新产品、省级重点新产品和高新技术产品，且年开票销售达1000万元~3000万元的企业，一次性奖励1万元，年开票销售达3000万元以上的企业，一次性奖励3万元；对吸引以技术入股或产学研联合开发，实现产品档次、技术和质量升级的企业，在新产品批量生产后，一年内新产品开票销售规模达1000万元~5000万元、5000万元~10000万元、10000万元以上的分别一次性奖励5万元、10万元、15万元。对通过省部级（经济类）科技成果鉴定或新产品鉴定的项目分别给予一次性奖励2万元。

5.专利开发扶持奖励。对申请并获得受理国际专利一次性奖励3万元；获得国家、省发明专利金奖的项目，分别一次性奖励5万元、3万元；被评为省级以上优秀专利、专利博览会金奖的专利分别一次性奖励2万元、1万元；申请并获得受理国内发明专利、实用新型专利，分别一次性奖励1500元、400元；获得授权发明专利、实用新型专利、外观设计专利分别一性性奖励3000元、400元、500元。

以上奖励对象为申请、获得专利的单位和个人。

（三）园区转型升级扶持奖励

1.园区税收财力扶持奖励。按省、市、区财政体制执行。

2.开票销售奖励。对园区每新增1家当年开票销售100亿元以上，且税收收入3亿元以上工业企业，一次性奖励园区100万元；每新增1家当年开票销售50亿元以上，且税收收入1.50亿元工业企业，一次性奖励园区60万元；每新增1家当年开票销售10亿元，且税收收入0.30亿元以上工业企业，一次性奖励园区40万元；每新增1家当年开票销售5亿元以上，且税收收入0.15亿元工业企业，一次性奖励园区15万元。

对园区当年工业开票销售总额首次达1000亿元、500亿元，或公共财政预算收入首次超10亿元、5亿元的，分别一次性奖励500万元、200万元。

以上奖励对象为各园区。

3.政府性收费项目补助。按省、市、区有关规定执行。

4.特色产业基地专项奖励。对创建成国家级、省级特色产业基地（园区）、生态工业园区、创新型园区、新型工业化示范基地、循环经济示范园区、优质产品生产示范区，并经国家和省工信、科技、商务、质监等部门认定的分别一次性奖励30万元、10万元。对创成省、市级产业集群品牌培育基地的园区，分别一次性奖励10万元、5万元。

对园区设立为企业服务的科技创业服务中心、科技成果转化服务中心、重点实验室、检测中心、研发中心等公共服务平台，通过国家或省级认定的，分别一次性奖励20万元、10万元。

以上奖励对象为各园区。

5.园区基础设施项目贷款扶持政策

对园区内公共基础设施项目建设使用的贷款进行贴息。基础设施项目包括：园区内道路、桥涵等项目；污水、生活垃圾处理等生态环境保护项目；供热、供气、供水等基础设施项目；标准厂房项目（不包括园区对外出售、代建的部分）；经区委、区政府确定的其他基础设施项目。

以上奖励对象为各园区。

6.企业向园区集中扶持。按区有关规定，年终体制结算。

（四）城区工业企业"退城进园"扶持奖励

1.原企业用地补偿。对出让方式取得的工业用地，补偿标准按出让剩余年限原用途现行基准地价的120%确定；对划拨方式取得的工业用地，补偿标准按原用途现行基准地价的70%确定；对企业原减免或缓交的土地出让金，由搬迁企业依法缴纳。

2.不可搬迁建筑物及地面附着物补偿。对无法搬迁的建筑物及附着物补偿标准按重置价乘以成新率确定，装饰装潢补偿执行泰政规〔2012〕7号文件；电力、通信和管道等特殊的附属设施经实地勘察确定；未超过批准期限的临时建筑（或未界定建筑面积）按重置价的50%确定。

3.停产停业补偿。对正常生产的企业因搬迁造成停产、停业的经济损失，按原企业用地补偿、不可搬迁建筑物及地面附着物补偿总额（不包括附属物、临时建筑、室内装饰补偿金额）的4%确定。

4.土地基准地价差价补偿。企业原土地由政府收购储备后，按改造区域规划用途平均基准地价与原用途基准地价的差额，剔除不可搬迁建筑物及地面附着物补偿及停业、停产补偿后部分的20%，奖励给原土地使用权人。

5.搬迁范围内未经批准的临时建筑，在规定期限内腾空并主动交付土地的，按建筑面积重置价乘以成新率的20%，作为腾空搬迁补助。

6.搬迁企业需在园区新征用土地的，原则上享受所在园区的招商引资优惠政策，国土部门按照集约用地要求，优先落实用地计划指标，并直接下拨到所在园区；对置换等面积部分，政府从收储土地的预期收益中补贴每平方米30元。

上述奖励对象为主城区范围内实施"退城进园"的企业。

（五）节约集约利用土地扶持奖励

1.实行差别化供地政策。重点保障注册资本金超3000万美元或3亿元人民币的工业项目和注册资本金超1000万美元或1亿元人民币的服务业项目用地；优先安排注册资本金超1000万美元或1亿元人民币的工业项目和注册资本金超500万美元或5000万元人民币的服务业及建设四层（含）以上标准厂房的项目用地；其他项目按照逐步推行工业用地招拍挂进行招商选资，实行选择性保障。

2.建设多层标准厂房奖励。按省、市有关文件规定执行，工业项目暂免征城市基础设施配套费。

（六）农村土地流转扶持奖励

1.土地承包者流转土地奖励。对组建的“小农场”中，主动、自愿流转土地承包经营权，签订流转合同期限10年以上的农户，男60周岁、女55周岁以上人员参加新型农村合作医疗保险，区财政按其个人承担部分的50%给予补助。区人社部门优先安排流转土地的农民参加就业培训，并享受有关就业补贴政策。

对村（社区）建立的“小农场”，经工商注册登记、有完备的土地流转资料、规范的财务制度、规模200亩~500亩的，一次性奖励3万元；规模500亩以上的，一次性奖励6万元；达到1000亩以上的，一次性奖励10万元。对于整村（社区）土地流转、建立“小农场”、面积在1000亩以上的，一次性奖励10万元；土地面积300亩~1000亩的，一次性奖励5万元。

第三章　扶持奖励资金的具体申报要求

第五条　为降低企业获取政策支持的成本，提高政策落实效率，对由区政府部门组织推进、省级以上部门认可或授予各类称号、认证的项目，采取简化流程、免予申报的方式，即由相关主管部门提供授奖依据或证明，由区财政局（或委托第三方机构）履行必要的审核程序后直接提交区政府领导审定。

免于申报的项目包括：

1.获得国家、省、市各类品牌的企业的奖励（区质监分局、商务局、工商分局提供依据）；

2.获得国家标准化良好行为企业；牵头制（修）订国家级、省级各类标准；承担组建全国标准化专业技术委员会分技术委员会或工作组；列入省级循环经济、高新技术、服务业、农业等标准化试点的单位的奖励（区质监分局提供依据）；

3.企业上市融资奖励（区金融办提供依据）；

4.获得国家、省级电子商务平台示范企业；新认定为国家级、省级、市级“两化融合”示范企业；创建成五星、四星级数字企业的奖励（区经信委、商务局提供依据）；

5.通过国家、省级认定的各类研发机构的奖励（区科技局、经信委、发改委提供依据）；

6.创建成国家级、省级的各类园区（基地）的奖励（区工商局、发改委、质监局、商务局、科技局、经信委、环保局等分别提供依据）；

7.通过国家、省级认定的各类科技公共服务平台的奖励（区质监分局、科技局提供依据）；

8.十佳优秀企业奖励（区经信委、国税分局、地税分局、人社局、财政局提供依据）；

9.获得国家级、省级认定的创新型企业、省高新技术企业；获得国家、省级以上科学技术（进步）奖企业的奖励（区科技局提供依据）；

10.获批的国家、省级各类重大科技项目的奖励（区科技局提供依据）；

11.通过省部级（经济类）科技成果鉴定或新产品鉴定的项目企业的奖励（区科技局、经信委提供依据）；

12.发明专利获奖或新授权的奖励（区科技局提供依据）；

上述12项免于申报项目的奖励扶持资金除第5、9、10、11、12项由区、园区（镇街）各负担50%外，其余由区财政负担。

第六条　不属于上述免申报范围内的项目按照以下对应条款的要求申报。其中：

1.申报企业（单位）应符合以下基本条件：

（1）在泰州市高港区工商注册、税务登记、依法纳税，具有独立法人资格；

（2）具备健全的基础管理和财务内控制度，财务信息资料真实完整并按规定对外报送；

（3）诚信记录良好，依法缴纳社会保险，无违法违规、拖欠职工工资和政府性资金的行为。

2.企业（不包括特定项目主体）项目申报应提供以下基本资料：

（1）资金申请报告，主要陈述企业基本情况、项目实施情况、资金申请事由等，落款为项目单位公章；

（2）申报企业法人营业执照复印件；

（3）申报企业上年度经中介机构审计的年度会计报表，包括资产负债表、损益表、现金流量表等；

（4）外商投资企业另需提供企业投资批准证书。

第七条　企业资本运作扶持奖励申报要求

1.资本嫁接项目需补充提供以下资料：

（1）有资质的中介机构出具的能反映区外产业关联企业入股我区企业的实际到账金额的审计报告一份（复印件）；

（2）区外产业关联企业入股后，企业股本变化前后公司章程各一份（复印件）；

（3）双方签订的正式资金入股的协议。

2.品牌嫁接项目需补充提供以下申报资料：

（1）建立品牌战略合作关系协议；

（2）合作对方在有效期内的品牌、商标证明材料；

（3）企业自有品牌、商标证明材料。

世界500强企业的认定，以《财富》杂志中文版当年发布的企业名单为准。

3.以上项目组织申报责任部

门:区经信委。

4.项目资金安排渠道:区财政(全额)。

第八条 企业上市扶持奖励申报要求

1.项目申报需补充提供以下资料:

(1)拟上市股份公司章程;

(2)拟上市方案文本;

(3)相关拟上市证明材料(证监部门备案文件,与境内外券商签订的辅导协议,与有关评估、审计中介签订的服务协议等);

(4)上市过程中相关费用发生凭证。

2.项目组织申报责任部门:区金融办、财政局、发改委、经信委。

3.项目资金安排渠道:区财政(全额)。

第九条 企业技术改造项目申报要求

1.申报主体另须符合以下特定条件:

(1)申报项目设备投资达到规定强度;

(2)申报项目经相关部门核准和备案,环保、节能、土地、安全等手续完备;

(3)近三年内未发生严重的环保、安全事故,且企业正常生产;

2.项目申报需补充提供以下申报资料:

(1)设备购置发票复印件(发票认定时间为当年度1月1日至12月31日)及设备清单汇总表;

(2)中介机构出具的项目投入专项审计报告,重点披露设备投资额,并附列设备购置凭据;

(3)企业法人代表对所提供申报材料的真实性承诺;

3.项目组织申报责任部门:区经信委;

4.项目资金安排渠道:区财政50%、园区(镇街)50%。

第十条 企业税收上台阶

1.项目申报需补充提供以下申报资料:

税务征收机关出具的税收实际入库数证明。

2.项目组织申报责任部门:区财政局、经信委。

3.项目资金安排渠道:区财政(全额)。

第十一条 企业实施工贸分离补助申报要求

1.申报主体:当年实施工贸分离的工业企业。

2.申报需提供以下资料:

(1)新成立企业的工商及税务登记证书;

(2)新成立企业净入库税收统计表;

(3)地方留成财力返补资金申请表;

3.项目组织申报责任部门:区财政局、国税分局、地税分局。

4.项目资金安排渠道:区财政、园区(镇街)财政(按收入级次,同级财政安排)。

第十二条 企业境外投资奖励申报要求

1.项目申报需提供以下申报资料:

(1)项目奖励申请报告(包括项目基本情况,申请金额等);

(2)境内主体资格证明复印件(营业执照、组织机构代码证、法人身份证等);

(3)境外投资企业证书;

(4)大使馆确认函;

(5)境外项目实际到资200万美元证明(海关出具的外汇证明)。

2.项目组织申报责任部门:区商务局。

3.项目资金安排渠道:区财政(全额)。

第十三条 招引重大工业项目专项扶持奖励申报要求

1.项目申报主体:各园区、镇街。

2.项目申报需补充提供以下申报资料:

(1)项目实际到资证明(验资报告);

(2)项目投资合同,项目投入专项审计报告;

(3)有权部门出具的竣工验收、投产意见。

3.项目组织申报责任部门:区商务局、经信委。

4.项目资金安排渠道:区财政(全额)。

第十四条 高新技术产品产业化项目奖励申报要求

1.项目申报主体另须符合以下特定条件:

获得国家(省)级重点新产品、省高新技术产品的企业及吸引技术入股或产学研联合开发,实现产品档次、技术和质量升级的企业。

2.项目申报需补充提供以下申报资料:

(1)企业国家(省)级重点新产品、省高新技术产品认定证书;

(2)技术入股或产学研联合开发合作协议或谅解备忘录;

(3)申报企业上年度会计报表,包括资产负债表、现金流量表;

(4)税务征收机关出具的产品年开票销售额证明材料。

3.项目组织申报责任部门:区经信委、区科技局、区国税分局、地税分局。

4.项目资金安排渠道:区财政(全额)

第十五条 战略性新兴产业补助申报要求

1.申报主体须:符合国家、省战略性新兴产业范围的企业。

2.项目申报需提供以下资料:

(1)符合战略性新兴产业的证明材料;

(2)与各镇街、园区签订的租用标准厂房的租赁协议;

(3)企业缴纳相关规费的复印件;

(4)税务征收机关出具的企业相关税收入库证明。

3.项目组织申报责任部门:区发改委、经信委。

4.项目资金安排渠道:区财政、园区(镇街)财政(按收入级次,同级财政安排)。

第十六条　园区内工业企业开票销售达标奖励申报要求

1.申报主体:各园区。

2.项目申报需补充提供以下申报资料:

(1)企业法人营业执照复印件;

(2)税务征收机关出具的年度开票销售总额、净入库税收证明。

3.项目组织申报责任部门:区经信委。

4.项目资金安排渠道:区财政(全额)。

第十七条　园区工业开票和财政收入规模奖励申报要求

1.项目申报主体:各园区,且园区年度工业开票、公共财政预算收入达到规定要求。

2.项目申报需补充提供以下申报资料:

(1)园区工业开票销售统计表;

(2)税务征收机关出具的年度开票销售总额、净入库税收证明。

3.项目组织申报责任部门:区经信委、区财政局。

4.项目资金安排渠道:区财政(全额)。

第十八条　园区基础设施项目贷款财政贴息补助申报要求

1.申报主体:三大园区,即高新区、核心港区、临港经济园。

2.申报要求:当年基础设施建设投资总额达到规定强度。

3.项目申报需提供以下申报资料:

(1)基础设施项目贷款财政贴息申请报告;

(2)区项目编审会通过的基础设施项目的会议纪要或区发改委项目立项批文;

(3)基本建设贷款项目贴息申请汇总表(表式另行制定,下同)、项目批准文件、贷款合同或相关材料、工程建设进度款证明材料、竣工决算报告等材料。

4.项目组织申报责任部门:区财政局。

5.项目资金安排渠道:区财政(全额)

第十九条　企业向园区集中奖励申报要求

1.申报主体:各园区、镇街。

2.申报需提供以下资料:

(1)当年落户园区的企业名单;

(2)税务部门出具的企业当年各项净入库税收及上年净入库税收证明;

(3)企业搬迁前后的营业执照复印件及实际经营场所的证明材料。

(4)园区出具的各镇街(园区)招引企业落户的证明。

3.项目组织申报责任部门:区财政局、国税分局、地税分局、各园区(镇街)。

4.项目资金安排渠道:区财政、园区(镇街)财政(按分税制财政体制执行)。

第二十条　标准厂房奖励申报要求

1.申报主体:标准厂房投资建设单位。

2.项目申报需提供以下申报资料:

(1)标准厂房建设奖励申请表;

(2)标准厂房建设有关规划、批件;

(3)有关标准厂房建设的佐证材料(经信部门的认可意见、工程施工图纸、新建厂房的直观资料)。

3.项目组织申报责任部门:区经信委、财政局。

4.项目资金安排渠道:区财政(全额)。

第二十一条　村(社区)小农场建设补助申报要求

1.申报主体:村(社区)建立的小农场。

2.项目申报需提供以下申报资料:

(1)小农场工商注册登记证明材料;

(2)与农户签订的土地流转合同;

3.项目组织申报责任部门:区农委、区财政局。

4.项目资金安排渠道:区财政(全额)。

第二十二条　整村土地流转的村(社区)补助申报要求

1.申报主体:村(社区)。

2.项目申报需提供以下申报资料:

(1)土地流转清册;

(2)村(社区)土地承包面积和村(社区)土地流转面积;

(3)与农户签订的土地流转合同。

3.项目组织申报责任部门:区农委、区财政局。

4.项目资金安排渠道:区财政(全额)。

第二十三条　农户补助申报要求

1.申报主体:各镇街。

2.项目申报需提供以下申报资料:

(1)小农场与农户签订的土地流转合同;

(2)参加新型农村合作医疗保险的人员名单;

3.项目组织申报责任部门:区农委、区财政局。

4.项目资金安排渠道:区财政(全额)。

第二十四条　上述申报材料中,凡申报单位或有权部门出具的表格、意见或文书,应为原件。上级部门或第三方单位出具的文件、报告等,可为复印件,但须加盖申报单位公章。

第四章　扶持奖励资金的申报、审核和兑付程序

第二十五条　转型升级专项资金项目申报信息发布、组织受理时间统一为每年3月至4月。

第二十六条　资金申请实行属地化管理。符合资金支持条件的项目,由项目单位按照本细则规定及当年项目申报要求向所属园区、镇街业务主管部门申报。申报材料提交份数视具体项目评审需要而定。

第二十七条　各园区、镇街对申报单位申报资格、申报材料的真实性和完整性等进行审查,对符合申报条件和要求的项目,汇总向区组织申报责任部门出具书面推荐意

见，具体项目申报资料一并转报。

第二十八条 项目申报牵头责任部门会同有关部门，负责对申报单位资格、材料真实性和合规性进行审核，并提出初步的评审意见和资金安排建议，报区政府审定。经批准后，由区财政根据相关规定和程序下达或拨付扶持奖励资金。区财政要强化监督，确保扶持政策资金全额及时落实到位。

第五章 扶持奖励项目的职能分工及资金监督管理

第二十九条 区财政局负责转型升级专项资金的安排、资金拨付、运用规范性管理以及绩效考评等工作；区商务局、发改委、经信委、科技局等业务主管部门负责年度转型升级专项资金申报工作指南的制定发布、受理申报、组织评审等工作；区委农工办负责农村土地流转申报材料核查和验收，并将查验情况予以公示。

第三十条 资金申请单位要严格按照本细则规定和当年申报指南的要求，申报有关扶持奖励资金。同一项目不得提出两类以上的资金申请，也不得兼报区级其他财政扶持奖励项目（市级以上财政扶持项目不限）。

第三十一条 资金获取单位应执行国家有关财经政策和财务制度，加强资金管理和核算，确保专款专用。企业单位获取的个人奖励类资金，可记入“专项应付款”科目；获取的扶持类资金，应按照《企业财务通则》有关规定，作企业收益处理，或经批准记入“资本公积”科目。机关事业单位获取的经费补贴和奖励资金，按照行政事业单位有关财务制度进行会计核算。

第三十二条 转型升级专项资金涉及个人的奖励事项，属于个人所得税征收范围的，由受奖人自行申报纳税。

第三十三条 区财政局会同各有关部门建立转型升级专项资金绩效评价制度，对专项资金管理使用情况进行定期或不定期跟踪检查。主要检查考核项目完成情况、项目组织管理水平、项目实施的经济社会效益、资金使用的规范化程度等内容。绩效评价结果作为后续年度资金安排以及切块额度的重要参考。

第三十四条 对违反财政纪律，虚假申报、违规使用扶持奖励资金的单位和个人，依照《财政违法行为处罚处分条例》等相关规定予以处理处罚；构成犯罪的，移交司法机关处理。

第六章 附则

第三十五条 本细则涉及的有关项目评审、认定和验收办法等，由各牵头主管部门会同有关部门另行制定发布。

第三十六条 本细则由制发单位会同区发改委、经信委、农委、商务局、科技局、财政局等部门负责解释。

泰州市高港区困难家庭临时生活救助实施细则

泰高政办发〔2014〕83号

第一章 总 则

第一条 为进一步完善社会救助体系，妥善解决城乡困难群众突发性、临时性生活困难，根据《江苏省城乡困难群众临时生活救助实施办法》（苏政办发〔2007〕132号）、《江苏省居民最低生活保障工作规程》（苏民规〔2012〕2号、苏财社〔2012〕245号）、《市政府办公室〈关于印发泰州市市区困难家庭临时生活救助实施意见〉的通知》（泰政办发〔2013〕193号）等有关文件精神，结合我区实际，制定本实施细则。

第二条 区民政局为全区临时救助的主管部门，负责全区城乡困难家庭临时生活救助工作的实施和管理。

第三条 临时救助遵循以下原则：（一）救急救难的原则；（二）公平、公正、公开的原则；（三）政府救助、社会互助、劳动自救的原则；（四）属地管理原则。

第二章 临时生活救助对象

第四条 临时救助对象必须是具有高港区户籍的常住居民，且具备下列条件之一的人员：

1.家庭人均收入高于当地低保标准但低于低保标准2倍范围内的生活困难群体；

2.因患大重病或遭遇突发灾害等导致基本生活困难的家庭；

3.因不可抗拒因素难以维持基本生活的家庭；

4.其他经区、镇人民政府（街道办事处）确定应予救助的。

第三章 救助标准

第五条 临时救助标准依据维持家庭基本生活需要进行确定，同时结合救助家庭生活困难原因和贫困程度等因素，合理实施救助。具体标准如下：

（一）因家庭成员患大重病，在扣除各种医疗保险报销部分、城乡医疗救助和其他社会帮扶资金后，家庭负担医疗费数额较大，导致家庭基本生活难以维持的，给予适当救助。

1.个人自付医保范围内医药费在1万元~2万元（含2万元）的，救助1000~2000元；

2.个人自付医保范围内医药费在2万元~4万元（含4万元）的，救助标准为2000~4000元；

3.个人自付医保范围内医药费在4万元~6万元（含6万元）的，救助标准为4000~6000元；

4.个人自付医保范围内医药费在6万元以上的，救助标准为6000~8000元。

（二）因遭遇火灾等突发灾害或不可抗力因素造成家庭财产重大损失、人身伤害，扣除各种赔偿、保险、社会帮助资金后，家庭基本生活仍然困难的，给予适当救助。

1.家庭财产和人员造成损失在

3万元以下（含3万元）的，救助标准为1000~2000元；

2.家庭财产和人员造成损失在3万元~10万元（含10万元）的，救助标准为2000~4000元；

3.家庭财产和人员造成损失在10万元~20万元（含20万元）的，救助标准为4000~6000元；

4.家庭财产造成损失在20万元以上或人员发生死亡的，救助标准为8000元。

（三）对子女就读困难的家庭，家庭成员接受高中阶段教育（不含自费择校生）或者国家公办大学教育，经各种教育救助帮扶后，仍无力支付教育费用的，给予适当救助。

1.在上高中（含中专）阶段，每年救助金额不超过2000元；

2.在上大学阶段，每年救助金额不超过3000元。

（四）其他特殊原因造成生活困难的家庭，一般不超过1000元。

（五）因交通事故造成家庭财产重大损失、人身意外伤害的按照《泰州市高港区道路交通事故救助资金使用管理暂行办法》（泰高委政〔2014〕28号）执行。

救助款按上述救助标准一次性发放至救助对象，同一个家庭救助按就高原则，每年享受临时救助不超过一次。

第四章　救助程序

第六条　临时救助程序

（一）申请。申请临时救助以家庭为单位，由户主向户籍所在地的镇人民政府（街道办事处）提出书面申请，填写泰州市市区申请社会救助家庭经济状况登记表，并如实提供以下证明材料：居民户口簿原件和复印件、居民身份证原件和复印件、低保证或低收入核定证明、家庭成员收入状况证明、致困原因证明等；对因病致贫的家庭还需提供医疗费用结算单据及清单、病历等相关证明材料；对遭遇火灾的家庭还需提供火灾发生的原因说明及相关图片资料等证明材料；对困难家庭子女上学的还需提供子女学籍、学费证明原件及已接受相关单位救助情况说明等相关证明；民政部门要求提供的其他相关证明材料。

（二）审核。镇人民政府（街道办事处）接到临时生活困难救助申请后，应会同村（居）委会在5个工作日内对申请人的家庭财产、收入等情况进行调查核实，并在泰州市市区申请社会救助家庭经济状况登记表上签字确认，经评议小组评议，在村（居）委会张榜公示7日后，符合救助条件的，填写泰州市社会救助家庭经济状况核定审批表，由村（居）委会、镇人民政府（街道办事处）签署初审意见，连同申请人提供的材料一并上报区民政部门。

（三）审批。区民政部门对上报材料进行审查，必要时进行家庭经济状况信息比对，符合条件的予以批准；不符合条件的，及时通知申请人，并说明理由。对申请临时生活救助对象的家庭财产、收入核定，按《江苏省居民最低生活保障工作规程》和《泰州市市区社会救助家庭认定办法》执行。

第七条　对因突发性灾难无法继续维持基本生活的特殊困难家庭，应遵循简化程序、特事特办的原则，必要时简化过程和手续办理。

第五章　资金的筹措和监管

第八条　临时救助资金以政府投入为主，社会筹集为辅，区财政按每人每年1元标准安排专项资金，区、镇（街道）各负担50%，并随着社会经济的发展和临时救助需求逐步提高。资金主要来源为：上级部门补助、区财政预算安排、福利彩票公益金安排等方式筹集。

第九条　临时救助资金实行专账核算，专款专用，并建立临时救助资金发放台账，接受社会和群众监督。

第十条　区民政部门负责临时生活救助工作的规范管理；区财政部门负责筹集临时生活救助资金，并及时足额拨付；区民政、财政部门每年对各镇街临时救助运行情况进行监管检查；区审计、监察部门负责对临时救助资金的管理使用情况进行专项审计和监督。

第六章　不予实施临时救助的内容

第十一条　有下列情形之一的不予实施临时救助：

（一）因工伤、交通肇事、打架斗殴、酗酒、赌博及吸毒等原因导致家庭困难的；

（二）在申请临时救助中弄虚作假、无理取闹、谩骂和威胁工作人员的；

（三）九年制义务教育阶段在读的中、小学生，因择校或在私立、民办等高价学费学校学习的学生，因负担高额学费致贫的；

（四）法定赡（扶、抚）养人未按规定履行义务的；

（五）参与政府明令禁止的非法组织活动的；

（六）因故意原因造成家庭生活困难的。

第十二条　如遇大面积自然灾害或不可抗拒因素造成的社会性灾害，发生困难需要救助的不适用此办法。

第七章　法律责任

第十三条　对不如实提供家庭收入状况，采取虚报、隐瞒等手段骗取临时救助待遇的，发放部门应追回冒领的临时救助款，并由有关部门追究冒领者的法律责任。

第十四条　临时救助管理机关及其工作人员滥用职权、徇私舞弊、玩忽职守造成严重后果的，由所在单位给予行政处分；构成犯罪的，移送司法机关依法追究刑事责任。

第八章　附　则

第十五条　本细则由区民政局负责解释。

第十六条　本细则自颁发之日起施行，原《泰州市高港区城乡居民临时救助实施办法》同时废止。

泰州市高港区促进全民创业暂行办法

泰高政办发〔2014〕48号

为贯彻落实区委四届四次全会精神,全面实施创业富民工程,进一步推进全区创业富民工作,健全全民创业管理制度,完善创业培训、开业指导、创业扶持,提升广大创业者的创业成功率,结合我区实际,制定本办法。

第一章 创业培训

第一条 创业培训,是对有创业愿望、培训需求的劳动者开展从事个体经营、创办小型企业的基础知识和创业能力的培训。

第二条 可享受政府创业培训补贴的对象包括:

(一)城镇登记失业人员;

(二)进城求职的农村劳动者,包括用人单位吸纳进城求职的农村劳动者;

(三)未能继续升学的应届初、高中毕业生;

(四)登记求职的高校毕业生,在校大学生和职技校生;

(五)被认定为就业困难人员的失业人员;

(六)国家、省、市规定的其他人员。

第三条 符合享受创业培训补贴的对象,每人享受一次创业培训补贴。被认定为就业困难人员的失业人员每年享受一次创业培训补贴。

第二章 培训机构管理

第四条 创业培训实行资格认定制度。凡具备办学资质、愿意承担创业培训工作的职业院校和培训机构,均可申报认定为区创业定点培训机构。

申请定点培训机构必须同时具备以下条件:

(一)应有人社部门或教育部门颁发的办学许可证,具有法人资格;

(二)必须具有与承担培训项目相适应的培训师资、场地、设施,有满足开设专业需要的教学仪器、设备和图书资料等;

(三)教学管理制度完善,内部管理规范,社会信誉良好;

(四)遵守国家就业培训和职业教育法律法规,热心开展创业培训;

(五)近三年无重大违纪违规被处罚记录。

第五条 创业定点培训机构由区及区级以上劳动就业管理机构统一认定。

第六条 建立定点培训机构年检制度,实行退出机制。区人社部门每年对定点培训机构的培训质量、教学管理、创业效果、遵纪守法等方面进行检查、评估和年检,并根据考核结果确定其为合格或不合格。对管理混乱、培训效果差的定点培训机构限期整改,整改无效的取消其定点培训机构资格。

第七条 创业培训方式采用互动式教学,由专职教师授课为主,辅以政策讲解、经验介绍、现场考察等形式。培训结束时,学员应完成《创业企划书》并通过专家答辩。培训课程不少于80个课时,以10天课程为一个周期,培训规模为每班不超过40人。

第八条 培训机构应按照创业培训教学方案和课程计划要求,组织实施教学活动,使用统一的创业培训教材,严格按规定课时培训。

第九条 定点培训机构要明确专门管理人员,加强对学员的管理和考核。建立培训考勤制度,严禁一次多签、过后补签、冒名代签。对上课学时达不到规定课时70%的学员应暂缓其参加结业考试,经补课到规定学时后,方可参加结业考试。

第十条 培训结束后,由区人力资源社会保障部门组织考核,考核合格者颁发创业培训合格证书。

第十一条 创业培训补贴标准参照《泰州市就业创业培训管理办法》(泰人社发〔2011〕585号)执行。

第三章 创业项目推介及孵化基地建设

第十二条 在全市范围内针对个人及公司征集创业项目,供我区有创业意愿者挑选,优化创业项目,提高创业成功率。

第十三条 孵化基地是指经确认可为创业者提供管理经营所需的场地以及免费提供创业指导、融资服务、管理咨询、人才培训、技术创新、事务代理、法律援助等各项服务的实体。

第十四条 区创业孵化基地的认定由区人社部门组织实施,并提供相关服务。

第十五条 孵化基地应符合下列标准和条件:

(一)具有独立的企业或事业法人资格,有固定的办公场所和健全的财务制度,具有相应专业知识和技能的服务管理人员;

(二)孵化生产、加工型企业的厂房面积3000平方米以上;孵化贸易、服务类企业的场地面积300平方米以上;孵化个体工商户有10间以上独立门面房。有相应的道路、供电、供水、消防、通信、网络和职工生活等基础配套设施;

(三)有为孵化基地定向服务的管理机构和中介服务机构;

(四)孵化基地可一次性入驻个体工商户或企业不少于10家,安排从业人员100人以上。孵化成功率在60%以上;

(五)孵化基地有很好发展前景,具有连续滚动孵化的功能。

第十六条 进入创业孵化基地的企业应具备以下条件:

(一)企业注册地及办公经营场所须在创业中心的孵化场地内,产权明晰,自主经营,自负盈亏;

(二)属新注册企业或申请进入创业孵化基地的企业成立时间不到2年;

(三)属迁入企业的,上年营业收入一般不得超过100万元;

（四）在创业孵化基地孵化的时间一般不超过3年；

（五）企业注册资金一般不得超过100万元；

第十七条 申报单位向区人社部门提出申请，并提供以下材料：

（一）孵化基地可行性报告（基地建设基本情况、创业服务情况、入孵企业情况、经济和社会效益等）；

（二）高港区创业孵化基地认定申请表；

（三）相关证明文件：企业或事业法人执照副本原件及复印件；创业孵化基地负责人身份证原件及复印件。

第十八条 对被认定的创业孵化基地，由区政府颁发高港区创业孵化基地牌匾。

第十九条 孵化基地采取动态管理机制，对已确认的高港区创业孵化基地每两年进行一次复查。对不再符合创业孵化基地标准和条件或存在下列情况的，将取消其孵化基地资格，收回高港区创业孵化基地牌匾。

（一）孵化基地违法违规经营，或允许孵化对象违法违规经营的；

（二）孵化基地被孵化对象投诉查实三次以上，没有及时整改的；

（三）不能为孵化对象提供入孵时承诺的各项服务的；

（四）孵化成功率低于50%的。

第四章 政策扶持

第二十条 凡在劳动年龄段内、且在本地创业并领取营业执照的各类城乡劳动者（含市外在本地创业人员）和劳动密集型小企业，均可申请创业担保贴息贷款。个人申请贷款最高额度为30万元，劳动密集型小企业最高额度为300万元，贷款期限最长为3年。并按人民银行公布的基准利率给予50%贴息，对认定的就业困难人员给予全额贴息。

第二十一条 对扶持下岗失业人员、高校及技（职）校毕业生、被征地农民、自谋职业的复转退军人以及残疾人员等人群创业的基层人力资源社会保障服务平台，每新增扶持1人成功创业，且在本地领取营业执照稳定经营一年以上并正常纳税的，给予1000元一次性奖励。

第二十二条 支持初始创业。下岗失业人员、高校及技（职）校毕业生、被征地农民、自谋职业的复转退军人以及残疾人员等人群，在本地领取营业执照稳定经营一年以上并正常纳税的，给予5000元一次性初始创业补贴。

第二十三条 参加创业培训人员，当期培训到课率达到90%以上（含90%），且经考核合格，取得创业培训合格证书的，给予每人300元的获证补贴。

第二十四条 创业者成功创业，在本地领取营业执照稳定经营一年以上并正常纳税的，给予创业项目提供者1000元奖励。创业项目推介奖励资金在就业专项资金"创业引导扶持资金"中列支。

第二十五条 对认定为市级创业孵化基地的，给予2万元的一次性孵化补贴，所需资金在就业专项资金的"创业引导扶持资金"中列支。

第二十六条 就业困难对象进入创业孵化基地创业并正常经营1年以上的，按照最高不超过房租50%的标准给予最长不超过3年、每年最高不超过1万元的房租补贴。

第五章 资金拨付

第二十七条 定点培训机构申报培训补贴时应提交以下资料，机构法人对资料的真实性负责。创业培训学员花名册、登记表、身份证复印件、就业失业登记证复印件、创业培训合格证书复印件、创业证明材料、代为申请培训补贴协议等材料。实行严格的审核程序。培训补贴由人社部门汇总审核，财政部门复核后拨付。培训补贴按照培训合格率和培训后创业率分段给予补贴，即培训合格后按培训补贴标准的70%拨付培训补贴，培训后3个月内创业率达60%的再按培训补贴标准的30%给予拨付。

第二十八条 参加创业培训人员获证补贴申请材料经人社部门汇总审核，财政部门复核后拨付。获证补贴申请材料应附：培训合格人员花名册、考勤记录表、申请人员身份证复印件、创业培训合格证书复印件等证明材料。

第二十九条 其他政策扶持资金的拨付，由符合条件人员向区人社部门申请，提供由人社部门和财政部门规定的相关证明材料，人社部门汇总审核，财政部门复核后拨付。

第三十条 创业扶持资金专款专用，严禁任何单位或个人截留、挤占、挪用。

第六章 责任与监督

第三十一条 区财政部门负责落实创业扶持资金年度预算，对创业培训、政策扶持等进行监督，复核相关创业扶持补贴申报材料，按规定核拨扶持补贴。

第三十二条 区人力资源和社会保障部门负责制定创业扶持年度计划和目标任务，落实扶持经费；对创业扶持进行指导、管理和监督检查；负责创业培训开班审核、培训监管、培训考核、鉴定服务等；负责创业补贴资料的汇总审核。

第三十三条 区人社部门和区财政部门要加强对创业扶持的监督检查，严格执行创业扶持政策，创业培训建立开班审核、过程巡查等监管制度。

第三十四条 各镇（街）人社中心、各村（社区）社会事业工作站对辖区内有创业意愿的劳动者进行调查，为创业者提供培训报名、项目推介、政策咨询等服务，并组织人员参加创业培训。

第七章 附 则

第三十五条 本办法由区人力资源和社会保障局负责解释。

第三十六条 本办法自发文之日起执行。

统计资料

2014年高港区行政概况一览表

表45

指标名称	单位	年末数
一、总户数	户	81051
二、户籍人口	人	262271
其中：城镇人口	人	160352
三、常住人口	人	251700
四、出生人口	人	2621
五、死亡人口	人	2366
六、土地面积	平方千米	286.83
其中：建成区面积	平方千米	15.31
七、镇政府	个	4
八、街道办事处	个	3
九、居民委员会	个	49
十、村民委员会	个	40
十一、亿元以上市场	个	3
十二、列统工业企业数（2000万元以上）	个	203
其中：大中型工业企业	个	30
十三、限额以上批发和零售、住宿和餐饮单位	个	72
十四、规模以上服务业企业	个	82

2014年高港区人口及其变动情况一览表

表46 单位：户、人

指标名称	全区合计	口岸街道	刁铺街道	许庄街道	永安洲镇	白马镇	大泗镇	胡庄镇
总户数	81051	23135	7179	12133	8428	6630	10285	13261
总人数	262271	70334	23267	39400	31012	22290	33324	42644
#男	132732	35228	11482	19710	15239	11532	17564	21977
女	129539	35106	11785	19690	15773	10758	15760	20667
出生人口	2621	741	224	416	346	234	296	364
#男	1383	370	124	212	189	125	169	194
女	1238	371	100	204	157	109	127	170
死亡人数	2366	504	192	390	286	220	330	444
#男	1325	269	93	223	168	136	180	256
女	1041	235	99	167	118	84	150	188

续表46

指标名称	全区合计	口岸街道	刁铺街道	许庄街道	永安洲镇	白马镇	大泗镇	胡庄镇
迁入人数	1474	496	164	222	96	85	169	242
#省内	840	322	92	122	50	29	83	142
省外	634	174	72	100	46	56	86	100
迁出人数	925	383	83	96	90	42	94	137
#省内	451	192	44	43	59	9	36	68
省外	474	191	39	53	31	33	58	69

2014年高港区经济社会基本情况一览表

表47

指　标　名　称	计量单位	数　值
一、人口、就业及土地面积		
年末总人口	万人	26.23
#女	万人	12.95
#农业户籍人口	万人	11.01
年平均人口	万人	26.28
年末常住人口	万人	25.17
#城镇人口	万人	15.39
当年出生人口	人	2621
当年死亡人口	人	2366
年末总户数	户	81051
从业人员	万人	15.53
第一产业	万人	2.98
第二产业	万人	6.83
第三产业	万人	5.72
年末单位从业人员	人	102177
#女	人	23614
(一)按国民经济行业分组		
#采矿业	人	44
制造业	人	42630
电力、热力、燃气及水生产和供应业	人	204
建筑业	人	42867
批发和零售业	人	4986
交通运输、仓储和邮政业	人	2628
住宿和餐饮业	人	293
信息传输、软件和信息技术服务业	人	110

续表47

指 标 名 称	计量单位	数 值
金融业	人	246
房地产业	人	578
租赁和商务服务业	人	183
科学研究和技术服务业	人	256
水利、环境和公共设施管理业	人	139
居民服务、修理和其他服务业	人	187
教育	人	3030
卫生和社会工作	人	1133
文化、体育和娱乐业	人	75
公共管理、社会保障和社会组织	人	2583
#第一产业(农林牧渔业)	人	5
第二产业	人	85745
第三产业	人	16427
(二)按登记注册类型分组		
#国有单位	人	6958
城镇集体单位	人	2397
港澳台商投资单位	人	1270
外商投资单位	人	14937
在岗职工人数	人	94999
#国有单位	人	6891
城镇集体单位	人	2363
港澳台商投资单位	人	939
外商投资单位	人	14293
在岗职工平均人数	人	101207
#国有单位	人	6915
城镇集体单位	人	2315
港澳台商投资单位	人	1026
外商投资单位	人	14431
私营企业从业人员	人	72020
#城镇私营	人	62248
个体从业人员	人	35245
#城镇个体	人	31425
年末城镇登记失业人员数	人	730
行政区域土地面积	平方千米	286.83
#建成区面积	平方千米	15.31

续表47

指 标 名 称	计量单位	数 值
城市建设用地面积	平方千米	29.79
#居住用地面积	平方千米	36.47
公共设施用地面积	平方千米	—
工业用地面积	平方千米	—
水资源总量	万立方米	9240
二、综合经济		
地区生产总值	亿元	338.88
#农业	亿元	7.55
林业	亿元	0.09
畜牧业	亿元	2.00
渔业	亿元	0.75
农林牧渔服务业	亿元	0.21
工业	亿元	198.93
建筑业	亿元	19.69
批发和零售业	亿元	27.13
交通运输、仓储和邮政业	亿元	11.87
住宿、餐饮业	亿元	1.98
信息传输、软件和信息技术服务业	亿元	2.80
金融业	亿元	17.72
房地产业	亿元	13.13
租赁和商务服务业	亿元	9.63
科学研究、技术服务	亿元	6.15
水利、环境和公共设施管理业	亿元	1.51
居民服务、修理和其他服务业	亿元	2.77
教育	亿元	3.15
卫生和社会工作	亿元	2.68
文化、体育和娱乐业	亿元	0.64
公共管理、社会保障和社会组织	亿元	8.50
#第一产业	亿元	10.39
第二产业	亿元	217.84
第三产业	亿元	110.65
人均地区生产总值(按常住人口计算)	元	134717
地区生产总值(2010年价格)	亿元	319.17
第一产业	亿元	8.09
第二产业	亿元	220.96

续表47

指　标　名　称	计量单位	数　值
#工业	亿元	208.13
第三产业	亿元	90.12
地区生产总值指数(上年=100)	—	112.0
第一产业	—	103.5
第二产业	—	111.9
#工业	—	112.1
第三产业	—	112.9
人均地区生产总值指数(上年=100)	—	111.8
三、固定资产投资		
固定资产投资(不含农户)	万元	2472799
#工业投资	万元	1261365
#房地产开发投资	万元	105617
#住宅	万元	99446
固定资产投资本年资金来源		
国家预算内资金	万元	3200
国内贷款	万元	138051
利用外资	万元	10592
自筹资金	万元	2195092
其他资金	万元	261063
新增固定资产	万元	1903214
住宅竣工面积	万平方米	37
商品房销售面积	万平方米	38.29
#住宅	万平方米	38.17
#别墅、高档公寓	万平方米	1.90
商品房销售额	万元	185354
#住宅	万元	184133
#别墅、高档公寓	万元	19021
待售面积	万平方米	4.25
#住宅	万平方米	4.22
保障性住房本年完成投资	万元	210000
保障性住房施工面积	万平方米	27.90
保障性住房竣工面积	万平方米	24.40
城镇常住人口保障性住房覆盖率	%	21.82
四、财政、金融、保险		
财政总收入	万元	705385

续表47

指　标　名　称	计量单位	数　值
上划中央收入	万元	210391
增值税（75%）	万元	170712
消费税	万元	2495
企业所得税（60%）	万元	27523
个人所得税（60%）	万元	9661
公共财政预算收入	万元	286755
#税收收入	万元	235786
#增值税（25%）	万元	63836
营业税	万元	86662
企业所得税（40%）	万元	18348
个人所得税（40%）	万元	6441
公共财政预算支出	万元	246525
#一般公共服务	万元	37508
科学技术	万元	7620
教育	万元	46157
文化体育与传媒	万元	2543
医疗卫生	万元	17346
节能保护	万元	6348
城乡社区事务	万元	39545
交通运输	万元	620
社会保障和就业	万元	18758
住房保障	万元	3185
农林水事务	万元	39428
财政供养人员	人	5760
财政供养人员全年工资总额	万元	35603
保费收入	万元	34041
财产险	万元	12206
人寿险	万元	21835
赔款和给付	万元	14054
财产险	万元	6438
人寿险	万元	7616
五、规模以上工业、建筑业		
规模以上工业企业单位数	个	204
1.内资企业	个	177
#国有企业	个	—

续表47

指 标 名 称	计量单位	数 值
私营企业	个	125
2.港澳台商投资企业	个	9
3.外商投资企业	个	18
#高技术产业企业	个	51
#亏损企业	个	22
#国有控股企业	个	3
#轻工业	个	64
#大型企业	个	10
中型企业	个	21
小型企业	个	170
工业总产值（当年价）	万元	14498320
1.内资企业	万元	12192006
#国有企业	万元	—
私营企业	万元	5021046
2.港澳台商投资企业	万元	140690
3.外商投资企业	万元	2165624
#高技术产业企业	万元	6758229
#国有控股企业	万元	440588
#轻工业	万元	7524717
#大型企业	万元	8699293
中型企业	万元	2886732
小型企业	万元	2879863
#制造业	万元	14069917
电力、热力、燃气及水生产和供应业	万元	410847
资产合计	万元	7774491
流动资产合计	万元	3615843
固定资产合计	万元	2821225
负债合计	万元	4100844
主营业务收入	万元	14033910
主营业务成本	万元	10039559
主营业务税金及附加	万元	92927
利润总额	万元	1229114
利税总额	万元	1958011
本年应交增值税	万元	635970
全部从业人员年平均人数	人	76546

续表47

指　标　名　称	计量单位	数　值
建筑企业单位数	个	53
建筑企业从业人员	人	102548
建筑业总产值	万元	3435444
房屋建筑施工面积	万平方米	2134.50
房屋建筑竣工面积	万平方米	1063.45
六、交通运输、邮电通信、电力		
公路里程	千米	783
#等级公路	千米	779
#高速公路	千米	23
一级公路	千米	108
内河港口货物吞吐量	万吨	4213
水上客运量	万人	140
邮政局所数	处	12
电信业务收入	万元	26741
固定电话用户	户	80547
#农村电话用户	户	48345
移动电话年末用户	户	257574
# 3G移动电话用户	户	102749
互联网宽带接入用户	户	61727
规上工业综合能源消费量	万吨标煤	212
七、批发零售贸易、外经、旅游		
社会消费品零售总额	万元	403501
#批发和零售业	万元	370068
住宿和餐饮业	万元	33433
限额以上批发和零售业主要指标		
法人企业个数	个	71
#零售业	个	24
年末从业人数	人	5939
商品销售总额	万元	2819865
流动资产合计	万元	1025895
固定资产合计	万元	19659
主营业务收入	万元	2448120
主营业务成本	万元	7740
主营业务税金及附加	万元	2239954
利润总额	万元	28022

续表47

指 标 名 称	计量单位	数 值
应缴增值税	万元	39765
进出口总额	万美元	103083
#出口总额	万美元	30211
外商投资企业个数	个	16
协议外资和港澳台资	万美元	33567
实际到账外资和港澳台资	万美元	18362
星级饭店数	个	2
星级饭店客房总数	间	121
八、市政公用事业、环境保护		
城市维护建设资金支出	万元	50712
供水综合生产能力(包括自备水源)	万吨/日	7
供水总量	万吨	1480
售水量	万吨	1140
#居民生活用水量	万吨	448
用水人口	万人	15.50
用水普及率	%	100
供气总量(人工煤气、天然气)	万立方米	1603
#家庭用量	万立方米	321
用气人口	万人	5
液化石油气供气总量	吨	3997
#家庭用量	吨	2860
用液化气人口	万人	11
道路面积	万平方米	679
排水管道长度	千米	282
建成区绿化覆盖面积	公顷	630
绿地面积	公顷	578
公园绿地面积	公顷	142
污水处理厂数	座	2
污水处理率	%	62.8
#污水集中处理率	%	29.1
生活垃圾无害化处理率	%	100.0
自然保护区面积	公顷	4684
工业废水排放量	万吨	517
工业废气排放量	万立方米	92139
工业二氧化硫产生量	吨	1534

续表47

指　标　名　称	计量单位	数　值
工业二氧化硫排放量	吨	1374
化学需氧量排放量	吨	505
氮氧化物产生量	吨	292
氮氧化物排放量	吨	292
工业烟(粉)尘产生量	吨	9540
工业烟(粉)尘排放量	吨	517
一般工业固体废物综合利用率	%	100.0
空气质量达到及好于二级的天数	天	227
九、教育、科技、卫生		
学校总数	个	21
#普通高等学校	个	—
普通中等专业学校	个	1
普通中学	个	10
职业高中	个	—
技工学校	个	—
小学	个	10
毕业生总数	人	4790
#普通高等学校	人	—
普通中等专业学校	人	794
普通中学	人	1836
职业高中	人	—
技工学校	人	—
小学	人	2160
招生总数	人	4440
#普通高等学校	人	—
普通中等专业学校	人	791
普通中学	人	1740
职业高中	人	—
技工学校	人	—
小学	人	1909
在校学生总数	人	20684
#普通高等学校	人	—
普通中等专业学校	人	2876
普通中学	人	5394
#女生	人	2762

续表47

指 标 名 称	计量单位	数 值
#高中	人	—
职业高中	人	—
技工学校	人	—
小学	人	12413
#女生	人	5536
专任教师总数	人	1793
#普通高等学校	人	—
普通中等专业学校	人	249
普通中学	人	753
职业高中	人	—
技工学校	人	—
小学	人	791
幼儿园数	个	12
在园幼儿数	人	5298
学龄儿童入学率	%	100
初中毕业生升学率	%	97.9
从事科技活动人员数	人	4117
R&D人员数	人	3165
R&D经费内部支出	万元	127328
各类专业技术人员数	人	20197
#农业技术人员	人	154
专利申请受理量	件	3169
#发明	件	843
专利申请授权量	件	955
#发明	件	29
体育场馆数	个	5
广播覆盖率	%	100
电视覆盖率	%	100
有线电视入户率	%	100
剧场、影剧院数	个	2
公共图书馆	个	1
公共图书馆图书总藏量	千册、件	171
订销报纸杂志累计份数	千份	23630
卫生机构数	个	105
#医院	个	3

续表47

指　标　名　称	计量单位	数　值
卫生院	个	5
卫生机构床位数	张	909
#医院	张	446
卫生院	张	210
卫生技术人员	人	987
#执业（助理）医师	人	405
注册护士	人	283
#卫生防疫人员	人	15
医院、卫生院技术人员	人	591
#执业（助理）医师	人	244
注册护士	人	216
十、人民生活		
人均住房建筑面积	平方米	63.6
在岗职工工资总额	万元	538099
#国有单位	万元	51230
城镇集体单位	万元	13400
港、澳、台商投资单位	万元	4872
外商投资单位	万元	80964
家庭总收入	元	—
#工资性收入	元	20525
经营净收入	元	4003
财产性收入	元	3095
转移性收入	元	3880
居民人均可支配收入	元	25786
#城镇居民人均可支配收入	元	31503
居民人均消费性支出	元	18206
#城镇居民人均消费性支出	元	20271
#食品	元	5467
衣着	元	1625
居住	元	4275
家庭设备用品及服务	元	1261
医疗保健	元	3108
交通和通信	元	2189
娱乐教育文化及服务	元	1802
其他用品及服务	元	543

续表47

指 标 名 称	计量单位	数 值
每百户拥有		
#家用汽车	台	28
消毒碗柜	台	10
洗碗机	台	1
固定电话	部	86
移动电话	部	254
#接入互联网	部	168
计算机	台	82
#接入互联网	台	74
电冰箱(柜)	台	104
彩色电视机	台	179
中高档乐器	架	5
照相机	架	23
摄像机	架	7
洗衣机	台	104
城镇基本养老保险参保人数	人	—
#城镇职工	人	47604
城镇基本医疗保险参保人数	人	—
#城镇职工	人	65059
失业保险参保人数	人	—
工伤保险参保人数	人	42007
生育保险参保人数	人	37014
社会福利收养性单位数	个	11
社会福利收养性单位床位数	张	2005
社区服务设施数	个	192
城镇居民最低生活保障人数	人	355
农村居民最低生活保障人数	人	4031
新型农村合作医疗参保人数	人	143857
新型农村养老保险参保人数	人	57080
十一、社会治安		
刑事案件立案数	件	107
罪犯罪人数	人	158
#青少年人数(14~25岁)	件	34
交通事故死亡人数	人	20
交通事故损失额	万元	90
火灾死亡人数	人	1
火灾损失金额	万元	37

索　引

主题分析索引说明

1.本索引采用主题分析法提取，部分则选用关键词。

2.本索引按首字汉语拼音字母顺序排列。

3.索引名称后的数字表示内容所在的页码，数字后面的a、b、c分别表示左栏、中栏和右栏。

4.图片、表格分别在页码出处后标注“图”或“表”字。

A

B

C

D

E

F

G

H

J

K

P

Q

T

W

X

泰州市高港区安全生产监督管理局

泰州市委书记蓝绍敏（前右二）视察指导高港区安全生产工作

泰州市委副书记、市长陆志鹏（前右二）检查高港区安全生产工作

泰州市人大常委会副主任、区委书记王建（前左一）视察安全生产工作

泰州市安监局党组书记、局长陈忙耕（左三）在区安监局党组书记、局长胡怀扣（左二）的陪同下调研高港区安全生产工作

2014 年，高港区安全生产工作以“预防为主、加强监管、落实责任”为重点，深化安全生产基层基础，强化隐患排查治理，提升安全监管水平，严防重特大事故和群死群伤事故，全区安全生产形势继续保持平稳向好。共检查生产经营单位 556 个次，其中，检查危化品企业 96 个次，发放现场检查记录 96 份，排查一般事故隐患 249 个，督促整改 247 个，整改率 99.19%；检查烟花爆竹批发公司及零售网点 91 个次，发放现场检查记录 91 份，排查一般事故隐患 173 个，整改 173 个，整改率 100%；检查造（拆）船企业 19 个次，发放责令整改指令书 19 份，排查事故隐患 167 个，督促整改 167 个，整改率 100%；检查人员密集场所 325 个次，查处一般火灾隐患 861 个，督促整改 861 个，整改率 100%；检查建筑施工企业 25 个次，排查一般事故隐患 438 个，发放隐患整改通知书 18 份、停工通知书 9 份。全区发生各类生产安全事故 150 起、死亡 30 人。其中，道路交通事故 60 起，死亡 20 人；工商贸事故 3 起，死亡 3 人；建筑事故 5 起，死亡 6 人；火灾事故 82 起，死亡 1 人。连续 10 年未发生有较大影响及较大以上生产安全事故，连续 5 年在市政府安全生产综合考核中名列前茅。

全区安全生产工作会议

开展应急救援演练活动

泰州市高港区人民法院

院 长 陈富贵

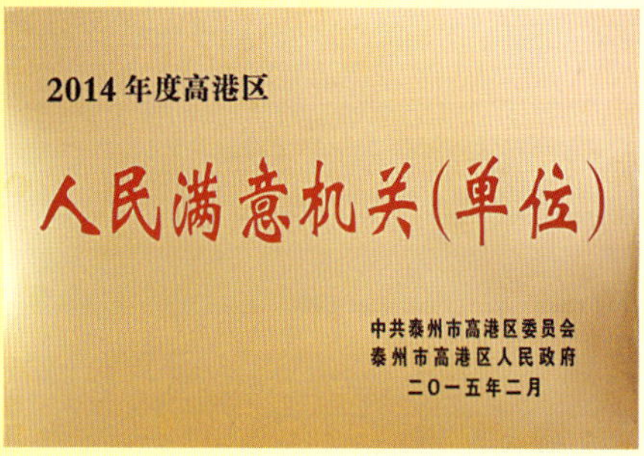

2014年12月30日，高港法院举行新任党组书记、代理院长陈富贵和党组副书记、副院长李平到任见面会

2014 年，区人民法院共受理各类案件 3871 件，比上年下降 3.10%；审、执结 3211 件，上升 22.70%。其中，受理刑事案件 126 件，审结 105 件，判处罪犯 157 人；受理民商事案件 2259 件，审结 1899 件；受理行政案件 18 件，审结 15 件；受理并审结非诉行政执行审查案件 134 件；受理执行案件 1334 件，下降 8.60%；执结 1058 件，上升 84.60%；执行到位标的额 7763.71 万元。区人民法院被评为江苏省公共机构节能示范单位、市便民诉讼服务先进集体，1 名干警被省法院记二等功，1 名干警获选全市“百姓喜爱的好法官”，15 名干警获区级以上表彰。

高港法院举行法官集中宣誓仪式

高港法院全体干警合影

2014年度总结表彰大会现场

江苏省委政法委副书记侍鹏（后排左四）视察“何芬法官工作室”

高港法院首批主审法官宣誓就职

高港法院亮点工作新闻发布会现场

泰州市高港区人民检察院

检察长　华为民

2014年，高港区人民检察院共办理审查逮捕案件60件87人，其中，批准和决定逮捕案件48件61人，不批准逮捕11件25人，立案监督1件2人，纠正漏捕1人，发出纠正违法通知书3件，督促行政执法机关移送案件1件3人，监督公安机关撤案1件1人。办理审查起诉案件110件191人，其中，起诉92件158人，不起诉6件9人，公安机关撤回7件12人，改变管辖案件5件12人，纠正漏诉5人，发出纠正违法通知书5件，促成刑事和解4件，通过羁押必要性审查改变强制措施1人。案件办结率、起诉案件有罪判决率100%。依法查办贪污受贿案件7件8人、渎职犯罪2件2人，其中涉及科级以上干部6人。区人民检察院被评为区法治建设工作规范执法先进单位、区政法宣传工作先进集体、区先进基层党组织、区人民满意机关。“牵手朝阳·校园卫士”工程被市委政法委评为年度政法工作创新二等奖，被区委组织部、区文明办评为区未成年人思想道德建设工作创新创优成果奖。涉法涉诉预约服务机制被市委政法委评为年度政法工作创新三等奖。区人民检察院反贪污贿赂局被市检察院记集体三等功。1名干警在全国和全省检察机关刑事申诉技能竞赛中获“双第一”；2名干警撰写的理论文章分别在第九届中国法学青年论坛和2014年法治江苏建设高层论坛征文评选中获二等奖与一等奖；1名干警在全省侦查监督业务测试中获第4名，3名干警在全市侦查监督、公诉素能大赛中名列前茅；1起案件入选全省检察机关十大精品反贪案件；有13人次被区委、区政府和市检察院记功嘉奖。全年在省级以上刊物发表文章68篇，编发《检察简报》12期、《情况反映》28期。

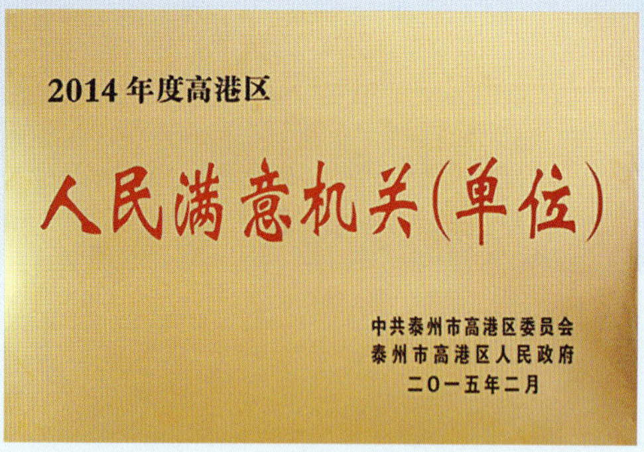

高港区人民检察院作为区级机关代表，在全区教育实践活动转段推进会上作经验介绍

泰州市人民检察院检察长周剑浩（后排右三）及党组成员一行到高港区人民检察院集体调研

检察长华为民（右二）实地走访服务重大工程建设

检察长华为民（右一）出庭公诉

高港区人民检察院"巡回检察室"基层行活动现场

高港区人民检察院组织"深入反腐败·大家来预防"预防志愿者巡回宣讲

高港区人民检察院邀请人大代表、政协委员及网民"零距离"体验检务公开

泰州市高港区发展和改革委员会

主 任 王 庆

2014 年，高港区发展改革委着力破解发展难题，强化综合协调服务，做好固定资产投资管理，推进重大项目建设，加快发展服务业，较好地完成年度工作目标任务。全区实现服务业增加值 109.66 亿元。完成固定资产投资 247.28 亿元，比上年增长 32.20%，其中工业投资 126.14 亿元，增长 36%。全区在建重大项目 100 个，总投资 504.78 亿元，当年完成投资 149.77 亿元，完成年度投资计划的 107.52%。区政府被市政府评为全市重大项目“双百”工程推进工作先进单位，获泰州市服务业目标考核一等奖；区发展改革委被市发展改革委评为目标管理工作优秀单位，被区委、区政府评为人民满意机关（单位），获质量强区工作贡献奖。

江苏省发展改革委副主任魏然（左五）调研万向精工

全区服务业工作推进会

泰州市高港区经济和信息化委员会

党委书记、主任　秦荣生

2014 年，高港区完成工业总产值 1548.56 亿元，增长 20.70%；列统工业产值、销售、利税、利润分别为 1438.80 亿元、1392.33 亿元、195.73 亿元和 122.93 亿元，分别增长 22.20%、20.40%、19%、22.50%。全年实施亿元以上新开工工业项目 15 个，工业投资总额 126.14 亿元，增长 36%。凯威包装被认定为省级企业技术中心，保力自动化、中兴医械、永盛彩印等 8 家企业被认定为市级企业技术中心；高新区开发投资有限公司被认定为省四星级公共服务平台，口岸工业园服务有限公司、泰州市郎驰开发投资有限公司、泰州市律诚服务有限公司、江苏戚鸭章律师事务所、江苏省特种安全防护产品质量监督检验中心等 8 家单位被认定为市级二星级公共服务平台；口岸街道引江社区被认定为江苏省农村信息化应用示范基地，泰州博泰电子有限公司被认定为省“两化”融合示范企业，江苏神驰机电有限公司、益海（泰州）粮油工业有限公司、泰州市恒源化织厂 3 家企业被认定为省“两化”融合试点企业，泰州超人汽车电子有限公司、泰州友润电子有限公司和华润雪花啤酒（泰州）有限公司 3 家企业被认定为泰州市“两化”融合示范企业，天圣针织机械实业有限公司、江苏保力自动化科技有限公司和泰州市天鑫机械有限公司 3 家企业被认定为泰州市“两化”融合试点企业；江苏宇马铝业被认定为省五星级数字企业，新增三、四星级数字企业 23 家；核心港区通过省“两化”融合示范园区复核。

全国人大常委会原副委员长、秘书长盛华仁（前左二）在市委书记蓝绍敏（前右三）等领导陪同下，参观扬子江药业集团

市长陆志鹏（前左二），市人大常委会副主任、区委书记王建（前左一）视察万向精工

泰州市高港区住房和城乡建设局

局　长　邱小平

2014 年，高港区住房和城乡建设局全面贯彻落实区第四次党代会第二次年会和四届三次人代会各项部署，坚持以“现代化、国际化”为引领，紧紧围绕区委、区政府“三步走”目标，扎实开展各项工作，努力提升住房城乡建设事业发展水平。全区实施城建重点项目 67 个，累计完成投资 71.70 亿元。区住房和城乡建设局牵头实施的 22 个城建重点项目全面启动，竣工项目 7 个，完成投资 16.80 亿元。基础设施维护力度不断加大，全年修复城区主干道近 4 万平方米，绿化管护面积超 150 万平方米，路灯亮灯率、完好率达 98% 以上。82 个行政村 245 个自然村村庄环境整治长效管理全覆盖，顺利通过省、市验收。村庄环境整治管理和重点镇村建设工作考核均列全市第一。区住房和城乡建设局被区委、区政府评为机关效能建设先进单位。

住建局党的群众路线教育实践活动动员大会

住建局党委中心组学习（扩大）会

泰州市委常委、市纪委书记唐小英（女，前中），泰州市人大常委会副主任、区委书记王建（前左一）视察城建工作并参观廉政图片展览

口岸水景街区竣工开街

口岸实验学校

坚持村庄环境长效管理

龙湖美景安置区一期

锦绣珑湾

天逸华府

泰州市高港区环境保护局

局 长 左祥生

环保知识宣传

2014 年，高港区集中式饮用水源水质达标率、覆盖率和地表水水质达标率均为 100%，长江高港段水质达Ⅱ类标准，口岸闸、口岸桥等考核断面水质为Ⅲ类。区域声环境质量达到环境噪声达标区要求，城市环境噪声达标区建设覆盖率 95%，区域环境噪声 54.90 分贝，交通噪声低于 68 分贝。城市环境空气质量达到《环境空气质量标准》AQI 指数二级标准的天数占全年天数 65.20% 以上。90 个重点污染源企业参加 2014 年度泰州市环境行为评级，评定绿色企业 5 个、蓝色企业 76 个、黄色企业 3 个、红色企业 5 个、黑色企业 1 个。20 个企业投保环境污染责任险，7 个企业完成强制清洁生产审计。高港高新区、核心港区、临港经济园全部完成规划环境影响评价编制工作。全年排污收费入库 433 万元。获中央、省覆盖拉网式农村环境综合整治补助资金 560 万元。高港区被评为江苏省生态区、2014 年度全市完成环境保护目标责任状先进区。区环保局在 2014 年度环境信访工作绩效考核中成绩突出，被省环保厅通报表扬。

泰州市人大常委会副主任、区委书记王建（中）视察国家级生态区创建工作

高港区生态文明建设暨省级生态区技术评估迎检动员大会现场

高港区生态区创建工作汇报会现场

生态环境之——港城公园

生态旅游之——鑫马生态园

生态人居之——乔杨新村

生态工业之——益海粮油

生态工程之——永安洲污水处理厂

生态农业之——秸秆综合利用

泰州市高港区农业委员会

主 任 陈宝进

2014年，高港区粮食生产实现十一连增，平均单产475.30千克。畜禽养殖平稳发展，生猪、家禽和奶牛规模养殖比重分别达81.73%、98.61%、100%。有序推进土地适度规模经营，小农场、农业龙头企业、农民合作组织、专业大户分别为193个、15个、280个和186户，新型规模经营主体规模经营面积6647公顷，占承包耕地面积比重62.40%。实施高标准农田项目867公顷，成功获批国家级农业综合开发项目县。推广各类农机具159台（套），农机化水平达84.50%。推动农业社会化服务组织建设，经工商注册登记的农业社会化服务组织达77个，全区专业化统防统治和联防联治覆盖面70%。完善农产品质量安全追溯监管信息平台建设，农产品质量抽检合格率100%，获市考评一等奖。白马镇岱白村获评全国“一村一品”示范村。新申报无公害农产品25个，有机农产品33个。完成成片造林307公顷，森林抚育面积533公顷，建成省级村庄绿化示范村11个。农业利用“三资”8.59亿元，其中1000万元以上农业内资项目6个，总投资1.30亿元。农业实际利用外资和港澳台资660万美元，农产品出口774万美元。秸秆禁烧和综合利用工作考评继续名列市区第一。创成全省唯一内陆平安渔业县（区）。区农委被省委宣传部等部门评为全省文化科技卫生三下乡工作先进集体。

全区农业现代化推进大会现场

高港农业生态园

江苏省农委主任吴沛良（前排左二）、泰州市委副书记杨峰（前排右三）和市人大常委会副主任、区委书记王建（前排左三）参加上膳源泰州高港农场开园庆典

区人大专题视察农业工作

区农委组织党员干部参观市反腐倡廉教育馆

区农委党的群众路线教育实践活动总结大会现场

区农委党员关爱服务活动现场

泰州市高港区科学技术局

局 长 孙 跃

2014 年，高港区完成高新技术产业产值 732.05 亿元，比上年增长 22.70%，占规模以上工业产值 50.88%；全社会研发投入占地区生产总值 3.74%。获批各类科技计划项目 200余项。获批省科技进步三等奖1项，市级科技进步奖7项，评选出区科技进步一、二、三等奖 20 项。新签订产学研合作协议项目 56 项，新建产学研联合体 16 个。新增省级工程技术研究中心 2 个、省级研发机构绩效评估优秀 1 项、省级研究生工作站 1 个、市级工程技术研究中心 5 个。高港汽车零部件科技产业园获批省级科技产业园，永安洲镇获批江苏省创新型试点乡镇。12 个企业获批省“苏科贷”，6 个企业获批农业银行“金科通”，获批各级各类科技贷款12473万元。申请专利 3169 件，其中发明专利 843 件；专利授权 955 件，其中发明专利 29 件；万人拥有发明专利 7.48 件。获批省知识产权贯标先进单位3个、省知识产权“正版正货”单位1个，新增省贯标备案企业 11 个。高港区获全市科技创新工作先进市（区）一等奖。区知识产权局被评为江苏省知识产权执法维权工作先进单位。

高港区企业创新政策业务培训会

2013年度区科学技术奖综合评审会议

高港区防震减灾工作联席会议

国家知识产权局领导调研口岸船舶有限公司

机械工程专家、中国科学院院士、南京航空航天大学教授赵淳生（右二）调研高港区工业企业

泰州市委督导组参观区科技局群众路线学习长廊

中科院泰州中心高港区工作站揭牌

东华大学教授走访企业

局领导调研企业

区科技镇长团调研企业

环溪社区地震减灾演练会

泰州市高港区教育局

局 长 李俊仁

2014年，高港区多次召开区委常委扩大会、党政联席会、政府常务会，专题研究、谋划教育改革发展工作，通过《高港区义务教育学校布局规划(2014～2017年)》，出台《关于加快推进教育现代化建设的实施意见》《关于进一步加快校舍安全工程建设的意见》和《高港区住宅小区配套幼儿园建设管理实施办法》。加大教育投入，推进校安工程，口岸实验学校投入使用，永安洲实验学校启动建设。实施运动场地塑胶化工程建设，7所学校塑胶运动场地投入使用。创建市数字化校园，共有数字化校园19所。推动学校食堂改革，打造安全、透明、放心食堂。实施学校优质化工程、搭建教学比武平台、开展国际交流合作等，培养优秀教师队伍。教科研能力大幅提升，实现省级重点规划课题零突破。加强未成年人思想道德建设，树立社会主义核心价值观。加强督导，促进教育教学质量全面提高。全区有中小学、幼儿园35所，其中，中专1所、高中2所、初中9所、九年一贯制学校1所、小学10所、幼儿园12所。中小学生24395人，在园幼儿5298人。专任教师2693人，其中，中专263人、高中424人、初中769人、小学803人、幼儿园434人。省特级教师6人，省特级教师后备人才5人，市级骨干教师126人。

泰州市人大常委会副主任、区委书记王建（前左）视察教育工作

高港区庆祝第30个教师节暨教育现代化推进会现场

区直教育系统党的群众路线教育实践活动工作推进会现场

全国著名教育家蔡林森校长教育思想报告会现场

高港区2014年教育工作市级督导考核汇报会现场

泰州市永安洲实验学校开工奠基仪式现场

区政协委员专题视察义务教育优质均衡发展现场会

局长李俊仁（右二）检查学校食堂

组织党员干部参观杨根思纪念馆

高港区庆祝第30个教师节文艺演出现场

高港区“明发杯——教苑飞歌”优秀作品吟诵会现场

泰州市高港区民政局

泰州市委书记蓝绍敏（右四）慰问高港区困难群众

2014 年，区民政局自觉践行“以民为本，为民解困，为民服务”宗旨，发挥民政在构建和谐社会中的基础作用，着力保障和改善民生，推进社会治理，提升服务能力。全区低保标准由每人每月 480 元提高到 530 元，全年发放保障金 1379.70 万元。全区共有农村五保对象 415 人，其中，集中供养五保户 189 人、分散五保户 226 人，全年发放五保供养金 254.50 万元。医疗救助支出 547.63 万元，发放“尊老金”1187.61 万元，发放抚恤补助金 731.14 万元。年内，永安洲镇被评为 2014 年度江苏省和谐社区建设示范镇，口岸街道戴集社区、许庄街道孔桥社区、大泗镇曹于村被评为江苏省和谐社区建设示范社区（村）。口岸街道蔡滩社区党委书记刘俊、白马镇金马社区党总支书记李泽被评为泰州市十佳社区工作者，刁铺街道万庄社区居委会主任杨继萍、胡庄镇胡庄社区党总支书记程春生被评为泰州市优秀社区工作者。口岸街道蔡滩社区、戴集社区和胡庄镇史庄村建成 3A 级居家养老服务中心。口岸街道徐桥村、许庄街道马厂社区、永安洲镇永胜社区、白马镇前进村、大泗镇曹于村建成农村“老年关爱之家”。口岸街道徐庄村等 9 个村（社区）建成“农村幸福院”。

泰州市委副书记史立军（左排四）调研白马镇村官培养使用情况

泰州市民政局副局长孙雷（前左一）一行到综治共建单位——许庄街道指导创建工作

泰州市人大常委会副主任、区委书记王建（中）一行慰问泰州舰官兵

泰州市人大常委会副主任、区委书记王建（前左一）慰问百岁老人

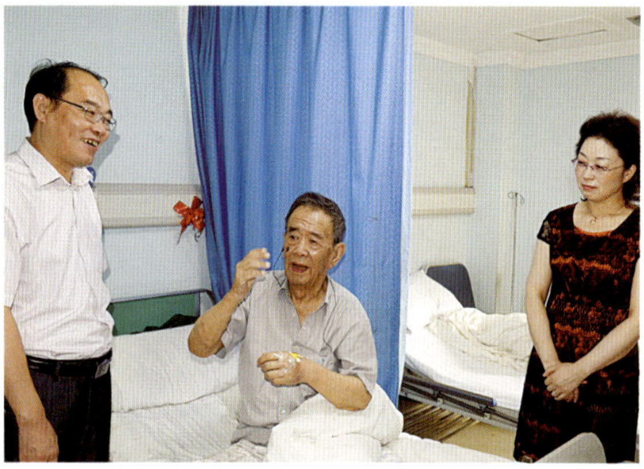

区委常委、政法委书记蒋向荣（左一），副区长蔡秋云（女，右一）慰问老党员

老年人权益保护法宣传现场

高港区灾害信息员培训班

泰州市高港区财政局

局　长　王金云

2014 年，全区公共财政预算收入实现 28.68 亿元，完成目标任务的 102.8%，同比增长 15.1%，高于全市平均增幅 5.9 个百分点，其中：税收收入完成 23.58 亿元，完成目标任务的 103%，同比增长 15.3%，高于全市平均增幅 7.6 个百分点；财政总收入实现 70.54 亿元，完成目标任务的 100.7%，同口径增长 2.8%。当年财政用于民生支出达 17.65 亿元，占公共财政支出的 71.52%，推动了为民办实事项目的全面完成。

组织机关干部参观中共江浙第一党支部旧址

局长王金云（右）到农村走访调研

开展党的群众路线教育实践活动，举办“为了谁，我是谁”大讨论

区财政局党的群众路线教育实践活动动员大会现场

局领导宣讲新预算法

财政系统第八届职工运动会三人四足跑活动现场

局领导调研黄粉虫饲养基地

到农村开展扶贫慰问

泰州市高港区人力资源和社会保障局

局 长 匡裕民

2014 年，高港区城镇净增就业 9100 人，新增创业 8200 人，城镇登记失业率 1.83%，继续保持全省最低。企业职工养老保险、职工医疗保险、城乡居民医疗保险参保人数分别达 4.70 万人、6.50 万人和 17.20 万人，城乡居民医疗保险参保率 99.80%。职业技能鉴定获证人数 6115 人。引进高层次人才 203 人、海外人才 28 人。全年招聘事业单位工作人员 76 人（含教师），实现事业单位招考安全无事故和“零差错、零投诉”。招录公务员 12 人，安置军队转业干部 3 人。立案受理举报投诉、劳资纠纷和突发事件 119 起，调解劳资纠纷 92 起，为职工追讨工资 794.30 万元。区人社局被评为市文明单位、市依法行政示范点、区人民满意机关。

区人社局党的群众路线教育实践活动总结大会现场

省优质服务示范窗口——区待遇审核中心

春风行动——2015年高港区城乡劳动力交流洽谈会现场

泰州市人大常委会副主任、区委书记王建（前右一）等领导在局长匡裕民（前右二）的陪同下视察招聘会现场

2014年度高港区农民工工资清欠工作会议

区人社局为返乡农民工派发岗位“大礼包”

职工技能大赛现场

社会保险政策宣传活动

泰州市高港区卫生和计划生育委员会

主　任　陈新兵

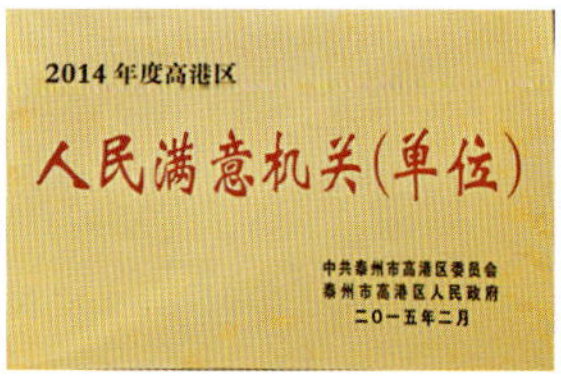

泰州市高港区卫生和计划生育委员会是由原泰州市高港区卫生局和原泰州市高港区计划生育委员会合并组建而成。2014年，高港区创成国家级慢性病综合防控示范区，获全国计划生育优质服务先进单位称号，孕前优生健康检查项目室间质量控制工作获省优秀等次。新增江苏省城市示范社区卫生服务中心1个。全区有医疗卫生单位97个，其中，区属医院1个、镇街卫生院10个、村(社区)卫生室73个。编制病床898张，卫生技术人员1184人，门诊、急诊1117885人次，住院21291人次。其中，泰州市第三人民医院编制病床400张，卫生技术人员402人，门诊、急诊179480人次，住院9926人次；高港中医院编制病床120张，卫生技术人员128人，门诊、急诊172277人次，住院2998人次。全区年末总人数258149人。死亡人口1774人。出生人口2092，其中，男1057人，女1035人，出生人口性别比102.13；出生政策符合率(计划生育率)99.71%。自然增长率1.23‰。已婚育龄妇女45370人。流动人口流入43268人，流出10595人。已婚育龄妇女流入6016人，流出5262人。孕前优生健康检查覆盖率100%，流动人口服务管理率95%，人口信息化建设达标率98%，人口计生机构队伍建设达标率95%。

泰州市人大常委会副主任、区委书记王建（前右）视察卫生工作

2015年江苏省暨泰州市文化科技卫生“三下乡”活动启动仪式在高港区白马镇举行。图为江苏省卫计委副主任徐东红（女，中）与区卫计委主任陈新兵（右）交谈

泰州市2015年基层中医药服务能力提升工程推进会在高港召开

区政协医药卫生体制改革政情通报会现场

主任陈新兵（中）做客“12345·政风行风热线”节目，通过广播及网络视频直播的方式，直接与广大群众沟通交流，答疑解惑，接受监督

主任陈新兵（前排左二）视察孔桥社区卫生服务中心

开展世代服务进企业、进社区活动

高港区单独两孩政策实施工作培训班现场

泰州市高港区审计局

局 长 曹映华

2014 年，高港区审计局紧紧围绕区委、区政府工作中心，按照“全面审计、突出重点”方针，认真履行审计监督职能，共组织对 2013 年度本级预算执行及其他财政收支、1% 村庄环境长效管护资金、农业综合开发资金和城投中心资金运营情况等 19 个计划内项目实施审计（审计调查），查出违纪违规金额 1818.01 万元、管理不规范金额 48070.99 万元；对计划外 69 个工程项目实施竣工结决算审计，净核减工程造价 2952.15 万元；对泗白路、银杏路等 35 个重点建设项目进行跟踪审计；此外，根据区委、区政府要求，完成教育附加费使用情况审计、高港国际财富中心项目资产转让费用和价格审核等10多个交办协办任务，服务领导决策和重点项目推进。各镇街审计所共审计项目 94 个，审计金额 46839.73 万元，促进增收节支 4827.79 万元。区审计局被评为 2014 年度区人民满意机关、法治建设工作先进单位。

区审计局全体人员观看“三严三实”专题教育党课

区审计局党的群众路线教育实践活动动员大会现场

区委组织部、区编委办、区审计局联合召开“三责联审”进点会

区委常委、区纪委书记薛永忠(后排中)视察审计工作

局长曹映华(左)慰问基层

农业综合开发资金审计现场

加强对镇街财政收支的审计监督

泰州市高港区统计局

局　长　李正堂

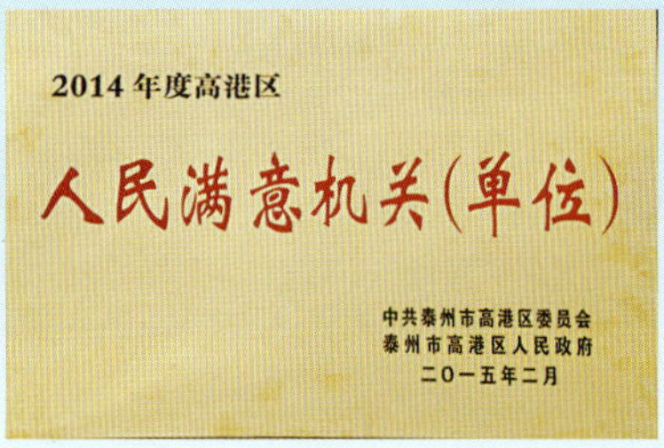

2014 年，高港区统计工作优化服务，加强经济运行监测和分析预警，编发《高港统计》简报 112 期，撰写各类信息 422 条，刊印《高港统计年鉴》《高港统计手册》《统计月度小册子》等 2800 余册。完成年报和定报工作任务，实施全面小康建设等统计监测和绩效管理民意调查等专项调查，开展投资统计改革试点。完成第三次全国经济普查之普查登记、质量检查阶段工作，进入资料应用开发阶段。2 个项目分别被省统计局评为基层规范化管理创新示范项目和基层统计服务示范项目。全面推行部门统计规范化建设，开展统计法律法规宣传，做好统计业务指导、执法监督和从业资格认定工作，推进联网直报企业规范化建设。区统计局被评为第三次全国经济普查省级先进集体、全省县级统计局规范化建设示范单位和区人民满意机关，统计综合业务获市一等奖。

全区统计工作会议暨第三次经济普查总结会议现场

统计局机关干部开展“周末高港・党员关爱服务行动”活动现场

统计法广场宣传活动现场

泰州市高港区商务局

局 长 吴 焜

2014年，高港区商务局深化思想认识，创新工作方法，各项工作再创佳绩。全年完成进出口总额103083万美元，比上年减少17.76%。其中，进口72873万美元，增长10.51%；出口30211万美元，减少49.14%；社会消费品零售总额40.35亿元，比上年增长13.50%，增幅全市第一。其中，批发贸易额28.24亿元，零售贸易额3.01亿元，住宿业营业额2541万元，餐饮营业额8.22亿元；外经实现营业额4238万美元，完成市交任务的108.67%，比上年增长4.59%；新设境外企业4个，完成市交任务的133.33%，新增境外投资额2000万美元。全区地方储备粮扩增工作按计划顺利实施，新增储备0.30万吨。全年收购粮食266.73万吨，销售229.31万吨。完成中心粮库一期工程，新增仓容1万吨，新建大泗粮食烘干中心1座，日烘干能力200吨。年内，商务局被评为高港区质量强区工作贡献单位、统计合格单位、基层党委理论学习示范组、人民满意机关，高港区获全市开放型经济专项考核一等奖。国有粮食购销公司再次被评为江苏省农民满意粮食收购企业。

江苏省商务厅领导在区委常委、副区长吴斌（前右二）的陪同下视察永安邻里中心

泰州市商务局副局长韩潮（中）调研高港区重点外经企业

区商务局、区文体旅游局联合举办高港区消费促进月暨口岸水景街区风筝节活动

泰州市高港区水利局

区政协副主席、区水利局局长 胡万源

2014年，高港区水利系统建设安全、民生、资源、环境“四大水利”，突出开展以中央财政农田水利重点县项目、城市水环境综合整治、供水和污水设施建设为重点的水务建设，强化防汛防旱、水行政执法、水资源管理和水务工程管理等工作，水利发展势头强劲。小型农田水利重点县工程项目高标准完成，在省水利厅和财政厅组织的绩效考评中获优秀等次。建成城区水源调度保水区，有效改善城区水环境。永安洲污水处理厂二期工程进展顺利，超额完成市、区下达目标。自来水公司出厂总管改造工程投入运行。凤栖湖项目全面展开。河道管理及农田水利基础设施建设管理迈上新的台阶。

城区蔡圩河

城区王营河

2014年6月19日，江苏省水利厅厅长李亚平（前左二）在泰州市委副书记杨峰（左一）和区政协副主席、区水利局局长胡万源（前右二）的陪同下，调研高港区水利工作

江苏省水利厅党组副书记、副厅长陶长生（右二）一行视察高港水利工程

江苏省水利厅巡视员陆桂华（前右二）一行在区委副书记、代区长顾萍（女，前右三）等领导的陪同下调研视察高港区凤栖湖水生态治理工程

江苏省水利厅副厅长张劲松（前左一）调研高港区水利工作

区水利系统开展周末高港·党员关爱服务活动

泰州市高港区司法局

局　长　张宏生

2014 年，区司法行政系统调处各类民间纠纷 521 件，调解成功 518 件，其中非正常死亡案件 62 起，劝阻群体性上访 37 起 436 人次，防止民转刑案件 12 起 41 人。推进法律进机关、进乡村、进社区、进学校、进企业、进单位“六进”活动，为村(社区)聘请法制副主任。全区在册社区服刑人员 165 人，无一脱管、漏管和重新犯罪。接受刑释解教人员 151 人，帮教率、安置率均为 100%，为 13 名刑释解教人员落实责任田。覆盖全区所有镇街、村(社区)的法律服务网络基本建成。成立法律援助服务团和刑事法律援助律师团，加强法律援助专业化队伍建设。畅通“12348”服务平台，推行预约上门服务及“点援制”工作，办理各类法律援助案件 270 件，为当事人避免或挽回经济损失 800 余万元。司法行政工作受市以上表彰的先进集体 5 个次、先进个人 10 个次，其中，省级以上先进集体 3 个次、先进个人 4 个次。

全区司法行政工作会议现场

组织党员干部参观周恩来纪念馆

开展“国家宪法日”宣传活动

“法治的春天”文艺汇演

“背上法律来打工”宣传教育活动

法治文艺演出“走进胡庄”活动

普法惠民村村行活动现场

向外出务工人员发放法治宣传资料

泰州市高港区市场监督管理局

局　长　高希兆

2014年11月28日，泰州市高港区市场监督管理局（以下简称“区市场监管局”）组建，挂泰州市高港区食品药品监督管理局牌子，标志着高港区在全市率先实现区级层面的工商、质监、食药监“三合一”，建立起综合行政执法新机制；成立区市场监管局党组，区委常委、副区长吴斌任党组书记、局长。12月18日，区市场监管局举行揭牌仪式，区委副书记、区长周裕昌和区委常委、副区长吴斌共同揭牌。12月27日，成立区市场监管局党委，高希兆任党委书记。12月29日，高希兆任区市场监管局局长。区市场监管局被评为2014年度高港区人民满意机关（单位）、综治平安和法治建设工作先进集体、依法行政先进单位和2013~2014年度法治泰州建设依法行政示范单位。

2014年12月18日，区委副书记、区长周裕昌（右）和区委常委、副区长吴斌（左）共同为高港区市场监管局揭牌

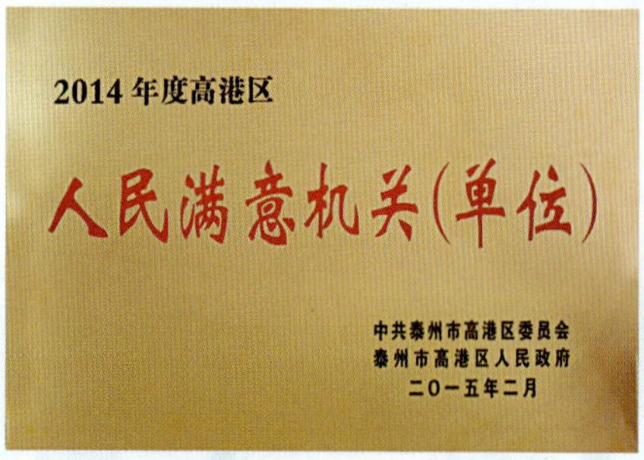

区委、区政府召开市场监管局成立大会，泰州市人大常委会副主任、区委书记王建（中）到会并作重要讲话

区委常委、副区长吴斌（右二）检查节日市场

国际消费者权益日宣传活动现场

年终总结表彰暨党风廉政建设会议现场

党员干部冬训班

泰州市高港区机关事务管理局

局　长　戴永建

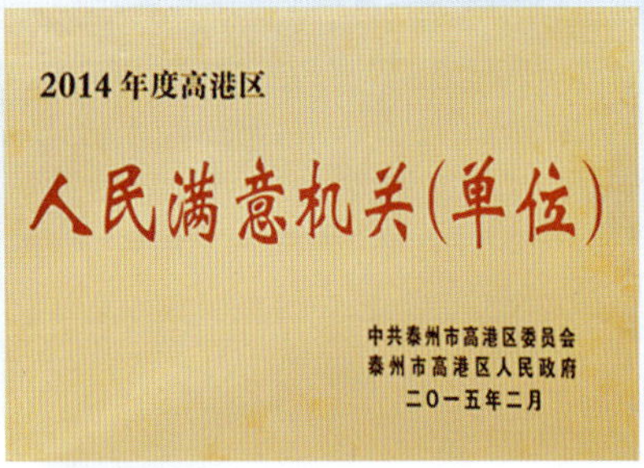

高港区举办公共机构节能专题报告会

2014 年，高港区机关事务管理局完成全民健身中心一期工程等 11 个工程项目建设。推进公共机构节能工作，完成公共机构能耗数据核查。规范公务用车管理，实现公车数量“零增长”。开展机关固定资产清理登记，实行办公用房统一管理。做好后勤服务保障，服务各类会议 2000 余次，完成各类维护、维修 3000 余起。区机关事务管理局首次获区人民满意机关称号。

“三严三实”专题党课暨专题教育部署会议现场

泰州市人大代表专题视察高港区全民健身中心工程

泰州市机关事务管理局局长、党组书记封新华（左一）调研高港区机关事务管理工作

区委常委、组织部部长陈志斌（左二）调研指导机关事务管理局党的群众路线教育实践活动推进工作

泰州市机关事务管理系统首届乒乓球赛在高港区全民健身中心成功举办

政府办、经信委、机关事务管理局党的群众路线教育实践活动专题报告会现场

高港区机关事务管理局“道德讲堂”获评泰州市优秀“道德讲堂”，图为“道德讲堂”活动现场

泰州市高港区物价局

局 长 吴玉春

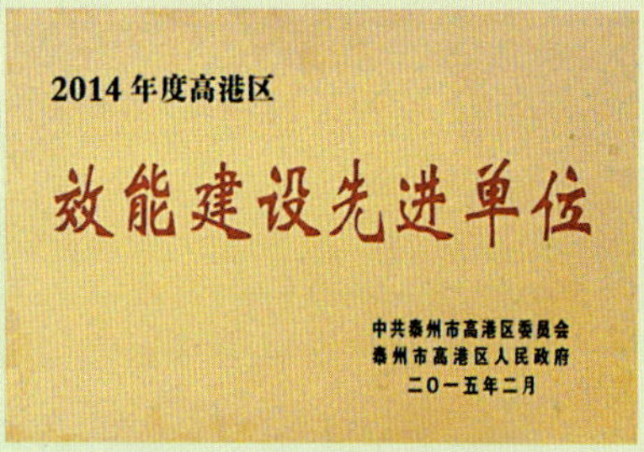

2014年度高港区

效能建设先进单位

中共泰州市高港区委员会
泰州市高港区人民政府
二〇一五年二月

区委常委、副区长吴斌（右一）视察物价工作

2014年，高港区进一步完善价格调控机制，推进调控目标责任落实，全区价格工作稳步推进。强化价格监测预警，整合监测职能，开展特色餐饮“价比三家”，全年累计发布监测报表254份、监测分析45篇、监测简报10期，撰写的《高港洋鸡蛋价格持续上涨》和《泰州猪价连跌养殖亏损分析报告》被省委办公厅信息采用。有序推进天然气价格改革，制定出租汽车客运价格。开展网上收费年审，公布政府性基金、行政事业性收费项目清单，实行“目录之外无收费”，整治违规收费行为，深入调研中介机构收费情况。强化认证服务，全年承办成本认证11件、涉案价格鉴证36件、涉税认定15件、车损价格认定4件，服务区重点工程建设、附着物认证、区安置房成本认证，为区委、区政府提供价格依据。结合文明城市创建，开展价格诚信体系建设。受理各类投诉、咨询、举报和信访件70件。年内，区物价局被评为省价格工作先进单位、市价格管理工作先进集体、高港区效能建设先进单位。

区委常委、组织部部长陈志斌（左二）调研物价局党的群众路线教育实践活动开展情况

高港区物价局多次获江苏省价格工作先进单位、泰州市价格管理工作先进集体、高港区效能建设先进单位等荣誉，图为局长吴玉春（右）接受服务单位赠送的锦旗

组织党员干部参观泰州烈士陵园

局领导走访慰问困难家庭

高港区出租汽车客运价格听证会现场

区物价局与市物价局以深入学习、践行社会主义核心价值观为契机，联合开展“道德讲堂”活动

泰州市高港区文体旅游局

局　长　张霁明

2014 年，高港区全面推进文体阵地建设，高港历史文化展示馆、国学文化启蒙馆、中华武进士馆、全民健身中心一期工程建成开放，继续推进高港美术馆（书画院）、全民健身中心二期工程建设。组织开展文化下乡和精品文艺创作，保护传承传统文化，推进文保单位保护修缮，开展非物质文化遗产名录的汇集申报，加强文化市场监管。全年举办“大江放歌”广场文艺演出 8 场、“文化港城行”基层巡演 8 场、“苏演院线大江剧院”专场演出 6 场。编印出版《高港文艺》4 期。文化产业增加值占 GDP 比重达 5.14%，名列全市第一，连续三年被评为全市文化发展水平和文化产业发展速度先进地区。全年举办各类群众体育活动 60 余场次，成功举办“高港杯”首届全国象棋青年大师赛。完成 60% 的“农村 15 分钟体育健身圈”建设。全区共接待游客 35.90 万人次，同比增长 90.90%；实现旅游总收入 7272.48 万元，同比增长 29.28%。创成国家 AAA 级旅游景区 1 个。高港区获评 2014 年度江苏省“无小耳朵社区”创建工作先进县（市、区）；区文体旅游局获评 2010 ~ 2013 年度江苏省群众体育先进单位、泰州市创建全国文明城市突出贡献集体、高港区效能建设先进单位、高港区创建全国文明城市突出贡献集体。

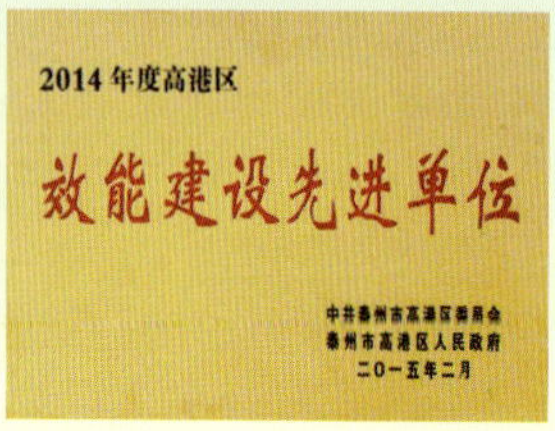

泰州市庆祝全国第六个全民健身日暨高港区全民健身成果展示活动现场

泰州市委书记蓝绍敏（前左二）在市人大常委会副主任、区委书记王建（前左一）的陪同下视察口岸水景街区

泰州市人大代表视察高港区全民健身工作情况

江苏省委宣传部副部长、省文明办主任杨志纯（前左三）调研高港区“非遗”进校园活动开展情况

“美在家乡” 淮安泰州摄影作品联展在口岸雕花楼景区举办

2014年“高港杯”首届全国象棋青年大师赛比赛现场

组队参加2014年“舞动中国—排舞联赛”总决赛比赛现场

苏演院线大江剧院荷兰白泥秀大乐团专场演出

组织参加第十届长三角民乐展演活动

泰州市高港区政务服务管理办公室

主　任　尹晓平

2014年，泰州市高港区政务服务管理办公室正式成立，为区政府派出机构，机构规格正科级；泰州市高港区行政服务中心更名为泰州市高港区政务服务中心（挂泰州市高港区公共资源交易中心牌子），由区政府直属事业单位调整为区政务服务管理办公室的下属事业单位，机构规格由相当正科级调整为相当副科级。进驻事项由183项调整至175项，全年大厅办理各类审批项目35053件，其中，即办件22640件，承诺件12413件，办结34534件，办结率98.52%，群众满意率100%。

全区行政审批服务工作会议现场

服务大厅一角

党的群众路线教育实践活动动员大会现场

江苏省政府副秘书长杨根平（前排右三）视察高港区政务服务工作

泰州市委常委、市纪委书记唐小英（女，前排右二）等领导视察高港区政务服务工作

泰州市人大常委会副主任、区委书记王建（前排右二），区长周裕昌（前排右三）等领导视察高港区政务服务工作

区委副书记张兆洋（前排右三）视察政务服务窗口

区人大代表视察政务服务工作

泰州市高港区妇女联合会

主 席 曹小平

2014年，高港区妇联开展“巾帼建功”活动，引领广大妇女建功立业。倡导文明家风，开展巾帼志愿活动，培育、践行社会主义核心价值观。强化妇女维权机制建设，畅通妇女诉求渠道，维护妇女合法权益。推进妇女儿童发展规划、家庭教育工作规划实施，优化妇女儿童发展环境。以群众路线教育实践活动为契机，推进妇女组织建设。全区有园区、镇街妇联8个，村妇代会40个，社区妇联49个，系统妇委会26个，基层妇女干部104人。区妇联先后被评为江苏省维护妇女权益示范岗、江苏省妇女报刊宣传工作先进单位、泰州市三八红旗集体。

市妇联主席黄海燕（女，左三）出席高港区庆三八“最美家庭· 幸福时刻”优秀微视频展播暨婚姻家庭知识讲座

高港区妇联三届七次执委（扩大）会议现场

高港区“坚强女性 精彩人生”座谈会现场

主席曹小平（女，右一）到社区调研

泰州市高港区供销合作总社

主　任　毛照明

泰州市人大常委会副主任丁士宏（前排左一）、泰州市副市长陈明冠（前排右一）调研视察高港区农资生产企业

泰州市副市长陈明冠（前排右二）在副区长蔡秋云（女，前排右一）的陪同下视察高港区烟花爆竹批发公司

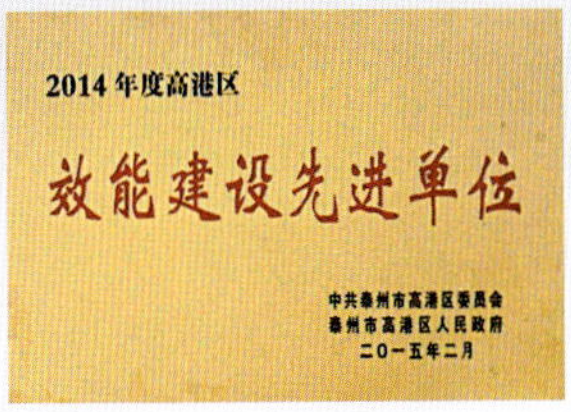

2014 年，高港区供销系统实现商品销售总额 58.29 亿元，再生资源销售 6.08 亿元，农副产品收购额 10.70 亿元，农产品交易额 14.27 亿元，连锁销售 16.94 亿元，电子商务销售 1610 万元，基层社销售 1.61 亿元，实现利润 1653 万元。提档升级为农服务社 5 个，新建庄稼医院 4 个，创建农民专业示范社 4 个，前程为农服务社为省级样板社。区供销总社获 2014 年全市供销系统综合考评一等奖，被区委、区政府评为 2014 年度效能建设先进单位。泰州市福齐天科技有限公司、泰州市集泰农产品有限公司被评为全市供销系统十强企业，口岸供销社被评为优秀基层社，高港区同人于野植保专业合作社被评为优秀专业合作社。

泰州市供销总社领导调研高港区供销社系统综合试点改革工作

泰州市部分人大代表视察泰供海诞现代农业发展有限公司

泰州市高港区总工会

主 席 张 琴

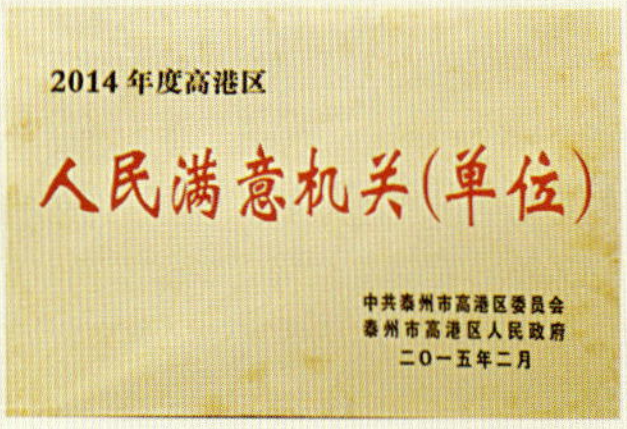

2014年，区总工会按照服务经济发展增强推动力、服务社会管理增强向心力、服务职工群众增强凝聚力工作方向，打造出“蓝领”提升工程、福利企业工资集体协商、规范化企业工会等特色工作，实现工会工作新发展。全年新建独立基层工会35个，净增工会会员3000余人。全区有基层工会455个，其中，独立基层工会355个、联合基层工会100个，涵盖单位1769个，工会会员48761人。中华全国总工会《工会信息》及《工人日报》《新华日报》《江苏工人报》《泰州日报》等媒体报道有关高港工会工作信息86条（篇）。区总工会获市工会工作优秀单位、区人民满意机关等称号。

江苏省总工会主席、党组书记邢春宁（女，右）在泰州市人大常委会副主任、区委书记王建（左）的陪同下视察泰州市华强照明器材有限公司

泰州市委书记蓝绍敏（右二）在泰州市人大常委会副主任、区委书记王建（左一）的陪同下走访慰问高港区困难职工家庭

江苏省总工会副主席曹海（左二）在副区长蔡秋云（女，右一）陪同下调研“三亮三公开”工作

江苏省总工会组织部部长寇芳（女，中）在区总工会主席张琴（女，前左一）陪同下走访企业

高港区总工会2014年帮扶工作会议现场

高港区企业工会干部培训班现场

高港区总工会举办“金玉良缘”活动，为职工做“红娘”

泰州市高港区残疾人联合会

高港区贫困残疾人子女和残疾学生就学资助座谈会现场

2014年，高港区残联认真履行“代表、服务、管理”职能，围绕社会保障体系和服务体系建设，推进残疾人事业与经济社会和谐发展。年内，配齐配强基层残疾人工作队伍，镇街残疾人专职委员月工资提高到1750元。累计办理二代残疾人证7159本，重残无业人员1996人享受最低生活保障待遇，3154人参加意外伤害保险。建成市级扶贫基地3个，辐射带动贫困残疾人家庭90户。在市残联年终考核中，高港区残疾人综合工作排名全市第二。

高港区残联系统业务培训班现场

区残联组织眼科医院医生为残疾人免费检查眼睛

为入托残疾人开辟工疗项目

区残联开展第十六次全国“爱耳日”宣传活动

区委副书记张兆洋(后排中)和女企业家代表慰问区康复中心

副区长蔡秋云(女,中)走访慰问贫困残疾人家庭

区残联负责人慰问残疾人自强模范徐健

区残联负责人慰问困难残疾人家庭

召开残疾人就业、职业培训会

泰州市公安局高港分局

区政府党组成员
公安分局党委书记、局长 薛荣美

2014 年，区公安分局圆满完成南京青奥会、上海亚信峰会、北京 APEC 会议等重大活动安保、警卫任务 55 次。组织开展“泰安”行动、“利剑”行动、严打“黄赌毒”等专项行动，实现建区 17 年 28 起命案全破，八类严重暴力犯罪案件 4 年全破，当年命案破案率、当年侵财类案件破案率、历年逃犯追回率、当年逃犯追回率四项核心指标均名列全市前茅。当年共破获刑事案件 320 起，抓获刑事作案成员 390 人，刑拘 193 人，提请批准逮捕 82 人，公诉 178 人；破获经济犯罪案件 11 起，起诉 13 人，挽回经济损失 3600 万元。查破治安案件 473 起，查处违法人员 693 人。接待处理群众来信来访 57 件，比上年下降 27%，其中，来信 17 件，下降 50%；来访 40 次，下降 12%；查办信访 57 件，查结率 76.30%。受理 12345 政府热线 34 件，下降 18%。继续保持民警违法违纪零纪录，蝉联公安执法质量“省优”奖牌。先后推出“微警务”工作、民生小案侦破常态机制、“群众议事团”化解矛盾经验、民警 AB 角搭档模式、“小威士”智能报警平台、社区“居家警务”、邻里“说事评理”新机制等 20 多项创新项目，其中“小威士”智能报警平台被市公安局评为社会管理创新二等奖，“群众议事团”化解矛盾经验被《江苏政法》简报刊载。社区民警“一网考”总成绩列全市前茅，1 人进入全市社区民警“十佳”，4 人进入全市“五十优”。民警戴建军、张俊杰被记个人二等功；杨卫民获首届武夷山全国马拉松比赛警察组第二名。

区政府党组成员，区公安分局党委书记、局长薛荣美（左）走进“12345·政风行风热线”，解答市民提问

全区公安机关反腐倡廉暨作风效能建设大会现场

泰州市委常委、政法委书记张爱平（左一）在泰州市政府党组成员、市公安局局长赵建生（左三）等陪同下视察高港区公安工作

泰州市人大常委会副主任、区委书记王建（右四），区委副书记、区长周裕昌（右三）慰问公安干警

区政协委员专题视察公安工作

圆满完成省、市"三下乡"活动的安全保卫工作

区政府党组成员，区公安分局党委书记、局长薛荣美（右二）到基层检查卡口武装值守工作

泰州市国土资源局高港分局

局　长　朱秋生

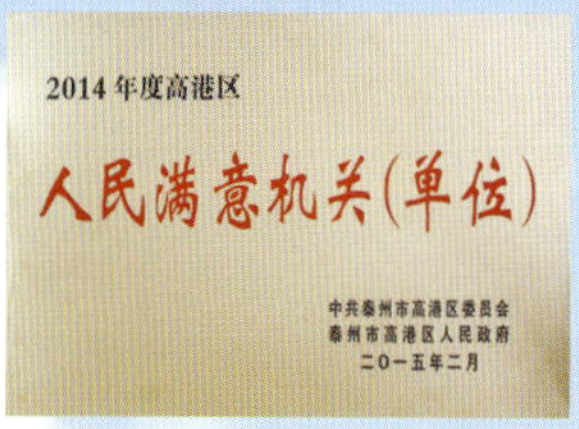

2014 年，区国土资源分局共报省农转用征收土地 200 余公顷，盘活各类存量闲置土地 56 公顷。挂牌出让用地 34 宗、105.74 公顷。建成为民服务窗口，累计发证 193 宗。通过实施占补平衡完成新增耕地 48.47 公顷，易地购买占补平衡指标 53.33 公顷。查处违法用地 3 宗。办理宅基地登记发证 8 宗、国有土地使用权登记发证 2091 宗。办理提案、议案 7 件，答复率、满意率均为 100%。受理群众来信 33 件，来访 16 批，市、区长信箱 16 件，厅长信箱 11 件，行风热线 5 件，结案率 98%。高港区被评为省土地执法模范县（市、区）创建工作先进县（市、区），区国土资源分局被评为江苏省国土系统依法行政先进单位。

区国土资源分局党的群众路线教育实践活动总结大会现场

开展“周末高港·党员关爱服务行动”暨“4·22地球日国土社区行”活动

土地整治机械作业施工中

泰州市国土资源局贯彻落实“三十项禁令”自查整改督办会在高港举行

区国土资源分局“三严三实”专题党课暨专题教育部署会现场

党员义工服务进社区

土地整治后新貌

泰州市交通运输局高港分局

局　长　高林海

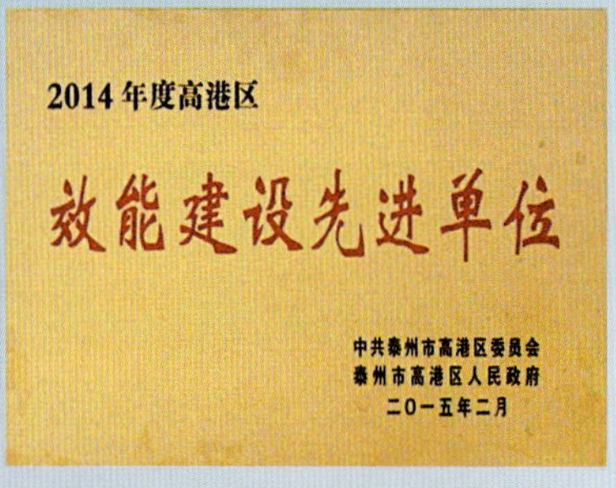

2014年，在区委、区政府的正确领导下，在省、市交通运输部门的关怀指导下，全系统上下凝心聚力，锐意进取，拼搏努力，自我加压，负重奋进，统筹推进综合交通建设，创新破解制约发展难题，全面提升行业管理水平，着力建强干部职工队伍，全年各项工作亮点频现，精彩纷呈，呈现“规划引领好、投资规模大、建设任务重、改革推进快、破解难题多、作风抓得紧、队伍建设强”等特点。区交通运输局获区效能建设先进单位称号。

231省道泰州至高港改线工程高港段建成通车

建设中的泰州高港汽车客运站效果图

江苏省交通运输厅厅长游庆仲（前右二）在市人大常委会副主任、区委书记王建（前左二）的陪同下调研高港区交通工作

泰州市委副书记、市长陆志鹏（前左）视察江广高速高港段改扩建工程

泰州市委常委、市纪委书记唐小英（女，左一）视察231省道泰州至高港改线工程项目建设现场

高港区交通系统党的群众路线教育实践活动总结大会现场

高港区交通系统“大江讲堂·周末法治报告会”现场

江苏泰州高港高新技术产业园区

高港区委常委
常务副区长 陈军
高新区党工委书记

高新区党工委副书记
管委会主任 顾为进

2014年，江苏省泰州高港高新技术产业园区实现地区生产总值78.24亿元，比上年增长18.17%；规模以上工业总产值225亿元，增长29.40%；公共财政预算收入3.41亿元，增长20.60%；高新技术产业产值120.68亿元，增长32.80%；服务业税收收入3.18亿元，增长57.29%；工业企业一般纳税人开票销售77.90亿元，增长24.10%；固定资产投资84.26亿元，增长32.68%。协议利用外资和港澳台资1.60亿美元，实际利用外资和港澳台资0.68亿美元。新增著名、知名商标5个，省、市名牌产品5个。新增省、市"两化"融合试点企业5个，星级数字企业9个。园区被认定为江苏省"三网"融合试点园区、省级生态工业园区，园区开发投资公司被评定为江苏省四星级中小企业公共服务平台，泰州高港汽车零部件科技产业园建成省级科技产业园。列2013年度江苏省开发区科学发展综合评价第39位，较2012年度上升7位。

高新区党的群众路线教育实践活动总结大会现场

高新区创建省级生态工业园区技术评审会现场

江苏省委书记罗志军（左二）在副省长、时任泰州市委书记张雷（右一）和泰州市人大常委会副主任、区委书记王建（左一）的陪同下视察高新区企业

泰州市委副书记、组织部部长史立军（前排中）视察高新区企业

区委常委、区纪委书记薛永忠（前排右一）在管委会主任顾为进（前排中）的陪同下调研视察高新区企业

泰州明发国际大酒店开工典礼现场

大自然木门泰州工厂落成仪式现场

泰州市泰州港核心港区
泰州市永安洲镇

高港区区委常委
核心港区党工委书记　韩亚
永安洲镇党委书记

核心港区党工委副书记
核心港区管委会常务副主任　邵剑峰
永安洲镇镇长

2014年，永安洲镇面积55.90平方千米，总人口31012人，辖社区11个、居民小组218个，有居民8410户。拥有-12米以上长江深水岸线12.80千米。全年实现地区生产总值76.72亿元，比上年增长19.67%；公共预算收入4.63亿元，增长35.96%；全社会固定资产投资102.93亿元，增长27.51%；工业总产值400.93亿元，规模以上工业总产值393.23亿元，分别增长34.30%、34.50%；高新技术产业产值104.42亿元，增长28.79%；服务业增加值20.58亿元，服务业税收3.48亿元，分别增长22.76%和24.88%；农民人均纯收入22630元，增长15%。年内，永安洲镇先后获江苏省水美乡镇、江苏省科技创新型试点乡镇等称号，在2014年度全区工作目标综合考评中获第一名。

核心港区（永安洲镇）深入开展党的群众路线教育实践活动动员大会现场

江苏省城市管理示范社区——润洲花苑

江苏省委书记罗志军（前排中）视察益海粮油

泰州市委书记蓝绍敏（前排中）在泰州市人大常委会副主任、区委书记王建（前左）的陪同下视察核心港区

泰州市委副书记、市长陆志鹏（前排中）在泰州市人大常委会副主任、区委书记王建（前右一）的陪同下视察核心港区

泰州市人大常委会副主任、区委书记王建（右二）慰问永安洲镇百岁老人

在“党的阳光下”群众歌咏大会

泰州港核心港区（高港）集装箱码头开港试运行仪式现场

扬子江药业集团江苏龙凤堂中药项目一期工程

泰州市高港区临港经济园
泰州市高港区口岸街道

临港经济园党工委书记、管委会主任
口岸街道党工委书记、办事处主任 张桂林

2014 年，口岸街道面积 53.32 平方千米，总人口 78220 人，辖行政村 6 个、社区 17 个、村民小组 377 个，居民 27339 户。全年实现地区生产总值 84.72 亿元，比上年增长 18.40%。其中，第一产业 2.11 亿元，增长 5.20%；第二产业 43.29 亿元，增长 15.10%；第三产业 39.32 亿元，增长 22.92%。财政总收入 3.95 亿元，增长 69%。全社会固定资产投资 40.02 亿元，增长 32.70 %。高新技术产业产值 88.80 亿元，增长 34.36%。农民人均收入 22832 元，增长 12%。街道获全区工作目标综合考评、服务业专项考核一等奖，创新型经济专项考核、民营经济专项考核二等奖。引江社区、城东社区被评为江苏省卫生村（社区），新城社区被评为江苏省城市管理示范社区，街道人力资源社会保障中心获评省级劳动保障监察示范网络和全省退休人员社会化服务贡献奖。

口岸街道创建全国文明城市动员大会现场

"美丽口岸，文化惠民"践行党的群众路线文艺汇调演现场

泰州市委书记蓝绍敏（右）在泰州市人大常委会副主任、区委书记王建（左）的陪同下视察口岸街道雕花楼景区

泰州市常委、市委秘书长、宣传部部长卢佩民（前排右一）在泰州市人大常委会副主任、区委书记王建（前排右二）的陪同下视察口岸街道创建全国文明城市工作

泰州市委常委、组织部部长陆新（前排左二）在泰州市人大常委会副主任、区委书记王建（前排右二）的陪同下慰问口岸街道困难家庭

临港经济园（口岸街道）领导班子专题民主生活会现场

临港经济园（口岸街道）党工委党的群众路线教育实践活动动员大会现场

泰州市高港区刁铺街道

党工委书记　袁　斌

党工委副书记、街道办主任　张小平

2014 年，刁铺街道面积 17.58 平方千米，人口 23770 人，辖社区 6 个、居民小组 103 个，有居民 7239 户。全年实现地区生产总值 24.77 亿元，比上年增长 17.65%。其中，第一产业增加值 0.71 亿元，增长 5.15%；第二产业增加值 12.99 亿元，增长 20.21%；第三产业增加值 11.07 亿元，增长 15.52%。完成公共财政预算收入 7037 万元，增长 22.09%。全社会固定资产投资 8.27 亿元，增长 45.68%。实施 1000 万元以上项目 17 个，完成技术改造项目 6 个。实现工业投资总额 6.43 亿元，增长 37.10%。新办私营企业 131 个，新增注册资本 500 万元以上企业 18 个，新增民营企业纳税户 142 户，新增个体工商户 253 户。刁铺街道被评为江苏省第三次全国经济普查先进集体，文明城市创建工作获市政府嘉奖。

刁铺街道项目大突破推进会现场

刁铺街道2014~2015年度党员干部冬训班开训现场

江苏省人大常委会副主任张卫国（前排右二）、江苏省副省长张雷（前排左二）在泰州市人大常委会副主任、区委书记王建（前排右一）的陪同下视察刁铺街道人大工作

泰州市委书记蓝绍敏（右三）慰问刁铺街道环溪社区困难家庭

泰州市委常委、常务副市长何榕（右一）慰问刁铺街道优抚对象、低保户及困难职工

泰州市人大常委会副主任、区委书记王建（前排右二）视察刁铺街道项目建设情况

泰州市政协副主席刘励（前排左二）视察刁铺街道政协工作

泰州市高港区许庄街道

高港高新区党工委副书记
管委会常务副主任　田光明
许庄街道党工委书记

党工委副书记
街道办主任　李伯英

许庄街道位于京沪高速出口处，系省级经济开发区——江苏泰州高港高新技术产业园区开发建设主阵地，素有“泰州南大门、高港后花园”之美誉。总面积42.51平方公里，耕地面积2.54万亩，下辖4个村、10个社区、252个村民小组，总人口46737人。2014年，完成地区生产总值24.77亿元，工业总产值62.38亿元，公共财政预算收入4580万元，服务业增加值12.53亿元，全社会固定资产投入10.10亿元，高新技术产业产值28.85亿元。建成6幢5层4.80万平方米的民营工业园标准厂房区。新增高效设施农业面积2684亩、造林面积1000亩、土地流转2088.50亩，兴办各类专业合作社14个。许庄街道成功创建成国家级生态街道，马厂社区国家级科普示范馆成为泰州市大学生思想教育实践基地。

项目签约仪式现场

许庄民营工业园一角

泰州市人大常委会副主任、区委书记王建（前左一）视察许庄街道

区委副书记、代区长顾萍（女，前中）调研许庄街道

区委副书记张兆洋（右一）调研许庄现代农业

美丽优雅的村民休闲广场

许庄街道社会管理服务中心

泰州市白马镇

党委书记　马才本

党委副书记、镇长　许建中

2014 年，白马镇面积 24.02 平方千米，人口 22290 人，辖行政村 5 个、社区 2 个、村(居)民小组 127 个，有居民 6630 户。全年实现地区生产总值 10.06 亿元，比上年增长 12.45%；高新技术产业产值 8.68 亿元，增长 39.83%；工业企业用电量 1155 万千瓦时，增长 37.35%，增幅排名全区第一；固定资产投资额 5.04 亿元，增长 32.73%；服务业税收收入 0.29 亿元，增长 78.48%；财政总收入 5662 万元，增长 20.70%；进出口总额 902 万美元，完成目标任务的 101.35%；农民人均可支配收入 16966 元，增长 15%。岱白村被农业部认定为全国“一村一品”示范村。白马镇获 2014 年度全区农业农村及开放型经济专项考核二等奖。

中国共产党白马镇第十六届代表大会第五次会议现场

2014年度白马镇“四个文明”建设总结表彰暨工业经济和项目招引推进会现场

江苏省暨泰州市“三下乡”集中服务活动现场

2015年江苏省暨泰州市文化科技卫生“三下乡”活动启动仪式在白马镇举行。江苏省委常委、宣传部部长王燕文（女，前排左二）在泰州市委书记蓝绍敏（前排右二）等陪同下出席启动仪式

江苏省副省长、时任泰州市委书记张雷（右三）视察白马镇世泽雕艺园

泰州市人大常委会副主任、区委书记王建（前排中）视察白马镇民生工作

区委副书记、区长周裕昌（前排右二）视察2015年江苏省暨泰州市文化科技卫生“三下乡”活动现场

2015年度江苏省暨泰州市“三下乡”活动文艺演出现场

泰州市大泗镇

党委书记　魏玉云

党委副书记、镇长　于勇军

2014 年，大泗镇面积 36.70 平方千米，人口 33324 人，辖行政村 12 个、社区 1 个、村民小组 232 个，有居民 10285 户。全年实现地区生产总值 9.79 亿元，比上年增长 12.59%；实现公共财政预算收入 2810 万元，增长 21.59%；工业企业一般纳税人开票销售 7.60 亿元，增长 13.30%；固定资产投资 2.93 亿元，增长 32.21%；服务业税收收入 3500 万元，增长 15.37%；服务业投资 2.30 亿元，增长 31.29%；净增个体工商户 306 户，完成年计划的 218.60%；净增私营企业 138 个，完成年计划的 172.50%；个体工商户升级为企业 31 个；高新技术产业产值 6.11 亿元，增长 70.31%；新增专利申请量 178 件，其中发明专利 31 件，专利授权量 82 件；新认定省级技术研究中心 1 个、省级高新技术产品 2 个；农民人均纯收入 15073 元，增长 14%。年内，大泗镇被评为国家级生态乡镇、全省放心消费创建活动先进单位、泰州市安全监管规范化创建工作示范乡镇。

大泗镇党的群众路线教育实践活动工作推进会现场

大泗镇第十五届人民代表大会第四次会议现场

江苏省水利厅厅长李亚平（左三）一行调研大泗镇小型水利工程管理改革情况

泰州市委副书记、市长陆志鹏（前排右二）一行视察泰高高速公路大泗境内项目建设情况

泰州市人大常委会副主任、区委书记王建（前排中）视察大泗镇民生工作

区委副书记、区长周裕昌（前排左二）视察大泗镇工业企业

党委书记魏玉云（右二）慰问人武部官兵

泰州市胡庄镇

党委书记　卞晓江

党委副书记、镇长　陆明航

2014 年，胡庄镇面积 45.30 平方千米，总人口 42644 人，辖行政村 13 个、社区 2 个，自然村 37 个，有居民 13261 户。全年实现地区生产总值 11.93 亿元，比上年增长 12.20%；实现工商税收收入 5415 万元、公共财政预算收入 2068 万元，分别增长 25.40%、24%。实现高新技术产业产值 3.85 亿元，增长 64.50%，新增省级民营科技型企业 2 个，完成发明专利申请 28 件、实用新型和外观设计专利申请 165 件。全年净增私营企业 72 户，净增个体工商户 365 户，注册商标 29 件，完成个转企 21 个。农民人均纯收入 16385 元。年内，胡庄镇通过国家级生态镇验收。

史记宏（左六）、赵玉芳（女，左七）夫妇被评为2014感动中国·江苏十大感动人物

戴陈村"十星级文明户"表彰暨"道德讲堂"孝老爱亲专场

江苏省副省长、时任泰州市委书记张雷（右三）在胡庄镇开展党的群众路线教育实践活动

泰州市委书记蓝绍敏（左一）在泰州市人大常委会副主任、区委书记王建（左二）的陪同下视察民生工作

工业集中区初具规模

富力臣酒店

江苏省农委主任吴培良（前中）调研上膳源泰州农场

上膳源泰州农场

口岸街道城东社区

党总支书记　李美娟

党总支副书记、居委会主任　许迎春

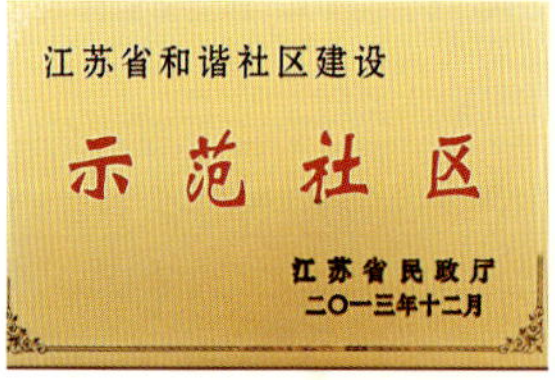

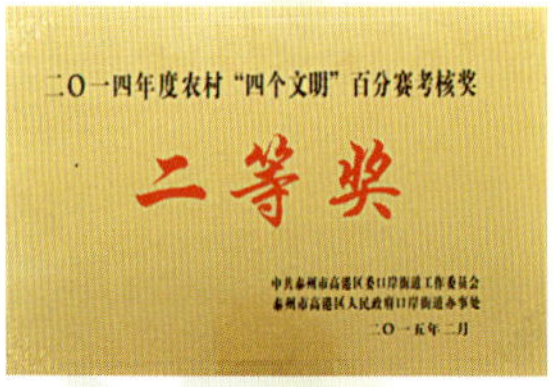

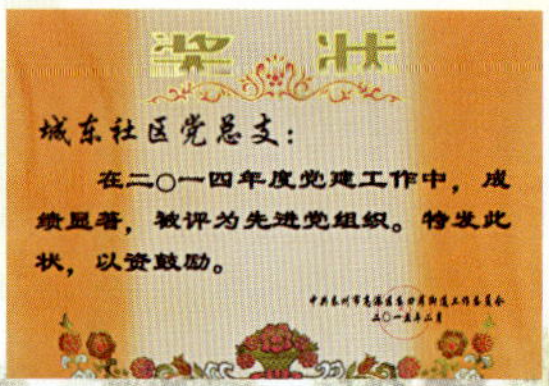

城东社区地处高港主城区，东至二环路，西至扬子江路，南至江平路，北至港城路，交通十分便利。城东社区总面积约2平方公里，现有21个居民小组，2个小区，有居民917户，人口3462人，支部党员100多人，社区低保户29户、59人，五保户2人。

2014年5月成立社区博爱慈善互助会，弘扬“慈心为人、善举济世”的扶贫帮困精神，增强社区凝聚力，奉献爱心，邻里互助，共建和谐社会，推进社会公益事业的发展。共救助因重大疾病、意外造成家庭困难的16户，累计金额32500元。

社区以“为民做实事”为根本宗旨，先后建立南、北两个健身广场，增强社区居民强身健体的意识，为全民健身提供舒适、便捷的场地。

近年来，社区两委班子在上级党委、政府的正确领导下，扎实苦干、务实创新，在各项工作中都取得了很好的成绩，先后荣获绿色社区、先进党组织、示范社区、小康示范村等多项荣誉。

城东社区综合服务中心

城东社区民主测评党员大会现场

党总支书记李美娟（女，中）走访慰问困难家庭

党总支书记李美娟（女，右一）看望老党员

组织社区党员干部到徐庄村参观学习

城东社区道德讲堂开讲现场

丰富多彩的社区文艺活动

口岸街道龙窝口社区

党委书记　郁尚义

党委副书记、居委会主任　冯义国

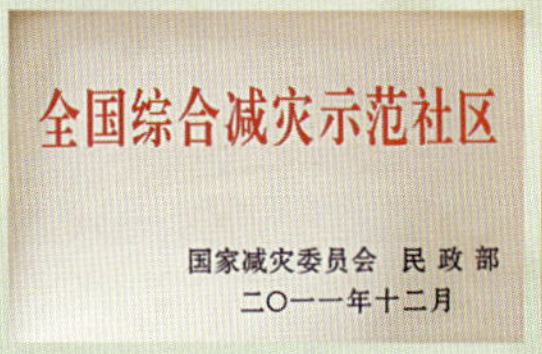

高港区口岸街道龙窝口社区地处口岸街道西南部，南依长江。与国家开放一级港口泰州港、泰州长江大桥、南官河大桥相毗邻，市区主要大道扬子江路、长江大道、锦江路横贯其间。地域优势、人文环境相得益彰。社区辖 6 个片，30 个中心户，常住人口 4260 人，党委建制，下设 4 个党支部。近年来，社区全面加强规范化建设，以"为民、务实、清廉"为根本宗旨，始终坚持树立"创新社区、规范社区、和谐社区、形象社区"的理念，致力于创建人民群众满意的基层社区组织。先后荣获全国综合减灾示范社区、江苏省"和谐家庭"示范社区、江苏省民主法治示范社区、江苏省卫生社区、江苏省防灾减灾示范社区、泰州市小康示范社区、泰州市农村党风廉政建设示范社区、高港区先进基层党组织、高港区文明社区等多种荣誉称号。

龙窝口社区2014~2015年度党员干部冬训班现场

龙窝口社区党委民主推荐会现场

龙窝口社区“传播消防知识、关爱老人平安”文艺演出现场

龙窝口社区2014年阳光助学奖学金发放仪式现场

龙窝口社区庆祝建党93周年暨上半年工作汇报会文艺演出现场

龙窝口社区新年文艺演出现场

龙窝口社区最美家庭故事会

龙窝口社区为民服务获锦旗

龙窝口社区党委组织开展“周末高港·党员关爱服务行动”

龙窝口社区村庄环境管护队

许庄街道马厂社区

党委书记、居委会主任　祁亚飞

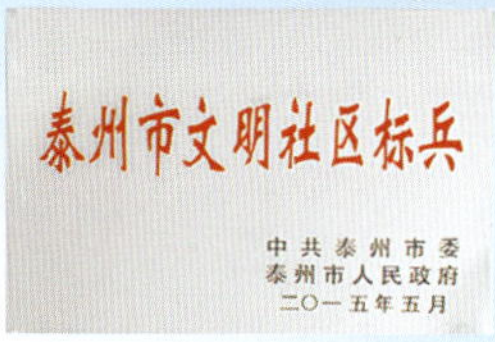

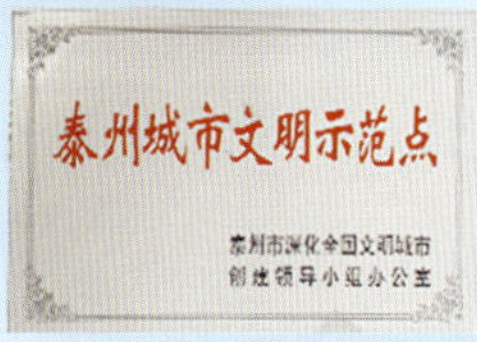

马厂社区党的群众路线教育实践活动总结大会现场

马厂社区2014~2015年度党员干部冬训班现场

许庄街道马厂社区地处京沪高速公路泰州出口处，面积 3.60 平方公里，下辖 18 个小组、1134 户、4125 人，党员 114 名。近年来，社区党委坚持以科学发展观为指导，围绕“改革、发展、稳定”的总体目标，在社区科学发展、协调发展、和谐发展上进行了新的探索和实践。2014 年，社区实现工业产值 15.54 亿元、销售 13.23 亿元、利税 9000 万元，集体收入 520.54 万元，居民人均纯收入 21632 元。原中央政治局委员王刚，原省委书记梁保华，省委副书记、省政协主席张连珍，省委书记罗志军，省委副书记、省长李学勇，副省长张雷都曾经到马厂视察。马厂社区先后获评全国科普示范社区、江苏省文明村、江苏省小康示范村、江苏省三星级康居示范村、江苏省新农村建设示范村、泰州市十强村。

泰州市委常委、常务副市长何榕（后排右一）一行走访慰问马厂社区低保对象、优抚对象、失业职工、特困职工

高港区“电商进农村”社区电商服务站启动仪式在马厂社区举行

江苏银行高港支行与马厂社区开展结对共建活动

马厂社区党委组织党员干部参观江浙泰兴独立支部纪念馆

社区党委书记、居委会主任祁亚飞（右二）慰问困难家庭

马厂社区“道德讲堂”开讲现场

马厂社区“七彩课堂”活动现场

丰富多彩的社区文化生活

江苏省口岸中学

党委书记、校长 丁骏

丁 骏，江苏省口岸中学党委书记、校长。中学物理高级教师，泰州市中学物理学科带头人，泰州市有突出贡献的中青年专家，江苏省中学物理特级教师；连续多年被省教研室聘请为全省中考命题物理评价组组长，是泰州市“311 工程”第二层次学术带头人；受聘为第六届江苏省教育督导团专家组成员、江苏省四星级高中评估专家、江苏省物理学会常务理事、江苏省教育学会物理专业委员会常务理事、江苏省教育学会高中教育专业委员会理事、泰州市陶行知研究会副秘书长。

江苏省口岸中学创办于 1926 年 10 月，1996 年被确认为江苏省重点高级中学，1997 年 8 月成为泰州市教育局直管学校，2001 年 4 月被评为国家级示范性高中，2003 年 11 月转评为江苏省首批四星级高中，2004 年 1 月学校党总支升格为党委，2005 年 1 月经省教育厅批准更名为“江苏省口岸中学”，2005 年 9 月经教育部批准开始承办内地新疆高中班，2007 年 12 月学校升格为副处级单位。近年来，学校教育教学质量稳步攀升，业绩突出，《人民教育》《中国教育报》《中国教师报》《教育文摘周报》《江苏教育报》《新华日报》等国家、省、市媒体先后多次报道或专题推介学校的教育教学管理经验。学校先后荣获全国民族团结进步模范集体、江苏省文明单位、江苏省文明学校、江苏省基础教育课程改革先进集体、江苏省实施素质教育先进学校、江苏省德育先进学校、江苏省体育工作先进集体等 90 多项省、市级以上表彰。

江苏省口岸中学党的群众路线教育实践活动动员大会现场

江苏省口岸中学“三严三实”专题党课暨专题教育部署会现场

江苏省口岸中学2014年秋学期班主任工作会议现场

泰州市政协副主席、市教育局局长奚爱国（前排右一），市委教育工委书记陶玲（女，前排中）在校长、党委书记丁骏（前排左一）的陪同下视察学校

澳大利亚科耐中学师生代表到口岸中学参观交流

江苏省口岸中学新疆部开展“行孝道　知感恩”主题班会观摩活动

江苏省口岸中学2014年革命歌曲大合唱比赛现场

2014年秋学期学校田径运动会现场

办幸福学校　做幸福教师　育幸福之人

泰州市第三高級中學

党总支书记、校长　石　泰

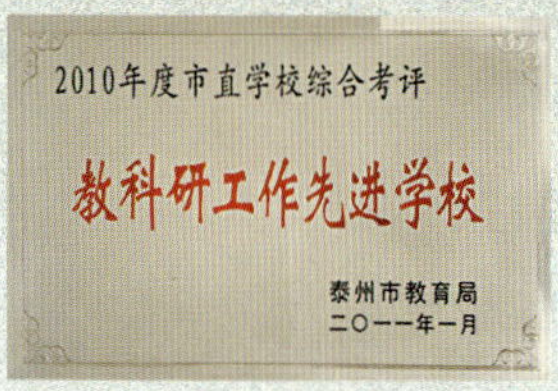

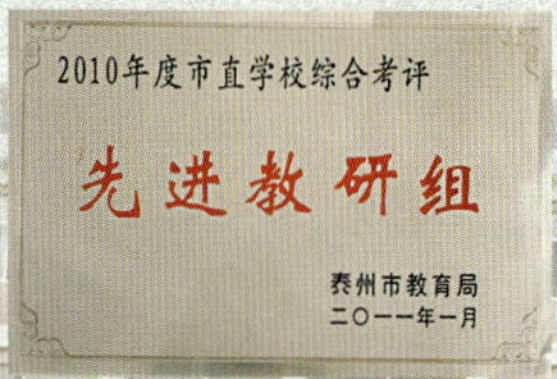

泰州市第三高级中学，即原泰州市刁铺中学，创办于 1942 年，2002 年被评为省重点高中，2005 年转评为省三星级高中，2009 年成为首批通过省三星级高中复评估的学校，现为泰州市教育局直管学校。学校占地面积 68034 平方米，教学设施一流、生活设施齐全、校园景色优美、校园文化内涵丰富。学校本着“适合与超越”的办学理念，依据“立品为先、求智为本，践行为范”的办学思路，确立“办幸福学校、做幸福教师、育幸福之人”的办学目标，大力打造“幸福教育”的办学特色。通过自主学习、自主管理、自主发展，学生的主体意识明显增强，实践能力和创新精神普遍提高；通过打造“智慧课堂”，教师的专业水平、幸福指数不断提高。学校学生会由于在“三自”方面做出显著的成绩，被省教育厅、团省委评为先进学生集体。《江苏教育报》《现代教育报》专题报道学校幸福教育的特色。近年来，学校先后荣获全国五一劳动奖状、全国优秀教育科研实验基地、江苏省文明单位、江苏省德育先进学校、江苏省爱国卫生先进学校、江苏省园林式单位、江苏省绿色学校、江苏省实施素质教育先进学校、江苏省五四红旗团委、泰州市文明单位、泰州市“四无”学校创建活动先进单位、泰州市平安校园、泰州市先进职工之家等多项荣誉。

泰州市副市长王学锋（女，左二），泰州市政协副主席、市教育局局长奚爱国（左一）在校长石泰（左三）的陪同下视察学校安全工作

泰州市教育局副局长封留才（后排左二）一行到学校高三课堂推门听课

泰州市直高中化学“自主课堂”教学观摩评比活动在学校举行

乐育楼

装备一流的化学实验室

知行楼

学校秋季运动会开幕式现场

江苏省泰州引江河管理处

TAIZHOU YINJIANG CANAL ADMINISTRATION OF JIANGSU PROVINCE

江苏省泰州引江河管理处是江苏省水利厅直属水利工程管理单位，与省灌溉动力管理一处合署办公，主要负责高港枢纽泵站、节制闸、调度闸、送水闸、船闸等工程管理，24公里引江河河道行业管理，里下河腹部地区湖泊湖荡监管，如皋拉马河闸管理以及省级防汛机动抢险工作。

高港枢纽鸟瞰

近年来，在各级领导的亲切关怀下，省泰州引江河管理处认真贯彻省水利厅党组的决策部署，以全面推进现代化管理为总揽，加强工程管理，着力服务民生，壮大水利经济，狠抓作风建设，提升队伍素质，取得了巨大的生态、经济和社会效益，多次荣获省部级表彰，先后被评为“全国水利系统文明单位”、“国家级水利工程管理单位”、“全国保护母亲河行动先进集体”、“国家AAA级旅游景区”、“国家水利风景区”等，塑造了现代水利的良好形象，得到了各级领导的充分肯定。

为进一步提升泰州引江河功能，更好地服务经济社会发展，江苏省委、省政府又于2012年12月18日启动了泰州引江河二期工程，掀起了新一轮如火如荼的建设热潮。一个朝着现代化迈进的水利工程管理单位，正在泰州引江河的热土上孕育、成长……

泰州口岸船舶有限公司

董事长　王俊泽

泰州口岸船舶有限公司创立于 20 世纪 70 年代初期，有 40 多年的造船历史，是国内十强民营造船企业、泰州国家级船舶出口基地骨干企业。公司共有口岸厂区和永安厂区两个造船生产厂区，固定资产 30 亿元，年造船能力超过 200 万载重吨。公司是首批进入工信部《船舶行业规范条件》“白名单”企业，通过工信部及江苏省经信委一级Ⅰ类钢质一般船舶生产企业条件评价，获得质量、职业健康安全、环境和能源四大管理体系认证证书。公司被国家工商总局认定为国家级“守合同、重信用”企业，被江苏省科技厅评为高新技术企业、创新型企业，被江苏省经信委认定为省级企业技术中心、信息化与工业化融合示范企业、江苏省依法管理诚信经营先进单位，企业资信等级连续多年被评为 AAA。公司坚持准确的市场定位和准确的产品定位，不求量的扩张，追求质的提升，努力打造口岸船舶品牌。大力推进理念创新、技术创新、产品创新、管理创新，实行精益造船、绿色造船。公司建立的江苏省博士后创新实践基地、博士工作指导站和研究生联合培养基地，为提高企业研发能力、保持持续稳步发展注入了新的活力。公司为国内船东建造的“五指山”轮，不辱使命，成功赴越撤侨，成为客滚船中的明星船舶。公司研发机构被江苏省认定为精益绿色造船工程技术研究中心，自主研发的系统软件获江苏省优秀软件产品金慧奖。取得国家授权的实用新型专利 45 项，发明专利 4 项。参与编制国家行业标准 6 项，开发相关应用软件 31 项。公司被全国总工会评为模范职工之家，被省人力资源和社会保障厅评为江苏省劳动保障诚信示范企业。

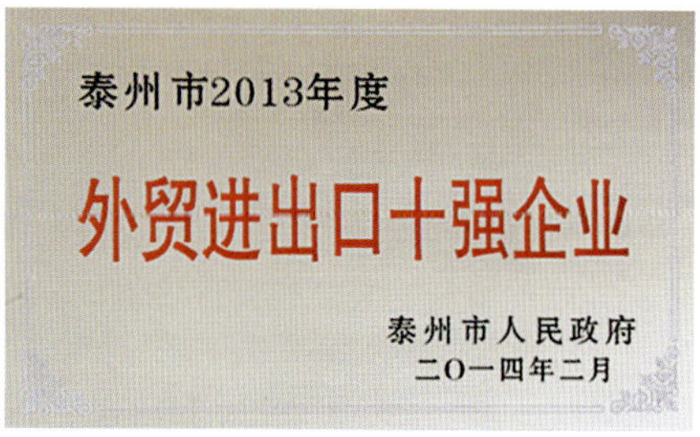

泰州市委书记蓝绍敏（前排右一）在泰州市人大常委会副主任、区委书记王建（前排左二）等陪同下检查指导公司新区安全生产工作

50000吨船台

钢料配送中心

港池码头

永安新区20万吨级船坞

江苏泰氟隆科技有限公司

泰氟隆科技

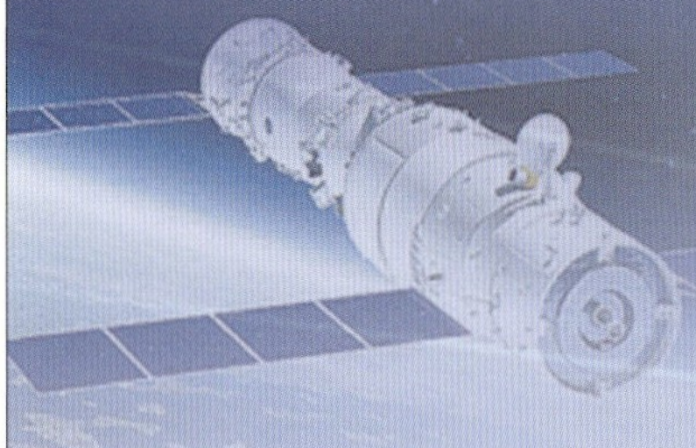

董事长　赵文杰

江苏泰氟隆科技有限公司作为首次载人交会对接任务物资供应商被中国航天科技集团公司授予荣誉奖牌。图为董事长赵文杰在表彰大会现场留影

江苏泰氟隆科技有限公司前身为泰州市泰氟隆制品有限公司，地处泰州长江大桥高港出口两公里处的泰州港核心港区，处于江苏省沿海、沿江“T”型产业发展带的轴心，长江三角洲最具生机活力的地区。泰氟隆科技是一家专业从事特种塑性产品研发、生产、销售的高新技术企业，是中国塑协氟塑料加工专业委员会、中电元协压电晶体分会、中国太阳能光伏行业协会等会员单位，为江苏省民营科技企业、江苏省科技型中小企业、江苏省高新技术企业。经过十几年来的开拓创新，将拥有十几项专利、具有知名商标及名牌产品的“泰氟隆”产品定型为四大系列近百个品种——聚四氟乙稀(Teflon)制品、电子元器件用耐温绝缘制品及片式元器件承载带、功能塑料类电子薄膜、太阳能光伏材料，广泛应用于电子、化工、轻工、军工、航天及太阳能光伏领域。其中“泰氟隆”牌聚四氟乙烯薄膜、单面活化膜及宽幅活化膜，聚四氟乙烯玻纤布和聚四氟乙烯透气布，聚四氟乙烯粘胶带等产品长期与航空、航天、科工集团及科研院所等单位配套，为天宫一号、神舟九号和长征二号F遥九运载火箭等型号的研制配套做出贡献。公司通过 ISO9001：2008 质量管理和 ISO14001：2004 环境管理双体系认证；产品严格执行企业标准，并按国际标准组织生产，所有产品经 SGS-CSTC 检测符合欧盟 RoHS 指令，并通过美国 UL 安全认证。

厂区全貌

生产区

成品仓库

会议室

员工公寓

生产车间一角

泰州市高港区城市管理委员会办公室
泰州市城市管理行政执法局高港分局

区城管办党组书记、主任
区城管执法分局局长 张万卿

2014年，区城管办以创建全国文明城市、国家生态区为契机，按照“全面提高、重点突破”工作思路，以城市环境综合整治“9315行动”为主线，大力开展市容环境整治，有力保证全国文明城市创建和国家生态区技术评估顺利通过验收。高港区城市环境综合整治工作在泰州三市四区中位居前列，44个整治项目全部完成并通过验收。永安洲镇润洲社区和口岸街道新城社区获评省级示范社区；“向阳路低洼易淹易涝片区整治”入选省级典型案例集，永安洲镇被评为省级“水美乡镇”，永安洲镇东江社区、福沙社区被评为省级“水美村庄”；三星南北路、蔡圩河、龙湖美景3个项目被列为优良项目，占全市优良项目的50%。区政府投入200多万元建设地埋式垃圾中转站，日处理量200吨，田河垃圾中转站迁址新建，工作效率比原先提高1倍；投入近40万元对高港主城区垃圾中转站进行升级改造；投入90多万元，新购置1辆5吨洗扫车和1辆8吨洒水车。全区生活垃圾无害化处理量约4.35万吨。7个镇街以及82个涉农村（社区）全部通过市城乡生活垃圾一体化管理检查验收，三年任务提前一年完成。共拆除违法建设159处，面积15009.56平方米，其中，历史违建64处，面积9186.27平方米，新生违建95处，面积5823.29平方米，违法建设防治工作市区考核排名第一。收集各类数字城管案件信息32586条，立案率97.64%，及时派遣率98.43%，部门处理率98.20%。高港区获2014年度泰州市城市环境整治工作二等奖、市区违法建设防治工作一等奖，区城管办获泰州市城管局绩效考核管理一等奖、泰州市创建全国文明城市集体三等功。

泰州市人大常委会副主任、区委书记王建（二排左）带队慰问环卫工人

区城管办党组书记、主任，区城管执法分局局长张万卿走进泰州市“12345·政风行风热线”直播室